유럽의 자본주의

자생적 발전인가, 종속적 발전인가

유럽중심주의를 비판하는 책들 ①

유럽의 자본주의

샌드라 핼퍼린Sandra Halperin 지음 | 최재인Jaein Choi 옮김

자생적 발전인가, 종속적 발전인가

IN THE MIRROR OF THE THIRD WORLD
CAPITALIST DEVELOPMENT IN MODERN EUROPE

머리말

여러 해 동안 학자들은 발전 이론 분야가 위기에 처해 있다고 주장해왔다.[1] 이들은 이런 위기가 대표적인 두 발전 이론인 자유주의/신고전주의/근대화 이론과 종속 이론 자체의 취약함과 그 둘 사이의 갈등 때문이라고 생각한다. 자유주의/신고전주의/근대화 이론은 역사적 관점을 결여하고 있고, 권력의 국제적 구조를 충분히 고려하고 있지 않으며, 계급과 생산양식을 분석 범주로 진지하게 고려하지 않는다고 비판받는다. 종속 이론은 주변부에서 발전을 추동해가는 자본주의의 능력을 제대로 인식하지 못하고 설명하지도 못한다고 지적을 받는다.

이런 문제를 해결하기 위해 최근에는 양 이론 진영에서 좀 더 치밀한 연구가 나오고 있다. 자유주의/근대화 이론은 다양한 역사적 맥락과 국제적·일국적 영역 사이의 관계, 그리고 정치와 경제적 요소들 사이의 상호관계에 대해 좀 더 관심을 기울이고 있다.[2] 신맑스주의와 종속 이론 연구서들은 주변부에서 자본주의 발전을 이루는 가능한 대안적 방안의 윤곽을 좀 더 분명히 그려가고 있다.[3] 이렇게 정교해지는 논의를 바탕으로 하여 두 이

1) 예를 들어, Caporaso 1980; Hirshman 1981; Livingstone 1981; Sen 1983; Lal 1983; Streeten 1983; Lewis 1984; Booth 1985; Arndt 1987; Toye 1987; Lesson 1988; Mouzelis 1988; Ranis and Schultz 1988; Leys 1996를 참조.

2) 예를 들어, Katzenstein 1984; Skocpol 1979를 참조. 다음 책들에 있는 논문들도 참조하라. Diamond et al. 1990; Evans et al. 1985; Grew 1978b; Tilly 1975b.

론의 주요 내용들을 통합시켜갈 수 있는 연구 경향도 발전하고 있다. 이를 에번스(Peter Evans)와 스티븐스(John Stephens)는 “신 비교사 정치경제학(new comparative historical political economy)”이라고 부르는데, 이는 진정한 종합으로 나아가는 중요한 성과라고 할 수 있다. 이 학파는 국제적 요소에 대해 좀 더 세심하게 주의를 기울이지만, 국제적 요소가 국내 발전의 역동성에 결정적이라고 하는 생각은 거부한다. 이는 정치와 경제의 발전이 상호 연관되어 있는 것으로 다루며, 다양한 역사 발전의 가능성에 대해 잘 인지하고 있다. 이 학파는 전 지구적 변화와 국가들, 그리고 계급들 사이의 상호작용의 유형에 초점을 맞춘다.[4] 이는 발전 이론 연구의 중요한 성과라고 할 수 있다. 하지만 그래도 이 분야에서 위기감은 사라지지 않고 있다.[5] 지난 10년 동안 논의는 더 정교해지고 총괄적으로 되기는 했지만 발전과 저발전에 대해 적합한 이론을 만들어가는 길은 아직도 요원해 보인다. 나는 그 길을 막는 네 가지 오류가 있음을 이 책에서 주장하고자 한다. (1) 우리는 유럽의 역사적 발전에 대한 왜곡된 설명을 너무 진지하게 받아들여 왔다. (2) 이 설명에 따라 우리는 유럽의 역사적 발전과 현대 제3세계의 발전 사이에 분명한 차이가 있다고 규정한다. 하지만 이런 차이는 사실상 존재하지 않는다. (3) 유럽과 제3세계가 왜 다른 길을 갔는지 설명하기 위해 과거와 현재의 세계사적 구조와 국제적 맥락 사이의 차이를 과장하는 경향이 있다. (4) 국제적 · 일국적 구조들을 사회적으로 중립적인 것으로 보면서 사회적 변화의 중요한 요소로 다룬다. 그러면서 경제적 · 정치적 발전의 사회적 기원은 모호해진다.

---

3) 이 방안에는 반주변부, 종속, 준종속, 불평등의 방안이 있다. 예를 들어, P. Evans 1979; Wallastein 1974a; Cardoso and Faletto 1979; Amin 1976; Cadoso 1973을 참조. 주변부 발전 이론들은 계속 정교해지고 있다. 예를 들어, Hettne 1990; Kay 1989; Larrain 1989; Becker et al. 1987을 참조.

4) 이 문헌들에 대한 개괄적 설명으로는 Evans and Stephens 1988이 있다.

5) 위기감은 발전 사회학에 만연해 있다(Booth 1985; Vandergeest and Buttel 1988; Sklair 1988; Corbridge 1990). 이런 위기감은 발전 이론의 다양한 분야에서 더욱 분명해지고 있다(Slater 1992; Pieterse 1991; Manzo 1991).

이런 오류들에는 두 가지 기본적인 전제가 자리하고 있다. 하나는 현대 제3세계 발전의 본질과 유형은 19세기와 20세기 초 유럽과는 아주 다르다고 하는 전제이다. 하지만 이 책에서 보여주는 것처럼, 그런 전제는 유럽 발전에 대해 상당히 잘못된 설명에 기초하고 있다. 하지만 이 잘못된 설명을 자유주의/근대화 이론이나 종속 발전 이론 모두 받아들이고 있다. 두 번째 전제는 종속적 발전을 분석하기 위해서는 외부적 관계에서부터 출발해야 한다고 하는 생각이다. 이런 전제 역시 재검토되어야 한다.

이 책에서 보여주고자 하는 내용은 세 가지이다. (1) 명시적으로나 잠재적으로나 현대 제3세계 발전 연구의 비교 대상이자 논의의 출발점으로 제공되고 있는 "유럽적 모델"은 실제이기보다는 허구이다. (2) 실제 유럽의 사회적 · 경제적 · 정치적 발전은 현대 제3세계 나라들과 비슷한 길을 갔다. (3) 번영과 민주주의로 향했던 과거의, 그리고 현재의 길은 근본적으로는 내부의 계급 구성과 연대에 의해 만들어진 것이다.

이 책의 의도는 종속적 발전의 특징들이 유럽 일부 지역의 산업화 과정에서도 나타났던 것이었음을 보여주려는 것만은 아니다. 유럽의 산업화 과정에서도 이원성, 단일 농작물에 의존하는 경향, 불평등, 국제 자본에 종속 등 종속성의 특징들이 노정되었다고 하는 점에 대해서는 많은 학자들도 동의하고 있다. 이들은 민주주의가 성취된 것은 나중의 일이며, 그 과정은 일반적으로 알고 있는 것처럼 순탄하지 않았으며, 인명 손실이 많았다는 것에도 동의하고 있다. 하지만 이 책의 주장은 이를 넘어서는 것이다. 현대 제3세계의 종속적 발전에서 보이는 양식은 1945년 이전 유럽의 발전 양식과 비슷하며, 종속적 발전을 표현하고 분류하는 데 필요한 범주들과 개념들은 유럽의 발전 과정에도 적용할 수 있다는 것이다. 외부에 대한 의존, 이원성, 불평등, 정치적 불안정, 권위주의 등 현대 제3세계에 대해 잘 정리된 특징들이 제3세계 고유의 양식으로 다루어져서는 안 된다. 현대 제3세계의 발전을 규정하는 틀과 이론들을 유럽의 경험과는 판이하게 다른 것으로 이해한 가운데 계속 적용해서는 안 될 것이다.[6)]

일부는 유럽의 역사적 전개 과정에서 종속성의 특징들이 공통적으로 나타나기는 했지만 그런 특징들이 현대 제3세계에서는 더욱 극단화되어 나타나고 있다고 주장하고 싶을 수도 있을 것이다. 하지만 유럽에서의 규모, 대의명분, 이런 조건들이 가져온 결과 등 그 어떤 것도 현대 제3세계의 현상과 크게 다르지 않다. 종속 이론은 종속적 발전을 이루고 있는 사회경제적 · 정치적인 결과물의 메커니즘을 명확하게 밝혀야 한다고 주장하고 있다. 이 책은 19세기 유럽에 그런 결과를 가져왔던 메커니즘을 분명히 보여주려고 한다.

맥닐(William McNeil)은 그의 책 『유럽 역사의 형성(The Shape of European History)』(1974)에서 제1차 세계대전 이후 역사가들이 더 이상 유럽의 역사를 이성과 자유가 발전해온 진보적인 과정으로 말하지 않게 되었다고 했다. 그런 역사관은 19세기 말 이래 수십 년 동안 지속되어온 것이었다. 제1차 세계대전 이후 그런 생각이 전반적으로 빠르게 사람들의 의식 속에서 멀어져 갔다. 이렇게 전통적인 유럽 역사학의 중심 사상이 더 이상 설득력을 갖지 못하게 되기는 했지만, 그럼에도 불구하고 "19세기 말 세워진 유럽 역사가 자리 잡아온 장중한 구조는 여전히 남아 있다"고 맥닐은 주장한다. "비록 지붕은 새고, 상하수관도 형편없지만, 그렇다고 다른 집도 없기 때문에 …… 빅토리아 시대의 저택은 계속해서 …… 대학원 학생들에게 배울 거리를 제공하고, 그들의 선생들에게는 유럽의 과거에 대한 여러 자료들이 혼란스럽게 나열되어 있는 가운데 그래도 가장 일관된 이야기로 제시하고 강조할 만한 선택 거리들을 제공하고 있다"는 것이다(McNeil 1974: 3~4).

맥닐의 주장 이후 20년이 훌쩍 넘은 뒤에도 기성 유럽 역사학의 빅토리아 시대 저택은 좀 흔들거리기는 해도 여전히 굳건하게 버티고 있다. 지붕

6) 발전 이론에서 이 책의 주장이 가지는 위상은 8장에서 설명한다. 하지만 여기서 다시 한 번 분명히 하는 것은 이 주장이 자유주의 근대화 이론이나 종속 이론의 전제들에 기초해서 제시된 것이 아니라는 점이다.

이 좀 샐지는 모르지만 기초는 여러 공격에도 불구하고 타격을 받지 않고 있다. 저택의 기초를 흔들 만한 데이터들이 이미 풍성하게 제시되어 있고, 나날이 산처럼 쌓여가는 데도 영향을 받지 않고 있는 것이다. 기존 틀의 부적합함을 말해주는 증거들이 더 나온다고 해도 좀 더 견고한 구조를 세울 기반을 새로 다지는 작업에는 별 도움이 되지 않을 것 같다. 그래서 이 책은 유럽의 역사적 발전에 대한 최근 연구가 이미 "게슈탈트 변이"를 만들어내고 있음을 보여주려고 한다. 좀 더 자세히 설명하면 이 책은 유럽의 과거에 대한 전통적 가정(假定) 구조는 제쳐두고, 일반적으로 강조되어왔던 것들과는 다른 요소들을 강조함으로서 그들이 다른 양식을 형성할 수 있도록 만드는 것, 그래서 우리가 익숙하게 보아온 것들과는 다른 그림을 그려낼 수 있도록 하려는 것이다.

"게슈탈트 변이"가 함의하는 것은 형상-배경의 가변성을 보여주기 위해 루빈(Edgar Rubin)이 창안한 유명한 얼굴-술잔 그림으로 설명할 수 있다. 관심을 바꾸면 형상과 배경이 바뀌게 된다. 관심에 따라 그림의 형상이 두 얼굴이 마주하고 있는 윤곽선으로 보일 수도 있고, 아래쪽에 굽이 달린 잔으로 보일 수도 있다. 다르게 보기 위해서 덧칠을 할 필요가 없다. 두 가지 그림 해석이 모두 같은 자료에서 나온 것이다.

현재 시점에서 역사 기록을 다시 점검하는 과정을 통해, 나는 이 책에서 게슈탈트 변이와 비슷한 것을 만들어내려고 시도했다. 사용된 자료들은 누구든지 볼 수 있는 것들이다. 하지만 기존의 기대 양식 때문에 우리는 특정 사실들을 상관없는 것으로 배제해왔다. 표준적인 해석을 뒷받침하는 사실들만을 가장 분명하게 볼 수 있게 되어 있다. 우리가 다른 기대를 갖고 출발할 때, 우리가 현대 세계의 발전도상국들을 존중하는 태도를 가질 때, 아주 다른 유럽 역사의 그림이 나타난다.

제1차 세계대전 직전의 유럽이 오늘날 라틴아메리카의 모습과 상당히 비슷하다고 가정해보자(사실상 이 책에서 하고 있는 가정이다). 이런 관점에서 출발하면 우리는 외국 시장에 의존해 있는 고립된 경제, 미약한 중산층, 국가와 전통적인 지주 엘리트, 새로 부상하는 산업화 집단들 사이의 협력 관계, 불안하고 온전하지 못한 민주주의, 심각한 불평등, 점점 증대하는 빈민층 등의 모습을 보게 될 것이라 기대하고 되고, 실제로 보게 된다. 우리는 제3세계 종속적 발전의 특징들을 모두 보게 될 것이라고 기대하게 되고, 실제로 아주 많이 보게 된다. 제1차 세계대전 직전의 유럽 사회의 특성이 바로 오늘날 제3세계의 특성과 같기 때문이다.

유럽 역사 발전에 대한 대부분의 연구들은 19세기 유럽 사회 지형들 속에서 역동적인 (실제로는 제한적이고 흩어져 있는) 몇몇 지점에 초점이 맞추어져 있다. 그 결과 도시화, 산업화, 자유화, 도시 노동계급 운동, 민주화 등을 강조해왔다. 하지만 우리가 현대 제3세계의 경험을 출발점으로 삼으면, 19세기 유럽의 다른 특징들, 즉 식민지 기구들, 여전히 지배적인 농업 분야와 전통 지주계급, 농촌적이고 전(前)산업사회적이며 봉건적이고 귀족적인 권력과 권위 구조 등을 보게 된다. 우리는 유럽이 도시적인 것이 아니라 도시화되었으며, 유럽이 산업사회가 아니라 산업화된 것이며 자유주의적이거나 부르주아 사회인 것이 아니라 해방되어온 사회라는 것을 알게 된다. 우리는 유럽의 상당수 인구가 농촌에서 일하고 살았으며, 거의 모든 나라에서 국가의 정치권력과 지배적인 사회 정신은 농촌에 기반을 두고 있었음을 발견한다. 오늘날 제3세계의 경험을 이용하면 우리는 유럽 발전의 이런 특징들을 좀 더 분명하게 하여, 망각의 구멍 속으로 한꺼번에 사라져버렸던 유럽 역사의 여러 측면을 불러낼 수 있다. 예를 들면 유럽에서 문자 그대로 호전적인 종교가 부활했던 것과 이것이 19세기 계급투쟁들 속에서 중요한 역할을 했던 역사적 경험을 다시 생각해볼 수 있다.

이렇게 유럽 산업자본주의 발전 과정에서 무시되어왔던, 하지만 중요한 측면들을 분명히 드러내어 유럽 역사 전개에 대한 전통적인 그림을 바꾸어 보려고 한다. 그래서 마침내 전통적인 유럽 역사학의 빅토리아 시대 저택을 허물고자 한다. 이 책에서 제시하는 그림이 완전히 새로운 것은 아니며, 가정만 바꾸어서 내놓은 결과의 산물도 아니다. 이는 증거들을 바라보는 방식에서 나온 것이다. 이 증거들은 이 책에서 인용한 저자들이 분명하게 논했지만 종합적으로 정리되지는 않았던 것들이다.

이 연구의 중요한 결론 하나는 유럽의 경제정치사가 다른 세계와 확연히 달라지는 것은 1945년 이후의 일이라는 점이다. 유럽의 산업자본주의와 자유민주주의의 두 가지 발전에서 중요한 사건은 20세기 전반에 있었던 두 전쟁(1914~1945)이었다. 여러 세대 동안 사회과학자와 역사학자들은 프랑스 혁명이 이 과정에서 중요한 전환점이었다고 주장해왔다. 그들에게 이 혁명은 산업과 상업 계급의 종속적 지위와 부패한 봉건 질서의 가치와 정책이 종식되었음을 분명히 보여주는 사건이었다. 이런 관점에서 혁명은 "민주주의의 첫 경험"(Furet 1978 : 109)일 뿐 아니라 과거와 혁명적으로 단절함으로써 자유와 평등이 작동하게 해준 사건이었다. 근대 세계에 대한 이 중요한 탄생 신화를 만들어내고 지속시키기 위해 엄청난 학구적 탐구들이 이루어졌다. 그러니 혁명을 통해 광범한 변화가 실제로 시작된 것은 아니라는 주장이 분노를 샀을 것이라는 것은 쉽게 예상할 수 있다.

이 책은 역사적 고찰과 비교를 통한 대비와 (통계적 실험을 거친 것은 아니지만) 통계 자료들을 제시하면서 비교와 종합을 시도했다. 이 책은 새로운 발견들에 기초한 것은 아니며, 근대사 전공자들의 연구서와, 다른 맥락에서 광범하게 이용되고 있는 학문적 증거에 기초한 것이다. 이 책은 근대에 관한 연구서에서 반복적으로 등장하고 있는 주제이지만 그 연구서에서는 그다지 강조하지 않았던 주제들을 발라낸 것이다. 이 책은 쉽게 구할 수 있는 통계 자료들을 끌어와 다른 렌즈를 끼고 읽어낸 것이다. 그래서 이 책은 같은 자료로 어떻게 새 결론을 도출할 수 있는지를 보여준다. 하지만 내 주요 관심은 종속적 산업자본주의 발전의 계량적 측면이기보다는 사회적 구조, 계급의 이해관계와 계급 형성, 그리고 식민주의가 남긴 일반적인 사회 정치적 유산들이다. 나는 경제적 · 정치적 발전은 따로따로 분리해서는 제대로 연구할 수 없다는 확신을 갖고 시작했다.[7] 그래서 경제적 발전과 민주주의 두 가지에 관한 최근 연구들을 모아 종합하려고 시도했다.

이 책은 자본주의 발전에는 한 가지 길만 있다고 주장하는 것이 아니다. 유럽과 제3세계의 산업자본주의 발전 경험에 차이가 없다고 주장하는 것도 아니다. 여기서 주장하는 것은 유럽 역사와 현대 제3세계 발전의 차이가 지나치게 과장되어왔으며, 엄밀하게 차이들을 추적하다보니 전체 그림이 혼란하게 되어왔다는 것이다. 이 책의 목표는 재해석된 유럽의 과거를 통해 현대의 개발도상국 세계의 경험을 해석하려는 것이 아니라, 다른 관점에서 과거와 현재 모두를 재해석하려는 것이다.

이 역사적 과정을 바르게 이해하는 것은 중요하다. 서구의 발전 과정에 대한 오해로 인해 학자들이 현대 발전도상국의 사회경제적 · 정치적 문제들을 이해하는 데 한계를 보이고 있다. 유럽 역사학은 1789년 혁명의 수사와 제국주의 시대에 등장한 유럽인의 우월성 주장의 영향을 강하게 받아왔다. 이런 역사학이 제공하는 유럽 발전에 대한 지나치게 단순화된 관점을 그대로 받아들이면 제3세계가 유럽의 경험을 되풀이하고 있는 것이 아니라는 결론을 자연스럽게 도출하게 된다. 하지만 제3세계의 경험이 유럽의 경험과 크게 다르지 않다는 것을 깨닫게 되면, 관심의 초점은 왜 제3세계가 저발전 상태에 있는가라는 질문에서 유럽에서 어떤 변화가 왜 일어났는가로 옮겨 가게 된다. 우리는 유럽의 어느 부분이 번영과 민주주의를 성취해냈는지, 왜 라틴아메리카는 그렇게 하지 못했는지를 질문하지 않을 수 없게 되며, 좀 더 나은 유용한 답변들을 끌어낼 수 있게 된다.

지금은 여러 나라들을 포괄하고 있는 지역에 대해 이 책에서 자주 사용한 현재의 나라 이름들은 때로는 국경이나 국적이 변해온 자세한 사항들을 무시하기도 했음을 밝혀둔다. 그러한 변화와 국적에 대한 총체적인 사항은

---

7) 발전의 두 가지 측면은 "민주주의로의 이행" 에 초점을 맞춘 일부 문헌들처럼 단기간의 틀을 갖고서는 제대로 탐구되기 어렵다. Baloyra 1987; Drake and Silva 1986; O'Donnell et al. 1986; Diamond, Linz, and Lipset 1980; Linz and Stepan 1978 참조. "민주주의로의 이행에만 초점을 두면 문제의 핵심에 도달하기 힘들 것이다. 이행들을 완전히 이해하기 위해서는 이를 민주주의의 사회적 · 경제적 · 문화적, 그리고 제도적 기초라고 하는 좀 더 큰 맥락에 놓는 것이 필요하다. 그래야만 이행들과 이후 이어지는 민주적 정치의 가능성 사이의 관계가 좀 더 온전하고 설득력 있는 방식으로 정교해질 수 있을 것이다." (Levine 1988: 393)

부록(정치편)에 정리해두었다.

유럽의 발전에 대한 설명에서 빠뜨린 부분은 한 세기 이상의 분쟁의 역사이다. 이 분쟁의 역사는 양차 세계대전에서 절정에 달했다. 1789~1945년 사이에 유럽은 계속되는 내전들, 혁명, 반혁명, 혁명 반대파의 폭력 등으로 만신창이가 된 상태였다. 1820년대, 1830년대, 1848년, 그리고 1917~1922년 사이에 혁명의 물결이 유럽을 휩쓸었다. 혁명이 하나하나 지나갈 때마다 유산계급들이 새로운 사회적 동요를 막기 위한 세력에 합류했다. 1800년대에 이런 연합은 왕가, 귀족, 교회들로 구성되어 있었다. 20세기로 접어들면서 이 세력에 대기업과 정당들이 함께하게 되었다.

다른 책(Halperin, 2003)에서 나는 사회 세력들, 산업 발전, 그리고 1789~1945년 있었던 유럽의 분쟁들 사이에 어떤 상호 관계가 있는지를 연구했다. 이 시기 동안 유럽에서 일어난 전쟁들은 자주 반복되는 일련의 문제, 주체, 정치적 연합 등과 연관이 있으며, 오랜 기간 동안 반복적으로 일어났다. 그 책에서는 산업 발전의 세 가지 차원과 분쟁이 가져온 세 가지 유형의 변화, 서로 맞물리는 내전과 국제전에 대해 서술했다. 그래서 양차 대전을 거치면서 유럽에서 어떤 변화가 왜 있었는지를 제시했다. 또한 양차 대전에서 절정에 달한 유럽 발전의 역사적 과정이 오늘날 제3세계와 어떻게 얼마나 다른지를 탐구했다.

위킨슨(David Wilkinson)이 초고에 대해 상세하고 흥미 있는 비평을 해주었으며, 원고가 좀 더 다듬어진 뒤에도 필요한 조언을 아끼지 않았다. 자이틀린(Maurice Zeitlin)은 학문 활동과 가르침으로 내가 분발할 수 있게 도와주었으며, 카포라소(James Caporaso)와 골드버그(Ellis Goldberg)는 소중한 제안을 해주었고, 그레이(William Gray)는 여러 생산적이고 통찰력 있는 지적과 꾸준한 지원으로 힘을 주었다.

샌드라 핼퍼린(Sandra Halperin)
펜실베이니아 피츠버그에서

차례

머리말 … 5

1장 • 유럽과 현대 제3세계에서 산업자본주의와 민주주의의 발전 … 17

2장 • 유럽의 식민지 과거와 "인위적"으로 구성된 국가들 … 55

3장 • 민족주의, 귀족, 그리고 국가 … 91

4장 • 잘못된 계급 계승 이론 … 135

5장 • 유럽에서의 종속과 발전 … 175

6장 • 봉건제와 자본주의의 공존 … 213
_ 양차 대전 이전 유럽에서의 산업 발전

7장 • 양차 대전 이전 유럽 민주주의의 신화 … 247

8장 • 결론 … 277
_ 비교사적 관점에서 본 산업자본주의의 발전

부록 … 305

옮긴이의 말 … 333

참고 문헌 … 338

찾아보기 … 396

1장

유럽과 현대 제3세계에서 산업자본주의와 민주주의의 발전

IN THE MIRROR OF THE THIRD WORLD CAPITALIST DEVELOPMENT IN MODERN EUROPE

선진 산업 세계와 제3세계 사이의 구분은 사회과학에서 하나의 관례가 되었다.[1] 배타적인 이 두 개의 범주는 유럽을 유럽 이외의 세계와 구분하는 과정에서 전개되어나온 것이라고 일반적으로 간주되어왔다.[2] "장기 16세기"(Braudel 1981, 1972; Wallerstein 1974a) 동안 유럽은 상당한 발전을 경험했다. 산업혁명이 시작될 시점까지 유럽은 세계 다른 지역에 비해 부유하게 되었다고 여겨져 왔다(예를 들어 Landes 1969: 12~13을 보라). 하지만 17

1) 내가 알기로 "제3세계"라는 용어를 처음 사용한 것은 1952년 소비(Alfred Sauvy)였다. 『옵세르바퇴르(L'Observateur)』(14 August 1952)에 실린 한 논문에서 프랑스 국립 인구학연구소 초대 소장인 소비는 이렇게 썼다. "이 무시되고, 착취받고, 경멸되어온 제3세계는 바로 프랑스 혁명 이전의 제3계급과 닮아 있으며, 분명히 어떤 의미 있는 존재가 되고 싶을 것이다." 발랑디에(Georges Balandier)는 1955년 반둥에서 열린 29개 아프리카와 아시아 국가들이 모여 가진 회의에서 소비를 인용하며 이 용어를 사용하여 두 진영 사이에 끼어서 제3세계를 구성하고 있는 나라들의 국민을 언급했다. 이 용어는 공산주의 진영이나 서구 진영에 속하지 않으면서 "제3의 세력"을 형성하고 있다는 의미와 서구에 비해 "개발되지 않았고", "뒤처졌으며", "저개발된" 세계라는 의미를 모두 표현하고 있는 것으로 보인다.

2) 유럽이 세계체제 내에서 주도권을 가진 세력으로 등장하기 시작한 시기에 대해 역사가들마다 다양한 연대를 제시하고 있다. 유럽의 발전을 가져온 변화의 조짐이 시작된 것은 서유럽 봉건제 기구들이 만들어졌던 중세였다고 일반적으로 생각하고 있다. 긴 이행 기간을 지나 16세기 어느 시점에 봉건사회에서 자본주의가 등장했으며, 이후로 유럽을 부, 권력, 영향력의 중심지로 만들었다는 것이다.

세기 유럽의 성장은 정체해 있었고 일부 지역에서는 오히려 후퇴했다. 그래서 산업혁명 직전 일인당 GNP(국민총생산)를 비교해 볼 때, 사실상 유럽과 유럽 이외 세계의 수준은 거의 같았다.[3)]

학자들은 산업혁명이라는 개념 자체에 대해 한 세기 이상 문제를 제기해왔다. 1884년 토인비(Arnold Toynbee)의 『18세기 영국 산업혁명 강의』의 출판 이래로 이 표현은 유럽인의 승리감을 나타내는 수단으로 사용되었으며, 여러 반대에도 불구하고 역사 용어로 통합되어갔다.[4)] 최근의 연구들은 우리가 산업혁명이라고 부르는 시기가 그 용어가 암시하는 것처럼 그렇게 과거와 급격한 단절이 있던 시기가 아니었음을 확인해주고 있다(North 1981 : 162 ; Cameron 1981, 1985 ; Fores 1981). 고전적인 산업혁명기 동안 영국이 경험한 것은 점진적인 산업화였다(Crafts 1983 ; Harley 1982). 하지만 19세기 유럽인들은 당대의 기술적 발전에 고무되어, 유럽의 경제적 복지 수준과 발전 속도가 이전 어느 시기와 비교할 수 없을 정도로 대단하다고 생각했다.[5)] 하지만 이는 분명히 사실이 아니었다. 클라크(Colin Clark)는 19

---

3) 베어록(Bairoch)은 1750년 무렵 미래 선진국들의 일인당 GNP 수준은 미화 182달러(1960년 미국 달러와 물가 기준)였다고 추정한다. 미래 제3세계에 대해서는 미화 188달러라고 추산하면서, 미래 선진국들보다 3~4퍼센트 정도 높았다고 추정한다. 이에 따라 임금 수준 차이는 1대 1.02 혹은 같은 수준이었다고 결론짓는다(Bairoch 1981 : 7~9). 최근에 매디슨(Meddison)은 일련의 논문들(1983, 1989, 1990)에서 이 문제에 대한 연구에 착수했다. 매디슨의 1913년, 1870년, 1830년에 대한 최근 연구들을 이용하여, 베어록은 1750년 제3세계의 일인당 GNP를 미화 170~190달러로 좀 더 신중한 측정 결과를 내놓았다. 이는 그가 1981년에 제시했던 수치와 거의 일치한다. 매디슨은 1750년 무렵 미래 선진국 수준이 유럽(러시아 포함)에서 1980년 미국 달러 기준으로 550~600달러 정도로 추산했는데, 이는 1960년 미화로 계산하면 180~215달러이다. 따라서 매디슨의 최근 연구들에 따르면 1750년 미래 선진국들과 저개발국들 사이의 차이는 1 : 1.3 정도이다. 베어록은 이를 놓고 자신의 1981년 추정치인 1 : 1.1과 크게 다르지 않다고 주장할 만하다(Bairoch 1993 : 105~106). 측정치의 차이를 점검하기 위해 다른 연구들을 검토하였다(예를 들어 Zimmerman 1962 ; Kiznets 1966, 1971 ; Landes 1969 ; Crafts 1984). Bairoch 1993 : 102~110을 보라.

4) 캐머런(Cameron 1985)은 당대 학자들의 반대 의견에 대해 간결하게 개관한다. 토크빌(Tocqueville)은 이 용어를 일찍이 1850~1851년에 사용했다(1978 : 113~114). 이보다 더 일찍이 용어를 사용한 이들도 있다. 베잔슨(Anna Bezanson)은 프랑스 혁명 이후 "혁명"이라는 용어가 상당히 유행했으며, 예술, 제조업, 사회 기구들, 종교, 소비, 정치, 도덕 등의 변화를 표현하는 데도 사용되었음을 보여준다(1921~1922 : 347).

세기 중반 영국 소득 수준을 계산하고, 1870년 독일과 프랑스의 소득 수준을 계산한 결과, 이것이 고전 고대시대 그리스와 비슷하다는 결론에 도달했다(Clark 1957 : 677 ; Rostovtzeff 1957 : 1 : 3도 참조). 클라크에 따르면 전형적인 1850년 영국 공장노동자와 1929년 이탈리아 노동자의 소득은 서기 1세기 로마의 자유 숙련공의 소득과 거의 비슷했다(1957 : 652, 654). 19세기 유럽의 성장률은 과거보다 높기는 했지만 특별하다고 할 정도는 아니었다. 제2차 세계대전 이후(4.5%)와 비교하면 19세기 유럽의 연성장률(0.9~1.0%)은 낮았다.[6] 유럽의 발전은 다른 세계와 비교할 때 특별히 주목할 만한 것이 아니었다(부록 : 통계 편, 표 10과 11 참조). 1870~1913년 사이에 영국과 프랑스, 그리고 중부와 남동부 유럽 여러 지역의 일인당 소득 증가 속도는 콜롬비아, 브라질, 멕시코보다 처졌다(Lewis 1978a : 216 ; Furtado 1963 : 162~165). 제1차 세계대전이 끝났을 때, 유럽 전체의 경제적 복지 수준은 라틴아메리카 전체와 비슷했고(부록 : 통계편, 표 1과 2 참조), 여전히 "분명하게 전(前)산업적" 상태에 머물러 있었다(Mayer 1981 : 187, 301). 영국을 제외한 유럽 모든 곳에서 농업은 여전히 가장 크고 비중 있는 단일한 경제 분야였다. 제1차 세계대전 이후에도 프랑스는 여전히 그 부를 기본적으로는 농업에서 가져오고 있었으며, 인구의 약 절반이 농업에 종사하고 있었다(Ogg 1930 : 185). 중부 유럽은 공업 발전을 시작하지도 않았으며, 동부와 남부 유럽은 공업적으로 발전되어 있지도 않았고, 본격적인 수출용 농업으로 옮겨가기 시작한 것도 아니었다. 사실 제1차 세계대전이 시작되면서 유럽 이 지역들의 주 농산물 수출은 라틴아메리카보다 적었다(Lewis 1978a : 166). 1910년 유럽 대부분은 여전히 농촌이었고(부록 : 통계 편, 표4 참조), 유럽 농

5) Clark 1957 : 652. 그런 신념들은 유럽의 정부와 국민들이 착취하고 있던 세계들과의 관계에서 유럽의 정체성을 세워가는 데 큰 도움이 되었고, 또한 그런 착취를 정당화하는 데 이용되었다. 따라서 이런 신념들은 당대와 이후 세대들의 역사의식에 깊이 자리 잡게 되었다.

6) 19세기 성장률 수치는 Bairoch 1976 : 309. 제2차 세계대전 이후 수치는 1950~1970년 사이의 평균 성장률이다. Bairoch 1993 : 142.

촌 대부분은 중세 이래 크게 변한 것이 없었다.

유럽이 조금씩 앞으로 나아가고 있을 때 다른 지역들이 정체해 있었던 것은 아니다. 다양한 학파들이 발전에 대해 내놓은 주장들처럼, 이들 지역의 공업 발전이 유럽의 성장으로 후퇴하거나 비틀렸던 것도 아니었다. 사실 양차 세계대전 이전에는 유럽과 유럽 아닌 지역의 성장이 가지는 특성과 성격은 본질적으로는 같은 것이었다. 1914년 있었던 차이는 일부 유럽 국가들에서 일찍 산업화가 진행되었던 것과 자연 자원의 차이에서 비롯된 것이었다. 유럽의 운명을 오늘날 제3세계라고 부르는 지역과 구분되게 만든 것은 양차 세계대전이었다. 전쟁이라는 격변 속에서 유럽의 전통적 계급 구조가 변화하지 않았다면, 유럽과 오늘날 라틴아메리카가 크게 다르지 않았을 것이다.

유럽 모델

칼 맑스는 1867년 독일에게 독일의 산업화 과정은 영국이 겪었던 것보다 순탄하지 않을 것이라고 경고했다. 독일 노동자의 조건은 영국의 공업·농업 노동자처럼 언젠가는 그렇게 비참해질 것이라고 예언했다. 사실 그는 모든 나라에서 공업 발전은 비슷한 경험을 하게 될 것이라고 생각했다 : "공업이 좀 더 발전한 나라는 덜 발전한 나라의 미래상을 보여주고 있다."[7] 오늘날 맑스주의자와 맑스주의자가 아닌 학자들 모두 이 관점은 받아들이지 않고 있다.[8] 그들은 제3세계가 유럽 산업 발전의 비참한 길에서 빠져나갔다고 생각하는 것이 아니라 유럽이 현대 제3세계 발전의 비참함에서 벗

7) Marx 1909 : 1: xvii. 맑스가 인도, 폴란드, 아일랜드에 대해 언론에 기고한 글들을 보면 그가 주변부의 자본주의 발전 전망에 대해 좀 더 비관적이었음을 알 수 있다. 하지만 맑스의 관점에서 보면 자본주의가 이들 나라에서 좀 더 확고하게 자리를 잡으면 이들 나라도 그가 묘사했던 유럽을 점점 더 닮아가게 된다. 맑스의 입장에 대한 논의는 Avineri 1968, 8 참조.

어났다고 가정한다. 이런 생각은 맑스의 저작들뿐 아니라, 19세기의 〔코빗(William Cobbett)에서 아널드(Matthew Arnold), 베버(Max Weber)에서 웹(Beatrice Webb)에 이르기까지〕 수많은 사회과학자들과 개혁가들의 생각과도, 〔필(Sir Robert Peel)에서 샤프트버리(Lord Shaftesbury), 디즈레일리(Benjamin Disraeli)와 조지(Lloyd George)에 이르기까지〕 유럽 정치인들의 연설, 공식 문서, 보고서, 그 외 기록들과도, 〔예를 들어 발자크(Blazac), 디킨스(Dickens), 졸라(Zola)와 같은〕 19세기 위대한 문인들의 작품들과도 모순되는 것이다. 보수주의자건 자유주의자건, 자본가건 사회주의자건 모든 정파와 다양한 입장의 저자들은 막 등장하고 있던 유럽의 산업자본주의 질서의 사회적 조건에 대해 인류가 경험한 최악의 구렁텅이라고 입을 모았다.[9]

이 필자들이 말하는 유럽 산업 발전의 이야기는 19세기 말과 20세기 사회과학자들과 역사가들이 했던 이야기와 상당히 다르다. 19세기 사회과학자들이 유럽의 산업 발전의 중요한 특징으로 주로 관심을 두었던 지배, 착취, 불균등 발전, 불평등, 정치적 불안정성, 권위주의 등은 완전히 수정된 이야기 속에서는 뒤로 물러나버렸다.[10] 이야기의 앞자리를 차지한 것은 기계와 기계의 힘, 높아진 생산성, 부의 축적 등 대리석처럼 말쑥하고 화려한 이야기였다. 수정된 이야기에 따르면 유럽에서 산업자본주의 발전은 점진

8) 상당히 최근까지 자유주의자와 맑스주의자 모두 제3세계가 유럽이 갔던 길을 다시 갈 것이라고 생각했다(예를 들면 Black 1966; Eisenstadt 1966; Levy 1966; Apter 1965; Rowtow 1960; Shils 1960; Almond and Coleman 1960; Lerner 1958). 하지만 결국 그들은 제3세계가 그 길을 따르지 않았다고 하는 견해를 갖게 되었다. 1960년대 말과 1970년대 초 비평가들은 제3세계의 발전을 다룬 문헌들이 목적론적 · 단일 지향적 · 발전 결정주의적 성격을 지니고 있다고 공격하기 시작했다(예를 들면 Shiner 1975; Schwartz 1975; Tipps 1973; Huntington 1968; Frank 1967; Whitaker 1967; Gusfield 1967; Eisenstadt 1964). 오늘날에는 제3세계가 유럽과 완전히 다른 길을 통해 산업자본주의로 나아갔다고 대체로 의견의 일치를 보고 있다. 이 두 가지 길이 연계되어 있는가를 놓고 학자들 사이에서 아직 의견이 분분하다. 자유주의와 신고전주의 이론은 두 가지를 별개로 다룬다. 이에 비해 신맑스주의자와 종속 이론, 세계체제 이론은 두 가지 길을 자본주의의 세계적 팽창이라고 하는 하나의 역사적 과정에 통합되어 있는 부분들로 다룬다. 맑스주의자들 사이에서 맑스의 관점은 소수 의견이 되어 있다. 예를 들어 Warren 1980 참조.

적이고 진보적인 것이었다. 내생적인 문화적 · 제도적 변화에 힘입어 새로운 도시 부르주아가 권력을 갖게 되었고[11], 역사적 혹은 민족적 공동체들이 국민국가로 발전했으며, 어느 정도는 균등하고 내부에 초점을 둔 발전으로 국내 시장이 점차 확대되고 통합되어갔다는 것이다.[12] 많은 이론가들이 현대 제3세계 발전을 분석하기 위한 출발점이자 비교의 근거로 삼고 있는 유럽 발전 모델이 바로 이런 설명에 의거한 것이다.

서구 발전에 대한 이런 식의 그림이, 그보다 덜 발달한 나라들에게 미래상을 제공하지 못한다는 것은 확실하다. 사실 이런 발전 시나리오는 제3세계의 모습과는 확연히 다른 것이어서 대부분의 학자들은 유럽이 발전해온 과정이 반복될 수 없을 것이라는 결론을 내리게 된다. 제3세계에서 발전은

9) 19세기에 가난과 비참함에 대한 우려가 끊이지 않았던 것은 간혹 생각하듯이 당시 사회의식이 상당히 발달해서가 아니라 빈곤의 범위와 정도가 유례없을 정도였기 때문이었다. 예를 들어 콘래드(Joseph Conrad)처럼 19세기 일부 작가들은 유럽의 해외 식민지들의 소름끼치는 상황에 대해 잊을 수 없는 기록을 남기기도 했다. 주로 제국주의와 제국주의 침투가 가져온 결과들을 비판하는 데 관심을 두었기 때문에 콘래드는 세계의 후진 지역들(파투산, 코스타구아나)을 묘사하였으며, 이들 지역을 제국주의 열강들과 비교하는 데는 크게 관심을 두지 않았다. 그래서 우리는 그가 주변부에서 자본주의 발전이 유럽의 자본주의 발전과 다르다고 믿었을 것이라고 가정하게 된다. 하지만 제국주의보다 자본주의 발전에 관심을 갖고 보면 그가 두 지역을 비슷하게 바라보았다는 결론을 내리게 된다. 사실 그는 『시크릿 에이전트(The Secret Agent)』(1907)에서 런던 빈민의 비참한 생활상을 어두운 초상화로 그려낸 바 있다.

10) 몇몇 중요한 예외로는 Lis 1989, 1979; Goldstein 1983을 참고.

11) 성장의 동력으로 상업이 강조되었음에도 불구하고 신고전주의 저자들은 내적인 제도적 변화가 상업의 확대를 가능하게 했다고 주장한다. 큰 제도적 변화의 중요한 예는 재산권을 명시한 법과 그 집행의 변화(정부들은 조건부 토지 소유를 절대적인 사적 재산으로 변화시키면서 배타적인 소유권과 재산 관계들을 강화했다), 지역들 사이의 상업적 거래를 막는 법적 · 제도적 장벽의 제거를 통해 새로운 경제적 기회 활용을 훨씬 용이하게 만든 것, 산업과 상업에 종사하는 사기업의 확대와 규모의 경제를 통해 수익률을 높일 수 있게 해준 공공교통 서비스의 확립, 임노동을 사용하는 자본주의 기업들과 이윤을 위해 생산하는 가족기업들이 우세해진 것, 경제적 · 기술적 변화로 생기는 부정적 결과(예를 들어 가격이나 임금을 적정하게 책정하지 못했거나, 신기술과의 경쟁, 혹은 외국 경쟁자들 때문에 판로가 막힌 경우)로부터 보호받을 수 있도록 특정한 사회경제적 집단들이 새 조직을 만들거나 기존 조직을 변화시키는 것 등이다.

12) 이런 수정된 설명의 예로는 Benson 1989; Chenery 1986; Kedourie 1984; Gray 1981; Rubinstein 1981; Weiner 1981; North 1981; Joyce 1980; Murdoch 1980; Chrot 1977; Binder et al. 1971; North and Thomas 1973, 1970; Huntington 1968; Rostow 1960을 참조.

대부분의 국가들이 다양한 민족들을 포괄하고 있으면서 인위적으로 형성된 역사를 갖고 있고, 국민들이 공유하는 역사와 국민성이 미약하며, 자생적이고 강한 도시 부르주아 세력도 부족하며, 자유주의적 제도들을 유지할 만한 능력도 없는 조건들 때문에 어려움에 봉착해 있다. 따라서 발전은 외부적으로 자극을 받기는 하지만 동시에 식민지적이고 전통적인 구조와 세력들의 온존, 즉 이원성, 독점, 내부적인 구조적 통합의 결여, 외국 자본·외국 노동·외국 시장들에 대한 의존 등의 이유 때문에 지연되고 있다.[13] 이 요인들은 모두 제3세계 발전에 관하여 잘 정리된 특징들이다. 하지만 현재의 연구들이 놓치고 있는 것은 이런 특징들은 유럽 발전의 특징이기도 했다는 점이다.

1970년대에 발전을 연구하는 학계에 어떤 위기감이 스며들기 시작했다. 위기감은 기존의 종속적 발전 모델들이 제3세계에서의 변화 과정들을 잘 서술하고는 있지만, 그에 대한 정확한 이해를 제공하지는 못한다는 인식에서 시작되었다. 1970년대 중반에 학자들은 유럽에서의 발전을 다시 검토하기 시작했다. 발전 과정에 있는 지역들의 변화를 분석하는 데 사용할 수 있는 모델들을 찾기 위해서였다.[14] 틸리(Charles Tilly)가 편집한 영향력 있는 책(1975b)에서 몇몇 학자들은 유럽에서 국민적 통합과 국민국가의 형성이 통념처럼 무난하고 성공적인 과정이 아니었음을 보여주었다. 다른 학자들은 동유럽과 현대 제3세계가 불균등한 발전과 주변화라는 비슷한 양상을 보인 것에 주목하였다(예를 들어, Wallerstein 1974a, 1980; Berend and Ranki 1982; Turcan 1969; Spulber 1963). 다양한 모델을 19세기와 20세기 초의 유럽 발전에 적용해본 뒤, 모리스와 애덜먼은(Morris and Adelman 1988) 신고전주의 모델이 온전히 적용될 수 있는 것은 영국, 프랑스, 벨기에, 스위스뿐이라는 결론을 내렸다. 하지만 나는 동유럽만이 아니라 서유럽에서도 산업

13) 예를 들어 Roxborough 1979; Cardoso 1973; Dos Santos 1970; Frank 1967; Baran 1957을 참조.

14) 관련 연구들을 개관한 것으로는 Migdal 1983을 참조.

자본주의 발전의 구조적 특징과 과정은 우리가 오늘날 제3세계에서 보는 것과 본질적으로 비슷하다고 주장할 것이다. 이런 구조와 과정은 유럽과 제3세계에서 비슷한 발전 양상을 낳았다. 이는 유럽과 제3세계에서 발전이 일어났던 역사적 · 국제적 맥락이 크게 보면 비슷했기 때문이기도 했다.

19세기와 20세기 초 유럽의 발전

종속 이론에 따르면 제3세계를 유럽과 구분해주는 것은 식민지 역사이다. 제3세계에서 발전에 관한 이야기는 사실 유럽 열강의 식민주의적이고 제국주의적인 정책에서부터 시작한다. 그것은 제국의 지배와 식민지의 복속이라고 하는 직접적 형태를 띠기도 하고, 제국주의의 새로운 형태로서 탈식민주의 시대에도 계속 종속을 유지하게 하는 형태를 띠기도 한다. 이런 관점에서 식민주의는 제3세계 사회 내에서 상호 관련되어 있는 구조적 "왜곡"을 만들어냈다. 이는 근대적이고 역동적인 부분이 전통적이고 정체적인 경제 내에서 존재하게 되는 이원 경제나[15] 몇 안 되는 수출품이나 소수의 무역 거래자에 의존해 있는 상황을 의미한다. 이런 왜곡들은 성장 양식을 국제 시장의 흐름에 묶어놓게 된다. 그래서 국가 경제에 영향을 미치는 결정을 내릴 때에 외세의 입김이 크게 작용하게 만든다. 수출 분야에서 사용되는 기술은 별다른 적응 과정을 거치지 않은 채 선진국들에서 가져온 것들로 그 기술을 수입한 나라의 생산과 소비에는 여러 면에서 적합하지 않은 것이며, 종속의 구조를 되풀이하는 데 기여할 뿐이다.[16]

15) Sunkel 1993 참조. 모든 종속 이론가들이 이원성이라는 개념을 받아들이는 것은 아니다. 예를 들어 아시아와 아프리카 남부에 대한 많은 연구서들은 근대 생산 부분에서 노동자 이주의 효과와 토지 임대에 관한 통례의 변화를 강조하지 이원성이라는 개념은 강조하지 않는다.

16) Amin 1977 ; S. Amin 1974 ; Alavi 1975, 1964 ; Stewart 1974 ; Cardoso 1972 참조.

종속 발전이 낳은 가장 중요한 구조적 왜곡으로는 지역 부르주아의 등장이 국제 자본의 지배 때문에 제대로 이루어지지 않았다는 점이다. 그래서 부르주아가 국가 발전을 주도하는 유능한 주체로 활동하기에는 너무 약하고 종속적이다(이 관점에 대해서는 Portes 1985 참조; Cardoso and Faletto 1979; Coatsworth 1993). 그 결과 산업화 과정에서 지역 주도권은 국가의 손에, 그리고 일부 지역에서는 별개의 권력 기반을 갖고 있는 "국가 부르주아"에게 넘어가게 되었다(Cardoso 1977 : 16 ; Cardoso 1979 : 53). 현대 제3세계에서 발전은 유럽과 비교할 때 불평등하고 덜 민주적인 것으로 생각된다.[17] 현대 제3세계 대부분의 국가에서 인구 대다수는 국가의 정치 생활에서 배제되어 있다. 민주적인 정부 형태가 기반을 갖춘 나라들에서도 민주주의는 부분적이고 상당히 불안정한 경향이 있다.

식민 지배와 착취는 오늘날 제3세계에서와 마찬가지로 사실 19세기 유럽 여러 나라의 경험이기도 했다. 19세기 노르웨이, 핀란드, 이탈리아, 체코슬로바키아, 헝가리, 폴란드, 아일랜드, 벨기에, 그리스, 발트 해의 여러 국가들, 루마니아, 불가리아, 유고슬라비아, 알바니아는 외부 제국주의 세력의 지배를 받은 경험이 있다. 19세기 동안 보호령이나 다른 간접적 형태의 식민주의가 동부, 남부, 동남부 유럽에서 자리 잡았다. 이는 제3세계에 자리 잡은 것과 같은 형태였고 같은 결과를 야기했다. 게다가 거의 모든 유럽에서 국가 형성 과정은 본질적으로는 그 기원이나 방법에서 식민주의와 비슷한 것이었고, 인구 대다수에게 비슷한 영향을 미쳤다.

19세기와 20세기 초 유럽 경제 대부분은 이원적이었다. 영국, 프랑스, 이탈리아, 독일, 스페인, 포르투갈, 오스트리아-헝가리 제국, 러시아, 벨기에 그리고 발칸반도의 여러 국가들은 경제에서 역동적이고 외국 지향적인 분야를 갖추고 있기는 했지만 그것이 나머지 사회를 모두 변화시키지는 못했

17) 불평등한 제3세계 발전에 대해서는 Coatsworth 1993 : 24, 26-27 ; Evans and Stephens 1988 : 755 참조. 제3세계의 발전이 덜 민주적인 것에 대해서는 O'Donnell 1979 ; Schmitter 1971 ; Chalmers 1969 ; King 1968 ; Cardoso and Faletto 1969 참조.

다. 동부든 서부든 유럽의 많은 나라들은 20세기 이전에는 수출품이나 무역 상대를 다양하게 갖추고 있지 못했다. 1900년 덴마크 수출의 60퍼센트는 영국으로 향했다(Jorberg 1973 : 395). 1910년 오스트리아-헝가리 제국 무역의 66퍼센트가 네 나라와 이루어졌으며, 벨기에 무역의 62퍼센트는 다섯 나라와 이루어졌다(Mitchell 1975 : 569, 573).

유럽 대부분의 나라는 이미 발전된 기술을 외국에서 들여와 적용해가면서도 "전통적인" 사회구조는 그대로 유지했다. 그리고 성장을 재정적으로 지원하기 위해 모든 나라가 외국 자본에 종속되어 있었다. 프랑스와 벨기에에 영국 자본, 독일에 영국과 프랑스 자본, 오스트리아에 프랑스와 독일 자본, 스웨덴과 다른 스칸디나비아 국가들에 독일 자본이 투입되었다. 19세기 유럽 어디에서도 강하고 독립적인 산업자본가 부르주아를 찾을 수가 없었다. 유럽 대부분의 지역에서 부르주아는 외국인 집단이거나 아니면, 정치 경제적으로 취약했으며, 지역적으로 한정되어 있었고, 국가나 토지를 장악하고 있는 귀족층에게 종속되어 있었다. 발전에 재정 지원을 한 것은 독립적인 토착 자본가 부르주아가 아니라, 국가, 은행, 외국의 투자자였다. 기업과 토지 소유층은 이해관계를 위해 유대 관계를 형성했으며, 이는 제3세계에서 형성된 유대 관계와 비슷했다. 이후 이 관계가 계급 관계와 국가적 발전에 가져온 결과도 비슷했다. 사실 이런 유대 관계는 전산업화 시대 시민사회를 유지하고 강화하는 데 아주 성공적이어서 제1차 세계대전 직전의 유럽은 크게는 여전히 "농업적이고, 귀족적이며, 군주제적" 이었다(Mayer 1981 : 129).

19세기 유럽에서 소득의 분배는 오늘날 라틴아메리카와 비교할 만하다(제1차 세계대전 이전의 유럽과 제2차 세계대전 이후의 라틴아메리카를 비교하기 위해서는 부록: 통계편, 표 3 참조). 1900년 유럽에서 빈부 차이는 그 전후 유럽 역사 어느 시기와 비교해도 큰 것이었다(Romein 1978 : 13장). "1901년 영국은 생활 조건이 심각했다는 면에서 볼 때 오늘날 후진국과 똑같았다. 오늘날처럼 세계 구호 기구들이 있었다면 아마도 그곳에 가서 구호 활동을 하기 위해 대대적인 캠페인을 펼쳤을 것이다"(Warren 1979: 17). 1914년 영국은 만연한 빈곤과 비참함의 바다로 둘러싸인 사치품과 허영의 작은 섬들로 구성되어 있었다(Joad 1951: 558). 만연한 빈곤, 불결한 환경, 빈약한 보건 상태 등이 모든 유럽의 고유한 특징이었다.

1914년 노르웨이는 유럽에서 보통 · 평등 선거제를 갖춘 유일한 나라였다. 그 외 다른 모든 곳에서 민주주의는 부분적이고 불안정했다. 헌법과 민주적 시민의 자유는 법률의 지배를 받지 않는 보호 체제와 부패로 끊임없이 위협받고 있었다. 제2차 세계대전 이후에 가서야 보통 · 평등 · 직접 · 비밀 선거제도가 서유럽 전역에서 규범이 되었다.

여러 연구자들은 종속 발전에서 나타나는 일련의 특징들 내에서 다양한 요소들을 강조한다. 하지만 이들이 공유하고 있는 것은 제3세계 나라들에서의 사회 경제적이고 정치적인 구조와 변화 양식은 주로 외부와의 관계에 의해 제약을 받고 있다는 점이다. 이는 종속 이론이 가져온 중요한 혁신 중 하나이며, 지금은 발전을 연구하는 다른 대부분의 방법론들도 이 생각을 공유하고 있다. 카포라소(James Caporaso 1978)는 잘 통합된 국민국가가 외부적으로 다른 ("종속적") 지역에 의존하는 것과, 덜 발전해 있고 덜 균일화되어 있는 사회가 지구적 노동 분업에 ("종속적으로") 통합되어가는 것 사이의 차이를 훌륭하게 구분해낸다. 그는 잘 통합되어 있는 국민국가들 사이에서의 상호작용은 잘 통합되어 있는 나라와 제3세계의 덜 발달된 나라 사이의 상호작용과 다른 결과를 낳는다고 주장한다. 하지만 이런 규정에 따르면, 모든 유럽 국가는 최소한 한때는 종속적 지위에 있었으며, 덜 발전한 나라였고 세계 자본주의 체제 내로 완전히 통합되지 않았다(2장, 3장 참조). 예를 들어 영국은 17세기 상업자본주의에서 네덜란드가 승리를 구가하고 있을 때에 그 뒤를 쫓던 나라였다. 플랑드르에서 이주해 온 이민자들이 영국에서 모직물 산업을 시작했다. 외국의 제조업자들이 처음으로 종이 공장을 세웠고, 대포(大砲) 주물 공장을 처음 세울 때 도움을 주었다(Clough 1952: 174, 178~179, 185). 1815년 이후 이렇게 뒤를 쫓던 나라가 선진국이 되었고, 네덜란드, 스페인, 스웨덴 등 한때 군사 기술이나 농업, 공업 생산에서 앞서 있던 나라들이 영국의 뒤를 좇는 나라들이 되었다. 영국의 전문가, 노동자, 투자 자본가, 증기기관, 면화 기계 등이 전 유럽에 넘쳐났다(Bendix 1977: 412~413 ; Nef 1967 : 1 ; Hobsbawm 1962 : 51).

동일한 구조적 특징과 과정이 과거와 현재의 산업자본주의 발전에서도 나타나며, 외부와의 관계가 국가 발전에 미치는 영향은 지금과 마찬가지로 이전에도 막강했다. 오늘날의 발전은 다른 역사적 · 국제적 맥락에서 전개되는 것이기 때문에 그 영향은 다르다는 반론이 나올 수도 있다. 이 주장에 대해 탐구해보도록 하자.

비교 불가능하다는 테제

발전에 대해 연구하는 학자들 대다수는 제3세계 나라들이 선진 산업국가들이 갔던 길을 밟고 있는 것은 아니라고 전제하고 있다. 그 결과 그들의 관심의 초점은 이런 규범에서 벗어난 길을 설명할 수 있는 해석 틀을 개발하는 데 맞추어져 왔다. 가장 유력한 설명은 유럽과 현대 제3세계의 발전은 결정적으로는 비교할 수 없는 상황들에 의해 구현되어왔다고 하는 확신에 중점을 두고 있다.[18] 이렇게 상황을 다르게 만든 요소로 지목되는 것은 세계 자본주의 체제의 변화와 현대 제3세계의 식민지 경험, 뒤늦은 그리고 국가가 주도하는 개발, 국제적인 정치적 이합집산과 사건들, 그리고 국제적

18) 예를 들어 무어(Moore 1966)는 산업사회가 형성되는 과정에서 일정하게 공유하는 문제는 있지만, 그런 문제는 계속해서 변화해왔다고 주장한다. 한 나라에서 선택한 근대화의 방식은 그 다음에 근대화를 시작하는 나라들에 닥칠 문제의 조건을 바꾸어놓기 때문이다. 모리스와 애덜먼도 비슷한 주장을 하고 있다(Morris and Adelman 1989 : 1420). 카르도소와 팔레토는 발전도상국은 선진국의 역사를 밟아가는 것이 아니라고 주장한다. "역사적 조건이 다르기 때문이다. …… 역사적 시기가 다를 뿐 아니라 발전과 사회의 구조적 조건이 다르다"(Cardoso and Faletto 1979 : 24, 172).

인 학습 등이다.[19] 이들 요소 중 일부는 이미 앞에서 논의한 바 있다. 그럼 나머지 요소에 대해 유럽과 제3세계의 상황이 어떻게 다르다고 주장되고 있으며, 그 차이들은 최근 연구에서 어떻게 뒷받침되고 있는지 살펴보자.

세계 자본주의 체제의 변화로 다른 시대가 열렸고 발전은 다르게 이루어져 왔다는 주장이 종종 나오고 있다. 예를 들어 카르도소와 팔레토(Cardoso and Faletto 1979)는 국제 자본주의 발전의 다양한 (상인, 산업, 상업, 기업) 단계들이 라틴아메리카 국가들의 내부적 구성에 중요한 구조적 결과를 가져왔다고 주장한다. 이들의 주장에 따르면 상업자본주의, 그리고 이후에는 산업자본주의가 확대되면서 세계 시장과 연관되어 있는 비공업 분야 경제가 다른 지위를 차지하게 되었으며 국제 체제에서 다른 기능을 수행하게 되었다. 국제 체제에서 일부(오늘날 선진 공업 국가들)는 공산품을 생산했고, 나머지(오늘날 덜 발달한 나라들)에서는 원료를 생산했다. 카르도소와 팔레토는 라틴아메리카에서 종속의 본질은 어느 나라가 중심의 역할을 했느냐에 따라 다르다고 주장한다. 따라서 영국이 경제적으로 팽창하기 위해서는 "주변부 경제들이 어느 정도 발전하는 것이 필요했다. 원료를 공급받기 위해서 그들에게 의존했기 때문이다." 한편 미국은 자체적으로 원료를 생산해내고 있었고, 어떤 경우에는 원료 시장과 경쟁하기도 했다. 그래서 라틴아메리카의 발전에 영국과는 다른 영향을 미쳤다(Cardoso and Faletto 1979: 16~21, 23~24).

하지만 유럽과 다른 서구 국가들 — 덴마크, 스웨덴, 핀란드, 폴란드, 러시아, 미국, 캐나다, 오스트레일리아 — 은 자체가 원료 수출국으로 세계 경

19) 자본주의 세계체제의 변화에 대해서는 Cardoso and Faletto 1979, 1969; Frank 1969 참조. 현대 제3세계의 식민지 경험에 대해서는 Murdoch 1980; Amin 1979; Emmanuel 1972; Frank 1970; Baran 1957 참조. 뒤늦은 발전에 대해서는 Morris and Adelman 1989, 1988; Bendix 1977; Moore 1966; Gerschenkron 1962 참조. 국가 주도의 개발에 대해서는 O'Donnell 1979; Collier 1979b 참조. 국제 정치적 이합집산과 사건들에 대해서는 Cardoso and Faletto 1979; O'Donnell 1979; Jackson et al. 1978; Chirot 1977 참조. 국제적인 학습에 대해서는 Rueschemeyer et al. 1992; Luebbert 1991; Marks 1989; Morse 1976 참조.

제에 통합되었다. 게다가 유럽 나라들의 발전은 다른 나라들의 경제적 구조에 의해서 결정적인 영향을 받기도 했다. 1815년 이전 동부 프로이센의 독일 농업 종사자들은 영국 시장에 판매할 곡물을 생산하는 데 주력했다. 영국의 지주들이 외국 곡물에 관세를 부과하는 데 성공하자 프로이센 지주들은 팽창하던 영국 모직물 산업에 공급할 양모 생산으로 바꾸었다. 1846년 영국에서 곡물법이 폐기되자 프로이센 지주들은 다시 수출용 곡물 생산으로 옮겨갔다.

좀 더 일반적인 주장으로는 경제 발전이 산업화의 시기에 따라 다양했다는 것이다. 하지만 이는 리스트(Friedrich List)가 이미 150여 년 전에 했던 주장이다. 그는 『정치경제학의 국가 체제(The National System of Political Economy)』(1841)에서 영국의 성공이 이후 발전을 시작한 국가들이 직면한 조건들을 바꾸어놓았다고 주장했다. 거셴크론(Alexander Gerschenkron 1962)은 뒤늦은 발전의 경험은 유럽이나 제3세계나 마찬가지라는 것을 보여준다. 사실 그루(Raymond Grew)가 잘 지적한 것처럼 "대부분의 유럽 국가들은 자신들이 후발 발전국이라고 생각했다. 많은 나라들은 자신들이 너무 오래 다른 나라의 문화적 혹은 경제적 식민지였다고 생각했다(이탈리아, 독일, 폴란드). 거의 모든 나라들이 효율성과 평등, 변화와 안정이 공존하기 힘들다는 것을 경험했다"(Grew 1978a : 35). 젱하스(Dieter Senghaas)는 "중심부"의 산업화에 대한 개괄과 여러 지역들(예를 들어 덴마크, 우르과이) 간의 비교를 통해 유럽의 후발 발전국들과 제3세계가 주변화되었던 동력이 흔히들 생각하는 것보다 훨씬 비슷하다는 것을 보여준다(1985 : 105~112, 127~130, 138~144).

정치 발전을 분석한 학자들은 유럽이 민주주의로 나간 경로는 역사적 조건과 과정에 기초했기 때문에 다시 반복될 것 같지는 않다고 주장한다(O' Donnell 1979 ; Moore 1966 ; de Schweinitz 1964 ; Baran 1957). 버란(Paul Baran 1957)은 유럽의 민주적 발전이 특정한 역사적 조건들과 결부되어 있는 계급 관계들의 결과라고 주장한다. 1917년 러시아 혁명과 다른 주요 국가들의 사회주의 혁명 위협 때문에 현대 제3세계의 중간계급은 전통적인 귀족과 외세와 연대하여 자신들의 안전을 보장받고자 했으며, 이런 선택에 따라 좀 더 가난한 대중에게서 지지를 받을 수 있는 민주적 발전은 방기했다는 것이다. 하지만 1848년 혁명과 유럽 사회주의의 발달이 유럽에서도 계급 연대나 민주주의 발전(7장 참조)이라는 측면에서 같은 결과를 낳았다. 독일에서 19세기 말 중간계급이 사회-민주주의적 주장에 대해 두려움을 느꼈기 때문에 융커(Junker) 층이 사회-민주주의적 혁명이 일어나면 중간계급이 누리는 특권은 모두 사라질 것이라고 중간계급을 설득하여 그들과 연대를 형성할 수 있었다. 무어(Barrington Moore)는 민주주의로 가는 세 가지 경로를 세계사 단계들의 고유한 조건들과 결부시켰다 : "자본주의적 민주주의로 귀결되는 경로는 다시 재현되기 힘든 역사의 일부, 그 자체이다" (1966 : 5). 버란처럼 무어도 그의 분석을 다양한 계급 관계 양식에 기반을 두고 있다. 하지만 버란과 무어가 묘사한 계급 관계들은, 이후 장들에서도 논의하겠지만, 일련의 역사적 흐름에 제한되어 있는 것이 아니며, 사실 비슷한 환경들 속에서 다시 재현되고 있고, 상당히 비슷한 결과를 낳고 있다.[20]

일부 학자들은 국제적인 학습으로, 즉 사회생활에서 발전 과정들의 결과로 인간의 의식이 계속 변화함에 따라, 발전의 조건들이 달라져 왔다고 주장한다. 이런 관점에서 보면, 오늘날의 민주화는 자유민주주의가 명확히 정의를 내릴 수 있는 보편적인 것으로 여겨지게 되었기 때문에 과거와 다르다고 주장한다(예를 들어 Marks 1989 : 3장). 하지만 최근 연구들에 따르면 오늘날 민주적 발전의 원인과 조건은 과거와 크게 다르지 않다. 또한 이들은 민주적 발전이 사상에 의해서 이루어지는 것이 아니라 지역에서 사회

---

20) 뤼셰마이어(Rueschemeyer)와 공저자들은(1992) 무어가 다양한 계급들에 부여한(Moore 1993 : 25, 141~142) 역할에서 중요한 문제점들을 최근 지적했다. 이는 7장에서 다룬다. 여기서 강조하고 싶은 것은 계급 형성과 연대의 비슷한 과정이 우리 역사에서 다시 등장하고 있다는 것이다. 이 주제에 관해서는 8장에서 자세히 설명한다.

경제적 힘의 분배에 따라 형성되는 것임을 시사하고 있다.[21] 국제적 학습이라는 개념은 인간 의식의 변화가 지속적이고, 단선적이며, 집단적이고, 누적적이라는 것을 함의하고 있다. 하지만 새로운 사상, 기술 발전, 생산양식의 변화에도 불구하고 인간의 행위와 사회적 과정들은 반복되는 경향이 있다. 자본주의는 생산력의 발전에 따라 다양한 형태를 띠기는 하지만, 어쨌든 왔다 갔다 변동하고 있다. 민주주의도 생산력의 발전에 따라 새로운 집단의 운동으로 발전하기도 하고 급진화하기도 하지만, 어쨌든 다시 발전한다. 결국 전체적으로 볼 때, 발전과 민주화의 과정은 비교가 불가능하다는 테제가 제기하는 것처럼 그렇게 크게 변해온 것은 아니다.

다양한 국제적인 권력 구조 때문에 유럽과 제3세계에서 다른 발전 결과가 나온 것인가? 세계체제 이론가들뿐 아니라 식민주의를 연구하는 맑스주의자들도[22] 비자본주의 사회들에 대한 직접적인 정치적 지배가 어떤 면에서는 19세기 유럽 자본주의 발전이 재생산되기 위한 요구의 산물이었다는 주장을 해왔다. 월러스틴(Immanuel Wallerstein)은 세계체제가 약한 나라와 강한 나라 모두를 필요로 했다고 주장한다. 세계체제의 중심부에 있는 강

21) 예를 들어 Rueschemeyer, et al. 1992 : 41, 291 ; Olson 1993 : 573 ; Vanhanen 1990 : 48~51 ; Diamond 1990 : 18~19 ; Dahl 1971 참조.

22) 19세기 말 맑스 이론가들 사이에서 식민주의가 산업자본주의 발전에 필수적인 것인가를 놓고 논쟁이 있었다. 맑스는 『자본론(Capital)』에서 자본주의가 자동적으로 가치를 확대해간다고 묘사했다. 이는 자본의 순환(교환, 생산, 실현)이 자본주의 사회를 재생산하기 때문이다. 하지만 많은 이론가들이 이를 반박해왔다. 룩셈부르크(Luxemburg 1951)는 자본의 축적은 폐쇄된 자본주의 체제 내에서는 일어나지 않음을 보여주려고 했다. 자본주의는 비자본주의적 환경에서만 확장될 수 있는데, 이는 그런 환경이 자본가의 잉여가치에 대한 유효 수요를 제공해줄 수 있고, 자본이 축적되게 해줄 수 있기 때문이라는 것이다. 레닌(Lenin 1948)과 다른 이들(예를 들어 Baran and Sweezy 1996)은 선진 자본주의 국가들에서 만들어내고 있는 잉여자본 때문에 그들이 덜 발달한 지역들에서 배출구를 모색하게 만들었다고 주장해왔다. 이런 관점에 대한 비판자들은 폐쇄된 자본주의 체제 내에서 자본 축적이 선험적으로 불가능하다는 관념, 혹은 흡수되어야만 하는 경제적 잉여가 산출되고 있다는 관념에 도전해왔다. 만약 그렇다고 하더라도 비자본주의적 환경이 구제책을 제공하지 않았을 것이고, 제공하지도 않았다는 것이다. 이런 관점들과 이에 대한 비판에 대해서는 Porter and Holland 1988 ; Brewer 1980 ; Bleaney 1976 ; Cohen 1973 ; Owen and Sutcliffe 1972 참조.

한 국민국가들은 이 사회들을 지배하는 자본가 계급을 보호한다. 약한 나라들은 중심부 국가들이 제국주의적 착취를 하도록 허용한다(Wallerstein 1974a: 51, 93~95, 237, 269, 349).

하지만 식민주의는 오늘날 선진 산업국들이 발전했던 과정에서 필수적인 것이 아니었다. 19세기 유럽은 면화를 제외하고는[23] "자족적이었으며, 식량이나 농산물, 원료 등의 공급을 제3세계에 의존하지 않았다"(Senghaas 1985: 67). 산업혁명에 쓰인 광물들(철광석과 석탄)은 중심부 국가들에서 풍부하게 발굴되었다. 이 나라들은 원료에서 거의 자급자족을 하고 있었으며, 사실 에너지를 제3세계에 수출하고 있었다(Bairoch 1993: 172). 철광석이나 비철 금속뿐 아니라 주요 에너지원인 석탄도 19세기 내내 유럽 자체에서 풍부한 양을 생산해냈다. "19세기 말에 가서야 제3세계에서 수입한 지방과 기름, 가죽과 목재, 고무 원료와 몇 가지 광물이 증가했다"(Senghaas 1985: 68). 오늘날 열대 지방에서 많이 나오는 중요한 광물 무역은 19세기 말까지 전면에 등장하지 않았다.[24] 따라서 제3세계의 식민화가 중심부 산업 발전에서 필수적인 것은 아니었다(Strikwerda 1993b: 1139). 식민주의는 부족한 조건들 때문에 촉발된 것은 아니었고, 오히려 "경쟁적 배제"(Carneiro 1978: 209)의 표현이었다. 유럽 나라들 내에 지배적인 집단들은 국내 시장을 확대하기를 꺼렸고, 그래서 해외에서 시장과 자원을 확보하기 위해 경쟁했다. 식민주의는 무엇보다 지배 집단들이 국내 시장을 더 이상 발전시키지 않고 국내에서 자신들의 독점적 지위를 유지하기 위한 보호책이었다. 국가적 차원에서 보면 식민주의가 국내 투자와 국내 시장의 발전을 경시했기 때문에, 중심부에서 결국 사회적 양극화와 경제적 침체를 초래하는 데 기여했다(8장 참조).

---

23) 면화는 미국에서 왔는데, 많은 학자들이 미국은 결코 제3세계가 아니었다고 믿고 있다.

24) Lewis 1978a: 201. 1913년 열대 지역에서 수출된 광물은 13퍼센트에 불과했다. 1965년에 가면 29퍼센트에 달하게 된다. 1913년, 광물들 중에서는 페루와 멕시코의 것만이 눈에 띄는 수출 품목이었다.

식민주의에서 얻은 이익은 국가로 귀속된 것이 아니라 특정 개인, 지역, 분야로 귀속되었다. 베어록은 사실 국가적 차원에서 보면 식민주의와 경제적 성장과 산업화는 반대되는 관계에 놓여 있었다고 주장했다.

> 19세기 성장률을 비교해 본다면, 보통은 식민지를 갖지 않은 나라들이 식민지를 가진 나라들보다 좀 더 빠르게 경제 발전을 한 것으로 보일 것이다. 이는 거의 완벽한 상관관계를 보인다. 영국, 프랑스, 네덜란드, 포르투갈, 스페인과 같은 식민주의 나라들은 벨기에, 독일, 스웨덴, 스위스, 미국보다 느린 경제 성장과 산업화를 나타냈다. 이런 "법칙"은 어느 정도 까지는 20세기에도 유효하다. 벨기에는 20세기 초 식민주의 "클럽"에 가입한 이후 낮은 성장률을 보이는 집단에 끼게 되었다. 네덜란드는 제2차 세계대전 이후 식민지들을 상실하면서 높은 경제 성장률을 기록했다.(Bairoch 1993 : 77)

베어록은 영국이 19세기 말 "새로운" 산업 분야에서 상대적으로 발전을 구가하지 못했던 것은 영국이 "식민지들에게 조야한 공산품들을 쉽게 팔아넘길 수 있었기 때문에 근대화의 필요성을 절박하게 느끼지 못했기 때문"이라고 말한다(Bairoch 1993 : 167).

하지만 국제적 권력 구조가 현재의 선진국들에게 이득을 주었건 그렇지 않건 간에, 상당 수의 연구서들은 이런 구조가 제3세계의 발전에, 특히 제3세계 수출품[25]의 교역 조건과 투자 전략[26]에 본질적인 한계를 부여했다고 가정하고 있다. 그러나 베어록은 교역 조건에 관해서는 19세기와 20세기 초 몇십 년 동안 덜 발달한 나라들 편에 유리하게 개선되어왔다고 주장해왔다.[27] 1차 상품의 교역 조건이 악화된 것은 제2차 세계대전 이후(1950년

25) 예를 들어 라틴아메리카 경제위원회〔Economic Commission for Latin America(ECLA)〕의 주도적인 경제학자들의 연구는 1940년대에 시작되었다(예를 들어, Prebisch 1950a, 1950b; Singer 1950; ECLA 1950). 1940년대 말과 1950년대 초에 나온 ECLA의 첫 번째 기여에 대한 유익한 논의는 Robriguez 1980과 Love 1980에 소개.

26) 이 분야에 대한 개관은 Bornschier and Chase-Dunn 1985; Evans 1981 참조.

대와, 다시 1980년대)였다(Bairoch 1993: 113~114). 게다가 발전도상국들의 교역 조건이 형편없었던 것은 국제적 구조 때문이 아니라 식량을 생산하는 농부들의 낮은 생산성 때문이었다. 이는 지주들의 약탈적 행위와 토지 개혁을 막는 그들의 권력 탓이었다(예를 들어, Lewis 1978a: 71, 74, 224, 243 참조). 권력의 국제 관계에 초점을 맞추는 것은 인과관계의 고리에 너무 늦게 끼어드는 것이다.

일부 연구자들은 지금의 선진국들이 추구했던 투자 전략과는 다르게, 제3세계에서 투자 전략은 국제 자본의 이익 앞에 무너져왔다고 주장했다. 예를 들어 카르도소와 팔레토(1979: 22)는 이렇게 주장했다.

> 중부권 나라들에서 발전 과정이 시작되었을 때, 상업 세력은 지배 집단이 이익을 추구하면서 갈등을 일으키는 가운데 일반적으로 중재자 역할을 했다. 이에 따라 경제적 이원성이 …… 사회의 규범이 되었다. 소비와 투자는 경제체제가 성장하면서 제한되었다. 그 체제의 팽창은 한 역동적인 집단에 의해 이루어졌다. 그 집단은 투자를 결정하고 전체 사회에 그 집단의 이익에 기초한 방향성을 부과했다. 성장하던 경제 계급에게는 능률성과 자본주의적 조건들에 대한 합의가 있었다.

하지만 이는 유럽의 경우가 아니다. 1945년 이전 외국 투자는 많은 유럽 나라들이 국내 투자를 희생하면서 추구했던 것으로 국내 성장을 저하시켰다. 19세기 가장 큰 두 외국 투자자라고 할 수 있는 영국과 프랑스에서는 투자자들이 국내에서 경제적 기회들을 활용하는 데 실패했기 때문에, 국내 산업이 어려움을 겪어야 했다.[28] 영국에서 국내 산업들 — 1868년 이후 철

27) 예외는 라틴아메리카의 주요 품목인 설탕의 교역 조건이다. 이는 1830~1910년 동안 공산품에 비해 25~35퍼센트 정도 악화되었다.

28) Trebilock 1981; Lewis 1972: 27~58; Cameron 1961: 123, 152; Cairncross 1953: 225; Levy 1951~1952: 228; See 1942: 360.

도, 운송, 철강, 면직물 산업 — 은 은행, 보험 회사와 함께 런던의 새 어음 시장에 접근할 수 있기는 했지만, 금융 기구들은 국내 산업에 투자하기보다는 외국 투자자들에게 자본을 제공하기 위해 좀 더 고도로 조직화되어 있었다. "대부분 …… 저축된 자금은 해외로 향했으며, 국내 산업으로는 가지 않았다"(Kindleberger 1964 : 62). 영국은 세계에서 가장 큰 외국 투자자였다. 당시 영국의 산업들, 특히 직물, 석탄, 제철, 제강, 조선 등은 국제 경쟁력에서 뒤처져 있었다. 프랑스 투자자들은 유럽의 상당 부분(예를 들어 독일, 스페인, 이탈리아, 러시아, 발칸 3국)의 산업화를 도왔다. 하지만 프랑스는 기술에서 후진적인 수준이었고, 분명히 훨씬 더 많은 국내 투자가 이루어져야 하는 상황이었다. 1914년이 되면 프랑스의 전체 산업 잠재력은 독일의 절반도 되지 않았다. 이런 나라들과 유럽의 다른 나라들은 국제적 자본의 이익과 국가적 발전이 실제로 상충하는 것을 경험했다.

다양한 국제적 권력 구조의 효과에 관해 다른 이들은, 초기 산업화를 이룬 나라들은 "보다 우월한 나라들의 개입이 없었을 때 자국의 경제들을 통합해나갔기" 때문에 성공할 수 있었다고 주장했다(Cardoso and Faletto 1979 : 23). 이와 대조적으로 제2차 세계대전 이후 양극의 초강대국들이 라이벌 경쟁을 벌이면서 강한 나라가 약한 나라의 국가적 발전에 영향력을 행사하는 경우가 많아졌기 때문에 제3세계 국가들은 불리한 입장에 있어왔다(예를 들어 O'Donnell 1979 ; Jackson et al. 1978 ; Chirot 1977). 하지만 19세기와 20세기 초 많은 유럽 나라들은 현재 제3세계 나라들의 국제적 지위와 비슷한 위치에 있었다. 많은 나라들이 대국들 간의 경쟁 사이에 갇혀 있었다. 유럽에서 계급적 유대와 갈등의 전개와 결과는 강대국이 다른 유럽 나라들에서 정치적 영향력을 행사하려는 노력의 결과였다. 이런 영향력은 무기, 돈, 정보, 그리고 때때로 직접적인 군사적 개입을 통해 이루어졌다. 강대국들은 그들의 전략과 경제적 이익을 위해 유럽에서 새 나라들을 세웠다. 그리고 발칸반도의 나라들, 벨기에, 이탈리아, 스칸디나비아, 그리고 동부와 중부 유럽의 나라들에서 정치 구조의 변화는 유럽 강대국들의 힘의 균형과 연관되어 있었다. 오늘날 제3세계와 마찬가지로 19세기 유럽의 비민주적 정부들은 좀 더 강한 나라들의 경제적 · 정치적 · 군사적 지원 속에 유지되기도 했다. 유럽 열강들은 국내 문제에 대한 지원과 군사적 개입을 통해 지역 계급 구조의 본질적인 윤곽이 1945년까지 유지되도록 하는 데 기여했다.

어떤 사람들은 오늘날의 세계가 예외적으로 "국제화" 되어 있어 "국경을 넘나드는 영향력의 흐름이 국경 내에서 움직이는 것에 비해 점점 중요해지고 있으며, …… 〔따라서〕 국내 기구들의 발전을 분석할 때 국제적 영향력을 설명할 필요성이 함께 증대해왔다" 고 주장했다(Evans and Stephens 1988: 756). 그런 주장들은 국제적 요인이 유럽에서 초기에 국내 기구들이 발달할 때에는 현대의 제3세계만큼 영향을 미치지 않았다는 것을 시사한다. 하지만 이는 분명히 사실이 아니다. 유럽의 산업화 시기에 이 지역 어느 나라도 외부의 도움 없이는 효과적으로 산업을 발전시키거나 조직할 수 없었다. 유럽에서 각국의 산업 발전은 "일반적인 발전에서 어떤 위치를 차지하고 있는가에 의해, 그것이 앞서 있는 자리이든 뒤따라가는 자리이든 간에" 외부의 영향을 크게 받았다(Pollard 1973: 637). 유럽 모든 나라들은 근대 자본주의 조건의 발전 면에서 볼 때 좀 더 앞서 있는 나라들에 의존해 있었다. 시간이 경과하면서 경제 발전이 점점 상호 의존해 있는 산업 체제 내부에서 일어났고, 그 안에서 결정적으로 형성되었다. 유럽 경제 내에서 발전된 분야들은 그 안의 후진적 분야들보다는 다른 유럽 국가들의 경제에서 발전한 분야와 더 밀접하게 연결되어 있었다. 수익성이 유지될 수 있으려면 상호 의존해 있는 부분들이 어느 정도의 균형을 이루며 성장해야 하기 때문에, 유럽의 나라들은 다른 나라들의 발전된 분야의 성장을 지원하고 유지하는 것에 이해관계를 갖고 있었다. 이는 19세기 유럽이나 오늘날 발전도상국에서 모두 나타나는 산업자본주의의 특징인 발전의 불균등하고 이원적인 양식이 유지되는 데 기여했다.

일부 이론가들은 유럽의 발전과는 다르게 제3세계 발전의 중요한 특징은 국내 시장의 국제화라고 주장한다. 이 발전에서 중요한 것은 "초국적 중심"에 의해 지배되는 "국제화된 부르주아"의 형성이다(Sunkel 1973 : 146). "다양한 나라들의 활동, 사회 집단과 지역의 복합체는 …… 비슷한 스타일, 비슷한 생활수준과 생활 방식, 문화적 친밀성 때문만이 아니라 많은 현실적인 이해관계를 통해서도 초국적으로 밀접하게 연결되어 있다"(Cardoso and Faletto 1970 : 135).

하지만 유럽의 발전 역시 문화적으로나 현실적인 이해관계에서나 국제적으로 밀접히 연계되어 있는 엘리트가 만들어내고 주도했다. 사실 제2차 세계대전까지 유럽 엘리트들은 하나의 국제적 엘리트로 단단하게 묶여 있었으며, 자국 내 낮은 계급들과의 유대는 그보다 약했다.[29] 유럽의 국가들은 지역을 넘어서는 일정한 엘리트가 지배하는 하나의 공통된 사회적 구조 속에서 세워졌다. 이런 구조는 국가가 형성되고 산업자본주의가 발전하는 기간 동안 지역 계급 구조와 겹치고 또 교차하면서 지속되어왔다. 조직된 기구들은 봉건적이고 교회와 연관된 위계들을 통해, 후에는 국제적 무역과 금융을 통해 유럽 초국적 엘리트의 다양한 기반들을 연결해주었다.

따라서 이렇게 주장할 수 있다. (1) 제3세계의 사회 경제적이고 정치적인 구조와 변화의 양식들은 양차 세계대전 이전의 유럽과 크게 다른 것이 아니다. (2) 오늘날 제3세계가 발전하고 있는 역사적 · 국제적 맥락이 유럽이 산업화되던 시기의 것과 완전히 다르지도 않다. 다음 장들에서는 이 주장의 증거를 제시할 것이다. 양차 세계대전을 거치면서 유럽과 제3세계 발전은 급격하게 달라지기 시작했다. 오늘날 유럽과 제3세계 사회의 정치, 경제, 사회구조는 여러 면에서 상당히 다르다. 그러면 다음 항목에서는 이런 변화를 가져온 요소와 동인이 무엇인지 생각해보도록 하겠다.

---

29) Arendt 1958 : 163~164와 그곳에서 인용한 문헌들 참조.

발전과 저발전에 관한 분석

발전과 저발전에 관한 최근의 저작들 대부분은 지구적 차원의 교환, 국가들, 그리고 계급들 사이의 상호작용이 시기와 지역에 따라 어떻게 다른 발전 결과를 만들어냈는지에 관심을 집중하고 있다.[30] 이 문헌들의 상당수는 다양한 구조와 세력에 관심을 두고 있지만, 보통은 국제적 구조 혹은 국가 구조가 분석의 출발점이며 전체적으로 가장 강조되고 있다. 따라서 이 항목에서는 발전과 저발전에서 이런 구조들에 중심 역할을 부여한 주장들을 검토해보겠다.

세계체제

세계체제론과 종속 이론의 중심 주장은 세계의 다양한 지역의 운명이 세계 자본주의 체제에서의 국제적인 노동 분업과 연계되어 있다는 것이다. 세계체제론, 특히 월러스틴의 연구는 이 체제가 서유럽 중심부에서 어떻게 발전적 결과를 만들어냈는지를 가장 체계적이고 자세하게 보여준다. 반면에 종속 이론의 방법론은 세계 자본주의 체제의 주변부와 국제 경제의 주변부에서 자라난 구조적 왜곡에 초점을 맞춘다.

월러스틴은 중심부의 발전은 무역의 팽창과 이를 뒷받침하기 위해 필요한 인적 자원과 자연적이고 물질적인 자원이 더 크게 통합되기 시작하는 과정을 통해 추적할 수 있다고 주장한다. 시장에 대응하여 다양한 생산 방식이 성장하고, 이와 함께 특화된 노동 통제 방식이 나타난다. 이는 다양한 지역에서 지배계급의 잉여를 짜내기 위한 가장 효과적인 방식이 등장하는 것으로 이어진다. 서유럽 중심부에서 강한 국가 구조의 발전은 잉여를 주

30) Evans and Stephens (1988)에서 그들은 "새로운 비교사적 정치 경제"라는 표현을 사용하여 최근 논의들을 개관했다. 그 외에 Hettne 1990; Diamond et al. 1990; Kay 1989; Larrain 1989; Becker et al. 1987; Wallerstein 1986, 1980; Evans et al. 1985; P. Evans 1979; Cardoso and Faletto 1979도 참조.

변부에서 가져올 수 있게 했으며, 이에 따라 서유럽에서 부의 축적이 이루어지게 되었다(Wallerstein 1974a : 38).

이 방법론에 대한 영향력 있는 비판가인 브레너(Robert Brenner)는 여러 면에서 문제를 제기하고 있지만, 특히 월러스틴의 자본주의 개념에 초점을 둔다. 브레너(Brenner 1977)는 무역의 팽창이나 지역의 특화 혹은 주변부 지역에서 잉여의 이전 같은 것들로는 계속되는 자본주의 발전을 설명하지 못한다고 주장한다. 그의 관점에서 볼 때, 자본주의 발전은 "혁신을 통한 축적 과정으로 생산력이 발전"하는 과정이다. 시장에서 이윤을 내기 위한 생산만이 혁신을 만들어내는 것은 아니다. 브레너는 자본주의 발전의 주요 동인을 이해하기 위해서는 지역 차원에서 생산의 사회적 관계를 혁명화하고 그것이 생산 과정에서 혁신으로 이어지는 과정을 분석의 출발점으로 삼아야 한다고 주장한다.[31)]

다음 장들에서 정리한 증거와 자료에 따르면 월러스틴과 브레너 모두 옳다. 1945년 이전 유럽에서 자본주의 팽창이 통합, 특화, 잉여의 이전 과정들을 통해 나타났다고 한 월러스틴의 서술은 옳다. 하지만 그가 깨닫지 못한 것은 이런 과정들이 자본주의 발전을 역동적으로 만든 것은 아니라는 점이다. 오히려 이런 과정은 자본주의 성장이 큰 진전을 보여온 가장 중요한 역동적인 지점들에서 조차도 정체와 위기로 이어졌다. 따라서 그런 과정들이 지속적인 자본주의 성장을 낳지 못했다고 주장한 브레너도 옳다. 사실 그런 과정들은 성장을 낳지 못했다. 통합, 특화, 그리고 잉여의 이전을 통해 이루어진 성장 과정들은 파괴적인 양차 대전에서 절정에 달했다. 동유럽이든 서유럽이든 유럽이 역동적이고 지속적인 성장을 경험한 것은

31) Brenner 1977 : 31. 브레너는 고전적 맑스주의자들 사이에서 논쟁을 시작했다. 고전적 맑스주의자들은 지역 차원의 생산관계를 분석의 출발점으로 삼는다. 월러스틴주의자들/세계체제론/신맑스주의자 혹은 "신스미스주의" 맑주의자들은 세계 자본주의 체제를 출발점으로 삼는다. 브레너-월러스틴 논쟁에 대해서는 Denemark and Thomas(1988); Bergesen(1984)의 논의들이 유용하다. Stern 1988과 Wallerstein 1988도 참조.

전쟁 이후 유럽의 사회구조가 변화하면서였다. 이 성장은 이전의 자본주의 팽창에서처럼 외부에서 추동하는 과정을 통해서가 아니었다. 이는 계급 권력의 새로운 균형을 통해 내적 구조조정이 광범한 차원에서 이루어졌기 때문에, 그리고 그 결과 지역 차원에서 새로운 생산관계들이 등장했기 때문에 나타난 결과였다.[32] 양차 대전을 전후하여 유럽의 발전은 다양한 과정과 성장 양식으로 나타났다. 이런 변이는 세계체제의 변형에서 온 것이 아니라 양차 대전에서 절정에 달하면서 완결된 계급 관계의 변화에서 온 것이다.

종속 이론과 세계체제론은 모두 주변부 저발전의 원인이 세계 경제에서 원료 생산지로 통합되었기 때문이라고 보았다(예를 들어, Wallerstein 1974b: 392; Cardoso and Faletto 1979: 16~21, 23~24). 하지만 1차 산품들의 수출이 저개발과 세계체제에서 주변적 지위로 가는 길은 아니다. 이 길을 밟은 많은 나라들이 선진 자본주의 중심지로 귀착했다(예를 들어, 덴마크, 스웨덴, 미국, 캐나다, 오스트레일리아). 라틴아메리카의 많은 나라들은 미국, 캐나다, 덴마크 등 다른 나라들처럼 원료 수출로 얻은 수입을 통해 산업화를 할 수 있는 기회가 충분했다. 사실 원료 수출로 세계 경제에 참여한 라틴아메리카의 나라들은 내부적으로 급속하게 자본을 축적했고, 생산력도 높아졌으며, 생산에서 자본주의적 관계들도 발달하였다. 그러면 문제는 왜 원료 생산과 수출, 자본의 내적인 축적이 "국내 산업의 성장을 촉진하지 않았는가?"이다(Zeitlin 1984: 17; 예를 들어 Lewis 1978a 참조).

세계체제론과 종속 이론은 왜 원료 수출지들이 일부는 중심부로 진출하고 나머지는 주변부로 탈락했는지를 설명하지 못한다. 하지만 지역 계급 관계에 대한 연구는 이를 설명할 수 있다. 수출에서의 성공이 수출 무역에 의존해 있던 토착 집단과 계급들이 산업화에 착수하도록 추동한 것이 아니

32) 이 주장은 19세기와 20세기 초 유럽에서 전쟁과 사회적 변화를 다룬 나의 다른 책(Halperin, 2003)에서 전개한다. 이는 "역사의 종말"을 말하는 것이 아니다. 제2차 세계대전 이후 유럽의 호황은 1970년대에 끝이 난다. 그 발전과 전환점의 원인들에 대해서 다룰 것이다.

라 자원을 독점하고 새로운 계급이 등장할 수 있게 하는 개혁을 봉쇄했기 때문이다. 토착 집단과 집권 계급이 계속 지배할 수 있게 된 곳에서는 원료 수출로 생긴 자원과 소득의 분배가 협소한 차원에서 이루어졌고 따라서 성장은 부분적이고 고르지 않은 양식으로 나타났다. 유럽과 라틴아메리카 성장의 차이는 궁극적으로는 유럽에서 계급 세력 관계의 변화 때문이었다. 이 변화는 16세기 이후 세계체제의 작동 때문이 아니라 20세기에 있었던 두 차례의 세계대전 때문이었다.

국가

경제 정치 발전을 이루고 추진하는 데서 자율적이고 중심적 주체로서 국가의 역할에 초점을 둔 연구들이 최근 몇 년간 상당한 영향력을 발휘하고 있다.

국가가 사회 세력들로부터 얼마나 자율적인가 하는 점은 시대에 따라 다양하다. 국가 기구의 자율성 혹은 귀속성은 그 자체가 사회 세력들의 산물이며 역사적으로 특정한 계급투쟁 양식에서 나온 것이다. 국가를 자율적인 존재로 미리 규정해버린다면, 이는 상황을 제대로 이해할 수 없게 되며, 시대와 지역에 따라 국가의 능력이 차이를 드러내는 것도 이해할 수 없게 된다.

스카치폴(Theda Skocpol)은 사회 변화에서 국가의 역할에 관심을 집중한 대표적인 인물로, 자율성을 "공식 목표들을 실행할 수 있는, 특히 강한 사회 집단의 실제적 혹은 잠재적 반대를 극복하고, 혹은 불응하는 사회 경제적 분위기에 직면해서도 밀고 나갈 수 있는" 국가의 능력이라고 정의한다(1985 : 9). 널리 알려진 책(1979)에서 스카치폴은 프랑스, 러시아, 중국의 사회 혁명을 분석하며 자율적인 국가들을 그 중심에 놓았다. 하지만 이런 혁명들에 대한 분석은 국가의 자율성에 대한 그녀의 가정을 입증하는 데 실패했다.

스카치폴에 따르면 절대주의 국가, 특히 프랑스에서 발달한 식의 절대주의 국가는 지배적인 봉건계급과 대척했던 준-관료 기구였으며, 봉건계급의 물질적 기반을 직접 공격함으로써 그들의 이익과 근본적으로 반대되는 목표를 실현했다. 하지만 그녀의 분석은 국가 기구가 사회 혁명을 촉발했던 계급투쟁에서 분명히 당파적인 역할을 했음을 암시하고 있다. 그녀는 절대주의 국가들은 "농업 계급 구조와 정치 기구들"에 의해 제한을 받고 있었으며, 그 결과 구체제(앙시앵레짐)가 외부의 군사적 위협에 대응할 수 없었고, 그래서 무너져 내렸다고 주장했다. 이런 분석에 따르면 무너져 내리기 이전의 구체제들은 지배계급의 재산과 특권을 보호하고 있었으며, 지배계급의 이익을 위협하는 "아래로부터의 반란"을 막아왔던 것은 구체제의 보호뿐이었다는 이야기가 된다.[33] 국가의 자율성 개념은 경험적 차원에서 입증하기 힘들 뿐 아니라, 그 논리 역시 미심쩍다. 국민국가의 발전 과정에서 국가 엘리트는 결국은 지배계급과 분리된 정체성을 바탕으로 다른 이해관계와 목적을 가지며, 심지어 대립되기도 하는 구분된 하나의 계층을 형성했다고 주장되어왔다. 예를 들어 일부 이론가들은 기술 관료와 행정 관료가 직접 생산을 통해 전체적 배치와 개별 시장에 대한 통제력을 행사해왔다고 주장한다. 이들 관료들은 사기업 분야의 영향력에서 상대적으로 자유로우며 그들 자체의 권력과 부를 증진시킬 수 있는 방향으로 자원을 배치한다. 이 테제에 따르면 국가 엘리트는 다른 집단과 구별되며 내부적으로 응집력이 있는 하나의 층을 형성하고 있다. 이 새로운 계급은 사회 내에서 지배 집단과 반대되는 이해관계, 사상, 정책들을 내부적으로 공유하고 있으며, 그들 자체의 이익과 계획을 독립적으로 추구할 수 있는 능력이 있고, 필요하다면 다른 사회적 이익집단들의 반대도 무릅쓸 수 있다.

국가 관료들이 자의식 있는 집단을 형성하는 경향이 있을 수는 있지만,

33) 인용은 Skotcpol 1979: 285. 스카치폴의 프랑스 혁명에 대한 설명은 국가 기구들의 몰락과 구체제 상속자들의 도주로 마무리된다. 그렇다면 이야기의 중요한 부분은 하지 않은 것이 된다. 즉, 프랑스 혁명 이후 구체제의 복원을 가져오기 위해 국제 세력들이 일제히 협력하여 이룬 노력들이 성공을 거둔 것에 대한 이야기는 빠지게 된다.

그렇다고 해서 그들이 자신들을 지배계급과 구별되거나 충돌하는 것으로 규정한다고 할 수는 없다. 국가 경영자들과 관료들이 광범한 권력을 행사할 수 있는 지위에 있다고 해도, 하나의 집단으로 그들의 기본적인 이해관계가 지배 집단과 꼭 다른 것은 아니다(Baer et al. 1976 : 84~85). 르루아-볼리외(Leroy-Beaulieu)가 강조한 것처럼, "국가는 사회의 브레인이 아니다. 국가는 사회를 선구적으로 이끌 만한 자질도, 적성도, 소명도 없다(1911 : 520)." 관료제는 조직적인 능력이 상당히 높기는 하지만 자체적으로 목표를 설정할 수는 없다. 합리화된 사회 조직 체제는 가치를 만들어내는 것이 아니라 기존 가치가 실현될 수 있도록 수단으로만 기능을 하는 것이다(Weber 1978 : 2 : 1402).

하여튼 "국가는 새 계급을 만들 수 있다. …… 하지만 이들에게 정치적 힘까지 줄 수 있을 정도는 아니다"(Leca 1990 : 183). 국가 관료들이 결국 구분되는 하나의 계층을 형성하고 자신들의 이해관계가 지배계급과 다르다고 인식하게 되더라도, 이들은 지배계급의 이익을 위협하는 정책을 장기적으로 강행할 수 있다고 판단하지는 않을 것이다.

일부 학자들은 국가 관료들이 구(舊)지배계급의 이해관계에 맞서 사회를 변화시키고 근대적 경제 발전을 위해 사회경제적 조건들을 창출하는 "위로부터의 혁명"을 가져올 수 있다고 생각한다(예를 들어 Trimberger 1978). 하지만 그렇게 국가 기구의 한 분파가 가져온 혁명(예를 들어, 군사 혁명)은 경제·정치구조를 변화시키지는 못한다. 무어가 지적한 대로, 위로부터의 혁명은 어떤 사회구조적 변화도 없이 귀족의 주도 아래 진행된 근대화를 의미한다(Moore 1966 : 442).

사회적-재산 관계의 변화는 보통은 정치인과 국가 관료로 구성된 어떤 집단의 야심이나 능력도 넘어서는 문제이다. 이들이 야심가라고 해도, 정치인과 관료들은 "거대한 사회운동의 지원 없이는" 사회 내에서 "근본적인 관례를 바꾸고, 권력 분배 구조를 전복하지" 못한다(Mann 1984 : 6). 구체제를 완전히 전복할 수 없기 때문에, 개혁은 기존의 제도적 구조 내에서 수행되어야 한다.

지배계급은 새 생산관계 속에서 계속 정치적 통제력을 행사할 수 있거나 통치 집단의 서비스를 이용할 수도 있다(예를 들어, Woodburn 1980; Anderson 1979). 지배는 그것이 군사력이든 경제력이든 간에 권력에 기초한 것이며, 이데올로기적 권위에 기초한 것이고, 불평등한 정보에 기초한 것이다(Knorr 1975: 240). 재산을 소유한 계급은 자원의 독점을 통해 정치 경제적 기반을 계속 확보할 수 있기 때문에 지배한다. 좀 더 일반적으로 말하면, 모든 형태의 부의 소유는 정치력을 동반한다. 레디(William Reddy)가 지적한 것처럼, "정치권력을 얻기 위해 돈을 뇌물, 기부, 혹은 불안하게 영향력을 행사하는 방식으로 쓸 수는 있겠지만, 꼭 그렇게 써야 하는 것은 아니다. 이미 부 자체가 정치권력의 한 형태인 것이다"(Reddy 1987: 112). 지배계급이 정권처럼 구체적인 정책을 결정하는 것은 아닐 것이다. 하지만 지배계급은 자원을 갖고 있기 때문에 국가 엘리트의 선택을 제한하고, 지배계급의 사적인 목표와는 다른 집단적 목표를 설정할 수 있는 국가의 능력에 한계를 부여한다.

1913년까지 라틴아메리카에 있는 대부분의 나라들은 한 세기 동안 정치적으로 독립되어 있었다. 그들은 자체적으로 재정, 화폐, 은행, 관세, 환율, 물가 안정 정책 등을 자유롭게 만들어갈 수 있었다. 1950년대, 1960년대, 1970년대 동안 몇몇 라틴아메리카 정부들은 재분배 과정들을 촉진시키고 다양한 메커니즘(농업 개혁, 산업 국유화, 노동과 자본의 소득을 조정하는 정책들, 다양한 재정 정책들)을 통해 생활 조건을 향상시키려고 했다. 칠레의 기독교 민주당과 같은 세력이 집권한 일부 정부는 일정한 사회적 합의에 기초한 개혁들을 통해 이를 구현하려고 했다. 다른 정부들은 아옌데(Salvador Allende) 정부 시절의 칠레처럼 좀 더 급진적인 재분배와 사회화의 과정을 시도했다. 어떤 이들은 여전히 일종의 국가 포퓰리즘을 통해 목표를 성취하려고 했다. 벨라스코와 가르시아 시절의 페루와 에체베리아와 로페스 포르티요 시절의 멕시코가 그랬다. 이를 성취하려는 과정에는 경제적 · 정치적 장벽들이 가로 서 있었다(Lustig 1993; Dornbusch and Edwards 1898; Sachs 1989; Ascher 1984 참조).

애덜먼과 로빈슨(Adelman and Robinson 1978)은 정부 세금과 재정 정책을 통해 전반적으로 수입 분배를 개선할 수 있으려면, 그 정책들이 시장 사회주의적인 전체 계획의 일부이거나 빈민을 기술, 지식, 신용에 접근할 수 있게 해주는 총괄적인 전략의 일환일 때에만 효율적이라는 것을 발견했다. 이런 전략이 실행된 적은 거의 없었다. 사실 재분배 정책들이 사회주의적 강령의 일부인 경우에는, 내부의 유산계급이 가하는 내적인 압력 외에도 외부의 불신과 압력이 더해진다. 이는 오늘날 제3세계의 경험일 뿐 아니라 유럽의 경험이기도 했다. 3장에서 상술하겠지만, 양차 세계대전이 일어나기 전까지 유럽에서 국가의 자율성을 가로막고 있었던 것은 계급의 힘이었다. 세계대전을 거치면서 유럽의 전통적인 사회구조가 무너지게 되었고, 유럽 국가들은 비로소 좀 더 큰 자율성을 갖게 되었다. 사실 유럽 국가들은 경제를 근본적으로 다른 기반 위에 놓게 되는 재분배 정책을 추구할 수 있을 정도로 충분한 자율성을 갖게 되었다. 제2차 세계대전 이후 유럽에서 성장이 지속되고 유례없는 번영을 누리게 된 것은 바로 이 때문이다.

변화 과정을 이해하기 위해 국가 혹은 국제 구조에 초점을 둔 방법론들은 변화의 저변에 놓여 있는 인과관계의 고리들에서 너무 떨어진 지점에서 출발하는 것이다. 따라서 세력들의 이합집산과 선택의 구조, 이런 변화 속에 있는 사회관계들의 체제 등을 다루기가 힘들다. 어떤 체제이든 지배 집단의 이익을 증진시키기 위해 조직된 것이다. 유럽에서 토지를 소유한 엘리트는 봉건 시대부터 절대주의와 민족주의 시대를 거쳐 20세기에 이르기까지 살아남았다. 이들은 중세 이래, "처음부터 절대주의 역사가 끝날 때까지" 수백 년 동안 큰 변화를 겪기는 했지만 봉건 귀족은 "정치 경제력을 행사하는 영역에서 한 번도 배제된 것이 없었다."[34] 유럽에서 절대주의 국가

34) Anderson 1979: 18; Mattingly 1955; Duby 1980; Mayer 1981; Strayer 1970.

와 제국들의 뒤를 이은 국민국가 체제는 당시 유럽 사회에서 여전히 지배 집단이었던 토지 소유 귀족의 이익에 복무하기 위해 세워졌다.

19세기와 20세기 초 까지 유럽 귀족이 생존했음을 말해주는 문헌들이 상당히 많음에도 불구하고,[35] 역사가 메이어(Arno Mayer)가 지적한 것처럼 유럽 역사 발전을 연구하는 학자들은 전통적인 구조가 지속되는 것에 대해서는 거의 주의를 기울이지 않고 있다. 예를 들어 무어(Moore 1966, 1장)는 영국에 대한 개관을 19세기 초로 마무리하고 있는데, 이는 산업민주주의가 영국에서는 1832년 개혁법과 공장법, 곡물법이 마무리되면서 성취되었다고 말하는 것이다.

19세기에 토지를 소유한 산업 엘리트는 법적·사회적 제도, 그리고 토지 제도들을 유지하기 위해 동맹을 형성하여 인구 대다수가 정치적·경제적으로 참여하지 못하도록 효과적으로 배제했다. 엘리트는 보호관세 법률들을 통과시키고 참정권을 봉쇄하며, 전통적 정치질서를 침해하고 위협할 수 있는 교육 사회 개혁을 무산시키기 위해 협력했다. 유럽 경제의 이원적 성격은 이런 엘리트의 경제적 기반을 유지하기 위해 설계된 발전 과정들이 자본과 토지 소유의 집중으로 압박을 받아 성장을 제한하게 될 때 나타났다. 국가들은 대개는 관료적·군사적 근대화를 넘어서는 일에는 착수할 수가 없었다. 관료적·군사적 근대화는 보수적인 목표들을 증진시키고, 정치 엘리트 자신들이 생존하기 위해 기능적으로 필수적인 최소한의 발전을 도모하는 것이었다.

유럽에서 산업의 발전은 갈수록 독점, 자원의 빈약한 이용, 소득의 불균형한 분배, 불공정한 세금 제도가 그 특징이 되었다. 1914년까지 경기 침체, 사회적 양극화와 갈등이 전 유럽에서 분명해졌다. 이런 긴장들은 양차

35) Lieven 1992; Gibson and Blinkhorn 1991; Cannadine 1990, 1980; Rubinstein 1987; Higgs 1987; Beckett 1986; Schissler 1986; Lambert 1984; Blum 1978; Anderson 1979; Trimberger 1978; Spring 1977; Weiss 1977; Stanworld and Giddens 1974; Berdahl 1972; Bateman 1971; Montagu 1970; Guttsman 1969; Dahrendorf 1967; Thompson 1963; Veblen 1915 참조.

대전에서 절정에 달했으며 전통 유럽 사회구조를 완전히 무너뜨렸다. 이전의 지역적 전란들은 왕정복고로 이어지곤 했지만(예를 들어 나폴레옹 전쟁들, 1830년과 1848년 혁명, 제1차 세계대전), 제2차 세계대전 과정에서 유럽의 전통 질서가 무너지면서 복고는 불가능해졌다. 대신 전면적인 재건이 분배 정책들에 기초하여 일어났다. 양차 세계대전 전까지 분배 정책들은 쉽게 좌초했다. 제2차 세계대전 이후 광범하게 번영을 누리고 민주주의 정치가 안정된 것은 바로 이 분배 정책들 때문이었다.

따라서 유럽 사회 · 경제 · 정치가 현대 발전 이론의 상당 부분이 기초하고 있는 유럽적 모델과 부합하게 된 것은 1945년 이후였다. 유럽이 부유하고 안정된 민주주의 사회를 성취해낸 것은 19세기에서 20세기 초까지 점진적이고 무난한 발전을 통해 이룬 것이 아니라 세계대전에 의해 인적 · 물적 자원이 대대적으로 파괴된 결과였다.

이 책의 구성

이 책은 현대 제3세계의 경험을 출발점이자 유럽 역사를 재검토할 비교의 기초로 삼았다. 유럽 산업자본주의 발전에서 그동안 잘 보지 못했던 측면들을 조명해보기 위해서이다. 제3세계에서 정치 · 경제적 발전에 대한 분석들은, 특히 서구 식민주의와 제국주의가 제3세계에서 건설했던 "인위적" 국가들의 발전 결과에 대한 분석은 식민지 지배의 유산에서부터 시작하곤 한다. 하지만 유럽 또한 식민지 경험이 있다. 2장에서는 19세기 서유럽과 동유럽 모두에서 상당수의 인구가 다양한 형태의 식민지와 제국주의 지배에 복속되어 있었으며, 비슷한 결과를 겪었음을 보여줄 것이다. 게다가 유럽 국가들 또한 인위적이었다. 유럽에서 오래된 나라들은 정치적 중심지 혹은 중심부에서부터 영토적으로 팽창해가는 과정을 통해, 문화와 정치제도가 다른 지역을 흡수해가면서 형성되었다. 이 과정은 제국주의와 식민주의의 정치 · 경제 · 문화 · 군사적 특징을 모두 지니고 있었다. 열강들에 의해 새로 창출된 나라들은 열강들의 전략적 · 경제적 이익에 복무하도록 조직되었다.

유럽에서 국민국가의 성립은 새로운 자유주의적 산업자본가 부르주아가 집권하고, 국익을 증진시키기 위해 작동하는 이성적이며 자율적인 국가 기구들이 출현하는 것으로 대표된다고 간주되곤 했다. 하지만 국민국가의 등장은 새로 성장해나오는 자본가 부르주아의 승리를 의미하는 것이 아니다. 사실, 이 책의 3장에서 주장하는 것처럼, 유럽의 민족주의는 절대국가들의 자율성이 커지는 것에 대한, 그리고 국가 구조를 합리적이고 자유주의적으로 만들려는 군주들의 시도에 대한 전통 엘리트의 대응이다. 국가적 자율성을 근절하는 것이 민족주의의 주요 관심사였다. 민간 관료를 지역 특권집단에서 충당하도록 하고, 군사력 내의 사회 외부적 요소를 몰아내며, 외국인과 소수집단의 경제력과 지위를 박탈함으로써 민족주의는 전통 계급들이 국가와 자본주의 발전에 대한 통제력을 유지하도록 했다.

많은 사람들은 제3세계의 종속적 발전으로 토착 부르주아가 정치적 혹은 경제적 헤게모니를 갖지 못하게 되었으며, 유럽에서는 강하고 독립적인 자본가 부르주아가 19세기에 등장하여 그곳에서 산업자본주의와 민주주의의 발전 모두에서 중요한 역할을 했다고 생각한다. 이 책 4장에서는 (1) 유럽 산업 발전 과정에서 강하고 독립적인 자본가 부르주아는 등장하지 않았으며 (2) 성장하는 부르주아적 요소들은 토지 혹은 다른 전통적 엘리트와 융합하여 하나의 단일한 지배계급을 형성했고 (3) 이 지배적인 계급 내에서 토지를 가진 전통적인 집단은 20세기까지 헤게모니를 유지했음을 보여줄 것이다.

연구자들은 제3세계 여러 지역에서 발전은 이원적이고, 독점적이며, 외부 자본 · 노동 · 시장들에 의존해 있었음을 증명해왔다. 이런 종속적 발전은 좀 더 온화하고 독립적인 유럽의 발전과 자주 비교되었다. 하지만 연구서들에 기초해 종속적 발전과 독립적 발전의 주요 특징은 무엇인지를 명확히 한 후에, 5장에서는 1945년 이전의 유럽 발전이 독립적이기 보다는 종속적인 것에 훨씬 부합한다는 것을 보여줄 것이다.

또한 연구서들은 제3세계에서 자본주의의 침투가 자본주의 팽창을 위한 전제 조건들의 일부는 상당히 발달시키면서도 동시에 기존 봉건적 구조를 옹호하는 정치 · 사회적 연합을 조장했다고 주장해왔다. 하지만 유럽에서 자본주의의 침투도 같은 결과를 낳았다. 6장에서는 산업 발전이 엘리트가 정치 경제적 권력의 전통적 기반들을 유지하고, 경제적 발전으로부터 얻는 이득을 독점하며, 다른 계급과 집단을 정치 경제 생활에서 배제할 수 있게 하는 아주 제한적인 체제 내에서 일어났음을 보여줄 것이다. 전체적으로 동유럽에서 농업 체제는 제1차 세계대전까지 "봉건주의와 자본주의의 특이한 혼합체"로, 즉 지주가 양 체제의 이득을 모두 취하고 농민은 불이익을 모두 취하는 형태로 남아 있었다(Volgyes 1980 : 99). 서유럽에서 자본주의 발전은 자유롭고 경쟁적인 기풍에서 형성된 것이 아니라, 독점적이며 농촌적이고, 전산업사회적이며, 봉건적이고 귀족적인 권력과 권위 구조들에 의해 형성되었다.

현대 제3세계 사회들에서의 정치적 전개와는 대조적으로 유럽에서는 민주화가 상대적으로 일찍, 순조롭게, 꾸준히, 평화적으로 진행되어 (1945년 이후 동부에서 공산주의에 의해 역전이 일어나기 전까지는) 마침내 유럽 전체를 삼켜버리게 되었다고 주장되곤 했다. 하지만 유럽의 정치 발전을 고찰해보면, 민주주의와 정치적 안정은 오래된 유럽의 특징이 아니라 아주 최근에야 이룬 것임을 알 수 있다. 7장에서는 유럽의 민주주의로 별 비판 없이 받아들여져 왔던 것이 사실은 아주 제한된 대의제 정부 형태로 성인 대다수의 참여를 배제해온 체제였음을 보여줄 것이다. 1945년까지 유럽은 현대 제3세계 일부 지역과 마찬가지로 부분적인 민주화와 민주주의적 원칙들이 파기되는 것을 경험해왔다. 자유선거 정치가 도입되었을 때, 정부들은 이를 유지하는 데 오랫동안 어려움을 겪었다.

19세기와 20세기 초까지 유럽의 발전은 제3세계의 종속적 발전과 유사하다. 이 시기 유럽의 가장 유능한 엘리트는 전통적이고 귀족적이며, 토지를 소유하고 있으면서 지대를 받는 소수의 독재자들이었다. 산업혁명이나 19세기에 새 엘리트가 등장한 것은 아니었다. 사실 19세기 동안 산업 발전은 전통적 지주들의 힘을 강화해주었다. 산업은 봉건적 형태를 가졌고, 독점주의, 보호주의, 카르텔화, 담합주의의 특징을 띠면서, 피폐하고 후진적인 농업 경제로 둘러싸인 산업화된 조그만 섬을 형성했다. 정치 기구들은 성인 거의 대부분을 정치적 참여에서 배제했다. 결론적으로 양차 세계대전 직전 유럽의 지배적인 사회 · 경제 · 정치체제는 당시 다른 지역의 체제와, 그리고 오늘날까지 제3세계 여러 지역에 존재하는 체제와 같은 종류의 것이었다.

2장

유럽의 식민지 과거와 "인위적"으로 구성된 국가들

IN THE MIRROR OF THE THIRD WORLD CAPITALIST DEVELOPMENT IN MODERN EUROPE

제3세계에서 정치적 · 경제적 발전은 이전에 식민지 지배를 받았던 역사 때문에 특이한 형태가 되었다고 주장되곤 한다. 제3세계 지역에서, "식민지 권력들은 경제, 정치, 사회구조들이 근본에서부터 너무나 왜곡되었기 때문에 착취당했던 역사로부터 회복하는 것이 불가능해진 나라들을 남기고 떠나버렸다."[1] 그래서 한 예로 다음과 같은 주장도 나오고 있다. "20세기 중동 역사의 대부분은 19세기 지배가 남겨놓은 문제들을 풀어가는 과정이라고 볼 수 있다"(Anderson et al. 1993 : 68).

식민지가 남긴 유산 중 가장 중요한 것은 제3세계에서 서구 식민주의와 제국주의가 만든 새로운 국가들이다. 이들 "인위적" 구성물들은 유럽의 국가들과 자주 대조되어왔다. 유럽의 국가들은 "자연스럽게" 발전했으며, 국민 공동체가 존재하기 이전부터 점차로 발달해 나왔다고 여겨져 왔다. 유럽에서는 국민이 국가보다 앞서 형성되었다고 간주되어온 것에 비해, 제3세계에서는 국가가 국민보다 앞서서 형성되었다.[2]

1) Murdoch 1980 : 232. Brown 1984 ; Amin 1982, 1979; William 1978 ; Caldwell 1977; Cardoso 1972 ; Rodney 1972 ; Emmanuel 1972 ; Stein and Stein 1970 ; Furtado 1970도 참조.

하지만 유럽 역시 식민지였던 과거가 있다. 노르웨이, 핀란드, 이탈리아, 헝가리, 폴란드, 아일랜드, 그리스, 발트 해 3국, 루마니아, 불가리아, 알바니아, 에스파냐, 그리고 제1차 세계대전 이후 체코슬로바키아와 유고슬로비아의 일부가 된 합스부르크 영토는 외부 세력에게 지배당했던 역사적 경험을 공유하고 있다. 이들 나라들과 함께 프랑스와 영국 내에 있는 광범한 지역도 식민지적이고 제국주의적인 다양한 지배에 복속되어 있었다.

게다가 유럽의 국가들도 기존 공동체에서 자연스럽게 발전해온 것이 아니었다. 이 국가들은 단일한 문화에 기반을 둔 것도 아니었으며, 역사적이고 민족적인 분화에 부응하여 만들어진 것도 아니었다. 많은 학자들이 지적해온 것처럼, 제3세계와 마찬가지로 유럽의 국가들 또한 인위적으로 형성되었다. 이 국가들은 폭력적이고 오래 끈 전투들을 통해 생겨났고, 국경선을 갖게 되었다.[3] 사실 유럽의 국가들도 제3세계와 마찬가지로 다양한 형태의 식민주의와 제국주의의 산물이다. 오래된 유럽 국가들은 정치적 중심 혹은 중심부가 분명히 다른 전통과 정치제도를 갖고 있는 주변 지역으로 팽창해가면서 만들어졌다. 19세기와 20세기 초에 형성된 유럽의 국가들은 열강들과 그 연합국들의 경제적 · 전략적 이익에 맞추어 만들어졌다. 대부분의 유럽 국가들에서 국가 형성 과정은 본질과 기원과 방식에서 식민주의, 제국주의와 비슷했다. 게다가 이런 형태의 식민주의가 유럽 내 대다수 사람들과 유럽의 경제적 · 사회적 발전에 미친 영향은 식민주의가 제3세계 사람들과 사회에 미친 영향과 비슷했다.

---

2) 이 관점에 대해서는 Jackson 1990 : 21 ; Esman 1988 : 272~274 ; Smith 1986 : 241~248, 252~254 ; Ben-Dor 1983 : 230~231 ; Seton-Watson 1977 : 8~9 참조.

3) 유럽 국가들의 형성적 성격에 대해서는 Duby 1980; Poggi 1978 ; Anderson 1979 ; Strayer 1970 ; Mattingly 1955를 참조. 관련 전투들에 대해서는 Howard 1979 ; Tilly 1975d. 틸리는 세금 반란, 식량 폭동, 징병에 맞선 운동, 국가가 형성되던 큰 시기 동안 있었던 시위 형태들을 국민을 국가의 효율적 통제 아래 두려고 하면서 강압의 양이 커졌음을 보여주는 예로 열거한다. Tilly 1975a ; Braun 1975 ; Bayley 1975 참조.

유럽 내에서의 식민주의와 제국주의

유럽은 주로 정복과 식민화 과정을 거쳐 만들어졌다(Bartlett 1993). 프랑스, 서독, 중북부 이탈리아에 기반들을 두고, 라틴 기독교 세계는 유럽 주변부로 확장해갔다. 독일인이 슬라브계의 동유럽으로 이주해 갔고, 프랑스 상인과 십자군이 지중해 동부로 침투해 들어갔으며, 영국인이 나머지 켈트인 세계를 식민화했다. 동유럽에서 슬라브인, 불가리아인, 마자르인, 독일인, 스웨덴인, 튀르크인, 폴란드인이 체코인, 슬로바키아인, 블라크인, 루테니아인, 백러시아인, 핀란드인, 리투아니아인과 발칸의 여러 민족을 복속시켰다. 후에 독일인, 유대인, 그리스인, 폴란드인, 이탈리아인 식민 개척자들은 중동부 유럽 여러 지역에 정착했다. 19세기 말까지, 그리고 일부 지역에서는 20세기 초까지 중동부 유럽에 있는 슬라브인, 마자르인, 루마니아인의 여러 마을이 독일인, 유대인, 이탈리아인 혹은 그리스인의 지역이 되었다. 폴란드, 보헤미아, 모라비아와 동남부 오스트리아는 수 세기 동안 독일인이 독차지했다. 부다페스트를 포함한 헝가리의 대도시들은 19세기까지 독일인의 지배를 받았다. 오스트리아의 슬로베니아 지역과 보헤미아, 모라비아, 라트비아, 에스토니아에서 토지와 산업은 독일인이 장악하고 있었다. 리투아니아, 루마니아, 폴란드 일부에서는 유대인이 도시에서 유력한 집단을 형성하고 있었다. 예를 들어 빌나와 키시뇨프는 유대인이 지배력을 행사하는 도시였다. 19세기 초 부쿠레슈티는 그리스인의 도시였다. 루테니아의 동(東)갈리시아 중심부에 있는 리비프는 주로 폴란드인의 도시였다. 이스트리아, 고리치아, 달마티아 영토에 있는 슬라브인이 주로 거주하는 지역에서 도시들은 이탈리아인이 장악하고 있었다(Macartney 1934: 142; Kedourie 1960: 119).

18세기 말 나폴레옹이 유럽을 휩쓸면서 유럽의 광대한 지역은 프랑스의 식민주의적이고 제국주의적인 직접 지배 아래 놓였다. 1810년까지 프랑스인은 프랑스, 벨기에, 네덜란드, 독일 북부 지역, 라인 강 좌안, 사보이아(사부아), 피에몬테, 리구리아, 아펜니노 산맥 서쪽에서부터 나폴리 경계에 이르는 지역의 이탈리아, 카린티아에서 달마티아에 이르는 일리리아 지역들을 직접 지배했다. 이탈리아 북부(이탈리아 왕국)는 경제적으로 프랑스에 완전히 종속된 지역으로 변화했다. 프랑스 왕가 혹은 방계 왕국들과 공국들이 스페인과 이탈리아의 나머지 지역, 라인란트-베스트팔렌의 나머지 지역, 폴란드 대부분을 지배했다(Heckscher 1964: 297). 나폴레옹은 이탈리아 왕국에 다른 나라의 산업 생산품이 들어가지 못하도록 봉쇄하고, 프랑스 상품 시장과 프랑스 견직물 산업의 원료 생산지로 머물도록 만들려고 했다. 이는 프랑스 경쟁국들의 상품이 나폴리, 사르디니아, 그리고 남유럽 전역으로 침투하지 못하도록 막는 방패 역할을 하는 데 이용되기도 했다. 나폴리는 프랑스 면직물 산업의 원료 생산지로, 그곳에 파견되어 있는 프랑스 대사의 표현을 빌리면, "프랑스의 황금 같은 식민지" 였다(Heckscher 1964: 277). 프랑스 면직물 산업은 1806년 영국 상품 수입을 금지하면서 급속하게 성장했고, 해상 무역이 봉쇄되면서 원료 부족으로 어려움을 겪었다. 네덜란드와 한자동맹 국가들은 프랑스 상품 시장이 될 것을 강요받았지만, 이들 나라의 상품이 프랑스로 수입될 때에는 외국 상품으로 취급되었다.

나폴레옹 전쟁 이후 유럽의 여러 지역이 직접 지배를 통해 대국들에게 복속되어갔다. 다른 지역들은 좀 더 큰 세력들의 통치를 받거나, 점령 · 병합되거나 편입되어갔다. 폴란드는 러시아, 프로이센, 오스트리아에 의해 분할되었다. 1863년 러시아령 지역들에서 발생한 반란을 계기로 그 지역들을 완전히 러시아로 만드는 프로그램이 시행되었다. 학교와 관청 등 공공생활에서 폴란드어가 금지되었고, 라틴 문자의 사용도 금지되었다. 프로이센이 점령한 지역에서는 완전히 독일화하는 정책이 시행되었다. 1866년 독일 정부는 폴란드 지역에 독일인이 정착하는 것을 돕기 위해 식민지 위원회를 세웠다(Macartney 1934: 84, 112, 128~129, 130~132). 17~18세기 노르웨이는 정치적으로나 문화적으로 덴마크인이 지배하는 하나의 국가 구조로 통합되어 있었다. 노르웨이는 1814년 스웨덴 왕세자 베르나도트

(Bernadotte, 후에 국왕 카를 14세)가 시작한 군사 공격으로 고난을 겪다가 스웨덴과 개별적으로 연합 관계를 맺고 복속되었다. 체코인은 17세기 중엽부터 외국인 지배계급의 지배를 받았다. 벨기에는 나폴레옹 전쟁 동안 프랑스 제국주의의 침략을 당했다. 벨기에는 1830년까지 네덜란드의 지배를 받았고, 1914~18년에는 독일에 점령되었다.[4] 핀란드는 나폴레옹 전쟁 이후 러시아 제국에 복속되어 1917년까지 식민지 상태로 있었다. 아일랜드는 강제로 영국에게 지배당했으며, 19세기 동안 이 정복자들이 선택한 소수집단의 지배를 받았다. 폴란드, 노르웨이, 체코슬로바키아, 핀란드, 아일랜드, 알바니아 모두 20세기까지 종속되어 있었다. 다음 쪽의 표 1에 열거된 지역들은 유럽에서 직접 식민 제국의 지배를 받았던 곳이다.[5]

이렇게 직접 지배를 받았던 지역 외에도 유럽의 많은 지역이 간접적인 식민 제국의 지배에 복속되어 있었다. 나폴레옹 전쟁 이후 프랑스와 다른 유럽의 열강들은 약한 이웃 나라들에게 발칸 국가들과 남부 유럽에 부과했던 상당히 불평등한 무역 협정을 비롯한 광범한 경제 특권을 행사했다. 예를 들어 스페인은 외국 자본에게 유한회사에 부과한 규제를 제도적으로 면제해주는 특권을 허용했다. 이런 제도를 이용해서 제일 먼저 철도가 놓였고, 이는 광산물의 수출을 용이하게 했다. 이렇게 놓인 철도는 국내 교통을 편리하게 하는 것과는 거의 무관했으며, 대신 마드리드에서 항구를 기점으로 방사선 모양으로 뻗어나가는 철도망으로 구축되었다. 1914년 이전 철도는 다른 경제 분야의 발전에 거의 영향을 미치지 못했다(Nadal 1973:

4) 벨기에를 장악했던 독일은 1916년 10월부터 1917년 2월까지 벨기에 노동자들을 차출했다. 벨기에에서 무작위로 모집된 노동자들은 가혹한 조건 속에서 독일로 이송되었고, 집단 수용소에서 지내면서 군수 공장에서 일해야 했다. 10월, 11월에 매주 2만 명의 노동자들이 차출되었으며, 12월에는 매주 2,000명으로 감소했다. 독일은 벨기에 금광을 비롯해 전쟁을 위해 필요한 것이면 무엇이든 몰수했다. Armeson 1964; Passelecq 1928 참조.

5) 표 1이 완전한 목록은 아니다. 제1차 세계대전 이후 유고슬라비아가 된 남부 슬라브 영토들과 발트 해(그리고 이후에는 아시아)로 팽창한 러시아 영토와 이탈리아 반도에 있는 여러 오스트리아 지배 지역은 제외되었다. 러시아와 남부 슬라브 지역의 경험에 대해서는 2장 뒷부분에서 논했다.

표 1 유럽의 식민주의와 제국주의, 1795~1945

식민지	식민 제국	방식	시기
알바니아	터키 제국	직접 통치	~ 1913
알바니아	이탈리아, 독일	점령	1938~1945
오스트리아	독일	합병	1939~1945
벨기에	프랑스	합병	1795~1830
벨기에	네덜란드	합병	1815~1830
불가리아	터키 제국	직접 통치	~1878
체코슬로바키아	독일	점령	1938~1945
북부 슐레스비히	프로이센 / 독일	합병	1864~1920
핀란드	러시아	위임 통치	1809~1918
알자스-로렌	독일	병합	1871~1918 1940~1944
자르란트	프랑스	위임 통치	1920~1935
그리스	터키 제국	직접 통치	~1829
이오니아 제도	영국	위임 통치	~1964
남부 아일랜드	영국	직접 통치	1801~1921
북부 아일랜드	영국	직접 통치	1801~현재
남부 티롤	이탈리아	직접 통치	1919~1945
피우메	이탈리아	합병	1922~1945
노르웨이	스웨덴	직접통치	1814~1905
루마니아	터키 제국	직접통치	~1878
폴란드	프로이센, 러시아, 오스트리아, 독일 소련	직접통치 합병 점령	1795~1918 1939~1944 1939~1944
롬바르디아	오스트리아	직접 통치	~1859
베네치아	오스트리아	직접 통치	~1866
헝가리	오스트리아	합병	
보스니아- 헤르체코비나	오스트리아	점령 병합	1878~1908 1908~1918
세르비아	터키 제국	직접 통치	~1878

552~553; Carr 1966). 몇몇 발칸 국가들은 개발을 위해 높은 이자로 해외 차관을 들였다가 그 이자를 갚아가는 과정에서 파산하기도 했다. 그리스가 19세기 말 파산했으며, 이후 수십 년 동안 외국 채권자 위원회가 국가 재정에서 상당히 중요한 역할을 했다(Levandis 1944). 1895년 세르비아가 파산한 이후 세르비아, 독일, 프랑스 대표로 이루어진 위원회가 세워져 독일과 프랑스의 차관을 갚을 것을 보증하고 세르비아의 세수와 국가 독점 기업들에 대한 통제를 통해 세르비아의 정치에서 큰 역할을 했다. 20세기 초 불가리아의 국가 수입은 프랑스, 후에는 오스트리아, 영국, 네덜란드가 관리했다(Berend and Ranki 1974: 6장). 발칸반도 나라들과 동유럽, 남유럽에 대한 해외 차관과 투자는 그곳 경제를 거의 변화시키지 못했다. 이들 지역은 20세기 동안 유럽의 좀 더 산업화된 나라들에게 농산물을 제공하는 지역으로 남아 있었다.

유럽의 열강들은 지역 국가들에서 혁명 활동을 억압하고 자신들의 이익을 내기 위해 19세기 내내 군사적 개입을 서슴지 않았다. 프랑스 혁명 이후 프랑스에서 귀족적 질서를 되살리기 위한 국제적 노력도 본격적으로 시작되었다. 나폴레옹 전쟁 이후 19세기 동안 열강들은 새로 일어나는 혁명 운동들을 진압하기 위해 협력했다. 1815년 영국, 러시아, 오스트리아, 프로이센이 이끄는 연맹이 형성되어 "질서유지를 위한 열강들의 협력을 용이하게" 했다.[6] 1820년 트로파우 회의에서 이 연맹은 혁명이 일어난 곳은 어디든지 개입한다는 원칙을 세웠다. 이후 100년 동안 크게 네 차례의 혁명이 이 지역을 휩쓸었다.[7] 그때마다 강대국들이 군사적으로 개입하여 자유주

6) 프랑스는 3년 뒤 참여했다. 인용은 Hertslet 1891: 1: 375, art. 6.

7) 첫 번째 혁명의 물결은 스페인(1820), 나폴리(1820), 그리스(1821)를 진원지로 하여 1820~1824년 사이에 일어났다. 두 번째는 1829~1834년 사이에 일어났으며 러시아 서부에 있는 유럽 전체에 영향을 미쳤다. 세 번째 흐름은 1848년에 시작되어, 프랑스, 이탈리아 모든 지역, 독일 영방 국가들, 합스부르크 제국 대부분, 스위스에서 거의 동시에 일어났다. 이는 스페인, 덴마크, 루마니아, 아일랜드, 그리스, 영국에도 영향을 미쳤다. 네 번째 흐름은 1917년 볼셰비키 혁명 이후 전 유럽을 휩쓸었으며, 이는 1920년까지 지속되었다.

표 2 유럽에서 1820~1945년 사이에 시작된 내전에서 외세 개입 사례

내전	개입한 외세	시기
나폴리	오스트리아	1820
스페인	프랑스	1820
사르디니아	오스트리아	1821
그리스	프랑스, 영국, 러시아, 베니스	1821
스페인	프랑스	1822
스페인	프랑스	1823
포르투갈	스페인, 영국, 프랑스	1826~1833
벨기에	영국, 프랑스	1831
독일 영방들	오스트리아, 프랑스	1831
이탈리아 영방들	오스트리아, 프랑스	1831
스페인	영국, 포르투갈	1833~1840
나폴리	오스트리아	1848
밀라노	오스트리아	1848
로마	프랑스	1848
바바리아	프로이센	1848
사르디니아	오스트리아	1848~1849
헝가리	러시아	1849
로마	프랑스	1849
이탈리아	오스트리아	1859
시칠리아	프랑스	1860~1861
오스트리아	프랑스	1866
헤르체코비나	오스트리아, 러시아	1862
크레타	프랑스, 영국, 그리스	1866~1869
러시아	체코슬로바키아, 프랑스, 독일, 영국, 이탈리아	1918~1921
핀란드	독일, 소련	1918
헝가리	루마니아	1919
스페인	독일, 이탈리아, 소련, 영국, 프랑스	1936~1939
그리스	영국, 유고슬라비아, 불가리아, 알바니아	1944~1946

의적 중간계급과 노동계급 세력을 진압하고 반동적인 혹은 귀족적인 체제로 복원하도록 지원했다. 표 2는 1920~1946년까지 유럽 내전에 유럽 열강들이 직접 개입했던 사례를 정리한 것이다.

유럽에서 가장 광범한 제국주의적 식민지 형태는 국민이 형성되고 국가가 세워지는 과정과 관계되어 있다. 유럽의 국가들은 정치적 중심지 혹은 핵심부에서부터 영토적 팽창을 해가는 과정에서 형성되었다. 이 과정에서 전통과 정치제도가 완전히 다른 지역들이 하나로 통합되어갔으며, 제국주의와 식민주의의 온갖 정치적 · 경제적 · 문화적 · 군사적 특징이 나타났다. "제국주의"라는 용어는 근대 산업국가들이 해외 식민 영토들을 직 · 간접적으로 지배하는 것을 가리킬 때에만 쓰이기는 하지만,[8] 국가가 건설되는 과정은 유럽과 해외 제국들에서 본질적으로 같았다. 유럽에서 국가 건설은 해외에 제국을 건설하는 것과 마찬가지로 군사적 정복과 지배적인 중심부가 종속적 지역들을 복속시키는 과정으로 점철되었다.

정복당한 지역들과 중심부 사이의 전형적인 관계는 경제적 의존 관계였으며, 중심부가 사법적 · 정치적 · 군사적 수단을 통해 그것을 강화하는 식이었다. 국가 정책에 따라 주변부 지역은 중심부와 비교할 때 후진 지역으로 만들거나, 후진 지역으로 남아 있도록 했다(예를 들어 벨기에의 플랑드르, 프랑스의 브르타뉴, 영국의 아일랜드). 이런 과정과 식민지 상황의 유사성을 강조하면서, 여러 학자들은 유럽의 국가 건설의 이런 측면을 "내부 식민주의"라고 표현했다.[9]

식민주의는 정복당한 지역의 사회 경제 제도들을 중앙의 필요에 맞게 개조하는 과정을 수반했다. 만약 식민지를 "전체 주민의 (사회, 경제, 정치) 생활 조건이 지역 대다수 주민과 문화적 · 역사적 · 정서적, 그리고 종종 인종적으로도 다른 소수 집단에 의해 상당한 정도로 규정되어 있는 지역"(브리태니커 백과사전, 14th ed., 1970, s.v. "Colony")이라고 하면, 유럽에서의 국

8) "제국주의"는 원래 강력한 한 지배자가 유럽 혹은 해외의 여러 영토에서 주권을 행사하는 것을 이른다. Koebner and Schmidt 1965 참조.

가 건설 과정은 바로 내부 식민화 과정이라고 정의할 수 있다.[10]

내부 식민화는 외부 식민화와 여러 면에서 상황이 비슷하다. 군사적으로 강한 중심부가 문화적으로 구분되는 집단들에게 물리적 통제를 가한다. 이들 집단들은 언어, 종교, 혹은 다양한 문화적 양상을 근거로 차별을 받는다. 그리고 종종 착취의 대상이 되어, "자연 자원을 약탈당하고", 국가들이 외국의 정복지에게 가하곤 하는 야만적 행위의 대상이 되기도 한다(Gouldner 1977~1978 : 41). 주변부 지역의 경제는 중심부의 발전을 보조하기 위한 것으로 강제되며, 주로는 단일 농산물 수출에 의존하게 된다. 이 지역의 경제적 종속을 유지하기 위해 해외 식민지들에 적용되는 것과 비슷한 사법적·정치적 수단들이 동원된다. 중심부 구성원들이 상업, 무역, 신용을 독점했기 때문에 상대적으로 서비스업은 부족하고 생활수준은 낮다.[11]

---

9) 이 용어에 대해서는 레닌 1956 : 172~177 ; Dobb 1947 ; Hechter 1975 : 30~33 ; Gouldner 1977~1978 ; Jasci 1929 : 185~212 ; Marczali 1910 : 37~99 참조. 많은 학자들이 국가 건설 과정과 식민지 상황의 유사함을 지적해왔다. 폴라니(Polanyi)는 식민 지배와 19세기 영국에서 노동계급에 대한 대우를 같은 종류의 것으로 묘사했다(1944 : 157~159, 164, 290). 레닌은 이 용어를 러시아의 국가 발전에 대한 경험적 연구에서 사용했다(1956 : 172~177, 269, 363~365). 그람시(Gramsci)는 이탈리아의 정치적·경제적 발전 과정에서 북부가 남부에 대한 식민 지배를 공고히 했다고 주장했다(1957 : 430). 브로델은 프랑스에서 국가적 통합이 이루어지는 과정을 "내륙"이 해변이나 국경 지대에 있는 교역 도시들로 이루어진 "주변부에 의해 식민화되는" 과정이었다고 보았다(1984 : 3 : 42, 328~352). 베버(Eugen Weber)는 파농(Fanon)이 『대지의 저주받은 자들(The Wretched of the Earth)』에서 설명한 식민지 상황이 20세기 초 프랑스 농촌의 조건에 딱 맞는 묘사라고 지적했다(1976 : 490~493). 도브(Dobb)는 미국, 러시아, 영국, 프랑스에서의 내부 발전 과정을 내부 식민화 과정이었다고 설명했다(1947 : 194, 206~207, 209).

10) 이는 식민지를 정의하는 한 예일 뿐이며, 완벽한 정의는 아니다.

11) Hechter 1975 : 33. 외부 식민지의 경우 정복자와 피정복자 사이에는 인종적·문화적 차이가 더욱 분명하기 때문에 내부 식민지와는 근본적으로 다르다는 주장이 나올 수도 있다. 하지만 인종주의와 문화적 우월성의 주장은 어떤 경우에는(예를 들어 영국, 프랑스, 이탈리아에서는) 내부 식민화 과정에서도 근본적 요소였다. 이에 대해서는 이 장 뒷부분에서 좀 더 설명한다.

유럽 민족주의의 제국주의

19세기 유럽의 민족주의와 국민국가 형성 운동은 제국주의와 완전히 결합되어 있었다. 사실 민족주의에서 제국주의적 목표들이 너무 중심적인 위치를 차지하고 있었기 때문에 이어지는 국가 건설 과정들은 제국 건설과 거의 다르지 않았다. 유럽에서 민족주의의 목표는 국민국가를 형성하는 것이 아니라 제국을 다시 일으켜 세우거나 창조하는 것이었다. 민족주의자와 민족주의적 작가들 — 피히테, 트라이치케, 마치니, 가리발디, 단눈치오, 코수스, 오브라도비치, 다닐렙스키 — 은 국경 내에서 국민 공동체의 정치적 독립을 주장한 것이 아니었다. 그들은 비잔티움, 로마, 샤를마뉴, 카이사르, 두샨, 시메온 등 역사적 제국들의 부활을 주장했다. 적당한 제국의 역사가 없는 경우 민족주의 작가들과 지도자들은 민족 집단들에 대한 고려와 상관없이, 그리고 근본적으로는 민족주의적 사상과 반대되게 국토의 확장을 주장했다. 나폴레옹의 제국과 위대한 독일 운동, 로마 제국을 재현하겠다는 이탈리아의 파시스트 운동, 러시아의 범슬라브주의, 그리고 범슬라브주의 내에서 위대한 크로아티아 운동, 위대한 마케도니아, 위대한 세르비아, 위대한 불가리아 운동이 그 예이다. 게일인, 웨일스인, 브르타뉴인을 통합하는 범켈틱 운동도 19세기 말에 전개되었다. 폴란드 민족주의 운동은 초국가적인 폴란드 공화국을 부활하자는 운동이었다. 리투아니아인들은 리투아니아 왕국을 재건하고자 했다. 19세기에는 범스칸디나비아인 운동도 있었는데, 이는 노르딕 국가들(덴마크, 아이슬란드, 노르웨이, 스웨덴, 핀란드) 사이에 경제적 통합을 강화하자는 한정된 것이었다. 프랑스, 독일, 이탈리아, 러시아, 폴란드, 헝가리, 체코슬로바키아, 크로아티아, 세르비아, 불가리아, 루마니아, 그리스 등에서 19세기와 20세기 초에 있었던 민족주의 운동을 일부만 일별해보아도 제국주의와 민족주의 사상과 운동이 밀접한 관계가 있음을 볼 수 있다.

18세기 말 나폴레옹은 **프랑스 민족주의**에 로마 제국이라는 발상을 부여했고, 다른 한편으로는 프랑스, 서독, 이탈리아, 저지대 나라들(네덜란드 등)을 새 제국으로 통합하면서 샤를마뉴 황제의 후손임을 자처하였다. 프랑스 외부의 민족주의자들은 처음에는 프랑스 군대를 환영했지만[12] 나폴레옹의 목표는 다민족 제국을 건설하는 것임이 곧 분명해졌다. 권력이 절정에 올랐을 때(1810), 프랑스는 라인 강 서부에 있는 모든 독일 지역, 벨기에, 네덜란드, 동쪽으로 뤼베크까지 이어지는 북독일 지역, 이탈리아 대부분, 일리리아 지역 일부를 직접 지배했다.

독일 민족주의는 독일의 문화적 · 정치적 · 군사적 우위에 가장 큰 관심을 두고 있다. 이는 중동부 유럽의 넓은 지역에 산재해 있는 독일 민족이 단합해야 한다고 강조했다. 독일의 민족주의자는 독일 민족과는 거리가 먼 사람들이 살고 있는 영토에도 관심을 가졌다.

『정치경제학의 국가 체제(The National System of Political Economy)』(1841)를 쓴 프리드리히 리스트는 독일 민족주의에 큰 영향을 미쳤는데, 그는 독일 민족에 대해 이렇게 서술했다.

> 독일 민족은 라인 강 입구에서부터 폴란드 국경에 이르기까지, 네덜란드와 덴마크를 포괄하면서 사방으로 뻗어나갈 때에 진정한 독일 민족이라고 할 수 있다. 이렇게 연합을 형성해가는 자연스러운 정복 활동을 통해 이 나라들은 독일 연맹(German Bund)으로 통합될 것이며, 독일의 국적을 갖게 될 것이다. 그럼으로써

---

12) 1795년 1월 프랑스가 7공국연방을 공격했을 때, 애국당(Patriot Party)은 그들을 환영했고, 오렌지 공은 유배를 갔다. 바타비아 공화국이 선포되고 많은 민중으로부터 진정한 지지를 받았다. 하지만 1806년 나폴레옹은 그의 동생을 네덜란드 왕으로 만들기로 결심하고 1810년 네덜란드를 합병했다. 폴란드에서는 분단을 거부하면서 나폴레옹이 폴란드를 복원시켜줄 것이라는 마지막 희망을 품었다. 1806년 나폴레옹은 폴란드 자원병이 포함된 군대를 이끌고 폴란드로 진격했다. 이는 프로이센과 러시아를 상대로 한 전쟁의 일환이었다. 1807년 7월 틸지트 조약으로 크게 축소되고 반독립적인 폴란드 국가가 바르샤바 대공국으로 다시 태어났다. 주로 프로이센이 취했던 폴란드 영토에 세워진 것이었다. 1809년에는 나폴레옹이 폴란드인의 도움으로 오스트리아를 격파하면서 오스트리아가 취했던 폴란드 영토를 되찾아 바르샤바 대공국을 좀 더 확대할 수 있었다. 1812년 나폴레옹이 러시아를 침공했을 때, 폴란드 병사 10만여 명이 참여했다.

> 이들은 지금 필요한 것, 말하자면 수산업, 해군력, 해상 무역과 식민지를 획득할 수 있게 될 것이다. 이 두 나라 모두, 후손을 비롯한 모든 이들이 독일 국적을 갖게 될 것이다.[13]

독일 민족주의자들은 무엇보다 영토를 중시했으며, 직접 관련된 주민들이 정말 통치권의 변화를 원하는지에 대해서는 관심을 두지 않았다. 한 예로 1871년 프랑스의 알자스-로렌 지역을 병합한 것을 들 수 있다. 이 지역 주민은 인종이나 언어가 독일계이기는 했지만, 정치적으로는 프랑스인으로 남기를 원했다. 하지만 이를 하인리히 폰 트라이치케는 다음과 같이 정당화했다.

> 이 영토는 카를의 권리에 따라 우리의 것이 되었다. 우리는 도리에 따라 이를 해결해나갈 것이다. 독일 국가의 도리는 그 자손들이 독일 제국의 이방인으로 남는 것을 허용하지 않는 것이다. 우리 독일인은 독일과 프랑스에 대해 잘 알고 있으며, 알자스인에게 좋은 것이 무엇인지를 이들보다 더 잘 알고 있다. 알자스인은 신독일과는 교감이 이루어지지 못하는 바깥세상에서 프랑스 관련자들의 영향을 받아 잘못된 판단을 내리고 있다. 우리는 그들이 원하지 않는다 하더라도 그들이 진정한 자신을 찾을 수 있도록 만들 것이다.[14]

---

13) List 1885 : 177. 리스트(List, 1789~1846)는 독일 제국의 기초를 놓은 관세동맹의 결성 과정에서 중요한 역할을 했다. 룩셈부르크가 쓴 대로, 리스트는 "독일 민족 통일의 진정한 메시아"이다. 피히테를 비롯한 다른 작가들의 민족주의는 나폴레옹 군대에 대한 반감에서 비롯된 독일 낭만주의와 연계되어 있었으며, 왕정복고 이후 소멸했다. 1830년대와 1840년대 리스트의 "복음"에서 "민족적 부활"은 공업과 무역에 기초해 있었고, "국내 시장" 이론을 따르고 있었다(Luxemburg 1976 : 160~161). 비슷한 관점을 가진 것으로 보이는 피히테(Fichte)는 국가를 상업적으로 봉쇄해야 한다고 주장했다 : "국제 무역과 세계를 향한 제조업이라고 하는 가벼운 이론들은 외국인에게 유리할 뿐이며, 외세가 우리를 침공할 때 사용하는 무기일 뿐이고, 그런 이론들은 독일인과는 아무 상관없는 것임을 우리가 마침내 깨닫게 되기를, 그리고 우리들 내부의 단합, 내부적인 독립을 이룬 후에 우리가 우리의 구원을 위해 해야 할 것은 상업적 자조임을 깨닫게 되기를 기원하노라" (Engelbrecht 1968 : 121).

리스트와 아른트[15]뿐 아니라, 트라이치케의 사상도 범게르만 운동의 발달을 고무했다. 이 운동은 프로이센-독일이 다른 독일어권 국민들을 그들의 의사에 상관없이 통합해가면서 세력을 확장해나갔던 운동으로, 더 큰 독일을 만드는 것에 주로 관심을 가졌다. 많은 범게르만주의자들은 그 이상을 주장했다. 스위스인, 네덜란드인, 심지어는 스칸디나비아인까지도 독일인과 함께 크게 인종적으로 노르딕(북유럽 인종) 형제애를 발휘하여 통합해갈 것을 주장했다.[16]

트라이치케, 리스트, 아른트와 범게르만 운동의 민족주의 사상은 제2차 세계대전과 그 이전의 나치 제국주의로 분명하게 연결된다. 이 시기 동안 나치 독일의 목표는 유럽에 식민지 제국을 건설하여, 제국 내에서 아리아인이 아닌 다수 노예들이 아리아인 엘리트의 시중을 들도록 하는 것이었다. 나치의 "대영토의 경제" 이론은 여러 지역의 기능을 인종 유형에 맞게 특화해 독일의 경제적 발전을 꾀하는 대제국을 건설하자는 주장이었다. 아리아인이 주로 거주하는 산업 중심부는 동유럽에서 확장한 지역들로 둘러싸이게 될 것이며, 나치는 이 동유럽 지역들이 농산물과 산업 원료를 제공하는 공간이 되고, 주로 열등한 슬라브인이 거주하는 지역이 될 것이라고 생각했다.

이탈리아 민족주의는 인근 지역과 해외로 팽창해가면서 "리소르지멘토(Risorgimento : 이탈리아 통일 운동)를 완수"해야 한다는 사명감에 사로잡혀

---

14) Macartney 1934 : 100에서. 트라이치케(Heinrich von Treitschke, 1834~1896)는 평론지 『프로이센 연보(Preussische Jahrbucher)』의 편집자였으며, 독일 제국의회의 의원이었다. 영어로 번역된 그의 저서로는 Treitschke 1916 참조. 그의 주장과 영향력에 관한 논의는 Hausrath 1914와 Davis 1915 참조.

15) 아른트(Ernst Moritz Arndt, 1769~1860)는 독일이 프랑스와 맞서 민족적으로 분발해야 한다고 아주 강하게 주장한 선동가였다. 그는 독일이 인종적 순수함을 지켜 왔으며, 가장 순수한 언어를 사용하고 있기 때문에 다른 어느 민족보다 뛰어나다고 주장했다. 아른트는 민족을 구성하는 요소로서 언어를 중시했으며, 모든 독일어권 국민들은 하나의 조국으로 통합되어야 한다고 했다. 그의 주장과 그것이 독일 민족주의에 미친 영향에 대한 논의는 Pundit 1935 참조.

16) 범게르만 연합에 관한 고전적 저서로는 Wertheimer 1924 참조.

있었다. 이는 무솔리니 못지않게 마치니(Giuseppe Mazzini)의 주장이기도 했다. 마치니는 "이탈리아 민족"이 그들의 운명, 그들의 특별한 "소명"을 실현하여, 고대와 중세에 그랬던 것처럼 인류를 위해 세계를 이끄는 역할을 해야 한다고 주장했다.[17] 마치니는 1871년 그의 신문「라 로마 델 포폴로(La Roma del Popolo)」에 쓴 글에서 제국주의적 국제 정책의 틀을 세웠다.

> 아시아 세계로 이어지는 모든 길들이 이탈리아에게 개방되도록 하고, 동시에 시대의 요구인 문명화의 소명을 실현해야 한다. 그러기 위해서는 수에즈 운하와 알렉산드리아에서 이탈리아의 영향력이 조직적으로 확대되도록 해야 하며, 가능한 한 빨리 기회를 확보하여 튀니스에 식민 원정군을 보내도록 해야 한다.

그는 다음과 같이 주장했다.

> 유럽이 아프리카를 문명화하는 거역할 수 없는 흐름 가운데, 모로코가 스페인에 속하게 되고, 알제리가 프랑스령이 되었다. 같은 맥락에서 중부 지중해의 핵인 튀니스는 이탈리아에 속하게 되었다. 튀니스, 트리폴리, 키레나이카는 이집트와 연결되어 있고, 이집트와 시리아를 거쳐 아시아로 연결되기 때문에 아주 주요한 지대인데, 이는 진정한 유럽 시스템을 가진 아프리카 지역이다. 카르타고가 망하고 지중해가 우리의 바다가 되었던 시절에는 그 지역 상층은 로마식 스타일로 채색되어 있었다. 우리는 5세기까지 그 지역 전체의 주인이었다. 프랑스가 지금 그 지역을 주시하고 있다. 우리가 취하지 않는다면, 프랑스가 그 지역을 취할 것이다.[18]

---

17) 마치니 1890 : 1 : 290; 3 : 27, 33. 이는 이탈리아 극작가 알피에리(Vittorio Alfieri, 1749~1803)의 주장이기도 했는데, 그는 19세기 이탈리아의 작가이자 정치인들에게 상당한 영향을 주었다. 그는 "이탈리아를 야만인으로부터 해방시키자는 호소문"에서 로마의 세계 지배와 이탈리아의 지적이고 예술적인 우수성, 과거 여러 시기에 이탈리아가 문명에 기여해 온 점 등을 상기시켰다(Alfieri 1859 : 10 : 108~110). 알피에리가 이탈리아 작가, 정치인, 그리고 사회에 미친 깊고 광범한 영향에 대한 논의는 Megaro(1930 : 130~148) 참조.

리소르지멘토의 또 다른 지도자 가리발디는 여전히 오스트리아의 지배 아래 있는 이탈리아의 "회수하지 못한" 영토를 해방시켜 통일을 "완수"하자고 주장했다. 이런 주장은 이탈리아가 제1차 세계대전에 참전해야 한다고 주장하는 사람들의 지지를 받았다.[19] 1860년 가리발디의 "천인대(thousand)" 중 한 명이었던 크리스피(Francesco Crispi)는 이탈리아가 지중해를 중심으로 팽창하여 "위대한 이탈리아"를 건설해야 한다고 선전했다(Cardella 1928~1929). 1880년대 말과 1890년대 초에 이탈리아의 총리로 이탈리아가 튀니스와 아비시니아에 첫발을 내딛게 한 것은 크리스피였다. 단눈치오(Gabriele D'Annunzio, 1863~1938)는 아프리카에 내디딘 이 첫발이 이탈리아가 세계로 뻗어나갈 전주곡이 되기를 희망했다. 1919년 단눈치오는 일군의 돌격병을 이끌고 피우메(Fiume) 시로 들어가 15개월 동안 이탈리아 정부와 이탈리아의 조약 준수 의무를 무시하고 장악했다.[20] 로마 제국을 재현하자는 운동을 벌인 파시스트들은 민족을 동원하여 "리소르지멘토를 계속 수행하고," 마치니가 주장한 이탈리아의 "소명"을 실현하며, 가리발디의 영웅적인 전설과 영광을 받들어나가자고 주장했다.[21] 카이사르의 로마와 교황들의 로마를 이어받아 세계를 이끄는 "제3의 로마"를 이루어내자는 마치니의 희망에 공감했던 무솔리니는 1932년 10월 25일 밀라노의 군중 앞에서 이렇게 주장했다. "20세기는 파시즘의 세기, 이탈리아가 힘을 떨치는 시기, 이탈리아가 다시 세 번째로 인류를 선도하는 시기가 될 것이다"(Kohn 1955 : 81에서).

19세기 **러시아 민족주의**는 범슬라브주의가 중심을 차지했으며, 이에 따

18) 영어 번역본 Mazzini 1877 : 579.

19) Salvemini 1915 ; Battisti 1914 참조. Corradini 1915도 참조.

20) 단눈치오가 피우메 원정을 이탈리아의 명예와 영광을 위해서였다고 옹호한 주장에 대해서는 D'Annunzio 1919 참조.

21) 19세기 낭만주의 역사가들은 중세 이래 이탈리아 역사가 자연스럽게 통일된 역사였음을 보여주려고 하였다. 파시스트들은 이런 해석을 발전시켜 리소르지멘토를 로마 시대(Rota 1948 : 1 : x 참조), 혹은 중세의 사보이아 가문(House of Savoy)의 시대까지(Volpe 1925) 거슬러 올라갔다.

라 러시아 국가의 제국주의적 팽창을 정당화했다.[22] 러시아의 범슬라브주의는 제국주의의 온갖 특징을 다 갖고 있었다. 러시아의 역사를 영광스러웠던 것으로 윤색하고, 국가적 · 인종적 우월성을 이야기해주는 신화를 만들어내고, 신이 부여한 메시아적 사명감이라는 전설을 만들어내면서 국가의 팽창을 주장했다. 러시아의 소설가 도스토옙스키(Fyodor Dostoevsky, 1821~1881)는 범슬라브주의를 주창했던 지도적 인물 중 하나였다. 그는 유럽의 부패한 문명과 비교되는 러시아는 세계를 부활시킬 운명을 타고났다고 하면서, "러시아 민중은 말할 수 없이 고상하고, 고결하며, 훨씬 정직하고 순수하며 유능하다. 완전히 다른 사상, 고상한 기독교 사상으로 충만한 러시아인의 정신세계를, 다 죽어가는 가톨릭이나 우둔하고 모순적인 루터주의의 유럽은 결코 이해하지 못한다"(Dostoevsky 1923: 29)고 했다. 범슬라브주의에 따르면, 인류를 선도하는 것은 슬라브인의 소명이다. 도스토옙스키는 인류를 선도하는 소명을 위해 서구에서 슬라브인이 자리를 잡기 전에 먼저, "전체 슬라브 세계에서 위대한 러시아 인종의 우수성"을 분명히 하는 것이 필요하다고 생각했다(1923: 41). 러시아 범슬라브주의의 교본이 된 『유럽 안의 러시아(Rossiia i Europa)』에서 다닐렙스키(Nikolai Danilevsky)는 러시아가 인류를 위해 "부패한 서구"를 파괴하기 위해서는 슬라브 연방을 만들고 이끌어야 한다고 주장했다. 이 연방이 포괄해야 할 지역으로 지명된 것은 〔갈리시아, 부코비아와 헝가리의 우크라이나 지역, 카파소(Carpatho)-우크라이나 지역을 포함한〕 러시아, 트리에스테, 고리치아, 이스트리아, 카린티아의 주요 지역, 체코슬로바키아, 루마니아, 헝가리, 불가리아, 그리스, 콘스탄티노플이었다.[23]

폴란드 민족주의는 러시아, 오스트리아, 프로이센에서 폴란드어를 하는 지역의 정치적 독립만을 주장한 것이 아니라, 리투아니아, 백러시아를 포

22) 러시아의 영토적 야심이 슬라브 영토에만 한정되었던 것은 아니다. 아시아의 영토도 전략적 · 경제적 이유로 러시아 제국주의의 주요 대상이었다.

함하여 중세 제국의 역사에 포괄되었던 전 지역이 폴란드로 독립해야 한다고 주장했다(Leslie 1963). 폴란드 민족주의자들이 추구했고, 제1차 세계대전 이후의 평화회담에서 획득한 폴란드는 초국가적인 17세기 폴란드 국가를 재현한 것이었다. 평화회담에서는 전반적으로 인종 분포 상황에 맞추어서 커즌 라인으로 알려진 국경선을 폴란드와 러시아 사이에 그었다. 하지만 1920년 초 몇 달 동안 폴란드인들은 러시아와의 국경선을 가능한 동쪽으로 더 밀어내고자 러시아를 공격하기 시작했다. 5월에 폴란드는 키예프를 장악하는 데 성공했다. 1921년 3월 리가 조약에 따라 러시아와 폴란드의 국경선은 1795년 분할 이전에 폴란드가 갖고 있던 영토 그대로, 즉 동쪽으로 좀 더 나아간 지점에서 결정되었다. 새로 세워진 리투아니아 공화국은 제외되었다(Seton-Watson 1945).

헝가리 민족주의는 1848년 3월 3일 코슈트(Lajos Kossuth)가 발표한 프로그램에 잘 표현되어 있다. 이는 단순한 마자르 국민국가를 지향하는 것이 아니라, 크로아티아-슬라보니아, 트란실바니아, 그리고 헝가리 왕국의 이른바 밀리터리 프런티어(Military Frontier)를 통합하는 것이었다. 이중 제국(1867~1918년의 오스트리아-헝가리 제국 — 옮긴이) 내에서 헝가리의 민족적 독립으로 마자르인은 1,300만 인구에 대한 지배권을 획득했다. 1,300만 명 중 1,100만 명은 대부분 마자르인이 아닌 농노들이었으며, 토지를 구매하는 것이 금지되었고, 교회에 십일조를 내야 했으며, 국가에 대한 세금 대부분을 부담했고, 지주에게 다양한 형태의 공물을 지불해야 했다(Maurice 1887: 80~81). 헝가리가 국가적 독립을 이루면서 카르파티아 슬로바키아인

---

23) 다닐렙스키는 Kohn 1946: 132에서 재인용. 페디예프(Rostislav Fedeeyev)도 비슷한 제안을 했다. 『동부 문제에 관한 견해(Opinions on the Eastern Question)』(1871)에서 페디예프는 러시아가 아드리아 해로 진출하든지 우랄 산맥 뒤쪽으로 물러나든지 해야 한다고 주장했다. 유럽의 슬라브인을 통합하는 것은 러시아의 운명이기 때문이라는 것이었다. 슬라브 민족주의 지도자 콜라르(Jan kollar, 1794~1852)는 모든 슬라브인의 통합을 주창하면서, 엘베 강에서 태평양, 북극해에서 지중해에 이르는 광대한 영토를 슬라브인이 차지하여 위대한 미래를 맞이할 것이라고 예언했다.

은 형제 관계에 있는 주데텐 체코인과 분리되었다. 브라티슬라바의 독일인, 테메스바르, 트란실바니아는 오스트리아계 독일인으로부터 분리되었다. 크로아티아인과 달마티안 세르비아인은 크로아티아와 슬로베니아 인으로부터 분리되었다.

체코슬로바키아 민족주의는 독일인을 정치 문화적으로 체코인에게 완전히 종속시키는 것에 주로 관심을 두었다. 체코인은 "성 벤체슬라스의 왕위"를 이어받은 역사적 정통성을 갖고 있다고 주장했다. 오스트리아 전체에서 이들은 소수집단이었지만, 보헤미아, 모라비아, 슐레지엔을 한데 합친 지역에서 이들은 독일인보다 다수를 차지했기 때문이다. 독일인을 정치 문화적으로 복속시키기 위해 체코인은 주데텐 지방의 독일인을 알프스를 끼고 있는 나라들의 독일인과 분리시키고자 했다(Luxemburg 1976 : 164). 파리 평화회담에 참석한 체코-슬로바키아의 민족 대표단은 보헤미아, 모라비아, 오스트리아령 슐레지엔 — "보헤미아 왕국의 영토들" — 에서 체코인은 인구의 약 3분의 2를 구성하고 있지만, 실제로는 소수집단이라고 주장했다. 이 지역의 독일인은 독일계 오스트리아와 통합될 권리를 주장했다. 하지만 체코 군대가 논쟁 지역을 장악한 뒤, 회담에서는 체코의 주장을 받아들였으며, 독일과 오스트리아의 영토 일부를 체코에게 주기도 했다. 체코-슬로바키아는 인구 면에서 순전히 마자르인으로 구성된 영토인 것으로 여겨졌지만, '서브-카르파티아 러시아'라고 하는 지역에는 주로 루테니아인이 살았다.

발칸의 민족주의는 19세기 초 전면에 부상했다. 발칸반도의 어떤 민족주의 운동도 혹은 이들을 지원하는 열강도 오스만 제국을 주로 민족성에 따라 분할하는 것에는 관심을 두지 않았다. 발칸반도 민족주의 핵심은 팽창주의였다. 일리리아 운동으로 표현된 **크로아티아 민족주의**는 크로아티아인과 나머지 남부 슬라브인의 통합을 목표로 했다.[24] 1848년 크로아티아 혁명가들은 달마티아, 리예카, 크로아티아 해안을 합쳐 크로아티아 연합을 형성할 것을 주장했다. **세르비아 민족주의**는 1840년대에 정식화된 프로그램에 따르면, 세르비아인의 활동 반경을 보스니아, 헤르체고비나, 몬테니그로, 북부 알바니아, 크로아티아까지 확장할 것을 주장했다. "위대한 세르비아" 주의는 1844년 세르비아의 정치가 가라샤닌(Ilija Garasanin)의 나세르타니(Nacertanie) 프로젝트에 잘 요약되어 있다. 이 프로젝트 내용은 1918년까지 세르비아의 국가 정책이 되었다. 나세르타니 프로젝트에 따르면 세르비아가 독립을 유지하고 전 세르비아인의 통일을 가져오기 위해서는, 보스니아와 헤르체고비나를 해방시키고, 몬테니그로와 연합하며, 아드리아 해로 뻗어나갈 수 있는 길을 확보하면서 중세 발칸 제국을 재현해야만 했다. 오스트리아가 이런 계획에 반대했기 때문에, 세르비아는 서구 열강의 지원을 모색했다.[25] 1860년 말, 세르비아인, 크로아티아인, 불가리아인으로 구성된 공동의 연방 국가를 위한 세르보-크로아티아 협정 초안이 마련되었다. 1866년 가을 이런 협력 작업은 오스트리아와 오스만 제국의 지배 아래 있는 모든 슬라브인의 해방을 이루려는 시도로까지 확대되었다. 남부 슬라브인의 통일을 위한 베오그라드 중앙위원회 총회의 외국 위원회에게 보내는 호소문이 1867년 3월에 발표되었다. 이 연설문은 이들이 추구하는 하나의 남부 슬라브 국가의 규모를 분명히 했다. 세르비아, 보스니아, 헤르체고비나, 몬테니그로, 북부 알바니아, 마케도니아, 불가리아, 트리키아(Thrace)의 대부분 지역, 크로아티아, 스렘, 달마티아, 이스트리아, 카르니올라, 그리고 스티리아와 카르스트(Karst)의 북부 지역이 포함되었다(Djordjevic and Fischer-Galati 1981: 124). 운동은 1867년 여름 보스니아에서 반란을 통해 시작되었다. 반란자들은 정부를 세우고, 의회를 소집하며, 세르비아와 통합을 선언하려고 했다.

불가리아 민족주의는 차르 시메온(Simeon)의 중세 제국을 재현하고자 했

24) 세르비아 밖의 유고슬라브인이 거주하는 영토는 보스니아, 헤르체고비나, 크로아티아, 슬라보니아, 슬로베니아, 몬테니그로, 달마티아로 꽤 잘 정리되어 있다. 이들은 모두 오스트리아-헝가리 정부에 복속되었다. 크로아티아와 슬라보니아는 실제로는 마자르 정부의 휘하에 있었다.

25) Djordjevic and Fisher-Galati 1981: 251 n. 20의 자료 참조.

다. 19세기에 불가리아는 이 꿈을 실현하기 위해 세 차례 전쟁을 치렀고 패배했다. 러시아인이 1877년 러시아-터키 전쟁 이후 산스테파노에서 튀르크인과 맺은 조약을 통해 잠깐 '대(大)불가리아'를 세웠다. 하지만 이어진 열강들의 협약에서 다시 이 조약을 변경하여 작은 불가리아 국가를 세우게 되었다. 1878년 이후 불가리아의 외부 활동은 산스테파노 조약에서 확보했던 '대불가리아'를 되찾기 위한 것이었다. 이를 위해 우선 동부 루멜리아를 병합하려고 했고, 두 번째로는 마케도니아를 병합하려고 했다. 1880년 불가리아와 동부 루멜리아의 정치 정당들이 나서서 중앙 불가리아 위원회가 비밀리에 결성되었다. 1885년 9월 위원회는 쿠데타 이후 반란을 도모하기 시작했다. 임시정부는 동부 루멜리아와 불가리아의 통일을 선언했다. 이 통일은 결국 열강들의 인정을 받았다(Black 1943; Jelavich 1958).

루마니아의 민족 운동은 몰다비아 공국과 왈라키아 공국의 통합을 요구했다. 두 공국은 1857년 말 오스만 제국을 종주국으로 하여 통합되어 있었다. 하지만 루마니아 민족주의는 두 공국의 통일 이상의 것을 추구했다. 루마니아 민족주의는 트란실바니아와 베사라비아도 병합하고자 했다. 루마니아가 오스만 제국으로부터 독립하기 위해 벌인 전쟁(1877~1878)의 궁극적인 목표는 '대(大)루마니아'를 건설하는 것이었다. 제1차 세계대전 과정에서 루마니아는 영토를 거의 두 배로 확장할 수 있었다. 새 국경선은 로마 황제 트라야누스가 서기 2세기에 식민지 입주자를 보낸 다키아 속주의 것과 거의 일치했다. 루마니아인들은 자신들이 다키아의 후예라고 주장했다.[26)]

그리스 민족주의는 오스만 제국의 지배에서 그리스를 해방시키는 것을 목적으로 1814년 오데사에서 결성된 조직인 필리케 헤타이리아(Philike

---

26) 이것이 대루마니아 운동의 마지막 장은 아니었다. 1920년대에 포퓰리스트에 혁명적인 우파가 등장했다. 이는 '강철 부대(Iron Guard)'로 대표되는 포퓰리스트 운동의 선구적 형태였으며, 대루마니아의 통합을 유지하기 위해 전국적인 기독교인 십자군 운동으로 대중을 규합하고자 했다. 1920년대에 이 운동은 처음부터 불만에 찬 지식인, 학생, 관료들의 큰 호응을 이끌어냈다. Roberts 1951; Weber 1965 참조.

Hetairia)가 주도했다. 1820년 10월 펠로폰네소스에서 봉기 계획이 세워졌으며, 세르비아와 다른 발칸반도 국가들이 함께하기로 했다. 이 봉기는 광범한 혁명으로 이어질 것이며, 그리스 발칸 제국을 세우게 될 것이라고 생각했다(Botzaris 1962 : 102~109). 하지만 헤타이리아가 계획했던 이 봉기는 루마니아 공국들과 그리스에서만 실현되었다. 이 봉기는 1821년 시작된 그리스 혁명의 전주곡이었다. 1829년 그리스는 러시아, 영국, 프랑스의 보호 아래 독립된 왕국임을 선언했다.

하지만 그리스 공동체들은 여전히 그리스 국가 밖에 남아 있었다. 이 그리스 디아스포라는 에피루스와 테살리아, 마케도니아의 일부 지역, 트라키아, 남부 불가리아, 스미르나, 유럽 중부, 이탈리아, 프랑스 남부, 아프리카 북부에 흩어져 있었으며, 경제적으로 그리스 자체보다 훨씬 더 큰 힘이 있었다. 그리스 국가는 건설 과정이 진행될수록 경제적 · 재정적 어려움에 봉착했기 때문에, 이들 디아스포라에 큰 관심을 가졌다. 그리스 국가는 점점 더 영토의 확장에 관심을 두었고 마침내 '위대한 계획(Megali Idea)'을 만들어냈다. 이 이데올로기는 최근까지 그리스 국가 정치의 이데올로기적 초석이 되었다(Petropulos 1968 : 455~457). '위대한 계획'은 비잔틴 제국의 영광과 힘을 되살리겠다는 구상에 바탕을 두었다. 이는 북쪽으로는 발칸 산맥부터 남쪽 마타판 만에 이르기까지, 서쪽으로는 아드리아 해부터 동쪽 흑해에 이르기까지 장악했던 헬레니즘 시대까지 거슬러 올라갔다.[27] 1862년 의회는 그리스 국경 밖에 거주하는 그리스인 모두에게도 의회에 대표를 보낼 수 있는 권리를 부여했다(Djordjevic and Fischer-Galati 1981 : 115~116).

27) 콜레티스 총리(Premier Colettis, 1844~1847)는 1844년 1월 15일 아테네 의회에서 내부적인 헬레니즘 프로그램을 설명했다. 그에 따르면 그리스에는 크게 두 개의 중심지가 있다. 아테네와 콘스탄티노플이다. 전자는 그리스의 수도였으며, 후자는 헬레니즘의 수도였다. 그리스 왕국은 사실 그리스 민족 중 가장 가난한 백성으로만 구성되어 있다고 할 수 있다. 그리스 민족은 그리스 왕국에 사는 주민에만 국한된 것이 아니라 이오안니나, 살로니카, 아드리아노플, 크레테, 사모스, 콘스탄티노플의 주민도 포괄하고 있다(Djordjevic and Fischer-Galati 1981 : 104).

'위대한 계획'은 1936년 8월 4일 메타크사스(Ioannis Metaxas) 장군이 파시스트 정권을 세워 스파르타식 경례를 상징으로 사용하며 "제3의 헬레니즘 문명"을 출발시켰던 20세기에 절정에 달했다.

유럽에서 민족과 제국의 형성

서유럽의 오래된 국가들은 정복자 집단이 영토를 식민화하고 원주민들을 복속시키거나, 학살하거나, 쫓아내거나, 강제로 동화시키면서 형성되었다. 이후 민족주의 운동은 혈연적 혹은 문화적으로 민족의 대표라고 자칭하는 집단이 기존 국가의 재정적·군사적 도움을 받아서 자신들의 문화 혹은 다른 식의 주장에 따라 만들어낸 영토에 대한 권리 획득 운동을 조직해 가는 과정이었다. 다양한 민족 집단이 함께 거주하는 지역에서는 영토에 대한 권리 주장이 중세 혹은 고대로 거슬러 올라가는 "역사적 권리" 주장이 되기 일쑤였다. 경제적·전략적 고려로 원래 영토보다 확장될 것을 주장하는 일도 많았다. 이런 지역은 주로 아주 다양한 민족 집단이 모여 살거나, 하나의 집단을 이룬 외국인이 살고 있거나 한 지역이다. 한번 국가가 세워지면, 다양한 민족 집단으로 이루어진 사회에서 지배적인 민족은 분리된 영토를 주장하거나 지배 집단의 지배에 도전할 수 있는 힘을 가진 소수민족 집단이나 다른 인구 집단들을 내쫓거나 절멸시키거나 강제로 동화시키는 방식으로 국가 건설 작업을 마무리한다. 이 과정을 잠깐 살펴보는 것도 유럽에서 일반적으로 이루어진 국가 건설 과정들을 설명하는 데 도움이 될 것이다.

영국(Great Britain)의 창조는 16세기 잉글랜드에서부터 시작한다. 잉글랜드는 런던에서 시작되고 지휘되었으며, 주변 경제권들은 수도의 위성이 되었다(Braudel 1982: 2: 365). 잉글랜드는 아일랜드, 스코틀랜드, 웨일스로 확장되었고, 이곳에서 잉글랜드 문화에 적대적이었던 켈트인들은 군사적 정복 아래 복속되었고, 다양한 방식으로 잉글랜드에 강제 통합되었다. 잉글랜드인은 켈트인 지역에서 상업과 무역에 지배력을 행사하여, 이들 경제권들이 잉글랜드 시장의 필요에 부응하도록 만들었다. 아일랜드에서 잉글랜드인은 원주민을 야만인 취급했고(Hill 1967 : 131), 영토의 4분의 3을 마음대로 차지하여 이용했으며, 잉글랜드 시장에 완전히 복속시켰다(Plumb 1950 : 179 ; Hechter 1975 : 84~95 ; Cullen 1968 : 2~4장). 스코틀랜드와 웨일스에서 그랬던 것처럼 아일랜드 역시 "주변부" 시골의 지위로 떨어졌다(Hechter 1975 : 147~150). 1968년에도 이 지역들은 고용, 주택, 교육, 보건, 환경, 개인 소득 등에서 잉글랜드보다 전반적으로 낮은 수준을 나타냈다(Hammond 1968).

프랑스는 파리와 주변부를 포괄하는 정치-군사적 중심부인 일드프랑스(프랑스 파리 분지 중앙부에 있는 지방의 옛 주 이름-옮긴이)가 많은 영토를 복속시키고 통합해가는, 때로는 폭력적인 과정을 거쳐 형성되었다. 프랑스는 1204년 노르망디를 정복했다(이 지역은 1066년 이래 영국과 통합되어 있었다). 프랑스 국가는 1271년까지 오키타니아를 복속시켜 확장해갔다. 이곳은 (지중해식의) 다른 문화와 다른 (랑그도크) 언어를 가진 기본적으로 다른 사람들이 사는 지역이었다. 1500년까지 프랑스 국가는 부르군디, 켈트 문화를 가진 지역인 브르타뉴, 아키텐으로 팽창해갔다.

이들 지역은 이후 몇 세기 동안 일드프랑스에 복속된 지역으로 남았다. 18세기에 몽테스키외는 "프랑스에서 시간을 꿀꺽 삼켜버리지 않은 곳은 파리와 그 주변 몇몇 지역밖에는 없다"고 썼다(Tocqueville 1955 : 12에서). 18세기 말 토크빌은 "파리가 프랑스였다고 말하는 것이 과장은 아니다"라고 썼다(1955 : 72). 수도는 "나라에서 가장 활기찬 것들을 모두" 끌어당겼다. 미라보(Marquis de Mirabeau)에게 지방은 "수도에 종속된 상태"로 존재했으며, "지방 주민들은 일종의 열등한 인종으로 취급되었다"(Tocqueville 1955 : 73에서). 튀르고(Turgot)는 "파리는 이 나라의 모든 부유한 것들을 삼켜버렸다"고 썼다(Braudel 1984 : 328). 파리와 지방 사이의 불평등 교환으로 파리는 계속해서 "더 멋지고 더 번잡한 곳으로 발전해" 나갈 것이며, 이는 "나머지 지방의 희생 아래" 성취될 것이다(Braudel 1984 : 328).

브르타뉴 민족주의 작가들은 브르타뉴가 수 세기 동안 파리의 국내 식민지로 존재해왔으며, 파리와 제휴한 지역의 골족화된(프랑스화된) 엘리트는 브르타뉴인을 사회적 · 문화적 · 도덕적으로 열등한 무리로 취급한다고 주장했다(Caeleon 1969 ; Tremel 1968). 그들은 브르타뉴 철도는 싼 브르타뉴 노동력이 수도로 쉽게 이동할 수 있도록 기획되었고, 브르타뉴는 천연자원을 체계적으로 수탈당해왔으며, 경제적으로 낙후된 지역으로 남아 있도록 의도적으로 발전을 차단당했고, 의도적으로 고가로 책정된 프랑스 공산품의 전용 소비 시장으로 기능을 해왔다고 주장했다. 이런 요소들이 복합적으로 작용하여 브르타뉴 농촌의 빈곤과 주민 대다수가 먹고살기 급급한 생활에 머물러 있는 상황을 만들어냈다(Loughlin 1985).

에스파냐의 이야기는 이베리아 반도를 북아프리카 알모라비드 제국으로부터 해방시킨 레콩키스타(Reconquista, 1085~1340)에서부터 시작한다. 이후 수 세기 동안 에스파냐는 프랑스와 마찬가지로 문화와 법적 전통과 제도 등에서 분명히 다른 왕국들을 때로는 왕족 사이의 결혼을 통해(카스티야, 아라곤), 때로는 무력을 통한 병합을 통해(나바라, 그라나다) 흡수해가면서 성장했다. 에스파냐와 마찬가지로 **포르투갈**은 레콩키스타 과정에서 건설되었으며, 비슷한 방식으로 지금의 국경선까지 확장했다.

독일은 프로이센의 지도 아래 군사적 정복을 통해 문화적 동질성을 강요했고, 폴란드, 덴마크, 프랑스로부터 병합한 영토에 사는 인종적으로 구분되는 사람들을 경제적으로 복속시키면서 생겨났다. 덴마크로부터 슐레스비히-홀슈타인을, 프랑스로부터 알자스-로렌 지역을, 그리고 폴란드 일부 지역을 군사적 정복을 통해 획득했고, 이후 문화적으로 동화될 것을 강요했다. 알자스와 로렌 지역에서 프랑스어는 금지되었고, 대학과 학교에서 엄격하게 제한된 조건에서만 일부 허용되었다. 슐레스비히와 폴란드에서 획득한 영토에서도 토착어에 대해 비슷한 정책이 실행되었다.

이탈리아의 통일은 피에몬테가 이탈리아 반도의 다른 지역을 정복하고 병합하는 "피에몬테화"라고 하는 과정에서 일어났다. 하지만 막상 피에몬테 주민 대다수는 자신들을 이탈리아의 일부라고 생각하지 않았다.[28] 일부 이탈리아 지역들은 다른 군주들로부터 자치권을 얻는 방식으로 피에몬테와 결합되었다(예를 들어 나폴리로부터 자치권을 얻은 시칠리아). 하지만 이들은 자신들의 의지와는 반대로 피에몬테에게 병합당한 것이다(Smith 1971: 33). 새 이탈리아 국가는 고도로 발달하여 영국·프랑스의 산업화된 지역과 비슷한 특징을 가진 북부와 이보다 훨씬 가난한 남부로 나뉘어졌다. 남부는 북부에 의해 거의 식민지로 취급되었고,[29] 많은 북부인들은 남부인들을 태생적으로 열등한 야만인으로 여겼다.[30]

러시아는 러시아 정치 중심부에서부터 밖으로 팽창해나가면서 본질적으로 식민지 제국을 창출했다. 제국 외곽에 있는 지역(예를 들어 우즈베키스탄과 아르메니아)은 러시아 중심부에서 처리할 농업 원료들의 공급지로 변화했다. 농산품(면화, 면실유)을 처리하는 산업이 1913년 우즈베키스탄 공산품의 80퍼센트 이상을 차지했다. 이에 비해 중공업의 비중은 2퍼센트에 불

---

28) 사실, 피에몬테인들은 피렌체, 로마, 혹은 베네치아로 여행 갈 때, 이탈리아로 여행 갈 거라고 말하곤 했다(Graf 1911: 5~6).

29) 그람시(Gramsci)는 북부가 남부에서 영양분을 빨아들여 살을 찌우는 "문어" 같다고 하면서, "북부의 경제 성장은 남부 농업과 경제의 피폐화와 정확히 비례한다"고 썼다(1971: 71).

30) 이는 광범하게 공유된 생각이었다. 니체포로(Alfredo Niceforo)는 남부 이탈리아인들은 태생적으로 열등하다고 생각했다(1901); 비슷한 주장이 세리(Guiseppe Seri), 페리(Enrico Ferri), 오라노(Paolo Orano)에게서도 나왔다. 다른 책에서 니체포로는 "정치적 이탈리아라는 하나의 자궁 안에 두 개의 사회가 존재한다. 문명화 수준도 다르고 사회생활, 도덕적 색조도 다른 두 사회이다. 북부 이탈리아와 남부 이탈리아는 두 개의 이탈리아 사회라고 할 수 있을 정도로 아주 다르다. 북부인들은 외모가 좀 더 보편적이며 좀 더 생기가 있고, 문명이 좀 더 근대적이다. 남부는 열등한 문명에서 전형적으로 나타나는 사회 구조였으며 야만적인 시대에도 원시적이라고 불렸을 만한 도덕적 사회적 구조를 갖고 있다"고 썼다. 니체포로는 정부가 남부를 문명화하는 목표를 갖고 있어야 하며, 남부에서 "자유 정부는 그들에게 맞지 않는 체제이기 때문에" 철회해야 하며 "자치에도 걸맞지 않기 때문에 지역 자치 집단들"의 권력도 회수해야 한다고 주장했다. 한편 북부에서 정부는 "발전과 자율적인 활동을 위해 충분한 자유를 허용해야 한다"고 주장했다(1890: 296~99).

과했다. 식품과 피혁 산업이 나머지를 차지했다(Plotnikov 1969: 315~317). 러시아는 이들 지역 주민을 유럽 열강이 해외 식민지 원주민 대하는 것과 마찬가지로 대했다(Macartney 1934: 85). 오늘날 러시아인이 아닌 민족의 대다수 구성원은 노동계급이다(Gouldner 1977~1978).

열강에 의한 유럽 국가들의 탄생

오늘날 제3세계 국가들은 유럽 국가들과 다르다고 여겨진다. 제3세계의 국경은 열강들의 통치적 · 경제적 · 전략적 이익에 맞게 세워졌기 때문이다. 하지만 제3세계와 마찬가지로 19세기와 20세기에 유럽에서 만들어진 국가들도 이런 이익에 맞추어 세워졌다. 1815년 이후 세워진 국경선과 19세기 말에 건설된 국가(벨기에, 그리스, 이탈리아), 그리고 제1차 세계대전 이후 세워진 국가(체코슬로바키아, 헝가리, 유고슬라비아, 폴란드, 발트 해 국가)는 모두 열강의 지역적 이익을 고려해 기획되었다.

나폴레옹 전쟁이 마무리된 1815년 빈 회의에서 유럽의 지도를 다시 그리면서 민속 · 민족적 분포는 거의 고려되지 않았으며, 오직 러시아, 오스트리아, 프로이센, 영국의 이익만이 관심사였다. 오스트리아는 이탈리아의 일부 지역을 확보했다. 러시아는 핀란드를 손에 넣었다. 프로이센은 독일 영토의 상당 부분을 더 가졌다. 그리고 이 세 나라가 폴란드를 나누어 가졌다. 1831년 **벨기에**의 국가 건설은 이런 합의에서 나타난 최초의 변화였다. 1815년의 정착 과정에서 네덜란드인의 네덜란드와 이전에 오스트리아였던 네덜란드가 하나의 주권 아래 통합되었다. 영국은 나폴레옹 전쟁 과정에서 네덜란드 식민지들을 장악했고, 이를 다시 돌려주려고 하지 않았다. 그 대신 네덜란드에게는 벨기에에 있는 네덜란드 영토를 보상으로 주었다. 오스트리아는 오스트리아로 병합했던 네덜란드 지역을 양도하고, 대신 이탈리아와 바바리아에서 보상을 받았다. 오스트리아는 통합된 네덜란드가 프랑스와의 사이에서 완충제 역할을 해주기를 희망했다(Pirenne 1900: 4: 231, 234). 하지만 1830년 8월 브뤼셀에서 봉기가 일어났고, 네덜란드 주둔군은 축출되었다. 국내 문제로 국내에 억류된 네덜란드 국왕을 도와 봉기를 진압할 수 있는 열강은 없었다(영국-프랑스 연합군이 후에 열강에 의해 이루어진 합의를 지키기 위해 개입했다). 하지만 다른 세력의 개입을 막기 위해 열강(영국, 프랑스, 프로이센, 오스트리아, 러시아)은 1831년 1월 런던에서 만나 벨기에 국가를 분할하는 의정서에 서명했다. 벨기에는 가톨릭에 프랑스어를 하는 왈론인과 프로테스탄트에 플랑드르어를 하는 플랑드르인의 불편한 연합 국가, 때로는 적대적이며 가끔은 폭력 사태를 벌이기도 하는 두 집단의 연합 국가가 되었다.

그리스는 열강의 전폭적인 도움을 받은 독립운동과 전쟁을 거의 동시에 거쳐 독립국가가 되었다. 이 열강은 동부 지중해에서 그리스의 경제적 · 정치적 입지와 영국과 러시아의 라이벌 관계 때문에 군사적 · 전략적 고려에서 움직였다(Crowley 1930). 그 다음에 독립국가로 유럽 지도에 등장한 나라는 **이탈리아**였다. 이탈리아는 1859년, 1866년, 1870년 등 모든 통일 운동 단계마다 외세의 도움에 의존했다. **발트 해 국가들**에서 민족주의 운동이 성공을 거둔 것은 열강의 이익에 유리했던 곳에서뿐이었다. 주로 러시아와 오스트리아가 오스만 제국의 지배를 침식하려고 했던 곳이나 상대의 영토적 야심을 좌절시킬 수 있을 만한 곳(예를 들어 세르비아, 불가리아, 루마니아)에서 성공을 거두었다. 민족주의 운동이 열강에게서 효과적인 지원을 받지 못한 곳에서는 성과를 거두지 못하였다(예를 들어 1848년 헝가리와 1831년 · 1846년 · 1863년 폴란드).

해체되지 못한 오스트리아-헝가리 제국과 러시아 제국에서 제1차 세계대전 이후 서구 열강에 의해 분리되어 새로 출발한 국가들은 기존 열강들과 그 연합국들의 경제적 전략적 이익에 봉사하려고 하기도 했다. 거의 모든 국가들이 인종적으로 다양했다.[31] 이 나라들은 무엇보다 독일이나 오스트리아가 제국주의적으로 부활하는 것을 막고, 공산주의 국가 러시아와 서

유럽 사이에 건널 수 없는 장벽을 세우기 위한 목적으로 건설되었다(Tihany 1976 : 211, 222, 225~226 ; Albrecht-Carrie 1972 : 406~411, 426 ; Barraclough 1967 : 218 ; Benns 1930 : 318~322). **리투아니아**, **에스토니아**, **라트비아**는 러시아 공산주의가 서쪽으로 전파되는 것을 막기 위해 유럽을 분리시키는 방역선을 치자는 연합군 세력의 정책에 따라 전쟁 이후 세워졌다.[32] 리투아니아 인구는 거의 200만이었으며, 16퍼센트가 소수민족 집단이었다.[33] 이전에는 러시아인과 스웨덴인이 지배했던 리보니아와 쿠를란트(Courland) 지역에서 역사상 처음으로 독립적인 라트비아가 출현했다. 라트비아의 인구는 1925년 184만 명이었으며, 이 중 135만 명이 레트어를 하는 라트비아인이었다. 나머지 50만 명은 러시아인, 리투아니아인, 독일인, 유대인이었다(League of Nations 1926 : 104~105). **핀란드**가 제1차 세계대전 이후 독립국이 되었을 때, 러시아 휘하에서 1807~1917년까지 핀란드와 통합되어왔던 올란드 제도(諸島)의 인구는 주로 스웨덴인으로 구성되었으며, 이들은 스웨덴과의 통합을 요구했다. 하지만 올란드 제도는 국제연맹에 의해 핀란드로 귀속되었다(Benns 1930 : 220~223).

1919년 베르사유 조약과 생제르맹 조약으로 오래된 1772년의 **폴란드** 다

---

31) 헝가리는 분명히 예외이다. 헝가리는 오스트리아로부터 완전한 독립을 이루면서 기존 인구의 3분의 2와 영토의 4분의 3을 양도해야 했다. 1919년 트리아농 조약으로 슬로바키아와 루테니아 지역을 체코슬로바키아에게 주어야 했다. 트란실바니아와 헝가리 본토의 여러 지역을 바나트의 일부 지역과 함께 루마니아에게 주어야 했다. 바나트의 나머지 지역과 바카, 그리고 헝가리 본토의 일부는 유고슬라비아에게 돌아갔다. 1922년 독일어를 하는 서부 변경 지역은 오스트리아에게 양도했다. 그 결과 헝가리 인구는 790만 명에 불과하게 되었으며, 다민족이 거주하는 변경 지역을 많이 상실하게 됨에 따라 헝가리 민족의 비율이 1910년 51퍼센트에서 1920년 90퍼센트로 증가했다. 독일인과 슬로바키아인, 이 두 소수집단만이 각각 10만 이상의 인구를 기록했다. Tihany 1976 : 221 참조.

32) 제1차 세계대전 이후 작은 협상국(체코슬로바키아, 루마니아, 유고슬라비아)뿐 아니라 폴란드, 헝가리와 불가리아 같은 패전국을 포함한 전체 지역이 프랑스 전략의 일부가 되었다. 프랑스는 볼셰비즘의 확산을 막기 위해 서구 지향적인 국가들을 정치 이데올로기적인 방역 지역으로 유지하고자 했다. Tihany 1976 : 208~223 ; Albrecht-Carrie 1972 : 406~411 ; Barraclough 1967 : 218 ; Benns 1930 : 318~322 참조.

33) 국제연맹(League of Nations, 1926 : 106)은 소수민족 집단 현황을 다음과 같이 정리했다. 유대인 8퍼센트, 폴란드인 3퍼센트, 러시아인 2.5퍼센트, 나머지 2.5퍼센트.

민족 왕국이 부활했다. 1921년 2,720만 인구 중 69퍼센트가 폴란드인이었고, 31퍼센트는 우크라이나인, 유대인, 독일인, 백러시아인, 러시아인, 리투아니아인, 체코인으로 구성되었다.[34] 폴란드와 러시아의 국경선은 군사적 상황에 기초해 이루어졌으며 백러시아인이 거주하는 넓은 지역을 폴란드 국경 안에 남겨두었다. 단치히와 그 주변 지역은 순전히 독일인으로 이루어졌지만, 경제적 고려 때문에 폴란드 차지가 되었다. 1919년 11월 (국제연맹의 – 옮긴이) 최고위원회는 루테니아인들이 주로 거주하는 넓은 지역인 갈리시아 동부 지역을 폴란드가 25년 동안 위임 통치하도록 했다. 루테니아인은 인종적으로나 언어적으로 우크라이나와 동일하기 때문에 폴란드인과는 적대적인 관계에 있었다. 1923년 3월 외교관 회의에서 폴란드가 갈리시아 동부에 대해 완전한 주권을 갖도록 결정했다. 새로 건설된 **체코슬로바키아**에서 1,360만 인구 중 65퍼센트만이 체코인과 슬로바키아인이었다. 나머지는 독일인, 헝가리인, 우크라이나인, 러시아인, 유대인, 폴란드인이었다.[35]

1913년 건설된 **알바니아**는 열강이 몬테니그로, 세르비아, 그리스가 아드리아 해를 장악하지 못하도록 하기 위해 세운 것이다. 이 나라의 국경선은 약 40만의 알바니아인을 같은 민족으로부터 분리시키도록 만들어졌다(Tihany 1976 : 180~186, 208~209). 후에 **유고슬라비아**로 불린 세르비아-크로아티아-슬로베니아 왕국은 1918년 세 민족으로 구성된 국민국가로 세워졌다. 하지만 1919년 이 나라의 인구 중 약 16퍼센트는 슬라브인이 아니었으며, 독일인, 헝가리인, 알바니아인, 루마니아인, 튀르크인, 유대인, 이탈리아인으로 구성되었다.[36]

---

34) 폴란드인이 아닌 이들의 분포는 다음과 같다. 우크라이나인 390만, 유대인 210만, 독일인 100만, 백러시아인 100만이었으며, 러시아인, 리투아니아인, 체코인 등은 각각 10만을 넘지 않았다(Seton-Watson 1945 : 430).

35) 1921년 센서스에 따르면 이들 소수민족 집단의 인구는 독일인이 310만, 헝가리인이 74만 5,000, 우크라이나와 러시아인이 46만 1,000, 유대인이 18만, 폴란드인이 7만 5,000명이었다. Mamatey and Luza 1973 : 40 참조.

틸리(Charles Tilly)는 유럽에서 국가가 형성되는 과정을 크게 두 가지 과정으로 구분했다. (1) 권력과 정치 중심지 영향력권의 확장과 (2) 기존 국가들이 의도적으로 새 국가를 창조한 경우. 첫번째 과정을 그는 "정복과 동맹과 협상, 책략, 논쟁, 그리고 …… 특정 중심부나 다른 강한 중심부와 충돌하는 지점에 도착하거나 통신이나 통제를 위해 드는 비용이 주변부로부터 돌아오는 이득을 넘어서는 지점에 도달할 때까지 통치 영역을 확장해가는" 과정이라고 묘사했다. 두번째 과정은 "기존 국가들이 어느 정도 의도적으로 새 국가를 **창조**한 것"이라고 했다. 그는 "상대적으로 순수한 예가 오스트리아-헝가리 제국으로부터 유고슬라비아와 체코슬로바키아를 만들어 낸 것"이라고 했다(Tilly 1975d: 616).

하지만 유럽에서 새 국가와 오래된 국가의 형성 과정은 기본적으로는 같다. 새 국가의 국경선이 오래된 국가들에 의해 놓이는 경우를 보면 거기에는 항상 영토에 대해 기존의 권리 주장이 있고, 오래된 국가들의 발전 과정에서 나타났던 "정복과 동맹과 협상, 책략, 논쟁, 그리고 통치 영역의 확장"이라는 똑같은 과정이 있게 된다. 이는 틸리가 국가 형성의 두 번째 과정에서 "상대적으로 순수한 예들"이라고 한 체코슬로바키아와 유고슬라비아의 경우를 보면 확실히 알 수 있다. 우리가 살펴본 대로 체코슬로바키아의 국경선은 협정에 의해 세워졌으며, 부분적으로는 군사적 정복에 의해 이루어졌다. 세르비아-크로아티아-슬로베니아 왕국(후에 유고슬라비아로 개명)의 국경은 1918년 베르사유 조약에서 결정되었다. 이 조약은 남부 슬라브 국가와 발칸반도의 국가, 그리고 다른 한편으로 열강들 사이에 있었던 거의 80년 동안의 군사 활동, 협상, 동맹을 통해 세워진 주장에 기초한 것이다.

---

36) 유고슬라비아에서 슬라브계가 아닌 이들의 분포는 다음과 같다. 오스트리아-독일인 51만 3,472명, 헝가리인 47만 2,409명, 알바니아인 44만 1,740명, 루마니아인 · 왈라키아인 · 신카르(Cincar)인 22만 9,398명, 튀르크인 16만 8,404명, 유대인 6만 4,159명, 이탈리아인 1만 2,825명(Banac 1984: 58).

결론

이 장에서 열거한 증거들과는 다르게, 유럽에서 국가 형성의 구조와 과정이 제3세계에서의 식민주의와 같아 보일수도 있지만 대등한 것은 아니며 그 성격이나 효과 면에서 어느 쪽으로도 비교가 되지 않는다는 주장이 나올 수도 있다. 예를 들어 어떤 이들은 유럽에서 국가 건설 과정이 제국주의의 건설 과정과 같다고 하더라도 유럽의 국가 형성은 (민족적이고 역사적인 것을 포함하여) 민족적 고려에 의해 움직여온 것이며, 이는 제국주의와는 구분되는 것이라고 주장할 수 있다. 하지만 유럽에서 민족문화가 자연적으로 분화된 것은 아니다. 사실 민족문화가, 영토를 세우려는 욕망보다, 민족적 주권에 대한 권리보다, 혹은 다른 집단을 지배하겠다는 주장보다 앞서서 먼저 존재했던 것은 아니다. 이른바 민족문화는 19세기 유럽에서 형성된 국가(예를 들어 이탈리아, 독일, 그리스)에서, 19세기 오스만 제국, 합스부르크 제국, 러시아 제국에서 일어난 민족주의 운동(루마니아인, 크로아티아인, 슬로베니아인, 세르비아인, 헝가리인, 체코슬로바키아인, 불가리아인, 핀란드인, 폴란드인, 알바니아인의 민족주의 운동)에서, 그리고 기존 국민국가들 내의 민족주의 운동(웨일스인 · 스코틀랜드인 · 카탈루냐인, 프랑스와 스페인에서 바스크인, 스위스의 쥐라기인, 프랑스의 알자스인 · 브르타뉴인 · 코르시카인, 과들루프인, 이탈리아의 남부 티롤인, 네덜란드의 프리지아인, 덴마크의 그린란드인)에서 정치적 목적에 따라 창조되었다. 하지만 다른 이들은 이 운동들의 기원과는 상관없이 결국 나타난 국가들에 대해 사람들 사이에서 암묵적인 동의가 점차 발전해간 것이라고 주장할 수도 있다. 그러나 어느 정도의 동의가 있었는지를 자료로 추적하기는 힘들다. (7장에서 보여주겠지만) 참정권은 20세기까지는 거의 모든 유럽 국가에서 아주 제한되어 있었다.

유럽에서 국가 형성과 제3세계의 식민주의가 같은 착취 과정을 수반한 것이 아니라는 주장은 서구에서나 비서구 세계에서나 서구의 우월성 관념을 발전시키기 위해서 혹은 제3세계가 희생자라는 관념을 강화하기 위해서 기획된 학문적 전통과 관행에 기초한 것이다. 이런 전통과 연관되어 있는 전문용어를 비교할 만한 언어로 풀어 쓰면, 유럽의 경험과 제3세계의 경험은 식민주의의 구조적 측면과 지배와 착취의 경험 면에서 전혀 다른 것이 아님을 쉽게 볼 수 있다. 토착 국가에 의한 지배는 그 조건과 결과가 어떻든 간에 외국의 정복과 지배와는 같은 것이 아니라고 주장할 수도 있다. 하지만 "다른 것만이 아니라 정통성, 약간의 동의라도 표현된 형식들은 사람들이 이미 상당한 사회적 힘을 가진 곳에서만 중요하다. 종속된 집단들이 상당한 힘을 갖고 있는 경우에만 국가가 그들 눈에 보기에 정통성을 확보하고 있느냐 아니냐가 문제가 될 수 있는 것이다"(Rueschemeyer et al. 1992: 66).

앞서의 논의들은 민족주의가 (민족이라고 정의된) 일부 집단들을 (외국인이라고 규정된) 다른 일부 집단에 의한 억압에서 해방시키는 것을 목표로 했던 경우에 대한 설명이라고 주장할 수도 있다. 하지만 이는 분명히 민족주의의 일부이며, 외국인의 지배로부터 자유를 획득함으로 얻는 이득은 일부에게 돌아가게 된다. 민족주의는 다수의 민중을 한쪽에서 해방시켜 다른 쪽의 억압 속으로 인도해가기 일쑤였다.[37] 민족주의에 대한 대부분의 연구는 독립 이후에 같은 민족 구성원에 의한 억압은 민족주의와 관련이 없는 것으로 무시하는 경향이 있다. 하지만 그런 박해는 성공적인 민족주의 운동과 국가 형성 과정에도 나타나는 경향이 있으며, 외국인에 의한 박해와 비교할 때 그 성격이나 결과에서 전혀 다를 것이 없다.

유럽에서 국가 형성은 이 장에서 보여준 것처럼 민족적 고려는 전혀 없는 가운데 진행되었으며 기본적으로 민족적 사상에 반대하는 방향으로 이루어졌다. 유럽의 국가들은 식민주의와 제국주의의 정치 · 경제 · 문화 ·

37) 에콰도르 독립 직후 민중은 에스파냐로부터 해방되면서 시작된 시기를 "폭정의 마지막 날이자, 폭정이 시작된 날"이라고 적절하게 표현했다. 쿠에바(Cueva)가 서술한 대로, "민중의 위트가 아주 정확했다. 착취당하는 집단들에게 독립의 의미는 수도의 관료들이 원주민 관리로 바뀐다는 것 외에는 국가 생활의 여러 차원에서 보아도 다를 것이 거의 없었다."

군사적 모든 특징이 나타나는 과정을 통해 창조되었다. 국민국가들은 제국주의적 팽창을 통해 획득한, 다민족으로 구성된 영토를 갖고 있다. 국가 형성과 제국주의는 같은 대상과 같은 목표를 가졌다. 주민과 그들의 활동, 그들이 생산한 상품을 포함한 영토의 자원을 통제하는 것이다. 다음 장들에서는 유럽에서 국가 형성의 과정이 유럽 내 대다수 주민에게 미친 영향과 식민주의가 제3세계 주민에게 미친 영향이 비슷함을 보여줄 것이다.

3장

민족주의, 귀족, 그리고 국가

IN THE MIRROR OF THE THIRD WORLD CAPITALIST DEVELOPMENT IN MODERN EUROPE

19세기 유럽 국민국가들은 새로운 자유주의 사상을 가진 산업자본가 부르주아가 집권한 것을 보여주는 대표적인 것으로 여겨져 왔다. 유럽에서 국민국가의 건설은 국가적 혹은 민족적 이익을 증진시키는 이성적이고 자율적인 국가 기구의 등장으로 여겨지기도 한다. 하지만 이런 통념과 다르게, 이 장은 19세기 유럽의 국민국가에서 전통적인 귀족의 지배가 새로 시작되었음을 보여주려고 한다.

유럽 대부분 지역에서 귀족은 민족적 부류였고 민족주의 운동과 국민국가를 건설하는 과정에서 주도적인 역할을 했다. 국민국가는 경제적 · 정치적 발전 과정과 19세기에서 20세기 초까지 유럽에서 일어난 변화 과정에서 자율적인 주체가 아니었다. 사실 유럽의 민족주의는 점점 자율성이 커가는 절대주의 국가에 대해서, 그리고 국가 구조를 합리화하고 자유주의적으로 만들려고 하는 왕정의 시도에 대해서 전통 엘리트가 벌인 하나의 반동적 움직임이었다. 민족주의는 주로 국가의 자율성을 없애는 것과 자율적인 국가 권력의 제도적 · 경제적 이데올로기적 자원을 전통 엘리트의 통제 아래 두는 것에 관심이 있었다. 민족주의는 공무원들이 지역 특권 집단에서 충원되도록 힘을 행사했으며, 군사력을 외부 사회에서 충원해오던 관례를 근절시켰다. 외국인과 소수집단 구성원들은 경제력과 지위를 박탈당했고, 금융, 상업, 무역에서 그 역할이 축소되었다. 민족주의가 산업 발전에 대해 통제력을 행사하면서, 이를 비경쟁적이고, 귀속적이고(ascriptive), 독점적인 형태로 바꾸어놓았다. 민족주의는 종교의 부활을 지원했고, 농촌적이고 전근대적이며 봉건적이고 귀족적이면서 전제적인 권력과 권위 구조를 공고히 하기 위해 교회의 이데올로기적이고 문화적인 외피를 사용했다.

19세기 유럽의 국민국가: 부르주아적인가 귀족적인가?

자유주의 역사 서술이나 고전적 맑스주의 역사 서술에 따르면, 유럽의 국민국가는 새로 등장한 자본가 부르주아에 의해, 부르주아를 위해 창출되었다. 자유주의적 관점에서 민족주의와 국민국가에서 민족주의의 구현은 새롭고 좀 더 이성적이며 자유주의적인 부르주아가 부각되는 시기의 도래를 상징하는 것이다. 국민국가는 인민 주권 원리[1], 민족적 자치의 원리, 민주주의 원리의 한 표현이었다. 국민국가는 자유주의적 제도가 세워지고, 자유주의가 점차 확장될 수 있는 정치적 틀을 제공했다.

하지만 많은 역사가들이 보여준 대로(Howard 1979; Tilly 1975c), 국가의 창조는 유럽인 대다수의 저항을 받았으며 폭력적인 장구한 투쟁을 통해서만 이루어졌다. 19세기 민족주의 운동은 큰 인구 집단에 대해, 보통은 대다수에 대해 배타적이었다. 민족주의 지도자들은 부유한 엘리트의 지원에 의

1) 국가가 인민의 의지에 의해 창출되었다는 관념은 19세기 발달한 국가 신화의 주요 특징이다. 예를 들어 피히테(Fichte)는 독일은 모든 인민이 그들 사이에서 맺은 자유계약을 통해 탄생했다고 주장했다. 피히테는 국가가 만들어진 사회적 협정에 Staatsburgervertrag라는 이름을 붙였다. 피히테에 따르면 국가 내에서 모든 사회적 관계는 계약에 기초한 것이다. 거기에는 재산 계약(Eigentumsvertrag), 보호 계약(Schutzvertrag), 조합 계약(Vereinigungsvertrag), 그리고 경제 집단들 사이에 다양한 일련의 계약들이 있다. 국가의 전체 생활은 계약에 기초해 있다. Fichte 1845: 3: 95; Engelbrecht 1968: 32 참조.

존했으며, 대중을 설득하려는 노력은 거의 하지 않았다. 대부분의 경우 대중은 민족주의 운동에 참여하지 않았다.[2] 프랑스 혁명에서 단순직 노동자, 임금노동자, 토지가 없는 농민은 결코 지도적인 자리를 차지할 수 없었을 뿐 아니라 일반 시민 사이에서도 대세를 형성하지 못했다. 19세기와 20세기 초까지 프랑스는 "농민을 프랑스인으로" 바꾸는 문제와 계속 씨름하고 있었다(Weber 1976). 이탈리아, 독일, 폴란드, 헝가리, 루마니아, 불가리아, 세르비아 등에서 민족주의 운동은 농민의 의심과 불신, 무관심 속에 진행되었다.

민족주의 운동에 의해 창출된 나라들은 결국은 주민의 동의를 획득했다고 주장할 수도 있다. 하지만 "민족적" 독립을 쟁취한 뒤, 민주적 권리가 다른 집단 혹은 다른 민족으로는 확대되지 않았다(7장 참조). 사실 역사적 기록을 보면 1789~1945년 사이 유럽 국가들은 민족적 계급적 분쟁, 내전, 혁명적 폭력 사태를 거치면서 계속해서 분열했다.[3]

프랑스 혁명이 부르주아적인 사상과 가치의 승리를 대표하는 것은 아니다.[4] 이후 이어진 한 세기는 부르주아적인 자유주의와 민주주의의 시대가 아니라 군사적 민족주의의 시대였다. 이런 민족주의는 사회적으로 보수적인 농민 대중의 가치관과 생활 방식을 찬양했다. 부르주아 운동과 거리가 멀었던 민족주의는 19세기와 20세 초 유럽이나 다른 지역에서 부르주아의 상당 부분을 이루고 있던 외국인과 소수 집단을 권력과 부를 공유하는 지위에서 배제하기로 결의했다. 유럽에서 국가 건설 과정은 비민주적이고,

---

2) Djordjevic and Fischer-Galati 1981: 111~112, 162~163 참조; Tihany 1976: 163; Gramsci 1971: 100~102; Smith 1971: 219~220; Pech 1969: 153~154; Macartney 1968: 387; Hobsbawm 1962: 156; Kohn 1961: 33, 60; Reddaway 1941: 2: 378, 383; Seton-Watson 1934: 221.

3) 분쟁들에 관해서는 Halperin, *War and Social Change in Modern Europe* (2003) 참조.

4) 프랑스가 1815년 어느 정도 부르주아적인 국가였는가 하는 점에 대해 말하자면, 프랑스 국가는 혁명의 산물이라기보다는 구체제(앙시앵 레짐)의 산물이었다고 할 수 있다. 프랑스 국가의 중앙집권적인 행정부와 대토지의 분할은 1789년 훨씬 이전부터 이미 진행되고 있었다. 이 주제에 대해 일부 학자들은 프랑스에서 지주의 수가 오늘날보다 그리 적지 않다고 주장했다. Johnson 1979: 155 참조.

반자유주의적이며, 폭력적이고 공격적이었다. 사실 국민국가는 자유의 확장이나 인류 복지의 발달을 보여주지 않았다. 그다지 자유주의적이지 않았으며, 관용적이지도 않았고, 전 시대의 절대주의 국가나 제국들보다 더 억압적인 경우가 많았다.

고전적 맑스주의자의 국민국가 발전에 대한 설명은 두 가지를 강조한다. (1) 성장하던 자본가 부르주아가 "봉건적" 귀족에 맞선 싸움에서 거둔 승리와 (2) 자본가 계급의 지배와 자본주의 발전을 위한 정치적 틀의 건설이다.[5)]

> 전 세계에 걸쳐 자본주의가 봉건주의에 대해 최종적으로 승리를 거둔 시기는 민족주의 운동과 연계된 시기이기도 했다. 이런 운동의 경제적 기초는 상품 생산이 완벽한 승리를 거두기 위해 부르주아가 국내 시장을 장악해야 하며, 같은 언어를 사용하는 주민을 영토적 차원에서 정치적으로 통일하는 것이었다.[6)]

룩셈부르크(Rosa Luxemburg, 1976: 162)는 이런 요소들의 상관관계에 대해 좀 더 분명하게 표현했다. 그녀는 민족주의가 부분적으로는 부르주아가 자체 상품 생산을 위해 내부 혹은 국내 시장을 자신들의 힘으로 확고히 하

5) 맑스주의자의 민족주의에 대한 관점은 맑스와 엥겔스에 의해 체계화된 것은 아니며, 그 후계자들에 의해 이루어졌다. 이 주제에 대한 고전적 맑스주의자의 저작으로는 Bauer 1907 참조.

6) Lenin n. d.: 4:250. 볼셰비키 관점을 표준적으로 공식화한 것은 스탈린의 팸플릿 「맑스주의와 민족 문제(Marxism and the National Question)」였다. 이는 스탈린이 1913년 레닌의 요청으로 작성한 글이다. 스탈린은 민족을 안정적이고 지속적인 공동체, 같은 언어, 경계가 분명한 영토, 경제적 결속, 집단적 성격 등 다섯 가지 특징으로 설명했다. 민족은 뚜렷한 역사적 조건 아래 하나의 국가로 명확한 정치적 형태를 취하며, 특정한 시대성을 지닌다. 즉, 자본주의가 발전하고 신진 부르주아가 봉건제에 대해 투쟁을 전개하는 시대와 연관되어 있다. 스탈린은 민족의 등장을 인구가 균일한, 하나로 통일된 전국적인 시장에 대한 산업의 요구에서 나온 것이라고 생각했다. Stalin 1942: 9~12 참조. 블룸(Bloom, 1941)은 맑스의 민족과 민족주의에 대한 저작들을 정리했다. Shaheen(Shaheen, 1956)은 레닌과 스탈린의 민족주의에 대한 관점을 검토했다. 데이비스(Davies, 1967)는 혁명 이전 시기 이 주제에 관한 맑스주의자들의 연구를 검토했다. Boersner(1957)는 혁명 이후부터 1920년대 말까지 맑스주의자들이 이 주제에 대해 연구한 것을 검토했다. 짧게 개관한 것으로는 Lowy(1976) 참조.

기 위한 욕망에서 나온 것이라고 주장했다. 하지만 상품을 위한 "고유의" 시장 외에도 부르주아는 자본주의의 온전한 발전을 위해서 근대 자본주의 국가 기구 전체를 필요로 했다.

> 세계 시장으로 진출하는 길을 닦을 수 있을 뿐 아니라, 이 "조국"의 안녕을 보장하기 위해서 강한 군대와 적합한 관세 정책이 필요하다. …… 또한 통신, 사법, 학교 체제, 금융 정책을 위해 알맞은 행정 제도가 필요하다. …… 이런 통상적인 제도에 대한 부르주아의 요구는 생산을 위한 경제적 조건 때문만이 아니라, 부르주아의 계급 지배를 위한 정치적 조건을 위해서이기도 하다.

맑스주의 역사가에게 프랑스 혁명은 국민국가 형성에서 핵심적인 사건이다. 자본가 부르주아가 집권하게 된 것이 이 혁명을 통해서였다. 혁명은 신진 산업적 · 상업적 계급이 사회와 국가 내에서 더 이상 종속적인 지위를 받아들이지 않기로 하면서, 이를 반영하기 위해 어쩔 수 없이 나타난 현상이다. 당시 사회와 국가의 가치관과 정책에는 부패한 봉건 질서의 구태의연한 요구들이 반영되어 있었다. 식민지와 국내의 무역이 증가하고 정부의 활동이 확장되면서 변호사, 치안판사, 공무원, 상업과 무역에 종사하는 사람, 작위가 없는 지주, 그 외 전문직 집단이 증가하고 있었다. 이 집단들이 제3신분을 형성했다. 1789년 6월 귀족과 고위 성직자가 오래된 권리를 주장하며 2대 1로 제3신분을 투표로 이겨내려고 했을 때, 제3신분은 스스로를 국민의회(National Assembly)라고 하면서, 국민의 유일한 대표체라고 주장했다.

맑스주의 역사 서술에 따르면 프랑스 혁명은 신진 자본가 부르주아에 의해 시작된 것이며, 결국은 이 계급의 이익에(따라서 자본주의 사회에) 기여했다. 하지만 이런 주장은 수정주의 학파의 도전을 받아 왔다.[7] 부르주아의 역할과 그들이 혁명으로 얼마나 이익을 보았는가 하는 점에 대해서는 다양한 견해가 있지만, 프랑스의 구(舊)봉건 집단이 혁명을 통해 일소된 것이 아니라는 점에 대해서는 전반적으로 동의하고 있다. 실제로 이후에 이어진 왕정복고를 통해 구 봉건 집단은 그들의 권리와 토지의 상당 부분을 되찾았을 뿐 아니라, 지배계급의 지위를 공고히 했다.[8)]

맑스주의 학자들은 17세기 **영국 혁명**에서 부르주아가 중심 역할을 했다고 하는 점에 대해 합의한 바 있다. 영국 혁명은 근대 민족주의를 처음으로 완전하게 선언한 것으로 평가되어왔다. 하지만 최근 수많은 학자들이 이전의 이런 관점에 문제를 제기하고 있다.[9)] 17세기 초에는 찰스 1세의 지배(1625~1649)에 반대하여 세 집단이 일어났는데, 결국 이들은 연합을 형성했다. 세 집단은 1) 메리 튜더의 치하(1553~1558)에서 처형당했던 사람들이 이끌었던 청교도인들 2) 법률가들, 대부분이 특권적인 왕의 법정보다는 보통법 법정에서 길드와 비슷한 집단 이익을 추구했던 법률가들 3) 영국 의회에서 두각을 나타냈던 지주 젠트리로 교회성직록에 대한 통제권을 이용하

7) 맑스주의적 해석에 대해서는 Soboul 1962 참조. 고전적 연구는 Lefebvre 1947 참조. 관련 문헌으로 가장 최근 것으로는 Rudé 1989가 있다. 이 연구 경향에 대해 잘 정리한 것으로는 Doyle 1980 ; Ellis 1978. 수정주의 학파의 가장 뛰어난 논객으로는 영국에서는 코반(Cobban)과 그의 동료들, 프랑스에서는 퓌레(Furet)를 들 수 있다. 코반은 프랑스 혁명이 "발전하던" 자본가, 상인, 제조업자가 자본주의 발전을 도모하기 위해 주도한 것이 아니라, "몰락하는" 전문직과 왕실 관료에 의해 만들어진 것이라고 주장한다. 결국 그들의 활동은 크게는 지주에게 유리한 결과를 낳았다. 혁명은 실제로는 프랑스에서 자본주의 발전을 퇴보시켰다. 프랑스 혁명은 "발전하던 자본주의 세력에게 유리하기 보다는 아주 불리한" 것이었다(Cobban 1971 : 168; 54~67도 참조). 코반 테제의 영향을 받은 연구들에 대한 검토로는 Cavanaugh 1972와 Dawson 1972 참조. 수정주의적 입장은 Furet(1971)과 Lucas(1973)의 논문들에 정리되어 있다. 이 분야에 대한 가장 최근의 글로는 Schama 1989가 있다. 이 책은 혁명은 근대화 과정을 촉진시키기보다는 구속하기 위한 시도였다고 주장한다.

8) 맑스는 「브뤼메르의 18일(Eighteenth Brumaire)」에서 두 번째 보나파르트 치하의 국가 기구는 부르주아와 부르주아 사회와는 완전 별개의 것이 되었다고 서술했다(1963 : 121, 122, 131).

9) 표준적인 맑스주의 설명으로는 Hill 1940과 Stone 1972 참조. 스톤(Stone)은 이후 원인에 대해 좀 더 복잡한 모델을 들어 주장했지만(1981), 그래도 1640년대 사건들의 결과는 하나의 부르주아 혁명이라고 주장했다. 힐(Hill, 1981)도 초기 주장을 수정하여, 혁명은 부르주아가 일으킨 것도 의도한 것도 아니라는 점을 인정했다. 하지만 힐과 마찬가지로 스톤은 혁명을 통해 1688년 이후 부르주아가 정치적 우위를 확보했다고 하는 점에 동의했다. 혁명에서 부르주아의 역할이 제한적이었다는 주장들 중 초기의 것으로는 Hexter 1961 참조. 좀 더 최근의 논쟁은 Clark(1985, 1986)가 내놓았다.

여 청교도 성직자를 후원하고 각종 송사에서 법률가를 고용했던 이들이다. 찰스 1세에게 반기를 들었던 대다수는 법적인 훈련을 받은 이들이었고, 청교도였다. 종교적 열정과 기득권, 나라와 의회에서 차지하고 있는 높은 사회적 지위가 결합하여 왕에게 강력히 저항하는 반대 세력을 형성했다 (Bendix 1978: 595).

카우츠키(Karl Kautsky)에게 **독일 민족 통일**의 역사는 민족 발전과 부르주아계급 이익 사이의 관계를 완벽하게 보여주는 것이었다. 카우츠키는 독일 민족운동의 기초를 무엇보다 모든 독일 영토(독일 영토는 관세와 세금 장벽을 둔 수십 개의 봉건 공국으로 나뉘어 있었다)를 크게 통합된 하나의 자본주의 "조국"으로 통일할 필요성이라고 주장했다. 그래야 기계화된 제조업과 대기업의 큰 기반을 닦을 수 있기 때문이었다.

> 독일의 산업적 · 상업적 통일의 역사는 독일의 정치적 통일의 운명과 너무나 밀접하게 연관되어 있다. 관세동맹(Zollverein)의 역사에는 독일의 모든 정치적 발전과 사건들이 반영되었으며, 이것을 충실히 이어받아 오늘날 독일 제국이 탄생하는 역사로 연결되었다.(Luxemburg 1976: 162)

1834년 세워진 관세동맹은 프로이센을 중심으로 17개의 작은 나라가 구성한 것으로, 나머지 국가들도 차례로 이 동맹에 가입했다. 1871년 북독일연맹(North German Union)이 관세에 관한 권리와 의무를 새로 형성된 제국에게 이전하면서 독일 상원(Bundesrat)과 제국의회(Reichstag)가 세워져 결과적으로 관세위원회연방(Zollbundesrat)과 의회연합(Zollparlement)을 대신하게 되었다. 하지만 상업적이고 정치적인 통일이 동시에 진행되었음에도 불구하고 독일 민족 통일 운동에서 중심 역할을 한 것은 부르주아가 아니었다. 이 운동은 처음부터 끝까지 프로이센의 융커, 즉 제국 정부를 통제했던 지주 귀족계급에 의해 지배되었다.

이탈리아의 민족 통일을 이끈 것도 새로 등장한 정치적 · 경제적 부르주아가 아니었다. 이 운동을 귀족이 통제한다고 하는 점에 대해 1890년대까지 한 맑스주의자는 리소르지멘토(이탈리아 통일 운동)가 "실패"라고 비판했다. 엥겔스는 새 국가가 구 봉건 집단과 타협한 것을 비난했다: "부르주아는 민족해방을 전후하여 집권했다. 하지만 이들은 완전한 승리를 거두지 못했고, 그것을 이루려고도 하지 않았다. 이들은 봉건제의 유산을 파괴하지도 않았으며, 근대 부르주아의 모델을 따라 전국적 생산을 재조직하지도 않았다."[10)]

폴란드 맑스주의자 룩셈부르크의 지적대로(Luxemburg 1976: 176), **폴란드 민족운동**에서 부르주아의 역할은 미미했다. 그녀는 "우리 폴란드에 대해 말하자면, 민족 사상은 귀족계급의 사상이며, 부르주아의 사상이 아니"라고 기술했다. 룩셈부르크에 따르면 폴란드 부르주아는 "민족적" 계급과는 거리가 멀며, 폴란드 사회에서는 "이국적이고 생경한 존재"였다. 폴란드 부르주아는 국내 시장의 형성에 관심을 두지 않았으며, 국제 시장에서 생기는 기회를 활용하는 데 관심을 쏟았다.

> 우리의 경우 부르주아는 …… 처음부터 반민족적이었다. 이는 19세기 부르주아 기원의 특수성, 즉 외국인에 이질적이고, 식민지의 산물이며, 폴란드 땅에 이식된 외래종이라는 것 때문만은 아니다. 좀 더 결정적인 이유는 폴란드 산업이 처음부터, 1820년대와 1830년대에도 수출용 산업이었으며, 폴란드 내에 국내 시장을 통제하거나 만들려고 하기 이전에 세워졌기 때문이다(Luxemburg 1976: 175~182).

룩셈부르크는 이런 일련의 요소가 폴란드의 특수성이라고 여겼지만, 이런 특징은 다른 동부 유럽 사회도 실제로 공유하는 것이었다.

중부와 동부 유럽의 여러 곳에서 부르주아는 외국 식민주의자들, 주로 독

---

10) Engels 1895: 23~24; Engels 1894도 참조. 리소르지멘토를 "실패한 혁명"으로 설명한 맑스주의 해석은 Gramsci 1949가 명확하게 정리했다.

일인, 유대인, 그리스인, 폴란드인, 이탈리아인으로 간주되었다. 이들은 사회적으로만이 아니라 민족적으로도 주변의 일반 주민과 달랐다. 앞 장에서 언급한 대로, 19세기 중반까지, 심지어는 20세기 초까지도 슬라브, 마자르, 루마니아 사회로 구성된 중부와 동부 유럽의 많은 도시에서 독일인, 유대인, 이탈리아인은 구별되는 문화권을 형성하고 있었다. 폴란드, 보헤미아, 남동부 오스트리아의 슬라브 구역에서 수세기 동안 독일인이 배타적으로 상권을 장악하고 있었다. 19세기까지 헝가리의 큰 상권은 모두 기본적으로 독일인 것이었다. 에스토니아와 라트비아에서 상업과 공업은 독일계 민족 집단이 장악했다. 리투아니아 일부 지역에서만이 아니라 루마니아와 폴란드에서도 도시의 주류를 형성하고 있던 것은 유대인이었다.

외국인 부르주아가 민족을 대표하는 주장을 할 수는 없었다. 사실 그들은 국제적 부류였다. 그들의 번영은 그들이 가지고 조종하는 국제적인 네트워크에 기반을 두고 있었다. 따라서 그들은 도시들의 독립성을 유지하면서 통일된 국내 시장을 세우기보다는 도시 사이의 연결망을 유지하는 것에 우선 관심을 두었다. 합스부르크 제국의 특정 지역들에서 성장한 상업, 산업 집단은 민족 국가 단위의 작은 시장보다는 "그들에게 개방되어 있는 큰 시장을 분명히 더 선호했다." 앞서 살펴본 대로, 자국 부르주아라고 하더라도 민족운동에서 중요한 역할을 한 경우는 거의 없었다. "러시아 전체를 발아래 두고 있던" 폴란드 기업가들은 19세기 민족운동에 참여하지 않았다. 이탈리아의 상업 집단은 "하나로 통일된 국내 이탈리아 시장"의 잠재성 보다는 "지중해 전체 무역에서 나오는 좀 더 큰 번영"을 누리기를 원했다 (Hobsbawm 1962: 166~167). 이탈리아의 부르주아는 1830년과 1848년 혁명에 참여하지 않았다. 후에 통일 운동에 참여했던 부르주아 일파는 왕정, 교회, 지주 귀족에게 의존해 있던 부류였다. 부유한 부르주아는 한계가 있는 국내 시장보다는 국제 무역을 통해 번영을 누렸다. 약한 부르주아는 귀족에게 의존했다. 유럽 대부분 지역에서 민족주의적 집단은 귀족이었다.

국가 자율성 테제

국가 자율성 테제에 따르면, 국가는 일련의 행정적이고 위압적인 구조들 혹은 제도들이며, 사회 세력들로부터 완전히, 혹은 상대적이거나 잠정적으로 자율적이라고 여겨지고 있다. 자율적인 국가 권력의 발전은 국가 구조들의 발전적인 차별화와 합리화의 결과이다. 국가 자율성 이론들 대부분은 같은 테마의 변형들이다. 근대화에 의해(Huntington 1968), 산업화에 의해(Gellner 1983), 자본주의 사회에서 계급 갈등에 의해(Therborn 1978; Wright 1976; Poulantzas 1973a, 1973b, 1975, 1976), 자본주의 체제에서 노동 분업에 따라(Wallerstein 1974a: 51, 93~95, 237, 269, 349), 혹은 국제적 분쟁과 군사기술의 발전에 의해(Downing 1992; Kaiser 1990; Parker 1988; Skocpol 1979: 203; Hintze 1975) 떠밀려 분화된 정치적 중심들이 등장했다. 이 정치적 중심들은 사회로부터 어느 정도 거리를 두고 있고, 자원에 대한 통제력 덕분에 사회 세력들에 대해 상대적으로 자율성을 가진다. 차례로 등장한 국가의 여러 형태들, 예를 들어 절대주의 국가와 민족 국가는 이런 전개 과정에서 발전 과정에 있는 단계로 인식된다. 따라서 이런 관점에 따르면 국민국가의 등장은 합리적이고 차별화된 자율적인 국가 구조의 발전에서 진척된 성과로 설명된다.

맑스주의 이론에서 근대 자본주의 국가는 신진 자본가 부르주아에 의해, 부르주아를 위해 창조되었으며, 자본가계급에 의해 조종되고, 무엇보다 자본가계급의 지배 도구이다.[11] 국민국가는, 맑스주의 이론에 따르면, 자본가 부르주아의 지배를 공고히 했다. 민족주의는 내부 혹은 국내 시장을 자신

---

11) 국가를 (생산수단의 소유와 통제에 따라 규정되는) 지배계급의 수단으로 보는 관점은 맑스와 엥겔스 주장에서 근본적인 자리를 차지하고 있다. 「공산당 선언」에서 맑스와 엥겔스가 고전적으로 공식화한 내용에 따르면, "근대 국가의 행정부는 전체 부르주아의 일상사를 운영하기 위한 위원회에 지나지 않는다"(Marx and Engels 1970: 18). 맑스주의에서 국가에 관한 기초적인 이론들에 대해서는 Engels 1950; Lenin 1932; Miliband 1973a: 128~150; Tucker 1970: 3장 참조.

의 상품 생산을 위한 시장으로 확보하려는 부르주아의 욕망에서 나온 것이며, 계급 지배와 자본주의 발전을 확고히 하는 데 필수적인 정치적 · 법적 틀을 세우기 위한 것이다.

하지만 많은 경우 자본가계급이, 혹은 자본가계급의 일부가 정부를 통제하거나 정부 정책을 결정했던 증거를 찾기는 힘들다. 이런 사실에 직면하여 맑스주의 이론가들은 최근에는 어떻게 자본가 부르주아가 국가 기구들을 통제하지 않고도 지배해왔는가, 왜 부르주아는 강제적 수단과 거리를 두어왔는가, 하지만 그럼에도 불구하고 왜 국가는 자본가계급의 이익을 위한 방향으로 작동해왔는가를 설명하는 데 관심을 쏟아왔다.[12] 이에 따른 설명들은 국가가 지배계급의 직접적인 통제로부터 "상대적인 자율성"을 가졌다는 주장으로 모아져 왔다.[13]

상대적 자율성 테제는 자본주의가 계급 갈등을 완화하고, 생산 관계들의 정치화를 방지하며, 경기 침체와 경제 위기로 치닫는 고유의 추세에서 비켜나게 해줄 수 있는 독립적인 국가를 필요로 한다고 주장한다.[14] 지배계급은 자본가계급 전체를 위해 국내적으로나 국제적으로나 자본가들 사이에서 경쟁을 완화해줄 수 있도록 하기 위해 국가의 상대적인 자율성을 용인한다.[15] 자율적인 국가는 정통성을 제공하기도 한다. 이는 강제력보다 비용이 덜 드는 것이며, 특히 노동자가 인구의 큰 부분을 차지하고 있는 경우 더

12) 카우츠키(Kautsky)는 자본주의에서 "지배계급은 지배하지 않는다"는 유명한 말을 남겼다. Bloch 1977 참조.

13) 예를 들어, Poulantzas 1976, 1975, 1973b; Therborn 1978; Wright 1976 참조. 상대적 자율성 테제에 대한 한 맑스주의자의 비판에 대해서는 Miliband 1973b 참조.

14) 일부 이론가들은 상대적으로 자율적인 국가라는 관념이 지배계급 혹은 지배계급들의 이익과 목적에 복무하는 국가라는 관념과 상치되는 것이 아님을 보여주려고 시도해왔다. Poulantzas의 "국가의 상대적 자율성" 공식(1973b: 247)에 따르면, 국가가 상당한 정도의 자율성을 갖고 있을 수는 있지만 실제적인 목표들을 보면 국가는 여전히 지배계급의 것으로 남아 있다. "부르주아계급과 국가 사이의 관계는 **목적을 가진 관계**이다. 결정적으로 중요한 사회적 형성 과정에서 국가의 **기능**과 지배계급의 **이익**이 **일치한다면**, 이는 시스템 자체 때문이라고 할 수 있다. 국가 기구에 지배계급 구성원이 직접 참여하는 것은 **원인**이 아니라 **결과**이며, 단순히 우연적이거나 부수적인 것이라기보다는 이런 목적의 일치에서 나온 것이다" (Poulantzas 1973b: 245).

욱 효율적이다.[16)]

신맑스주의 국가 이론은 국가가 사회적 계급들과 구분되는 사회 세력에 기초해서, 그리고 아마도 사회 세력과의 경쟁 속에서 세워졌다는 가정에 관심을 집중하고 있다. 국가의 관료제에 관한 통제와 영토 내에서 주권을 주장하면서 강제력을 행사할 수 있는 정통성의 독점은 다양한 세계사적 과정들에 대한 합리적 대응에서 발전해 나온 것으로, 경제적 엘리트를 국가에 의존하게 만들었다. 국민국가의 발전은 이런 합리화 과정에서 전개되어 나온 성과라고 본다.

일부 이론가들은 자율적인 통치 하위 체제의 분화를 근대화 과정에서 표출된 긴장들에 대한 합리적 대응이라고 본다. 전통적인 권위적 관계들이 무너지면서 점점 더 의식적이고 능동적이어가는 사회 집단들 사이에서 "정치적 공동체"를 형성하기가 어려워지고, 아노미와 소외 현상을 초래하는 경향이 생기는 가운데 국가 기구가 등장하여 사회적 긴장을 줄이고 새 형태의 합의를 제도화해나갔다(예를 들어, Huntington 1968: 8~9, 36~38, 397 참조). 이 테마의 한 변형에 따르면, 합리화는 산업화 과정에서 등장했다. 예를 들어 겔너(Ernest Gellner 1983: 46)에 따르면, 산업화 과정에서 사회는 점점 더 복잡해졌고, 과학적 지식과 기술적 능력과 행정 전문가에 더욱 의존하게 되었다. 사회의 복잡성은 "유동적이며 교양 있고 표준화된 문화를 가

15) 국가 구조와 기능은 지배계급에 의해서만 통제되는 것이 아니라 지배계급과 종속된 계급들 사이의 계급투쟁을 통해 형성된다. 이 투쟁은 주어진 경제와 전체적인 계급 구조의 객관적 범위들 내에서 진행된다. 풀란차스(Poulantzas)는 자본주의적 생산 관계와 노동 과정이 "물질적인 준거틀"을 창출했으며, 그 안에서 조직과 개인이 기능을 한다고 주장했다(Poulantzas 1978: 64; Wright 1976; Therborn 1978; Offe 1975, 1974; Offe and Ronge 1975도 참조).

16) 신맑스주의자들은 근대 국가의 이데올로기적 문화적 기구는 지배계급이 장악하고 있는 수단으로, 다른 계급들에 의해 소비되도록 만들어진 것이며, 다른 계급들을 복속시키기 위해 만들어진 것이라고 주장한다. 국가는 지배계급의 이익에 복무하는 견고한 기구이지만, 국민 전체를 위해 복무하는 존재로 자신을 나타내려고 하기 때문에 계급 적대성의 기본 선들을 흐리게 만든다. 이런 이론들은 국가의 이데올로기, 의식, 정통성, 그리고 기구와 사상의 중개 역할에 큰 강조점을 둔다. 예를 들어 Harbermas 1976; O'Connor 1973; Offe 1976 참조.

진, 교체할 수 있는 인구 집단에서만 제대로 기능을 할 수 있게" 되었다. 민족주의는 산업화 과정에서 나온 동질화된 인구 집단에 대해 객관적으로 요구되었던 것을 반영한 것이며, 이런 노선들을 따라 생산을 합리화하는 하나의 수단으로 등장했다. "민족성(ethnicity)은 문화적 동질성 혹은 지속성이 …… 사회생활의 경제적 기초로 요구되는 시기에 '민족주의'로 정치 영역에 들어온다"(Gellner 1983: 94).

월러스틴(Immanuel Wallerstein)의 세계체제론은 국가 형태들과 국가 권력의 성장을 세계 자본주의 체제 내에서 발전한 기능적 · 지리적 노동 분업과 연계시킨다. 월러스틴에 따르면 서유럽에서는 16세기 이후에 강한 관료제 국가들이 등장하여 주로 새 자본가계급의 이익을 보호했다. 그는 절대주의 국가가 초기 자본주의 체제가 취한 정치적 형태라고 주장했다. 이 국가는 새 경제 조직과 그 조직에 의존한 새 사회적 엘리트를 보호했다. 절대주의 국가는 농업에서 공업으로의 이행을 촉진하고, 새 시장의 개척을 장려했으며, 해상 통제력을 확보했다.

국민국가의 등장은 새 세계체제의 필요에 대한 합리적 대응이라고 할 수 있다. 월러스틴은 이 체제가 강한 국가와 약한 국가 모두를 필요로 한다고 주장했다. 약한 국가는 주변부에 있으면서 중심부 국가가 제국주의적 착취를 할 수 있게 해주며, 중심부에서 발달한 강한 민족국가는 세계 체제를 발전시켜 이 사회들을 지배하는 자본가계급을 보호한다.[17]

다른 이론가들은 다양한 국가 형태의 전개에서 중요한 과정으로 군사력의 발전에 초점을 맞춘다. 중앙집권적인 관료제 국가 기구의 창설은 무정부적인 국제적 환경에서 보호를 위한 합리적 대응이었다. 유능한 군사력을 유지하고, 상비군을 계속 증강하고 기술적으로 훨씬 정교한 무기를 개발해

17) 약한 국가는 "다른 나라에 있는 다국적 경제 주체들이 효과적으로 작동할 수 있도록" 하는 데 필요하다. 강한 민족국가가 없다면 "자본가층은 그들의 이익을 보호하고 재산권을 보장하며 다양한 독점을 보장해주며, 손실을 큰 인구 집단으로 확산시켜주는 역할 등을 하는 기구를 갖지 못하게 될 것이다"(Wallerstein 1974a: 355).

나가기 위해 국가는 사회로부터 필요한 자원을 끌어내야 했고, 그 운영을 합리화해야 했다. 국가는 자원을 모으고 사회가 자원을 생산할 수 있게 보장해주기 위해 행정 체제를 확대했다. 시간이 지나면서 국가 기구는 사회로부터 차별화되었다. 국가 기구가 군사력을 독점하고, 정체(政體)를 보호하는 기능을 갖기 때문에 국가 기구는 사회 세력으로부터 자율성을 가진다.

많은 학자들(예를 들어 Downing 1992; Kaiser 1990; Hintze 1975)은 공격의 위협이나 국제 체제에서 효과적으로 처신하고 싶은 욕망 때문에 지배자들이 군사 기구를 유지하고 확대하는 것이라고 주장해왔다. 이렇게 확대하기 위해서는 과세 수준을 높여야 하며, 또 이를 위해서는 관료제를 더욱 확대하는 것이 필요하다. 최근 저서에서 이 부분에 대해 정교한 논의를 전개한 틸리(Charles Tilly 1990 : 14~15)는 "전쟁 수단의 차출과 이를 둘러싼 투쟁을 통해 국가의 중앙 조직적 구조가 만들어졌다"고 주장한다. 국제 체제에서 주변부 국가는 자본이 부족하고 지주층이 강한 힘을 행사하고 있기 때문에 이런 국가의 지배자는 강제로 군사력을 차출했다. 중심부 국가는 도시화된 상업 경제와 자본이 잘 집중되어 있기 때문에 군사력을 살 수가 있었다. 상당한 자본과 광범한 자원을 갖고 있는 민족국가는 지배자와 사회 내에서 경쟁적인 세력들 사이에서 교섭을 통해 강한 상비군을 발전시켰다. 이런 교섭을 통해 대의제 기구를 만들거나 강화하는 결과를 낳기도 했다.

스카치폴(Theda Skocpol)은 민족주의로 인해 국가가 보호 기능을 더 잘할 수 있게 되었다고 주장해왔다. 스카치폴에 따르면 국가의 첫 번째, 그리고 가장 중요한 기능은 국가를 적들, 특히 가장 위협적인 적인 다른 국가들로부터 보호하기 위해 자원을 차출하는 것이다. 보호를 위해 국가는 사회의 상품과 서비스를 구체제 아래서 왕실이 했던 것보다 훨씬 더 큰 규모로 차출해야 했다. 국민국가는 "인민의 이름으로 행해진 혁명을 통해 만들어졌으며," 구체제 국가보다 생존에 필수적인 상품과 서비스를 확보하는 능력이 더 뛰어남을 증명했다(Skocpol 1979 : 203).

이 모든 이론에 따르면, 국민국가는 생산이나 방위를 조직하는 좀 더 합리적인 수단으로 등장했고, 근대적이고 합리적인 국가의 발전에서 진보적인 단계 혹은 국면을 나타냈다. 이는 국가를 특정한 하위 집단들의 통제에서 벗어나게 했고, 국가가 투명하고 이성적인 사상의 수단으로 남아 있도록 보장해주었다.[18] 역사적으로 이런 분화는 왕정과 귀족이 결별한 형태를 대표하는 것으로 여겨져 왔다(예를 들어 Parsons 1966).

맑스주의자와 맑스주의자가 아닌 이론가들이 국가에 대해 공동으로 갖고 있는 근본적인 오류는 새 신진 자본가 부르주아계급이 19세기에 유럽에서 집권했다고 하는 가정이다. 자본의 소유자가 근본적으로 새 계급[19]이었다고 하는 생각은 맑스주의 이론에서 지배계급이 지배하지 않았다고 하는 문제를 생겨나게 했다. 결국 맑스주의 이론가들은 국가 자율성 문제와 씨름을 하게 되었다. 맑스주의가 아닌 이론들은 국민국가를 보호의 기능을 잘 해내고 상품을 생산해내기 위해 훨씬 더 합리화된 것과 연관시켜 설명하거나, 자유주의적 제도, 인민 주권, 민주주의와 결합해 설명하면서 역사와는 완전히 무관한 주장을 내놓고 있다.

맑스주의나 비맑스주의 이론 모두의 주장과는 정반대로, 주요 자본 소유자들은 전통적인 봉건 엘리트였다.[20] 우리가 만약 새 생산 세력의 발전에도 불구하고 이 계급이 지배계급으로 계속 남아 있었으며, 지배계급이 바뀌지 않았음을 인식한다면 정치권력과 경제권력 사이의 분리를 설명해야 하는 문제가 사라진다.[21] 국민국가가 새 부르주아계급의 권력을 결집한 것이 아

18) 이 테제를 일찍이 주장한 이는 뒤르켐(Durkheim)이다. 노동 분화가 꾸준히 진행되면서 국가는 "하나의 구분되는 사회 기관"이 되었다. 이후 국가는 "다른 모든 이해관계보다 우위에 설 수 있게" 되었고, "신분, 계급, 기업, 모든 종류의 집단, 모든 종류의 경제적 주체"보다 우위에 설 수 있게 되었다(Durkheim 1975 : 177).

19) 자본주의 국가의 등장과 농노제의 소멸이 같은 시기에 있었기 때문에, 맑스와 엥겔스는 봉건적 관계들이 사라졌다고 생각했다. 이런 생각은 맑스의 다음과 같은 유명한 주장과 일치한다. "물질적 생활의 생산양식은 사회적 · 정치적 · 정신적 일상의 일반적인 특징을 규정한다. …… 아시아적 · 고대적 · 봉건적 · 근대 부르주아적 생산양식은 크게 보면 사회의 경제적 발전 단계를 보여주는 시대를 나타내는 것이라고 할 수 있다"(Marx 1970 : 21~22).

니라 전통 귀족의 권력을 결집한 것이라는 사실은 19세기와 20세기 초 유럽에서 자유주의적 부르주아의 가치와 민족주의 사이에 존재했던 불일치를 설명해준다.

왕정과 귀족 사이의 균열은 부르주아 지배 체제, 혹은 훨씬 커진 국가의 자율성을 가져온 것이 아니었다. 그것은 귀족이 국가 기구를 통제하기 위해 나서도록 만들었다. 귀족은 민족주의를 수단으로 삼아 이 과업을 해나갔다. 민족주의는 절대주의 군주가 조세 제도를 합리화하고 자유주의적인 개혁을 도입하려는 시도에 반대하여 일어난 것이었다. 민족주의는 특권계급의 보수적인 운동이었으며, 국가와 귀족의 재결합을 의도한 것이었고, 관료적 절대주의가 가져온 평준화 효과를 감소시키고, 국가의 자율성이 커가는 것을 제한하려는 것이었다.

정치 영역의 합리화와 차별화가 국제 체제가 침투한 결과로, 즉 무정부적인 조건들 속에서 안전을 확보하기 위한 좀 더 합리적인 방안으로 생겨난 것이 아니었다. 유럽의 국가들은 국제 사회 내에서 건설되었다. 이 국가들

20) 이 전통적 봉건 엘리트의 계급적 본질이 변화했기 때문에 같은 가문이 여전히 집권을 하고 있다고 하더라도 하나의 새 계급이 구(舊)엘리트에서 형성되어 나온 것으로 보아야 한다는 주장이 있을 수 있다. 하지만 생산 관계가 근본적으로 변화하지 않았다. 농촌 노동력은 노동자가 더 이상 생산수단을 소유하고 있지 않았다고 하는 의미에서 "자유"가 되었다. 지주는 시장용 생산을 하기는 했지만, 많은 지주가 시장이 중계된 교환을 통해 이윤을 확보하기보다는 봉건적 통제를 통해 노동력으로부터 잉여 생산물을 취했다. 생산 제도의 본질은 소비, 분배와 관련하여 변화했지만, 생산관계는 지주가 노동력에 대해 봉건적 지배를 유지하면서 같은 상태로 머물러 있었다. 따라서 그들 계급의 본질은 완전히 변화한 것이 아니었다. "자본가capitalist"라는 단어는 원래 새 계급을 지칭했던 것은 아니었던 것 같다. 브로델에 따르면 이 단어는 17세기 중반부터 쓰이기 시작했으며, 원래는 이미 부자인 사람을 경멸적으로 표현하는 말이었다. 돈만 많은 사람, 졸부, 부자(men of means, millinaires, moneybags) 등과 비슷한 어감이었다. 18세기 말까지 이 단어는 더 벌기 위해 자신의 부를 사용하는 부유한 사람을 지칭하는 단어였다. 투자자나 기업가를 이르는 말이 아니라, 부 자체를 위해 부를 추구하는 이들을 이르는 말이었다(Braudel, 1982 : 234~237).

21) 엥겔스는 상대적으로 자율적인 국가가 "자본가"와 노동자로부터만 자율적임을 주장했으며, 전통적인 엘리트로부터 자율성을 가진다는 주장은 하지 않았다고 하는 묘사를 자주 인용했다. 비스마르크 아래 새 독일 제국에서 "자본가와 노동자는 상호 균형을 이루었으며, 가난하게 된 프로이센의 배추밭 융커의 이익을 위해 자본가와 노동자 모두 착취를 당했다" (Engels 1950 : 290~291).

은 지역의 적대자에 대항해서 이 사회 내에서 지배 집단의 재산과 특권을 보호하기 위한 수단으로 등장했다. 국가 구조 내에서 서로 연계되어 있는 변화가 그들 사이에서의 경쟁의 결과이거나 상대로부터 스스로를 보호하기 위한 필요에서 나온 것은 아니었다. 이는 비슷한 국내 문제에 직면한 국가들이 지역에서 개발된 해결책을 공유했기 때문에 나온 것이었다. 유럽에서 국가 형성은 본질적으로 협조적인 국제 환경에서 이루어졌으며, 국제 환경은 지역에서 지배체제가 계속 연속성을 가질 수 있도록 정통성과 보호막을 제공했다. 19세기 유럽에서 지배체제에 대한 위협은 외부보다는 주로 내부에서 자주 발생했다. 사실 19세기 동안 국내 질서를 유지하기 위해 군사력을 제공해준 것은 국제 체제였다. 민족주의와 국민국가가 발전하던 시대에 국제 체제는 국가의 주권을 위협하는 것과는 거리가 멀었으며, 지배자에게 국내 질서를 유지할 수 있는 수단을 제공해주었다.

절대주의와 국가 자율성에 대항한 귀족의 투쟁

농노제 철폐와 이로 인한 봉건적 생산 체제 약화의 위협에 직면한 봉건제의 위기로[22] 절대주의 국가 내에서 봉건적 틀이 재조정되었다.[23] 국가는 무엇보다 봉건 영주가 연합한 결과였다. 국가는 여러 봉건 군주를 한 군주의 손 안에 결집시켜 귀족의 재산과 특권을 보호하려는 것이었다. 중앙 관료제의 작동으로 봉건적 이윤 착취가 국가적 차원에서 재생산되었다. 국가가 귀족에게서 정치 권력을 앗아가기는 했지만, 국가는 사회적 · 경제적 지

22) 서유럽에서 이런 위기는 13세기에서 15세기까지 광범한 농민 봉기를 수반했다. Hilton 1951 참조. 봉건제 위기에 대한 다양한 해석을 잘 정리하고 검토해놓은 것으로는 Wallerstein 1974a 참조.

23) 앤더슨(Perry Anderson)에 따르면 절대주의는 본질적으로 "봉건적 지배가 자리 이동한 기구일 뿐이며, 몰락할 처지에 놓인 귀족이 새 정치적 갑옷을 입은 것"이다. 절대주의 국가의 지배는 "자본주의로의 이행기에 봉건 귀족의 지배였다"(Anderson 1979: 18, 42).

배 체제에서 큰 변화를 추진하려고 하지 않았다. 국가는 기본적으로 농촌 귀족에게 유익했다. 왕은 주로 농민의 세금에 의존해 살았으며, 귀족은 거의 면세였다.

절대주의 아래서 봉건 귀족은 경제에서 기본적인 생산수단의 상당 부분을 계속 소유했으며, 전체 정치권력 기구에서 고위직 대부분을 차지했다. 프랑스에서 지역 영주는 집행관, 기록원, 경찰관이나 법관, 변호사, 공증인, 토지 관리인, 경찰, 산림 감시인 등을 임명했다. 귀족은 마을 울타리 내에서 보호와 안전을 제공하고, 군사적 보호를 한 것에 대해 보수를 받았다. 맥주, 포도주, 그 외 음료수를 판매한 사람들에게서 세금을 받아냈다. 화재가 나면 화재에 과세했고, 난롯가마다, 가정과 가구마다 과세했다. 양 떼가 지나가는 것에 대해 과세를 했고, 토지를 팔 때, 혹은 9년 이상 대여한 모든 토지에 대해, 그 가격의 6분의 1이나 5분의 1, 혹은 4분의 1을 세금으로 거두어 갔다. 지주는 방앗간, 오븐, 도살장, 포도주 압축기에 대해 독점적인 통제권을 갖고 있었다. 그들은 주민이 이를 이용하도록 강제했고, 이용료를 지불하게 했으며, 이런 시설과 경쟁이 될 수 있는 구조는 모두 파괴했다.[24] 봉건제도 아래서, 전쟁을 벌이고, 세금을 부과하며, 법을 집행하고 강제하는 권력은 무사 지주 귀족의 구성원이 상속받는 권리로서 사적으로 소유하고 있었다. 절대주의 아래서, 왕이 거느린 높은 봉신들은 공권력의 주요 직위를 상속을 통해 계속 소유했으며 법적 재산권을 인정받았다. 절대주의 역사의 처음부터 끝까지 봉건 귀족은 정치권력에서 배제된 적이 없었다(Anderson 1979: 40).

16세기에 절대주의 지배자는 내부 관세 부과를 철폐하고, 한사상속(限嗣相續)을 폐기하고, 경제적 발전을 가로막는 복잡한 봉건적 규제와 관습을 없애려고 시도했다. 봉건 귀족은 그들의 권력과 특권을 위협하는 이런 시

24) Taine 1962: 21~24. 프로이센에서 봉건적 · 장원적 부과금은 프랑스만큼이나 광범했으며, 19세기까지 계속해서 부과되었다. Bleiber 1966: 20~21, 37~38, 45~46, 59~60 참조. 영어로 요약된 것으로는 Reddy 1987: 170~171 참조.

도에 맞서 저항했다. 이에 대응하여 지배자는 귀족으로부터 자율성을 획득하고자 했다. 봉건 영주의 권력을 파괴하려는 야심과 자신의 영토를 중앙집권적 관료적 지배 아래 통합하려는 생각으로 절대주의 국왕은 관료제를 합리화하고 관료가 지방 권력 집단으로부터 독립적일 수 있도록 만들려고 했다. 17세기 프로이센의 프리드리히 빌헬름 1세와 덴마크의 프레데리크 3세, 스웨덴의 칼 11세와 러시아의 표트르 대제는 평민과 소수민족 집단 출신을 국가 관료제로 끌어들였다. 이 때문에 국가와 전통 엘리트 사이에 국가 기구에 대한 통제권을 놓고 종종 폭력적 분쟁이 일어나기도 했다. 절대주의 지배자는 또한 용병을 사용하여 군대를 장악하고자 했다. 그리고 외국인이나 소수민족 집단 출신 기업가와 상인 집단을 이용하여 세수(稅收)를 증대시켰다. 프랑스에서 루이 13세(1610~1643)는 귀족 지배자 대신 왕실 관리를 지방 감독관으로 파견했으며, 집단(고등법원들)에 기반을 둔 관직과 법관직의 매매를 일소하려고 했지만 성공하지 못했다. 루이 14세(1643~1715)는 위그노 교도에게 중상주의의 발전을 위해 재정적 기초를 만드는 데서 중요한 역할을 부여했다. 1648~1653년 사이에 귀족이 이런 발전에 대해 일으킨 반란은 실패했고 그 결과, 상층 귀족은 정치권력을 상실했다. 하지만 그래도 여전히 그들은 토지 소유권을 갖고 있었고, 면세의 특권을 누렸으며, 재판에서 특별한 대우를 받을 수 있었다.

18세기 절대주의 지배자는 재정 위기가 깊어지는 사태에 직면하여 농업 생산성을 높이고 도시 상업을 활성화하는 경제 발전을 도모했다. 지배자는 농민에게 세금을 많이 부과하고, 금융가에게서 융자를 받고, 관직을 팔아 수입을 늘리려고 했다. 이런 방안으로는 충분치 않음이 분명해지자 지배자는 부유한 지주 엘리트의 재정적 특권 중 많은 부분을 없애려고 한층 더 노력을 기울였다. 이 엘리트는 모든 개혁 조치에 저항했으며, 1715년 이후 이들은 왕실과 계속 사이가 안 좋았다. 프랑스에서 루이 15세(1715~1774)는 1726년 상비군을 창설하여 도시의 자치권을 일소했고, 경제 개혁에 대한 반란을 예방했다. 그는 모든 군대를 전국화했고, 무력 사용을 독점했고, 여러 지역 정부의 명령을 통해 사병(私兵) 부대를 거느리지 못하도록 했다(Badie and Birnbaum 1982: 108). 이런 침해에도 불구하고 루이 16세(1774~1792) 아래서 귀족은 그들의 권력을 유지할 수 있었고, 점차 행정의 상당 부분을 장악했다(Lefebvre 1947: 19). 결국 그들은 중앙의 권력과 지역 행정을 모두 통제할 수 있게 되었다.

지배자가 권력자로서 지위와 목표를 설정하고 각종 요구에 대응할 수 있는 능력은 항상 자원을 자율적으로 통제할 수 있는지 여부에 달려 있었다. 왕은 상비군과 관료제를 세우고 이들을 자신의 재정으로 운영할 수 있을 때에만 지역 귀족으로부터 자율성을 가졌다(Weber 1978: 2: 1057, 1092). 수입원을 확보하는 한 방법은 시장 특권을 확장하고 높은 지대를 부과하고 높은 세금을 감당할 수 있는 백성을 확보하기 위해 도시를 개발하는 것이었다. 17~18세기 지배자는 외국인 소수민족이나 종교 단체를 끌어당기는 정책을 점점 더 선호하게 되었다. 두 집단 모두 왕실 수입을 높이고 주민 집단의 지위를 잠식하는 효과를 발휘했기 때문이다. 폴란드, 보헤미아, 헝가리에서 독일 식민주의자는 독일 고유의 법에 따라 재산을 획득하고 상업을 추진할 수 있는 특권을 왕에게서 부여받았다.[25] 폴란드의 왕은 독일인뿐 아니라 서유럽에서 다수의 유대인을 폴란드 영토로 초빙했다. 예카테리나 여제는 볼가 강과 흑해로 상당수 독일인이 이주하도록 부추겼다. 지역 원주민 타타르 사회의 힘을 상쇄하기 위해서였다. 합스부르크 왕들은 오스만 제국으로부터 획득한 토지에 독일인과 다른 소수민족 집단을 보내 재식민화하여 마자르인을 봉쇄했다(Pearson 1983: 11). 18세기에 그들은 독일 이민자에게 (보이보디나에 있는) 바나트로 이주하면 토지와 집을 무료로 제공하고 세금을 면제해주겠다고 제안했다. 1790년까지 독일 이민자는 바나트에서 다른 어떤 집단보다 많은 토지를 소유했다(Lampe and Jackson 1982: 64~67).

---

25) 새 시민계급이 된 독일계 식민자들은 "정치적 균형을 맞추기 위해 당장 필요한 존재"였다(Tihany 1976: 48).

이런 정책은 동부 유럽 일부 지역에서 결국 3중의 민족적 · 사회적 계급 구조가 형성되는 결과를 초래했다. 정복 인종들(마자르인, 독일인, 스웨덴인, 튀르크인, 폴란드인)이 지주와 행정력을 행사하는 상층이 되었다. 정복당한 농노들(체코인, 슬로바키아인, 슬로베니아인, 왈라키아인, 루테니아인, 백러시아인, 핀란드인, 리투아니아인, 터키인이 아닌 발칸반도 출신들)[26]은 토지를 일구었다. 그리고 이 두 법적 지위 사이에 독일인, 폴란드인, 혹은 유대인 이민자 중간 계층이 있었다(Macartney 1934: 82~83). 예를 들어 헝가리 일부 지역에서 지주 젠트리는 마자르인이었고, 도시 중간계급은 독일어권 사람이었으며, 농민은 크로아티아인이거나 슬로바키아인 원주민이었다.

지배자는 경제적 자원과 활동을 직접 규제하는 것을 통해 자율성을 획득하기도 했다. 예를 들어 프랑스에서 지배자는 무엇보다 생산수단이 국가에 의존하거나 국가적 통제 아래 들어오도록 하기 위해 공업에 대해 개입하는 정책을 썼다. 처음에는 리슐리외(루이 13세 시대 프랑스의 추기경 · 총리 – 옮긴이), 그리고 이후 콜베르 치하에서 국가는 제조업 기업들을 세우고 생산을 장려하는 방식으로 보조금과 특권을 주었고, 해외 무역과 국내 상업을 모두 규제했다. 후에 국가는 제조업의 외국인 소유를 상당한 정도로 허용하고 신용, 소유, 기술, 마케팅과 관련하여 국제 자본과 다양한 종속 관계를 형성함으로서 외부 수입원을 획득했다.

지배자와 지배 집단의 또 다른 권력의 원천은 주민에 대한 통제였다. 카리스마적인 지도자는 주민들을 통제할 수 있었기 때문에 자율성을 성취했고, 전통적 권력층의 중요한 자원을 박탈해 갔다. 하지만 문제는 카리스마적인 권력을 제도화, 베버의 표현을 빌리면 "관례화"하는 것이었다. 국민국가가 등장하기 전까지 교회는 대중 통제를 제도화한 가장 성공적인 수단이었다. 하지만 18세기 철학자들은 계속해서 교회를 공격했다. 유럽의 지

26) 정복당한 지역의 상층은 정복자의 문화로 동화되어가는 경향이 있었다. 예를 들어 폴란드인이 카르파티아 산맥 북쪽에서 지배계급이 되었을 때 루테니아 귀족은 폴란드화되었다. 그 결과 폴란드인 농노는 있어도 루테니아 귀족은 없게 되었다.

배자 – 프로이센의 프리드리히 2세, 러시아의 예카테리나 여제, 오스트리아의 요제프 2세, 에스파냐의 카를로스 3세, 스웨덴의 구스타브 3세 등은 철학자의 저서를 읽었고 그들에게서 큰 영향을 받았다(Gagliardo 1967: 21~23). 유럽 모든 곳에서 지배자는 교회의 권위를 제한하려고 했다. 1762년 프랑스는 예수회 학교들을 폐교하고 세속 교육을 장려하면서 이를 국가의 통제 아래 두었다. 예수회원들은 프랑스(1764), 포르투갈(1759), 에스파냐(1767)에서 추방당했다. 1772년이 되면 교황 클레멘스 14세도 지배자들에게 굴복했고, 함께 예수회를 억압했다.

프랑스 혁명과 유럽에서 민족주의와 민족주의 운동이 발전하면서 이런 흐름을 바꾸어놓았다. 프랑스 혁명을 시작으로 유럽 전역에서 대규모의 종교 부활이 있었다. 교회와 귀족이 절대주의 지배 아래서 발전한 변혁 세력들에 맞서 결속을 다졌다. 유럽에서 종교의 부활은 전통적이고 민족적인 엘리트가 헤게모니를 강화하기 위한 이데올로기적이고 문화적인 기구와 제도적 수단을 제공해줄 수 있었다.

민족주의는 19세기 민족적 정체성과 민족 형성에 중요한 기초를 제공한 종교와 결합했다. 프랑스 가톨릭교도는 프랑스의 특별한 소명이 기독교적인 것이며, 신앙으로 다시 돌아가는 것이 민족적 단합을 유지하고 위대함을 복원하는 방법이라고 믿었다(Zeldin 1970). 에스파냐와 폴란드에서는 종교와 민족성이 완전히 결합되었다. 스코틀랜드 민족적 정체성의 중요한 기관은 교회였다. 1798년 시작된 아일랜드인 연합(United Irishman)은 처음에는 북부에서 개신교도가 시작했으며, 남부에서는 가톨릭 성격을 띠었고, 이곳에서 아일랜드인 연합은 개신교도에게 개종을 강요했다. 그리스 정교는 종교와 민족주의가 합쳐진 봉기를 통해 오스만제국으로부터 독립을 쟁취했다. 불가리아와 루마니아에서 민족 정체성은 정교회와 분명하게 연계되어 있었다. 가톨릭인 크로아티아와 정교회인 세르비아는 제1차 세계대전 이후 유고슬라비아 국가 내에서 종교와 민족이 결합된 양상을 보여주었다. 19세기에 러시아인은 곧 그리스 정교회 교인임을 의미했다. 1847년 스위스에서 있었던 개신교와 가톨릭의 전쟁을 통해 개신교와 스위스 통합을 주장하는 세력 사이의 관계가 더욱 돈독해졌다. 크로아티아, 아일랜드, 키프로스, 그리스, 폴란드, 벨기에, 슬로바키아에서 주교들은 민족을 대변했다. 아일랜드에서 초기 전국적 운동들, 1820년대 가톨릭 해방운동과 1840년대 영국-아일랜드 합병 철회 운동들은 성직자의 업적에 크게 의존해 있었다(Newsinger 1979: 463).[27] 키프로스에서는 성직자들이 독립 투쟁과 그 이후 과정에서 지도적인 역할을 했다. 슬로바키아 인민당은 1913년 결성되었는데, 이를 이끈 이는 흘링카 사제였다. 1939년 슬로바키아가 히틀러의 보호 아래 독립했는데, 이때 대통령에 앉은 이는 가톨릭 사제 티소였다.

민족주의는 주민을 통제하는 투쟁에 주로 관심을 쏟았다. 엘리트의 사회적 지위가 불안해지면서 직접적으로는 무엇보다 주민에 대한 통제력을 상실하게 되었다. 예를 들어, 프랑스에서는 지역 행정 개혁이 있었고, 교회 학교들을 국가 교육이 대신하게 되었다. 합스부르크 왕국과 발칸반도 나라들에서는 왕실이 개혁을 통해 농민을 봉건적 부담에서 해방시켰다. 민족주의는 민족 생활의 중요한 자원을 농촌 주민의 전통적인 생활 방식에서 찾았다.[28] 민족주의는 사회적으로 보수적인 농민 대중을 민족 문화의 진정한 대들보로 찬양했다. 민족주의적 귀족은 농민 의상, 춤, 축제 등을 부활시켰다. 오래된 독일 혹은 이탈리아의 귀족 가문들은 라틴어, 프랑스어, 혹은 독일어에 대한 지식을 숨기고 대신 시골에서 거주할 때에는 체코어나 슬로베니아어를 사용했다(naumann 1916: 88). 결론적으로 이야기하면 민족주의는 자율적인 국가 권력, 즉 관료적이고 군사적이며[29] 경제적이고 사회적인 권

27) 성직자와 아일랜드 민족주의 혁명 진영 사이에서 긴장이 고조되었을 때(예를 들어 1860년대 페니아 봉기와 음모단 시기)에도 가톨릭은 계속 민족주의를 고수했다.

28) 레너(Renner)는 오스트리아-헝가리 제국에서 19세기 동안 많은 도시들이 민족성을 바꾸어, 헝가리계 혹은 체코계 혹은 독일계가 되었음을 연구했다. 독일계 도시들, 그중에서도 특히 빈은 수많은 민족 출신들이 이주해 들어왔으며, 이들을 독일 민족으로 동화시켰다. 농민은 민족성을 유지했다. 농민은 다른 전통과 마찬가지로 민족성을 고수하는 경향이 있는 반면에 도시인, 그중에서도 교육받은 이들은 훨씬 쉽게 다른 민족으로 동화되었다. Renner 1902; in Luxemburg 1976: 260, 262 참조.

력의 잠재적 기반을 지역 귀족과, 또 그들과 연계된 특권 집단의 통제 아래 두려고 했다. 이것이 19세기와 20세기 초 유럽에서 민족주의의 중요한 목표였고 성과였다.

민족주의와 귀족의 승리

역사적으로 (라틴어 natio에서 유래한) "민족(nation)"이라는 단어는 제한된 사회 집단 부류인 귀족과 성직자 엘리트를 칭했다(이에 대해서는 Zernatto 1944: 352, 355~363 참조). 민족은 인민, 국가 혹은 대중을 가리키는 것에는 절대 사용되지 않았다.[30] 13세기에 추기경들 사이에서 교황의 권력을 축소하고 제한하기 위한 운동이 일어나고, 그 일환으로 주교와 고위 성직자 대표 위원회가 생겼는데, 이들을 "민족(nationes)"이라고 했다.[31] 이후 민족(Nationes)은 무엇보다 선발된 혹은 엘리트 대표 집단을 의미했다.

15세기부터 유럽에서 "민족"이라는 용어가 이런 식으로 사용되었음을 볼 수 있다. 예를 들어 15세기 트란실바니아에는 법으로 인정받고, 의회에서 대표되는 세 민족, 즉 헝가리 민족, 세케이(Székély) 민족, 색슨 민족이 있었다. 세케이인과 색슨인 중에는 농노가 없었기 때문에 전체 인구가 어느 정도 대표되고 있었다(Seton-Watson 1977: 8). 하지만 헝가리 민족(natio)은 헝가리 영토에 살거나 헝가리어를 하는 사람 일반을 가리키는 말이 아니라 높은 지위에 있는 사람들을 칭하는 말이었다(Hertz 1947). 합스부르크와 헝가리의 분쟁을 마무리한 1711년 소트마르(Satzmar) 평화협정에서는 양방에

---

29) 관료제와 군대를 지역 엘리트로부터 자율적으로 만들려고 했던 절대주의에 대한 논의는 Halperin 1993 참조.

30) 인구 전체를 칭하는 단어는 따로 있어서, populus, peuple, people, popolo, pueblo 등이 주로 쓰였다(Seton-Watson 1977: 8).

31) 이런 종류의 민족(nationes)은 처음에는 리옹위원회에서 등장했다(1274). 이들은 콘스탄츠 공의회(Council of Constance)에서 특히 중요한 역할을 했다(1414~1418).

대해 합스부르크 왕가와 "헝가리 민족(nation)" 이라고 표현했다. 여기서 "민족(nation)" 은 "귀족, 고위 성직자, 헝가리 귀족 등 인구의 극히 일부" 를 의미했다(Kedourie 1960: 14). 구(舊) 왕국에서 폴란드 "민족(nation)" 은 법적으로나 현실적으로나 귀족(szlachta)으로 구성되어 있었으며, 이들은 인구의 10분의 1 정도였다(Snyder 1964: 123). 프랑스 혁명 이전에 귀족은 스스로를 아래 계급들과는 구분되는 "민족(nation)" 으로 여겼다(Barzun 1932: 228~251).

결국 "민족(nation)" 은 의회나 위원회, 혹은 계급들 속에서 특정 영토를 대표하는, 혹은 대표하기 위해 선출된 사람들을 나타내는 말로 사용되었다. 18세기까지 "민족(nation)" 은 자신들만이 정부, 위신, 권력을 가질 수 있다고 생각하는 부유하고 교육받은 계급을 의미했다. 1760년대에는 프랑스 고등법원들(특권 집단들 속에서 선출된 치안판사 모임)은 그들이 전체 나라를 대표하는 치안판사 연합을 형성하고 있다고 선언했다. 즉, "민족주의자(nationalist)" 는 고등법원을 가리키는 용어였다. 따라서 "민족주의(nationalism)" 는 귀족에 의해 대표된다는 생각을 의미했다(Zernatto 1944: 361).

프랑스 혁명은 유럽에 민족주의라는 단어와 수사를 널리 소개했다. 귀족이 민족, 민족 주권의 이름으로 시작한(Lefebvre 1947: 30, 36, 51) 혁명은 귀족이 절대주의와 국가 자율성에 대해 벌인 투쟁의 절정이었다(Breuilly 1982: 57~61). 이후 한 세기 동안 국가와 사회가 혼합되면서 전통적 엘리트는 경제적 · 정치적으로 부활했고 계속해서 전통적인 권력 관계가 유지되었다.

유럽의 민족주의

유럽에서 민족주의의 역사는 영국(1688) · 프랑스(1789) · 세르비아

(1804~1813) · 그리스(1821~1829) · 벨기에(1830)의 민족주의 혁명과 헝가리 · 체코 · 루마니아에서 민족주의 운동의 발전(1840년대)과 독일 · 이탈리아에서 민족 통일 운동(1860년대)을 거쳤다. 영국과 프랑스에서는 엘리트가 "민족"의 이름으로 정부에 대한 지배력을 확보했고, 세르비아인, 그리스인, 벨기에인, 헝가리인, 체코인, 루마니아인은 기존 국가들을 분할하여 독립된 국가들을 세우고자 했다. 독일과 이탈리아는 작지만 야심 차고 군사적으로 지배적인 국가가 여러 차례 영토를 장악해가는 과정들을 통해 형성되었다. 아래에서는 이러한 민족주의에 대해 논한 뒤, 남은 유럽 국가들, 네덜란드, 포르투갈, 에스파냐, 스위스, 러시아, 폴란드, 발트 해 국가들, 아일랜드, 불가리아, 알바니아, 스칸디나비아 국가들에 대해 간단하게 언급할 것이다. 일부 민족주의 역사는 아래 자세하게 논한 것과 비슷하고, 또 다른 일부는 전혀 다르다. 몇몇 국가들은 민족주의라고 할 만한 역사가 없기도 하다.

1688년 **영국 혁명**은 일반적으로 근대 민족주의가 처음 온전하게 표현된 것으로 여겨져 왔다. 루이 14세의 궁정에서 교육받았던 찰스 2세(1660~1668)는 프랑스 절대주의를 흉내 내려고 했고, 결국 프랑스 절대주의와 비슷한 어려움에 봉착했다. 그는 영국 부르주아의 반대에 맞서 세금과 사법 개혁을 강요하려고 했다. 1688년 명예혁명으로 세금에 대해 귀족의 동의권을 확립하고 상비군을 모집하지 않을 것임을 분명히 함으로써 국왕이 권력을 내세울 수 있는 중요한 수단을 없애버렸다. 이 혁명은 "봉건주의의 오랜 유물"을 계속 온존시킨 "일찌감치 만들어진 타협"이었다. "중세 영국의 오래된 틀은 무너지거나 일소된 것이 아니라 새 내용으로 채워지게 되었다" (Luxemburg 1976: 232).

프랑스 혁명은 귀족들이 국가를 다시 장악하려는 시도에서 시작되었다. 절대주의 왕정은 공직을 기술적으로 경쟁력이 있고 정치적으로 순진한 중간계급 남성들로 채우려고 했다. 하지만 18세기 동안 프랑스 귀족은 다른 많은 나라에서와 마찬가지로 공직을 서서히 잠식해 들어갔다. 지역과 중앙 정부에서 기반을 확보한 귀족은 면세권을 가졌고, 이는 결국 프랑스를 파산의 위기로 몰아갔다. 르페브르(Georges Lefebvre)가 지적한 것처럼, "기술적 차원에서 보면 위기는 불가피했다. 오직 필요한 것은 모두가 세금을 내도록 하는 것이었다"(1947: 23). 1780년대 말까지 실질임금이 하락하고 물가가 상승했으며, 봉건적 부담이 커졌고, 흉작이 겹치면서 평민들을 더 짜내는 것이 불가능해졌다. 재정적 위기에 직면하여 루이의 재정 장관 튀르고는 봉건적 권리와 길드의 규제를 폐지하고 일반 재산세를 도입하는 등의 개혁 프로그램을 제안했다. 고등법원은 이 프로그램을 허용하지 않았지만, 튀르고의 뒤를 이은 재무 장관 네케르와 칼론은 다시 이 안을 들고, 귀족의 수입에 대해 과세를 하는 것이 불가피하며, 일부 길드의 규제들을 폐기해야 하고 농민의 봉건적 부담을 경감해주어야 한다고 주장했다.

하지만 경제활동을 촉진하고 과세 범위를 넓히자는 제안은 귀족의 면세 특권을 위협하는 것에 그치는 것이 아니었다. 이는 국가의 자율성이 커지는 것과 관련된 문제였다. 르페브르가 지적한 대로, "만약 예산 균형이 회복되고, 이런 균형이 국부의 성장을 통해 유지될 수 있었다면, 더 이상 비정상적인 재정 지출은 일어나지 않을 것이고 왕은 고등법원의 통제에서 멀어질 수 있었다"(Lefebvre 1947: 24~25). 따라서 귀족은 특권의 확대 없이 과세 대상이 되는 것을 거부했고, 왕에게 봉건제도의 유산인 신분제 의회를 소집하라고 압력을 가했다. 그들은 왕에게 귀족만이 충언하고 요구할 수 있는 꼭 필요한 지위에 있음을 인정하고, 고위직에 귀족만을 임용하여 귀족의 지위가 마땅히 충족될 수 있도록 해달라고 다그쳤다(Lefebvre 1947: 15).

불평과 불만을 늘어놓을 다른 요소가 존재함에도 불구하고, 귀족은 사회 내에서 유일하게 조직된 집단이었고, 국가에 대한 통제 수단이 있으면서 동시에 또 그것을 추구한 유일한 집단이었다. 결국 모든 계급은 귀족의 주도 아래 단합하여 절대주의 부르봉 체제를 전복하고 헌정 질서의 수립을 요구했다. 부르주아가 추구한 것은 혁명, 즉 사회구조의 근본적인 변화가 아니라 귀족층에 편입되는 것이었다. 금융업자들은 외국인이자 대부분 개신교도였으며, 특히 스위스, 네덜란드, 영국 출신들이었다(Lefebvre 1947:

42). 대상인들은 결국 입헌군주정의 틀을 만들어냈다. 자유주의적 전문직, 예를 들어 변호사, 판사, 법무관, 공증인, 법정 변호사, 교사, 인쇄업자, 책 판매상 등은 경제적 기회가 확대되고, 귀족 출신이 아닌 이들을 차별하는 직종들이 평민에게 개방되기를 원했다. 노동계급은 무엇보다 물자 부족과 높은 물가에 불만이었으며, 고용이 잘 되고 임금이 오르기를 원했다. 농민 반란의 동력은 주로 물질적 빈곤이었다. 그들의 목적이 구체제 정부를 전복하는 것은 아니었다.

왕정이 입헌 정부로 변화한 것은 귀족과 부르주아가 합의한 개혁이었다. 분열이 일어난 것은 귀족이 모든 특권을 포기하기를 거부하고, 1789년 6월 삼부회와 이후 정부 체제에서 특별하고 구별되는 자리를 갖겠다고 요구하면서였다. 혁명 이후 왕정복고 시기에 귀족들은 지위를 회복했고, 토지 대부분을 되찾았으며, 정부, 교회, 군대에서 고위직을 다시 독점할 수 있게 되었다. 하나의 신분 관계로 영주와 농노 관계는 공식적으로 폐지되었지만, 귀족들은 이후 한 세기 동안에도 여전히 지배계급의 핵심에 있었다.

세르비아 혁명은 발칸반도에서 발생한 최초의 대규모 민족 혁명 운동이었다. 초기 단계(1804~1813)에서 혁명은 예니체리(오스만 제국 병사)에 대한 제한된 투쟁의 형태로 진행되었다. 이들은 지방의 재정 체제를 강제로 빼앗아 오스만 제국의 권위에 도전했다. 반란의 규모가 커져서 오스만 정부의 이익을 침해하기에 이르자 오스만 제국은 군대를 보내 진압했다. 1815년 두 번째 세르비아 반란 이후 세르비아 지도자 밀로슈 오브레노비치(Milos Obrenovic)와 오스만 제국의 고관 사이에 협약이 하나 만들어져, 세르비아가 세르비아 귀족의 세금 징수권을 복원해주었다. 밀로슈는 세금으로 거둔 수입을 이용하여 오스만 제국의 감독관을 매수했고, 이 감독관은 1830년 세르비아의 자치권을 공식적으로 허용하는 협정을 맺으면서, 밀로슈를 군주로 인정했다. 여기에 술탄에게 30만 피아스트르의 선물을 추가하여 협정을 확고히 했다. 1835년 좀 더 뇌물을 써서 세르비아 정부는 오스만 정부로부터 다른 의무 조항을 면제받았다(Lampe and Jackson 1982: 112). 밀로슈와 그 동료들은 세르비아의 독립을 이용하여 지역에서 자신들의 상업적 입지를 굳혔다. 그들은 행상인들에게 상업 허가권을 주지 않고, 농촌 상점들이 영업을 하지 못하도록 하여 농촌 시장을 독점했다. 관세를 부과하고, 해외 무역뿐 아니라 국내 상업 활동에도 허가증을 의무화하며, 가격과 신용을 조정하고, 교통을 독점하며, 외국 상인들을 추방하는 식의 이런 모든 조치들이 뻔뻔스럽게도 개인적 이익을 추구하는 데 이용되었다(Lampe and Jackson 1982: 111~119). 반란과 통일과 대국(大國)을 옹호했던 모든 세르비아 민족주의 조직들 중 어느 하나도 대중에게 호소하려고 하지 않았다(Djordjevic and Fischer-Galati 1981: 127). **크로아티아 민족주의** 운동의 지도자 중에는 가이(Gaj)와 마주라니치(Mazuranic) 등 평민 출신이 있기는 했지만, 이 운동은 귀족이 상당한 역할을 하지 않았다면 성공하지 못했을 것이다. 따라서 이 운동은 귀족이 누리는 사회적 이익에 어떤 문제도 제기하지 않았다(Banac and Bushkovitch 1983).

19세기 **그리스 민족주의**는 주교 정치와 (콘스탄티노플의 파나르 지방에 있는 부유한 그리스 식민지 출신인) 파나르인의 과두정치에서부터 시작되었다. 18세기 오스만 제국 정부는 재정적 · 정치적으로 파나르 지방의 그리스인, 특히 루마니아 지역과 세르비아 영토에 있는 그리스인에게 많이 의존하게 되었다. 파나르인의 경제활동을 부추겨 세금 수입을 늘리기 위해 오스만 정부는 그리스인이 다른 발칸반도 지역들에서도 원주민 성직자의 지위와 지역 상업 집단들의 도시 상업 중심지들을 빼앗아 장악할 수 있도록 지원했다(Stavrianos 1961: 3장). 이런 지원에도 불구하고 러시아는 발칸반도 쪽으로 남하하려는 야심을 갖고 그리스의 고위 성직자들과 상업 지도자들에게 접근하여 오스만 제국의 영토와 수도를 그리스에 나누어주겠다고 공약하면서 러시아가 오스만 제국에 맞서 싸우는 것을 도와달라고 부추길 수 있었다(Djordjevic and Fischer-Galati 1981: 56~60).

비밀 혁명조직인 '필리케 헤타이리아(Philike Hetairia)'는 1814년 차르의 묵인 아래 오데사에서 결성되었다. 1821년 헤타이리아는 몰다비아와 모레아에서 봉기를 일으키면서 그리스 독립 전쟁을 시작했다.[32] 1830년 2월 3일 런던 의정서에 서명한 유럽 열강들은 합의를 통해 그리스를 독립시키고, 바이에른의 군주 오토 1세를 왕으로 앉혔다. 1843년 무혈 쿠데타가 일어나 오토 1세는 바이에른 출신 고문들을 해임하고 지역 유력자와 귀족들이 지배력을 가진 의회를 소집해야만 했다. 이후 그리스 민족 정부는 비잔틴 제국을 부활하자고 하는 주교 정치의 '위대한 계획(Megali Idea)'을 이념으로 삼아 그리스 국경선들을 세르비아인, 불가리아인, 마케도니아인, 라틴 왈라키아인을 포괄하는 광범한 지역까지 확대하려고 했다. 이 이념은 이스탄불에 있는 주교가 이들에게 권위를 갖고 있다는 점에 기초한 것이었다.

벨기에 민족주의는 네덜란드 내에 있는 일정한 특권층의 프로젝트였다. 1830년 벨기에의 왈론인과 플랑드르인이 네덜란드의 지배에 대항하여 봉기를 일으켰다. 이 운동의 지도자들은 상층 부르주아였으며, 이 계급의 특성상 프랑스어와 프랑스 문화를 동경했고 플랑드르어와 네덜란드 문화는 경멸하는 이들이었다(Clough 1930: 48). 벨기에 민족운동을 이끌었던 부유하고 프랑스에 우호적인 지도자들은 프랑스 왕실의 한 후계자에게 벨기에 왕위를 부여했다(프랑스 왕실 출신이 이를 거부하자 그들은 한 독일 군주에게 이를 부여했다). 그리고 새 국가의 임시 정부로서 제일 처음 선포한 법률 중 하나가 프랑스어를 유일한 공식 언어로 삼는다는 것이었다. 인구의 절반 이상이(1846년 57퍼센트) 플랑드르어를 썼지만, 당시 정치 · 경제적 권력을 행사하던 사람들의 언어는 프랑스어였다. 이 선언으로 플랑드르 운동이 주도하는 해방 투쟁이 일어났고, 이 투쟁의 목적은 문화적이면서 동시에 정치적이고 경제적인 것이었다(De Vries 1976: 1~2). 왈론인과 플랑드르인 사이에서 발전한 분쟁에서 왈론인은 수는 적지만 지배적인 지위를 차지하기를 원했고, 플랑드르인은 정치, 행정, 경제생활에서 그들의 인구 규모에 맞는

32) Dakin 1973; Woodhouse 1952 참조. 그리스 민족운동에서 성직자들의 역할에 대해서는 Frazee 1969 참조. 그리스 민족주의 이념 '위대한 계획(Megali Idea)'의 변천에 대해서는 Driault and Lheritier 1925 참조.

더 많은 자리를 요구했다.

프랑스 민족주의와 마찬가지로, **헝가리 민족주의**도 국왕의 개혁에 반대하여 일어난 귀족이 시작했다. 18세기 말까지 요제프 2세(1765~1790)는 제국의 개혁을 시도했다. 1781년과 1785년, 요제프 2세는 농노제와 길드제를 폐지하는 칙령을 내렸고, 기독교 교파들에 대해 관용적인 정책을 취했다. 하지만 헝가리 귀족은 토지와 세금 개혁이 크게 진전되는 것을 막을 수 있었고, 국가가 농민 대중 구호 정책에 나서는 것도 막을 수 있었다. 농민의 삶을 향상시키려던 조치들은 요제프의 사후 완전히 무효화되었다.

농민은 국가와 공무원을 지원하는 책임을 모두 부담했고, 귀족은 세금에서 완전히 면제되었다. 18세기 동안 이런 착취는 지속되었으며, 농민과 귀족 사이에서 긴장과 폭력 사태가 간간히 진행되었다. 헝가리, 트란실바니아, 폴란드의 귀족이 행정 개혁을 받아들일 수 있도록 하기 위하여 요제프 2세는 농민이 귀족에 맞서 봉기하는 것을 지원하겠다고 협박을 하기도 했다(Fejto 1948: 16). 이런 전략은 후에 갈리치아에서 폴란드 귀족이 1846년 오스트리아 지배에 대항하여 반란을 일으켰을 때 오스트리아 정부가 그 귀족들에게 유용하게 사용했다. 당시 이 전략은 헝가리에서뿐 아니라 오스트리아령 이탈리아에서도 귀족에게 아주 효과적이었다(Kieniewicz 1948~1949). 1848년 혁명에서 프란츠 요제프(Franz Joseph, 1830~1916)는 마자르 지배 아래 있는 소수민족 집단들의 반란을 지원하여 마자르 민족주의자들을 탄압하려고 했다. (헝가리로부터 독립을 요구하고 있던) 슬라브인을 이용하여 마자르인에게 대항하게 하면서, 프란츠 요제프는 크로아티아 민족주의 군대를 보내 (1848년 7월에서 9월까지) 마자르인을 공격하게 했다. 1849년 헝가리 귀족은 패배했고, 이와 함께 면세 특권을 상실했다.

1866년 오스트리아-프로이센 전쟁 동안 마자르 농민과 노동자, 그리고 소수민족 집단들의 혁명적 봉기를 예방하기 위해 마자르 귀족은 1867년 협정을 받아들였다. 이 협정으로 마자르인은 슬라브 소수민족 집단에 대해 헤게모니를 행사할 수 있게 되었고, 마자르 귀족은 새 오스트리아-헝가리 제국에서 어느 정도 동등한 특권을 누리게 되었다. 마자르 귀족은 1918년까지 제국의 헝가리 영역에 있는 모든 지역을 지배했고, 합스부르크의 관용적인 국적법(1868)을 거부하면서 다수의 슬라브인에 대해 마자르화 정책을 실시했다. 세기 전환기 이후 1905년의 모라비아 협약, 1910년의 부코비나(Bukovina) 협약, 1914년 초의 폴란드-루테니아 협약을 거치면서 오스트리아 내에서 독일인이 아닌 소수민족 집단들도 대표성을 갖게 되었다. 정부 내의 자유주의적 일원들이 협정의 원리를 제1차 세계대전 발발 전까지는 빠르고 멀리, 정치적으로 유연하게 전파했다.

체코의 민족주의는 헝가리 민족주의 운동에 불을 붙였던 개혁 정책들과 같은 정책들에 대한 반응에서 시작되었다. 요제프 2세의 개혁들로 수 세기 동안 보헤미아 귀족의 봉건적 권리를 보장해주었던 고대 체코 법들이 위기에 처했다. 하지만 1848년에는 체코의 지방에서 민주적이고 사회주의적인 혁명 운동이 "아래로부터" 귀족의 특권적 지위를 위협해 들어왔다. 그해 3월 장인과 길드와 공장 노동자는 조직을 형성하고 임금을 조정할 수 있는 노동권을 포함한 일련의 사회 개혁 요구를 구체화할 수 있는 의회를 구성했다. 이 의회는 귀족을 포함한 모든 계급의 대표들로 이루어진 위원회를 만들어 오스트리아 황제에게 보낼 청원서를 작성하자고 주장했다. 이렇게 작성된 청원서는 '성 바츨라프 12개 조항'이라고 불리며, 보헤미아의 체코인과 독일인이 학교와 정부 서비스에서 완전히 평등할 수 있게 해달라는 요구 등이 포함되어 있다. 하지만 이 청원서가 작성된 이후 의회 내에서 귀족 세력이 일을 주도해나갔다. 결국 황제에게 제출된 청원서에는 농민의 몫을 늘린다거나 부역과 지주의 사법권 등을 폐지하는 내용이 포함되지 않았으며, 노동자의 노동 조직, 노동권, 임금의 보장 등에 대한 요구도 언급되지 않았다. 좀 더 강한 두 번째 청원서를 작성하려는 운동이 시작되자 보헤미아의 주지사 스타디온(Rudolf Stadion) 백작은 다른 "민족 회의(National Council)"를 만들어 성 바츨라프 위원회를 누르고, 체코 민족주의 운동에서 평민을 대변하는 것과 평민의 사회 개혁에 대한 요구를 억압했다. 결국 이들은 1848~1849년 혁명적 사건들 속에서 반혁명 세력이 되었다. 요제프 2세의 개혁과 귀족과 왕정 사이에서 있었던 갈등에도 불구하고[33] 아래로부터 혁명의 위협에 직면하게 되자 귀족은 1918년이 되면 국내 문제에는 무관심해지고, "진정한 보헤미아와 신과 국왕과 나라에 충성하는 좋은 오스트리아인"으로 남게 되었다(Klima 1949: 284).

독일 민족주의에서는 프로이센의 지주 귀족인 융커가 지배적인 영향력을 행사했다. 수 세기 동안 호엔촐레른 가문의 지배자와 융커는 암묵적인 합의를 유지해왔다. 즉, 국왕이 국가를 지배하고 그 대가로 귀족은 국가 내에서 일정한 지위와 경제적 이익을 확보한다는 것이었다(Carsten 1954: 272). 지배자는 귀족에게 토지에 대한 독점권을 보장하고, 농노제를 확고히 하며, 세금에서 면제해주고, 국가의 행정 구조로 통합해줌으로서 그들을 지원했다(Finer 1975: 136). 하지만 이런 방식 때문에 도시들이 재정적 어려움에 처하게 되었다. 1667년 개혁 정책들이 좌절되었을 때, 브란덴부르크-프로이센의 프리드리히 빌헬름은 전통적인 도시 자치를 억압하고, 신분제 의회를 해산시키면서, 도시에 과세하기 위해 군대를 동원했다(Braun 1975: 270~271). 그 뒤를 이은 프로이센의 프리드리히 빌헬름 1세(1688~1740)는 교육, 재정, 군사 등에서 광범한 개혁을 실시했다. 그의 아들 프리드리히 2세(1740~1786)는 법률 개혁을 실시했고, 종교의 자유를 확대하여 그의 백성 모두가 누릴 수 있도록 했다. 이런 조치에도 불구하고 프로이센의 귀족은 계속 토지를 보유하고, 세습적 직위를 누렸을 뿐 아니라, 국가에서 중요한 지위를 차지하고 새로운 특권을 누렸다(Rosenberg 1958: 66~70, 76, 137~138, 151, 168~173, 209~228). 19세기에 독일의 민족 통일을 이루고, 통일 이후 정부 기구들을 지배한 이들은 프로이센의 융커였다.[34]

1848년 오스트리아에 대해 **이탈리아의 민족주의자**들은 독립 전쟁들을 전개했다. 피에몬테의 귀족이 전쟁을 주도했고, 이탈리아의 통일을 이끌었으

33) 예를 들어 1846년 12월 중앙정부는 부역과 봉건적 권리를 일정한 세금으로 대치하여 농민의 부담을 경감해주려고 시도했다. 그러자 귀족의 항의가 폭풍처럼 몰아쳤다.

며, 그 과정에서 마치니주의자들, 급진주의자들, 온건파들을 배제했다. 귀족에게 민족 통일은 공국을 확대하고, 당시 이탈리아를 휩쓸고 있던 "붉은 공화파" 무정부주의에 대한 두려움을 불식시켜, 피에몬테에서 기득권을 강화할 수 있는 수단이었다(Whyte, 1975: 423). 피에몬테인의 목표는 이탈리아에서 오스트리아인을 대신하는 것이었다. 이는 오스트리아의 롬바르디아-베네치아뿐 아니라 독립된 공국인 모데나와 파르마를 피아첸차와 밀라노의 병합 이후 곧 서둘러 병합한 것에서 볼 수 있다.[35] 1859년 피에몬테가 에밀리아와 투스카니를 병합하면서 민족적 통일이 진척되었다. 이듬해에 피에몬테 군대는 민족 통일 전쟁의 마지막 단계로 남부를 정복했고, 빅토르 에마누엘 왕의 지배 아래 이탈리아 왕국을 세웠다.

발칸반도에서 19세기와 20세기 초에 있었던 민족주의자의 혁명과 운동은 귀족과 오스만 제국이 착수한 탄지마트(재조직화) 개혁에 대한 귀족의 반항을 중심으로 전개되었다. 19세기 오스만 제국은 탄지마트라고 알려진 일련의 개혁 조치를 만들어 농노를 해방시키고 상인에게 경제적 자유를 허용했다. 하지만 엘리트는 그들의 봉건적 특권을 유지하기 위해 오스만 제국에 저항했으며, 그 과정에서 종교적 · 민족적 정체성을 동원하여 대중적

34) 예를 들어 Stern 1977; Dahrendorf 1967; Veblen 1915 참조. 제국주의에 관한 최근 책에서 Greenfeld(1992: 293~310, 358~378)는 독일 민족주의는 (영국, 프랑스, 러시아와 다르게) 중간계급적인 현상이었다고 주장했다. 독일 민족주의의 문화적 측면에 초점을 둔 그린펠드는 독일의 귀족이 프랑스 문화를 선호하기는 했지만 독일의 교양 시민은 프랑스의 문화적 우월성과 직면하면서 독일 사회 내의 이런 종속적 경향이 확대되고 이에 따라 위축되는 경험을 하게 되면서 프랑스, 그리고 프랑스와 관계된 모든 것에 대해 분노로 가득 차게 되었다. 독일의 민족주의를 일으키고 주도한 것은 독일 사회 내의 이런 분노였다. 그린펠드의 주장이 흥미 있기는 하지만 평가하기는 어렵다. 논거가 주로 문화와 중간계급에만 집중되어 있으며, 정치 · 사회 · 경제 · 군사 엘리트와 이들의 민족주의 관련 사항은 배제되어 있기 때문이다. 나폴레옹의 침공을 겪고, 프랑스의 경험에 기초한 개혁을 도입하면서, 귀족이 프랑스와 관련된 모든 것을 혐오하게 되었다는 점은 확실하다. 1848년 혁명 이후 독일의 민족주의는 점점 더 귀족적이게 되었으며, 제국주의와 보호주의에 주로 관심을 두었다.

35) 롬바르디아와 공국들을 피에몬테와 병합할 것이냐를 놓고 국민투표가 실시되었다. 다른 안으로는 병합하지 않는 것과 일정한 형식의 독립국가를 형성하는 것이 있었다. 선택은 오스트리아에 맞서 피에몬테가 방어를 해주느냐, 오스트리아가 취하도록 방기하느냐의 문제였다. 국민은 병합을 선택했다.

으로 지지를 확보하고자 했다.

발칸반도의 민족주의 운동과 (이 지역에서 이익을 추구했던) 열강들의 후원으로 발칸반도의 민족주의는 튀르크 이슬람 지배자에 맞선 억압받는 기독교인의 운동으로 묘사되었다. 하지만 대부분의 봉기는 농민에게 이익을 주려는 오스만 제국의 개혁에 대해 귀족이 일으킨 반란이거나, 농민이 자기 지역의 이슬람교 귀족(15세기 이후 토지를 비롯한 여러 특권들을 지속적으로 확보하기 위해 이슬람교도가 된 지역 귀족)에 저항하여 일으킨 반란이었다. 예를 들어, 보스니아-헤르체고비나에서는 이슬람교도가 된 지역의 세르비아 봉건 귀족이 억압적인 방식으로 나라를 다스렸다. 1840년대에 오스만 왕조는 보스니아 귀족의 군사적 지위를 박탈하고 봉건적 노동 착취를 못하게 하면서, 지주-소작인의 관계로 전환시켰다. 이슬람교도가 되고 터키화된 지역의 지주계급은 이런 개혁에 분개했다. 동시에 오스만 왕조가 기독교인의 사회·경제적 지위를 높여주는 개혁 보완 조치에 늑장을 부리자, 기독교인 사이에서도 불만이 광범하게 퍼졌다. 하지만 19세기와 20세기 초에 발칸반도에서 여러 불만을 민족주의적 혁명과 운동으로 변화시킨 것은 술탄의 개혁 정책에 대한 귀족의 저항이었다.

루마니아의 민족주의는 루마니아 귀족(보이에보드와 보야르)이 전통적인 귀족의 특권을 수호하고자 낸 프로젝트였다.[36] 오스만 제국 정부가 지역 농민을 해방시키는 개혁 정책을 실행하자 왈라키아와 몰다비아 지역 지배자는 1711년 오스만 제국과 러시아의 전쟁에서 러시아 편에 섰다. 그런 이유로 전쟁 이후 술탄은 이들 지역의 지배자를 콘스탄티노플의 파나르 출신의 믿을 만한 그리스 가문들로 대치하였다. 지역에서 경제·정치 생활에 대한 지배력을 강화하기 위해 그리스인 총독들은 친러시아와 친오스트리아 보야르 집단들을 파괴하려고 했다. 동료 파나리오테(그리스계 특권층)를 보야

36) Djordjevic Fischer-Galati 1981: 38~43. 러시아와 남슬라브 귀족을 의미하는 보야르는 우랄알타이어 단어로 스텝 유랑민 귀족을 칭하는 말에서 가져왔으며, 처음에는 불가리아의 지배계급을 지칭하는 데 사용되었다(Dvornik 1962: 121).

르의 지위로 갑자기 승격시키고, 영주의 몫을 줄여 농민에 우호적인 법들을 제정하자, 루마니아의 귀족은 분개했다(Djordjevic and Fischer-Galati 1981: 56). 그 결과 루마니아 귀족은 1769년 러시아가 이 지역을 점령하는 것을 크게 환영했다. 몰다비아 귀족은 러시아가 "역사적인 봉권적 특권들"을 보장해줄 것을 요구했으며, 몰다비아 지역이 러시아의 종속국으로 있으면서 보야르의 과두정으로 자치를 누리는 것에 만족했다. 왈라키아에서 보야르는 그들 지역이 곧 러시아로 병합될 것을 주장했으며, 러시아의 귀족 특허장이 그들에게까지 확대되기를 기대했다.

19세기에 오스만 탄지마트 개혁에 맞서 루마니아 귀족은 다시 반란을 시작했다. 1848년 혁명 동안 몰다비아와 왈라키아의 보야르는 그들의 귀족적 특권을 수호하기 위해 정치적 권리를 계속 확대하고자 했다(Djordjevic and Fischer-Galati 1981: 111~112; Roller 1948: 302~303). 루마니아 혁명의 지도자들은 귀족보다는 부르주아의 정치적 권리 확대를 추구했다. 루마니아는 1862년 열강들에 의해 오스만 제국 내에서 자치 지역으로 인정받았다. 그리고 1877년에는 루마니아 전체 지역이 완전히 독립하면서, 기본적으로 프랑스에 우호적인 부유한 왈라키아 보야르가 지배했다. 이들은 파리에서 교육을 받고, 부쿠레슈티에 기반을 둔 이들이었다(Lampe and Jackson 1982: 25).

불가리아 민족주의는 오스만 제국 내에서 발전했지만, 러시아 총독(돈두코프 제후)과 그의 러시아식 통치 기구에 대한 반대 운동에서 시작되었다. 1878년 베를린 조약으로 근대 불가리아 국가가 세워졌다. 불가리아 왕위는 독일 바텐베르크 제후 알렉산더가 받게 되었다. 그는 명사들을 모아 첫 정부를 구성했다. **알바니아**는 1921년 이탈리아와 오스트리아의 도움으로 오스만 제국에서부터 분리되어 나와 만들어졌다. 두 나라 모두 발칸반도에서 슬라브인의 팽창을 저지하는 데 관심을 두고 알바니아의 독립을 지원한 것이다. 1925년 아흐메트 베이 조그(Ahmed Bey Zogu)가 이끄는 대지주들이 반란을 일으켜 공화국이 세워졌고, 조그는 대통령이 되었다. 후에 그는 국왕 조그 1세가 된다.

다른 민족주의 운동들은 여기서 다룬 19세기 운동들보다 앞서 일어났다. **스위스**는 13세기에 합스부르크에 대한 투쟁 과정에서 형성되었으며, 1815년 현재의 국경선을 갖게 되었다. **네덜란드**는 길고 치열한 독립 전쟁을 거쳐 1648년 합스부르크 제국으로부터 독립했다. 이 전쟁은 근대 중앙정부가 들어서게 되자 고위 귀족이 반란을 일으키면서 시작된 것이었다. 다른 나라에서 19세기 민족주의는 외국 점령에 맞서 형성되었다. **폴란드 민족주의**는 나라가 오스트리아, 프로이센, 러시아에 의해 분할 점령되자 귀족이 반란을 일으키면서 시작되었다. **스웨덴**은 1520년 덴마크의 침입자들을 내쫓으려는 귀족의 노력 속에서 세워졌다. 덴마크인의 지배에 대한 저항 운동을 이끌었던 귀족 바사(Gustavus Vasa)는 이후 스웨덴 전역으로 지배력을 확장하여 스웨덴에서 잔혹한 방식으로 왕정의 시대를 열었다. **핀란드**는 중세부터 1809년까지 스웨덴과 합쳐져 있었으며, 1809년 이후 1917년까지 러시아 대공국이 되었다. 1910~1916년의 억압적 시기를 거치면서 민족적 감정이 자라났으며, 마침내 1917년 러시아가 혁명으로 혼란을 겪고 있는 기회를 틈타 독립을 선언했다(1917년 7월).

민족 감정은 포르투갈과 에스파냐가 독립 국가로 세워지는 과정에서는 거의 역할을 하지 못했으며, 그런 감정이 자라난 것은 외국의 점령을 경험한 한참 뒤의 일이었다. **포르투갈**은 이베리아 반도가 12세기에 무어인에 의해 다시 점령되면서 형성되었으며, 한 왕조가 대를 이어 지배했다. 나폴레옹 전쟁 동안 프랑스가 포르투갈을 점령하면서 민중 봉기가 일어나 나폴레옹 군대를 몰아냈다. 1820년, 1836년, 1891년, 1910년 일어난 자유주의적이고 공화주의적인 반란은 민족주의 혁명이라고는 할 수 없지만, 전통적 질서를 와해하는 데도 실패했다. **에스파냐**는 문화적 전통이나 제도에서도 확연히 다른 여러 왕국들이 16세기에 연합하면서 형성되었다. 이 과정을 민족 통일의 과정이었다고 할 수는 없다. 1808년 프랑스 점령군에 대항해 일어난 반란이 유럽에서 처음으로 일어난 진정한 민족주의 반란이었다고 할 수 있을 것이다. 지역 민중이 외세의 침입에 반대해서 일으킨 운동이기 때문이다.

다른 민족운동들은 분리주의 운동들이다. **아일랜드 민족주의**는 12세기 잉글랜드의 지배에서 벗어나려는 아일랜드인의 투쟁으로 거슬러 올라갈 수 있다. 1923년 독립된 아일랜드 자유국이 영국으로부터 캐나다와 같은 자치령으로 인정을 받았다. 영국 왕실과 관계를 완전히 단절한 것은 1948년이 되어서였다. 스웨덴의 압력 아래 **노르웨이**는 1815년 덴마크로부터 완전한 독립을 선언했다. 노르웨이는 독립된 왕국으로서 스웨덴 왕실과 연방을 선언했다. 노르웨이 의회는 1905년 6월 스웨덴과 연방을 해체하기로 결의했고, 이를 국민투표를 통해 확인했다. 스웨덴도 몇 달 뒤 이를 받아들였다. 15세기에 독립국을 형성한 **덴마크**는 민족주의 운동의 역사가 없는 것으로 보인다. 발트 해 국가들—리투아니아, 에스토니아, 라트비아—는 제1차 세계대전 이후 러시아 제국으로부터 독립해 나와 세워졌다. 이는 러시아의 공산주의가 서방으로 전파되는 것을 막기 위해 서방 국가들이 서구에 우호적인 국가들을 세워 방어선을 만들려고 하는 의도에서 나온 결과이기도 했다.

결론

이 장에서 논의한 민족주의 운동과 혁명 속에서 일련의 공통점을 찾을 수 있다. 대부분의 경우 귀족이 민족주의적 집단을 이루었으며, 민족 국가를 형성하는 운동을 주도했다. 민족주의 투쟁은 대부분 문화나 민족 자체에 대한 고려보다는 전통적인 귀족의 특권을 수호하기 위한 목적에서 시작되었다. 민족적 봉기를 일으킨 기폭제는 절대주의 국가가 전통적인 귀족의 특권을 침해하면서 착수한 관료제적 개혁인 경우가 많았다. 프랑스 혁명을 일으킨 것도 자유주의적 개혁 정책들이었으며, 마자르와 체코의 민족주의가 성장하게 한 것도 합스부르크 왕정의 자유주의적인 정책들이었다. 오스만 제국의 개혁은 발칸반도의 민족주의 운동들을 일으키는 계기가 되었다. 아래로부터의 운동이 크게 일어나면서(체코, 헝가리, 이탈리아) 그것이 귀족에 대한 두 번째 전선이 되는 일도 종종 있었다. 사회 개혁을 위한 민중 투쟁이 민족주의 투쟁과 일시적이나마 융합되는 경우도 있었다(이탈리아, 프랑스, 체코슬로바키아). 하지만 민족주의 투쟁은 대부분 인민 주권이나 사회 개혁과 거의 관계가 없었다. 국민국가들이 형성된 이후에도 "민족"은 여전히 제한된 사회적 집단을 의미했다. 엘리트는 커다란 사회적 · 정치적 변화를 추구하지도 않았고, 받아들이려고 하지도 않았다. 국민국가의 기구들은 주로 전통적 엘리트를 풍요하게 하고 보호하는 데 사용되었다.

민족주의는 특권 집단들이 국가의 자율성이 발현될 수 있는 다양한 기반을 체계적으로 소멸시키려는 목적에서 시작한 운동이었다. 민족주의라고 하는 단어가 사용되기 시작하면서 이는 모든 집단의 모든 목적에 적용될 수 있게 되었다. 연구자들은 민족주의라고 하는 용어를 신중하게 다루어야 하지만, 또한 현실과 수사를 구분하는 것도 중요하다. 어려운 조건에 있는 집단들이 민주적 권리를 쟁취하기 위해 민족주의 운동에 참여하기는 했지만 홉스봄(Eric Hobsbawm 1990)을 비롯한 여러 학자들이 주장한 것처럼 민족주의 지도자들은 '자유'와 '민주주의'라는 수사를 세를 모으기 위한 수단으로 사용했을 뿐이다. 이런 운동의 결과 때문에 유럽에서 민족주의가 민주주의나 자유와 관련되어 있다고 할 수는 없는 것이다.[37] 유럽에서 민족주의 운동은 귀족이 시작해서 주도했으며, 결국 이들에게 유리한 결과를 이끌어내었다. 이 운동은 다른 계급이나 집단으로 자유를 확산시키기 위한 것이 아니었으며, 귀족이 자신들의 특권에 대한 위협을 물리치고 하층계급

37) 여기서 민주주의와 민족주의가 관계가 없다고 하는 주장은 단언적이고 논리적 차원이 아니라 역사적이고 경험적인 차원에서 나온 것이다. 이 장에서 제시된 주장들은 다른 지역, 다른 시대의 민족주의 운동에도 적용할 수 있는 것이기는 하지만 외국인이 장악한 혹은 식민화한 영토와 관련된 민족주의 운동이나 원주민이 자신들의 토지와 권리를 되찾기 위해 전개한 투쟁에 적용하는 것은 대부분 타당하지 않을 것이다. 이들은 체계적인 비교 연구나 이론 없이도 잘 이해될 수 있는 상대적으로 분명한 경우들이다.

과 소수민족 집단에 대한 지배력을 더욱 확고히 하려는 것이었다.

민족주의는 처음에는 국왕의 개혁에 대한 반대로 이해되었다. 중앙집권적인 관료제적 개혁은 민족주의 저항을 일으킨 중요한 기폭제였다. 절대주의 국가들은 봉건 지주층과 성직자 엘리트가 지배하는 국제 사회에서 성장했다. 결국 지배자들은 국가의 통제 아래 다양한 자원과 권력의 제도적 기반을 개발하고 동원하면서 엘리트로부터 자율성을 확보하고자 했다. 지배자들이 자유주의적 개혁을 도입하여 귀족의 권력을 침식하려고 하자 귀족은 국가 기구와 자율적인 국가권력의 잠재적 자원에 대한 통제력을 확보하려고 한 것이다. 민족주의는 귀족이 이런 목적을 위해 사용한 수단이었다.

절대주의 군주들은 봉건 영주와 신분제 의회의 권력을 파괴하고, 자신들의 영토를 중앙집권적 관료제의 지배 아래 통합시키려는 야심을 갖고 소수민족 출신을 영입하여 제국의 권위를 높이는 정책을 추구했다. 민족주의는 외국인이나 소수민족 집단을 대상으로 삼았다. 민족주의는 영토 내에서 외국인이나 소수민족으로 규정된 집단의 토지 소유권을 제한하고, 이들이 소유한 재산을 몰수하여 지배적인 "민족" 집단의 경제력을 강화시켰다. 영토 내에서 노동과 자본의 이동을 제한하려는 조치들이 이어졌다. 국제 경제 내에서, 국제 경제에 반대하여 국내 시장을 형성하기 위해 국가 기구가 이용되었다. 국가 기구는 지역 집단들을 보호하기 위해 생산 요소들의 이동을 국제적 차원에서만이 아니라 국내적으로도 규제하고 통제하고 제한했다.

19세기 동안 국가 정책을 통해 다양한 형태의 보호와 독점이 생존할 수 있는 조건이 만들어졌다. 중세의 길드는 구체제 제도들 속으로 완전히 흡수되었다. 이는 국가의 자율성을 형성하는 데 중요한 조건이 되었다. 하지만 그렇다고 해서 길드와 조합 기구가 완전히 사라진 것은 아니었다. 조합 기구들은 민중적 차원에서 국가에 접근하는 것을 막고, 지배 집단이 국가 기구에 접근할 수 있는 길을 열어주는 데 이용되었다(6장 참조). 국가에 대해 접근할 수 있는 특권을 가진 지배계급은 국가와 국가가 통제하고 있는 모든 자원을 이용할 수 있는 불공정한 특권을 누릴 수 있었다.

유럽에서 민족주의와 민족 국가를 통한 민족주의의 실현은 전통 귀족의 승리를 의미했다. 이로 인해 국가는 자율적 주체가 되는 것과는 거리가 멀어졌으며, 지배계급의 손에 더 강하게 밀착되었다. 민족주의가 발달하면서 공무원은 지역 특권 집단에서 충당되었다. 민족주의는 사회 외부에서 군사력을 동원해왔던 관행을 없앴으며, 외국인과 소수민족 집단에게서 경제력과 지위를 박탈했다. 다음 장에서는 민족주의 혁명과 운동이 새 계급의 성장과 국가 자율성의 발달을 효과적으로 봉쇄한 결과 만들어진 제도와 정책을 살펴보겠다.

국민국가의 등장은 국가 구조와 국가 자율성이 성장하는 합리적인 발전 단계를 의미하는 것이 아니었다. 국민국가 수립을 주도했던 계급 세력은 이후 지배 엘리트가 자율적인 국가 권력의 기반을 제도화하려 했던 시도들을 효과적으로 봉쇄할 수 있었다. 일부 이론가들은 국가가 좀 더 강하게 되면서 계급 이익을 뛰어넘거나 무시하면서, 국가 자체의 이익을 추구할 수 있게 되었다고 보기도 한다. 하지만 20세기 양차 대전을 겪으면서 전통적인 계급 구조가 무너지기 이전까지 유럽에서 국가는 지배계급들로부터 자율성을 확보하지 못했다. 따라서 19세기 국가 권력의 성장은 지배계급들이 국가적 자원에 접근할 수 있는 특권을 제공했으며, 민중을 정치·경제적으로 배제했고, 전통 엘리트가 시장의 희생양으로 전락하지 못하도록 지원했다. 다음 장에서 서술하겠지만, 사실 유럽에서 전통 엘리트는 20세기까지 계속 권력을 장악하고 있었다.

4장

잘못된 계급 계승 이론

IN THE MIRROR OF THE THIRD WORLD CAPITALIST DEVELOPMENT IN MODERN EUROPE

공업화 시기 유럽 사회의 특징은 현대 제3세계 전역에서 전형적으로 볼 수 있는 사회 구조와 전혀 다르다고 여러 학자들이 주장한다. 제3세계에서는 종속적 발전 때문에 토착 부르주아가 정치적 · 경제적 헤게모니를 장악하는 데 실패했지만, 유럽에서는 강하고 독립적인 부르주아가 19세기에 등장해 산업자본주의와 민주주의 발전에서 중요한 역할을 했다는 것이다.

라틴아메리카의 발전에 대한 유명한 분석에서, 카르도주(Fernando Henrique Cardoso)와 팔레토(Enzo Faletto)는 라틴아메리카 사회의 특징으로 두 가지 계급 구조를 언급했다. 하나는 "과두-부르주아 지배" 구조로 지역 생산 집단(대농장과 광산 소유자, 상인, 은행가)인 민족적 부르주아가 지역의 전통적인 과두정치 집단과 관료적 군사 국가와 결합된 것이 중심이 된다. 이들은 보통 "지배적인 온정주의를 좀 더 효율적인 관료제로 바꾸려 하는 어떤 시도에도" 반대한다. 두 번째 구조는 광산과 대농장이 지배적인 나라에서 발견되는데, 부르주아 세력이 약하고 대토지를 소유한 과두정치 집단이 광산이나 대농장 부분과 연계되어 있는 것이 특징이다. 저자들은 이런 분석을 통해 "종속 국가에서 계급 관계들은 중심부 국가의 초기 발전 시기와 비슷하다는 생각을 접게 되었다"고 주장했다(Cardoso and Faletto 1979:

22, 66~73). 이를 비롯한 다른 연구들도 제3세계에서 산업자본 부르주아는, 산업자본주의가 발전한 곳에서조차 전통 엘리트 권력에 도전하기에는 미약하거나(예를 들어 Chase-Dunn 1975), 그 자체가 종속 관계를 영속화하는 지배 체제의 중요한 일부임을 보여주었다(예를 들어 Portes 1985; P. Evans 1979; Baran 1957).

제3세계 발전에서 민족 부르주아, 지주계급, 그리고 국가가 연대했던 것과 대조적으로 유럽의 산업 발전은 "국가의 억압적인 권력에 대항했을 뿐 아니라 구(舊)귀족에 대해서도 투쟁을 전개했던 독립적인 자본가 중간계급들이 진전시키고 주도한" 것이라고 주로 설명되어 왔다(Chirot 1977: 223). 일부 학자들은 19세기와 20세기 초 자본가 부르주아와 구귀족 사이의 투쟁에서 자본가계급이 승리했다고 가정했다(예를 들어 Chirot 1977). 다른 이들은 "부르주아화" 과정을 통해 구(舊)지주계급이 새 자본가계급에 융합되거나 복속되었다고 가정했다(예를 들어 Cannadine 1990: 391~444; Blum 1978: 422~424; Maier 1975). 또 어떤 이들은 유럽의 봉건 지주계급이 16세기에 자본가적 지주 귀족이 되었으며, 19세기로 가면 봉건적 귀족은 없다고 할 수 있는데, 이는 이들의 본질이 완전히 바뀌었기 때문이라고 주장했다.[1)]

이 장에서는 이런 주장들에 맞서, 양차 대전 이전까지 유럽에서는 전통적 귀족이 부와 권력을 갖고 산업자본주의 발전에서 지배적인 역할을 했음을 주장할 것이다. 19세기와 20세기 초 유럽 어디서도 강하고 독립적인 산업자본가 부르주아가 있었던 적은 없었다. 유럽 사회들에서 부르주아는 외국인이거나 미약하고 지역적으로 한정되어 있었으며, 따라서 국가 혹은 토지를 보유한 귀족에게 의존해 있었다. 구귀족은 새 부자들을 흡수하고 지배해갔으며, 자신들의 행동 규범을 그들에게 강요했다. 19세기 유럽에서 지

1) 예를 들어 "장기 16세기" 동안 유럽에서 봉건 지주 엘리트의 변화에 대해서는 Wallerstein 1974a 참조. 좀 더 정교한 주장과 그 함의에 대해서는 근대 초 유럽에서 봉건제에서 자본주의로의 이행에 관해 돕과 스위지가 벌인 논쟁(Sweezy 1954)과, 라틴 아메리카 발전에 관해 프랑크(Frank 1967)와 라클라우(Laclau 1971) 참조.

주와 자본가는 분리되거나 반목하는 계급이 아니라, 하나의 지배계급을 형성하고 있었다. 토지를 소유한 전통 엘리트는 20세기 초까지 이 계급 내에서 헤게모니를 가졌으며, 지도력을 제공했고, 직접 지배하지 않는 동안에도 영향력을 행사했다.

유럽에서 근대 자본주의 국가들의 정치적 · 법적 틀은 3장에서 본 것처럼 전통적 엘리트에 의해, 또 그들을 위해 만들어졌다. 그리고 이는 19세기 동안 구(舊)질서를 약화시키거나 자유주의적으로 개혁하기보다는 강화하는 방향으로 작동했다.[2] 모든 유럽 나라에서 대부분의 지도자들은 지주 귀족이었으며, 국가 정책은 일반적으로 귀족의 당면 이익에 부합했다. 따라서 유럽의 산업자본주의 발전은 자유주의적이고 경쟁적인 부르주아적 기풍 속에서 나온 것이 아니라, 전통적인 농촌 사회의 상투적인 관례와 조직에 의해 만들어졌다.

부르주아와 지주 엘리트의 융합

프랑스 혁명과 영국 곡물법 폐지가 유럽에서 지주층의 권력이 쇠퇴하고 부르주아의 헤게모니가 시작되면서 계급 세력의 판도가 바뀌는 중요한 전환점이 되었다고 흔히 여겨져 왔다. 하지만 19세기 동안 영국의 지주와 제조업자를 포함한 지주와 산업 엘리트는 범유럽적인 하나의 엘리트층의 일부가 되었다.

프랑스 혁명 이후 망명했던 이들이 귀국하기 시작하면서 1799년이 되면 망명자들이 전국에 걸쳐 다시 정착했다. 1790년 혁명 정부는 성직자와 귀족이 소유했던 토지 대부분을 매각했다. 하지만 이 토지들은 가장 높은 입찰가를 내놓은 이들에게 매각되었고, 이들 대부분은 이미 토지를 갖고 있

2) 이 테마는 베버(Max Weber)가 길게 다루었다. 예를 들어 Gerth and Mills 1946 : 228~232 참조.

는 부자들이었다. 사실 혁명 과정에서 귀족 토지 분포 변화를 보면 귀족이 소유한 토지의 비율이 4분의 1에서 5분의 1로 감소한 정도였다.[3] 토지의 주인은 바뀌었지만 토지 보유 구조는 거의 비슷했다(Tocqueville 1955: 25).

국가가 구체제의 계서제적 구조를 다시 취하게 되면서, 귀국한 귀족들이 나폴레옹 아래서 공직을 맡았다. 1806년 이후 공직자들은 새 귀족층이거나 작위를 가졌던 이들인 경우가 많았다. 나폴레옹은 1806년 귀족 제도를 다시 도입했고, 나폴레옹 전쟁 말기가 되면 31명의 공작, 388명의 백작, 1,090명의 남작, 약 1,500명의 기사가 새로 생겼다. 이들에게 나폴레옹은 일 드 프랑스에 있는 멋진 성채와 그의 개인 지배 영지와 외국의 정복지에 있는 토지를 상속할 수 있는 권한을 함께 부여했다. 구귀족은 처음에는 이 신귀족을 비난했다. 하지만 결국 신구(新舊) 귀족은 융합하여, 같은 두려움을 갖게 되었고, 같은 적들 앞에서 사회적 정치적으로 단결했다. 구(舊)봉건 계급은 결국 나폴레옹 전쟁 이후 그들의 권리와 토지를 되찾고 사실상 지배계급이 되었다.[4]

영국에서 곡물법의 폐지는 통념대로 새 산업 계급이 성장한 결과이거나 몰락하던 지주층의 무력함에서 나온 것은 아니며, 영국 농촌의 사회 구조가 큰 원인이 된 것도 아니었다. 몰리(John Morley)가 코브던(Richard Cobden)의 생애를 쓰면서 언급했던 것처럼, "결국 곡물법을 폐지시킨 것은 아일랜드의 감자 수확과 함께 1845년 여름과 가을의 비 때문이다. …… 곡물법들을 쓸어간 것은 바로 비였다." 다양한 이익단체와 주장들이 곡물법 폐지 운동에 함께했고, 목표를 성취한 이후 해산했다. 곡물법이 폐지된 이

3) Magraw 1983: 24~25. 이전에는 오늘날 프랑스 농촌의 특징인 소토지 소유 형태가 완전히 혁명의 결과로만 간주되었다. 하지만 연구에 따르면 1789년 훨씬 이전부터 프랑스 농토는 작은 단위로 나뉘어 있었다. 일부 학자들은 1789년 지주의 수가 오늘날보다 별로 적지 않았다고 주장한다(러시아 학자인 Loutchinsky에 대해서는 Johnson 1979: 155 참조).

4) 혁명 전후 프랑스 귀족의 운명에 대해서는 Montagu 1970: 29~60에 호의적으로 자세하게 설명되어 있다. 맑스조차도 제2차 보나파르트 시기 프랑스에서 국가는 부르주아와 부르주아 사회로부터 완전히 독립되어 있음을 알고 있었다(Marx 1963: 121~122, 131).

후 코브던은 토지의 자유 거래 운동을 위해 세를 결집하려고 시도했다. 즉, 토지 소유를 분산시켜 지주제를 폐지하려는 것이었다. 하지만 이 운동으로 모든 지주들과 부유한 사업가들이 반대 전선을 형성하면서 협력하게 되었고 그 결과, 구(舊)지주 젠트리와 신흥 사업가들이 하나의 새로운 지배계급으로 융합했다(Thompson 1963: 284~285). 이런 융합은 1848년 혁명적 사건들 이후 더욱 효과적으로 진행되었다.

동부와 중부 유럽에서 수출 지향적 농업이 발달하면서 대지주제가 강화되었고, 이들의 사회적 지배력이 더 커졌다. 밀, 곡물을 비롯한 식량이 외국 시장을 위주로 생산되면서 18세기 말까지 토지 가격이 상승했고, 지주는 농민을 토지에서 쫓아내기 시작했다. 19세기 중엽에서 말까지 그들은 농민을 토지가 없는 종속적인 소작농으로 만들었다. 19세기 세계 곡물 가격이 상승하면서 프로이센과 다른 동유럽 지주는 꾸준히 번영을 누리며 재산을 증가시킬 수 있었다. 19세기에 이들은 농민이 독립하려는 시도를 성공적으로 무마할 수 있었고, 산업 경쟁자가 생겨 노동력을 빼앗기게 되는 상황을 만들 수 있는 개혁의 효과를 최소화할 수 있었다(Blum 1978: 406~409, 429~430; Tipton 1976: 119; Rosenberg 1966: 225~228).

독일에서 산업화는 전(前)산업화 시대의 정치 · 사회적 질서를 더욱 강화했다(Stern 1977a: 45; Darendorf 1967: 46~60; Rosenberg 1966: 44; Veblen 1915: 199, 204~209). 1820~1850년 사이에 전통적인 귀족들은 행정부와 군대에서 고위직을 차지하며 더욱 굳건해졌다.[5] 1850년대에 "프로이센의 귀족들은 정치적 전성기를 구가했다"(Tonnies 1912: 1057; Stern 1977a: 55에서 재인용). 19세기 중반 엥겔스는 라인란트 지역을 제외하고는 독일에서 독립적이고 정치의식을 갖춘 부르주아는 찾아볼 수 없다고 지적했다. "독일의 봉건 귀족은 옛 특권의 상당 부분을 그대로 유지했다. 거의 모든 곳에서 봉

5) "1859년 모든 중위의 3분의 2, 간부의 4분의 3, 장군의 10분의 9가 귀족이었다. 부르주아들이 주로 기술 영역에 집중되면서 군대에서 이들의 영향력은 더욱 커졌다"(Holborn 1969: 137).

건적 소작제도가 유지되고 있었다. 지주들은 소작인에 대해 심지어는 사법권까지 행사했다." 이들은 "자신들의 영지 내에서 농민에 대해 거의 모든 중세적 권리를 행사하며, 면세의 특권까지 누렸다." 봉건 귀족들은 "공식적으로 나라의 제1 '신분'으로 여겨졌으며, 고위 정부 관료와 군 장교 직을 거의 독점하다시피 했다"(Engels 1969: 12). 20세기 초 베버(Max Weber)는 정치의식이 있는 독일 부르주아는 아직 등장하지 않았다고 하면서(Weber 1958a, 1958b), 독일 부르주아의 "봉건화"를 이야기했다(Mommsen 1984: 91~100). 봉건 귀족은 20세기 초까지 헤게모니를 가졌다. 이들이 법정, 정부, 군에서 높은 지위를 확보하고, 행정 관리인이나 시의원을 계속 맡아던 것에서 잘 알 수 있는 것처럼, 이들은 지역 행정부를 장악하고 있었기 때문에 충분한 정치력으로 양차 대전 이후까지 자신들의 몰락을 방지할 수 있었다.[6)]

프랑스에서와 마찬가지로 이탈리아에서 전통 엘리트는 자신들의 지위를 다시 확보했고, 나폴레옹 전쟁 이후 권력을 회복했다.[7)] 앞서 살펴본 대로, 피에몬테 귀족은 이탈리아 통일 운동(리소르지멘토)에서 중요한 역할을 했고, 통일 이후 19세기 내내 계속해서 이탈리아 국가를 지배했다. 리소르지

6) 블랙본(David Blackbourn)과 엘리(Geoff Eley)는 1848년 독일에서 실패했다고 여겨지는 성공적인 부르주아 혁명 같은 것은 유럽 어디에서도 일어나지 않았다고 주장한다(1984: 51~61; Collins 1995도 참고). 이 책은 1970년대 말 시작된 독일의 '특수한 길(Sonderweg)' 논쟁을 달아오르게 했다. 독일의 '특수한 길'이라는 개념(제2차 세계대전 이전을 다루는 것으로 긍정적 함의를 가진 개념)은 부르주아 혁명이 없었다거나, 강한 국가주의적 전통, 프로이센 군부의 역할 등을 포함하여, 독일 역사의 이른바 탈선이 독일에서 자유민주주의의 발전을 가로막았다고 하는 주장이다. 블랙본과 엘리는 독일 발전의 특수성으로 지적되는 것들이 전혀 특수한 것이 아니라고 주장한다. 이는 영국을 비롯한 다른 유럽 나라들도 모두 공유하는 요소라는 것이다. 19세기와 20세기 초 독일을 유럽의 발전에 비교하는 이들의 주장은 유럽을 비유럽 세계의 산업자본주의 발전과 비교하는 이 책의 주장과 유사하게 보일 수도 있다.

7) 하지만 많은 귀족이 전쟁을 거치면서 돈과 재산을 잃었고, 경제적 지위를 회복하지 못했다. 나폴리에서는 한사상속제(限嗣相續制)나 장자상속제를 회복시켜 귀족을 소생시키려고 노력했지만, 대지주 중에서 높은 저당금을 감당하면서 부채를 일소할 수 있었던 이는 거의 없었다. 대지주들은 점점 더 로마에 거주하면서, 토지를 부유한 상인에게 임대했다. 토스카나에서만, 특히 피에몬테에서 귀족은 자신들의 사회적 · 경제적 특권을 회복할 수 있었다(Montagu 1970: 117~120)

멘토 이후 정부와 행정부에 상인이나 전문직이 진출하기는 했지만, 이탈리아 전통 귀족의 사회적 지위는 변하지 않았다. 1890년대에 맑스주의 비판자들은 옛 봉건 질서를 파괴하는 데 "실패"했다고 리소르지멘토를 비난했다. 엥겔스는 부르주아가 "봉건제의 유산들"을 파괴하거나, "근대 부르주아의 모델을 따라" 국가적 생산을 재조직화 하려는 "의지도 능력도 없었다"고 썼다(Engels 1895: 23~24).

에스파냐에서 귀족은 19세기 동안 규모와 권력 면에서 모두 성장했다. 다섯 차례의 혁명 모두 사회 구조의 변화를 가져오는 데 실패했고, 남부에 있는 귀족의 대규모 라티푼디아(latifundia: 라틴어로 '넓은 땅'이라는 뜻. 노예노동으로 운영되던 대농장-옮긴이)를 폐지하려는 개혁도 실패했다. 교회가 보유한 토지를 경매로 강제 매각하여 부유한 도시 거주자들이 도시 교회 기구들이 소유한 토지를 사 모을 수 있게 했다. 새 지주들이 교회 대신 농민에게 토지를 대여했기 때문에 지역 토지 분배와 지역 사회 구조는 성직자가 지주층에서 빠져나간 것을 제외하고는 그대로 온존되었다(Carr 1966: 274~275).

교회 토지를 구매한 이들은 도시 거주자이기는 했지만 이들은 문화적으로나 경제적으로나 부르주아가 아니었다. 도시 거주자 중 많은 이들이 도시로 이주한 지주 가문 출신이었다. 게다가 지주 엘리트와 도시 가문 사이의 결혼으로 도시 가문은 문화적·정치적으로 지주층으로 흡수되었다.

> 이들 모두가 이전부터 지주였던 것은 아니지만 에스파냐 전체에서 이들은 모두 수입의 마지막 원천으로 농업에 의존하는 사회구조의 일부를 형성했다. 19세기 후반으로 갈수록 에스파냐 전역의 토지 재산은 멀리 있는, 특히 마드리드에 있는 부자들이 손에 넣는 경향이 많아졌다. 이들은 투기 업자거나 상인, 혹은 정부 관료이거나 지주였다. …… 지주 엘리트는 곧 사회적·문화적으로 많은 재산을 사들인 이 외부인에게로 흡수되어갔다(Herr 1977: 103, 108~109).

에스파냐의 매매 제도를 통해 토지는 부재지주라고 하는 새 집단의 손에 집중되었다. 이들은 자신들을 지주 귀족과 동일시하는 경향이 있었고, 전통적인 농업 제도를 유지했다(Nadal 1973). 포르투갈에서 연이어 혁명들이 발생했지만 전통 사회구조의 변화를 가져오지는 못했다. 19세기 동안 상인과 지주 귀족의 세력은 더욱 강화되었다. 농업에서 소작농은 최소한 제2차 세계대전까지 신(新)봉건적 성격을 유지했다(Holland 1979).

발칸반도에서 시장경제의 발전과 생산의 확대가 새 엘리트나 새 생산관계를 만들어내지는 않았다. 귀족과 대지주가 이 지역 전체에서 전체 농업과 제조업 생산을 사실상 지배했다(Braudel 1982: 270~272). 농업이나 산업-도시 발전에서 중요한 변화는 없었다.[8] 어떤 지역에서는 봉건적 특징이 시장경제와 함께 처음으로 나타나기도 했다.

1870년대에 시작된 농업 불황으로 유럽의 지주계급은 대대적으로 다른 산업에 관심을 갖게 되었다. 유럽 대부분의 땅을 귀족이 소유하고 있었기 때문에 이들은 주석, 구리, 납, 철광석, 석탄 등 광산 자원에서도 가장 큰 몫을 차지했다. 1914년 영국의 가장 부유한 귀족은 수입의 상당 부분을 농업이 아닌 분야에 의존했다. 공작, 백작, 후작의 재산 중 큰 부분이 석탄을 기반으로 했으며, 석탄은 1914년까지 여전히 세계에서 가장 중요한 에너지원이었다(Rubinstein 1981: 194; Spring 1971: 30~37).

1913년 프로이센에서 가장 부유한 11명 중 6명이 상부 슐레지엔의 귀족 사업가들이었다. 슐레지엔의 광공업 중심지는 세계에서 최대 규모의 아연 생산지였고, 석탄 매장량은 유럽에서 영국 미들랜드 다음으로 많았다.

---

8) 오스만 제국 지역들에 대해서는 2장과 3장 참조. 람페(lampe)와 잭슨(Jackson)은 시장경제 등장 이전에 있었던 오스만 기구들이 전자본주의적인 것도 아니고 봉건적인 것도 아니었다고 하면서, 그 단계를 "명령 경제(command economy)"라는 용어로 잘 표현할 수 있다고 주장했다. 이는 중앙집권적인 정부가 생산을 통제하고, 국가를 지원할 수 있는 잉여에 대해 완전히 접근할 수 있는 체제를 의미한다(1982: 12~13). 오스만 지역에서 봉건적 특징이 처음 사라지기 시작한 것은 바로 시장경제가 등장하는 지점에서였다. 동유럽의 다른 지역에서는 이른바 재판 농노제, 혹은 재봉건화가 나타났다. 예를 들어 Blum 1957; Gestrin 1962; Rosenberg 1966: 28~29, 44, 226 참조.

1914년 이전 20년 전부터 슐레지엔의 석탄과 아연에서 얻는 이익이 크게 늘었다(Lieven 1992: 130~131). 대귀족이 슐레지엔의 발전에서 중요한 역할을 했다. (독일 귀족은 철강과 기계 산업을 발전시켰으며, 리넨 공업에서도 중요한 역할을 했다.) 자본과 기업가 정신을 제공하는 유일한 집단이었던 귀족은 소수의 부유한 부르주아를 편입하기도 했지만, 이들로 대치된 것은 결코 아니었다.

1870년대의 경기 침체 이후 1880년대와 1890년대 동안 지주들이 주식 투자를 통해 재산을 증식하려는 경향이 점점 커졌다. 대토지와 대기업이 점차 한데 묶이면서 경제적 이익을 공유하게 되었다. 1896년까지 영국 귀족의 4분의 1 이상이 회사의 중역이었으며, 그들 대부분은 여러 회사에 관계했다(Montagu 1970: 170). 귀족의 차남들은 전문직으로 갔다. 1880년대 동안 성공한 변호사들 대부분은 거의 예외 없이 작위를 가진 지주 가문 출신이었다(Cannadine 1990: 250).

합스부르크 제국이 1848년 혁명 동안 강제 노역을 폐지했을 때,[9] 많은 영주들이 국가가 그들에게 준 배상금을 이용하여 새 농기계, 제재소, 사탕수수 공장 등에 투자함으로서 대자본가가 되었다. 소수의 귀족은 기업가가 되어 석탄 광산을 하고, 종이를 생산하며, 온천과 호텔에 투자했다. 보헤미아에서 귀족은 중공업, 제당, 유리, 직물 공업의 발전에서 주도적인 역할을 했다(Langer 1969: 48). 1918년 이후 한사상속법이 이전 합스부르크 영토에서 폐지되고, 도시의 재산에 대해 높은 세금이 부과되면서 집세로 소득을 확보하는 것이 거의 어려워졌다. 그러자 귀족은 줄어든 수입을 보완하기 위해 점점 더 증권 거래소를 통한 투자에 관심을 두게 되었다.

귀족이 기업에 투자하고 기업을 발전시키며 전문직으로 진출함과 동시에, 가장 성공적인 기업가와 상인 계급은 귀족으로 상승했다. 이들은 토지에 집착했고, 그곳에서 귀족의 특권과 권위를 획득하고자 했다. 부르주아

---

9) "로봇(robot)" 체제는 소작농이 그들의 가축을 이용해 영주의 영토에서 일정량의 고정된 노동을 해야 하는 체제였다.

재산이 무역이나 산업에만 투자되는 것이 2대 혹은 3대 이상 지속되는 경우는 거의 없었다. 사업을 통해 축적된 자본은 계속 토지, 관직, 그리고 귀족 지위를 얻기 위한 곳으로 흘러들어 갔다. 무역과 산업이 이런 추세에 따라 심각하게 약화되면서 국가는 가족 기업이 유지되는 조건에서만 귀족 특권을 부여하는 자극책을 쓰기 시작했다. 부르주아를 부르주아로 유지시키려는 이런 노력들은 전체적으로 볼 때 거의 성공을 거두지 못했다.

영국에서는 재산 소유권만이 정치적 권리를 동반했다. 그 결과, 귀족과 부르주아 사이의 사회적 장벽은 별로 중요한 것이 아니었다. 재정적 · 산업적 점유가 사회적으로 좀 더 힘을 발휘할 수 있었고, 토지 소유의 특권을 감소시키지도 않았다(Spring 1977: 13; Habbakuk 1967: 12, 15). 이렇게 지배계급은 "두 사회계층의 활기찬 공존이 되었다. 하나는 다른 쪽을 경제적으로 지원하고, 역으로 다른 쪽으로부터 정치적 지원을 받았다"(Schumpeter 1947: 136~137).

지배계급 내에서 지주 엘리트의 헤게모니

지배계급 내에서 지주계급은 헤게모니를 장악하고 있었고, 그들 고유의 특수한 이익과 기풍을 계급 전체에 부과했다. 그들은 제2차 세계대전까지 그런 능력을 갖추고 있었다. 19세기 동안 유럽의 귀족은 몰락하는 계급이 아니라 확장하는 계급이었다.[10] 사실 새 귀족이 생겨나면서 세습 귀족은 이전보다 훨씬 급속하게 증가했다. 새 귀족은 은행가와 사업가로부터 영입되

10) 1871년부터 1918년까지 독일 황제는 1,000여 명에게 새로 귀족 작위를 부여했다. 영국 귀족 작위는 항상 대륙보다 규모가 상당히 작았는데, 1888~1914년 사이에 200여 명의 새 귀족이 생겼다(Tipton and Aldrich 1987a: 77). 에스파냐 귀족의 수는 19세기에 상당히 증가했다. 1787년 에스파냐에는 118명의 대귀족과 535명의 다른 작위를 가진 귀족이 있었다. 1896년에 그 수치는 207명의 대귀족과 1206명의 다른 작위 귀족으로, 1787년에 비해 전체적으로 거의 두 배 이상 증가했다(Herr 1977: 99).

었고, 대다수는 여전히 전통 가문 출신이었다(Montagu 1970: 172). 토지를 갖고 있지 않은 귀족층이 대규모로 만들어진 것은 1905년 이후이며, 수입이 많지 않은 이들에게도 귀족 작위를 준 것은 1945년 이후였다(Cannadine 1980: 21). 영국에서 1886~1914년 사이에 새로 귀족 작위를 받은 246명 중 약 200명이 처음으로 귀족이 된 사람들이었다. 3분의 1 이상이, 즉 70명 이상이 새로운 산업적 부를 대표하는 사람들이었지만, 이들 중 4분의 3 이상은 지주층의 아들들이었다. 또 다른 3분의 1은 전문직과 외교관 출신이었지만, 이들 중 상당수가 귀족과 젠트리의 차남이었다. 따라서 가문을 보면 새 귀족들 중 절반 이상이 지주층 출신이었다(Thompson 1963: 294).

새로 부자가 된 사람들을 보면, 구(舊)귀족으로 흡수되거나 구귀족의 지배를 받았다. 전통적인 엘리트는 적응하고 흡수하며 신참자들을 광범하게 포괄하는 데 성공했다. 새 세력이 전통적 엘리트에 도전하여 반(反)엘리트 진영을 형성하기보다는 엘리트 진영에 합류하는 것을 추구했기 때문이었다. 새로 부자가 된 이들, 예를 들어 남아프리카의 백만장자들, 국제적 금융가들, 야채 체인점 주인들 등은 구귀족의 풍습에 적응했고, 귀족 제도와 가치관을 발전시키는 데 열심이었다(Guttsman 1954: 22). 그래서 19세기 말이 되면, "일정 양의 새 포도주가 오래된 병들에 담기게 되었고, 그 병들은 금 간 곳 없이 멀쩡했다" (Thompson 1977: 37).

독일에서는 전통적인 귀족의 생활 방식과 가치관이 새 엘리트에 대해 헤게모니를 행사했다. 부유한 기업가들은 영지를 사들였고, 그곳에서의 생활 방식을 모방했다. 그들은 초상화와 조작한 족보를 갖고 있었으며, 구분 짓고, 순서를 따지고, 특권을 행사하며, 고상한 것을 추구했다(Stern 1977a: 60). "소유권의 이동이 융커 지주층의 응집력을 크게 해치지는 않았다. 사회적 이동은 신참자들과 옛 기성세력 사이에 급속한 동화 과정을 수반했기 때문이다. 정치적 리더십, 사회적 관행, 이데올로기적 전망 등에서 전체 지주 귀족의 생활을 계속 지배한 규범을 정한 집단은 옛 지주 귀족층이었다" (Rosenberg 1966: 221). 1914년 무렵 미헬스(Robert Michels)는 독일의 부르주아가 귀족 사이로 녹아들기 위해 귀족에게 받아들여지기를 원했다고 진술했다(Michels 1914: 143; Stern 1977a: 64).

동유럽 산업화가 귀족을 지도적 위치에서 끌어내리지는 못했다. 제2차 세계대전이 끝날 때까지 동유럽의 정치 · 사회사는 "상당 부분 정치 · 사회적으로 귀족의 지배가 계속되는 역사였으며, 다른 집단들이 귀족을 견제하고 제한하려는 시도의 역사였다"(Banac and Bushkovitch 1983: 1). 귀족은 토지의 대부분을 계속해서 지배했다. 보헤미아에서처럼 귀족 중 상당수가 산업에 투자한 곳에서 새 경제 질서는 귀족 가문이 새 기반 위에서 영속하는 것을 의미할 뿐이었다. 귀족은 합스부르크 관료제, 군대, 그리고 특히 법원에서 주도적인 역할을 했다. 법원은 합스부르크 제국이 종말을 고한 제1차 세계 대전까지 정치 생활에서 중요한 위치를 차지했다(Banac and Bushkovitch 1983: 1).

이탈리아의 귀족 사이에서는 수 세기 동안 농업과 상업에 종사해온 가문들이 섞여져 왔다. 부유한 상인들이 영지와 작위를 사들였고, 오래된 봉건 가문들은 상업과 무역의 세계로 진출했다. 이들이 점차 융합되면서 "귀족의 형태"를 만들어갔다(Mayer 1981: 123). 19세기에 이 엘리트는 부르주아적이기보다는 귀족적 성격을 띠었다(Gramsci 1949; Engels 1894).

지배계급 내에서 귀족 엘리트의 헤게모니는 의회 혹은 지방이나 전국적 입법 기구들에서만이 아니라 국가 기구, 즉 행정부와 대통령, 총리를 포함한 내각에서 이들이 차지한 지위를 보면 분명히 알 수 있다. 19세기 동안 정부 여러 부처의 간부들은 농업 엘리트층이 차지했으며, 고위 관리들이 농업 엘리트로 흡수되기도 했다.

지주 엘리트 집단의 권력은 지주와 자본가가 정치적 경쟁을 하게 되는 이슈들, 예를 들어 자유무역 대 보호주의, 기간 시설에 대한 공공 투자, 토지와 자본에 대한 차별 과세, 부동산의 양도성 문제, 임노동의 유동성, 식료품 가격, 농산물과 자본재에 대한 통제 등을 다루는 국가 정책 방향에서도 분명히 드러난다. 제2차 세계대전 이후까지도 이런 이슈들에 대한 국가의 정책은 지주들이 심각한 정치적 타격을 받지 않도록 보호하는 것이었다.

정치적 리더십

모든 유럽 국가의 정치적 리더십은 토지를 소유한 귀족계급이 갖고 있었다. 영국에서 국가는 20세기까지 "귀족들의 행정 기구"일 뿐이었다(Weber 1978: 2: 1974). 곡물법이 폐지되면서 영국에서 제조업자들은 지주 엘리트의 정치 사회적 리더십에 도전하려고 하지 않았다. 영국의 지주 엘리트는 세습 정치 집단으로 "당당하게 통치하고 법을 제정했으며, 독립적인 수입원이 있고, 하원의 구성원이 되는 데 필요한 여유를 갖고 있었다." 의회의 구성원이 되기 위해 갖고 있는 여유 덕분에 "그들이 다른 이들의 이익과 주장을 합리적으로 다룬 현명한 정책을 내놓는다면," 기업가, 소상인, 무역 업자들은 자기들의 대표성을 지주 엘리트에게 위탁하는 데 만족할 수 있을 것이었다(Thompson 1963: 276~277). 따라서 1830년대와 1880년대에 참정권이 변화했음에도 불구하고 고위직과 중요한 직책은 여전히 지주들이 장악하고 있었다(Thompson 1977). 1905년까지 모든 영국 내각은 보수주의자든 자유주의자든 상관없이 전통적인 토지 엘리트가 지배했다. 1892~1895년 사이의 짧은 자유당 내각만이 예외였다. 1832~1866년 동안 81명의 각료들 중에서 64명이 귀족이었고, 12명은 변호사, 5명은 주로 사업에 관계하는 사람이었다(Thompson 1939: 4). 1868~1886년 사이에 49명의 내각 구성원 중에서 3분의 2가 귀족 가문 출신이거나 교회, 공직, 외교를 통해 귀족과 가까운 가문 출신이었다. 1900년 내각 면모를 살펴보자. 세실(Robert Arthur Talbot Gascoyne Cecil)은 솔즈베리의 9대 백작이며 3대 후작으로 조상 중에는 엘리자베스 여왕을 모셨던 사람도 있었다. 전쟁성 장관을 지낸 랜즈다운(Lansdowne) 후작은 1181년부터 작위를 가진 귀족 집안 출신으로, 그의 조부는 조지 3세 아래서 총리를 지냈다. 추밀원 의장인 데본셔(Devonshire) 공작은 11개 카운티에 18만 6,000에이커의 토지를 소유했으며, 그의 가문은 14세기 이래 의원으로 복무해왔다(Montagu 1970: 158). 1924년에 적어도 내각의 절반은 지주였다. 1937년에도 귀족 비율은 줄어들지 않았다(Canadine 1990: 207). 토지를 소유하고 있지 않은 사람이 총리가 된 것은 1908년이 처음이었다(Herbert Henry Asquith). 1914년 외무성과 외교 업무는 여전히 지주계급이 장악하고 있었다.

19세기 내내 의회의 사회적 구성은 비슷했다. 상원은 지주 귀족들의 모임이었다. 제도화된 귀족 권력과 세습적 정치 특권이 최고로 구현된 영국 상원은 1911년까지 하원에서 올린 법안을 모두 거부할 수 있는 불가침의 권리를 갖고 있었다. 1911년 세습 상원 의원은 570명 이상이었다. 1911년 토지가 없는 집안 출신이 6분의 1 정도를 차지하면서 처음으로 하나의 집단을 이루기는 했지만, 비즈니스 세계에서 온 이들은 11분의 1을 넘지 않았다(Thompson 1963: 297). 하원은 여전히 귀족의 차남과 영향력 있는 귀족 관료들의 모임이었다. 1885년까지 하원 의원 대다수는 지주 가문 출신이었다(Thompson 1963: 276).

프랑스 귀족은 1830년 혁명으로 "정치 세계에서 더 이상 응집력과 영향력 있는 정치 집단을 형성하지 못했다"고 알려져 왔다(Moore 1966: 106). 하지만 제2제정기(1852~1870) 동안 관료제는 완전히 전통적인 지배계급의 손에 장악되었고, "기생체"로 전락했다. 1871년 2월 선거에서 선출된 의원들의 3분의 2가 옛 귀족 가문 출신의 지역 명사들이었다(Cole and Campbell 1989: 48~54). 1945년 제4공화국이 출범할 때에도 국가 관료는 여전히 사회 특권층에서 보충했다(Badie and Birnbaum 1982: 113~114).

독일의 관료제는 19세기 동안 귀족의 지배 아래 있었다(Weber 1978: 2: 1974; Rosenberg 1966: 43, 44, 199, 217, 218). 1910년 귀족은 상원, 내각의 11분의 9를 차지했으며, 하원의 25퍼센트, 대령 이상 군 간부의 55퍼센트, 외교관 80퍼센트, 12개의 행정 간부직 중 11개, 27개의 지역 간부직 중 23개, 지사직의 60퍼센트를 차지했다(Goldstein 1983: 252). 1913년 프로이센 주의회 상원의 75퍼센트, 443명의 하원 4분의 1 이상(119명)이 귀족이었다(Blum 1978: 420). 프로이센에서뿐 아니라 전국적으로도 가장 큰 정당이었던 가톨릭중앙당은 귀족이 독일 제국의회를 이끌도록 했다.

스웨덴에는 강한 지주 상류층이 없었다. 하지만 19세기 말 스웨덴은 "중세 정치 형태를 유지하는 면에서 독일에 필적했다"(Lipset 1983). 관료 집단과 상층 관료층을 지배했던 스웨덴의 "상당히 지위를 추구했던 귀족들은" 독일 제국을 "사회 조직과 문화의 모델"로 여겼다(Rueschemeyer et al. 1992: 92). 1908년 귀족은 내각의 11분의 6, 군 장교의 35퍼센트, 23명의 주지사 중 13명, 그리고 고위직 상당수를 차지했다. 1920년대 중반에도 귀족은 스웨덴 고위 관리층에서 여전히 지배적인 집단이었다(Samuelson 1968: 214).

1917년 혁명 직전까지 러시아 귀족은 정부 기구에서 배타적인 지배력을 행사했다(Beetham 1974: 199). 1890년 새 법을 통해 젬스트보(러시아 지방의회－옮긴이)에서 귀족의 비율이 높아져, 군(郡) 젬스트보와 주(州) 젬스트보에서 귀족의 비율이 각각 55.2퍼센트와 89.5퍼센트가 되었다. 1907년 6월에는 칙령을 통해 인구의 1퍼센트도 안 되는 귀족이 제3듀마(러시아 국회－옮긴이)와 제 4 듀마에서 절반 이상을 차지하게 했다(Blum 1977: 91).

국가 정책

국가 정책은 대체로 지주층의 당면 이익에 부합했다. 그 결과, 지주들은 관세, 입법, 토지 개혁, 관직 할당, 세금 정책, 혹은 제2차 세계대전 이후까지 상업에 대한 내부 정책 등과 관련하여 치명적인 정치적 좌절을 경험하지는 않았다. 자유무역보다는 보호주의가 19세기 유럽의 전반적인 기조였다. 1860~1879년은 보호주의 기간 중 유일하게 자유무역이 우세했던 시기였다(6장). 보호무역주의적 추세는 1879년부터 1914년까지 계속되었다.

관세 정책은 유럽 전역에서 다양했고, 19세기 동안 기복이 크기는 했지만, 농업이 상당한 보호를 받지 않고 방기된 지역이나 시대는 없었다. 독일은 엘베 강 동부 지역의 곡물 생산자들을 위해 1870년대 중반부터 계속해서 관세 보호 정책을 유지했다. 독일 농업이 1870년 이후 번영이라고 할 정도의 수준을 유지해온 것은 관세를 통한 지원을 비롯해 특별 정책이 뒷받침되었기 때문이었다(Ogg 1930: 200). 프랑스는 1880년대 이후 농업 보호를 위해 제도적 차원에서 광범한 지원 체제를 발전시켰다(Meredith 1904: 4장과 5장).

농업은 세금과 가격 정책을 통해서도 보호받았다. 기업가들을 위해 임금을 삭감하기 위해서 곡물이나 다른 식료품 가격을 조절하는 것이 불가피할 경우, 법률을 통해 농산물 가격이 너무 하락하지 않도록 하여 대토지 소유자의 이윤이 침해되는 것을 막았다. 농산물의 도매가와 소매가에 대한 규제와 농산물 수출에 대한 세금도 낮은 농지세로 벌충되었다.

지주 엘리트는 농업을 개혁하려는 시도를 막고 기존의 토지 소유 형태를 유지할 수 있었다. 유럽에서 토지 개혁은 제2차 세계대전 이후까지도 성공적으로 이루어지지 못했다. 제1차 세계대전 이전에 영국에서 대토지 체제는 거의 바뀌지 않았으며(Cannadine 1990: 142), 농업 개혁은 중요한 문제 중 하나가 되었다. 로이드 조지가 반복하여 강조한 것처럼, 토지는 영국에서 가장 크고 또 가장 통제되지 않는 독점 자본이었다. 대지주들은 비옥하고 넓은 토지가 완전히 개발되지 않도록 하면서, 남은 토지들이 활용될 수 있는 조건을 유지해갔다. 1914년 독일에서 대토지와 노동력 부족은 만성적인 문제였다. 이탈리아와 에스파냐에서도 대토지 소유를 둘러싼 조건과 토지 없는 노동자의 수는 제1차 세계대전까지 거의 변하지 않았다(Clough 1952: 576).

지주는 노동자 조직에 대한 금지가 유지되고 잘 통제되는 것에 주의를 기울였다. 그들은 제1차 세계대전 이후까지 농업 노동자가 사회적 · 정치적으로 고립되도록 했으며, 그들 지역의 소작농과 노동자가 노동법의 보호를 받지 못하도록 했고, 그들이 조직을 형성할 권리를 행사하지 못하도록 했다. 농업과 산업 엘리트가 경제정책에서 완전히 합의한 적은 드물었지만, 두 집단 모두 가부장적 노동관계를 유지한다고 하는 점에서는 뜻을 같이했다. 전간(戰間) 시대에 유럽 전역에서 등장한 조합주의적 합의는 이 집단들이 공유한 정치적 · 사회적 합의를 보여주는 것이었다(6장 참조). (1912

년까지 독일 제국의회에서 가장 큰 정당이었던) 가톨릭중앙당은 이따금 자유주의적 법안을 지지했지만, 전통 농업 생활에까지 그 영향이 미치지는 않도록 했다. 예를 들어 가톨릭중앙당은 노동자 보호 법안을 지지했지만, 이를 농업 노동자에게까지 확대하는 것에는 반대했다. 그렇게 되면 농촌에 여전히 남아 있는 "가부장적 관계"에 혼란을 가져올 것이라는 이유에서였다(Evans 1981 : 88).

러시아의 차르 알렉산드르 2세(1855~1871)는 농노 해방령을 발표하라는 압력을 받았다. 귀족은 갖고 있던 토지의 약 2분의 1을 새로 자유인이 된 농민에게 양도해야 했다. 하지만 귀족은 양도하면서 넉넉하게 보상을 받았다.[11] 러시아에서의 농노 해방은 다른 유럽(예를 들어 1810년 프로이센과 슐레지엔)에서와 마찬가지로 지주층의 권력을 무너뜨리지 않았다. 다만 그것이 작동되는 방식의 변화를 가져왔을 뿐이었다. 해방 이후 지주의 정치적 권리는 확장되었다(하지만 이에 대응하여 다른 집단의 권리도 확대된 것은 아니었다). 법률을 통해 지주는 여러 가지 특권을 누렸다. 그들은 여전히 법정에서 우선권을 가졌고, 마을 차원에서 법을 집행하는 데 특별한 역할을 했으며, 일정 규모 이상의 재산을 한사상속할 수 있었고, 토지세도 지주의 토지에는 농민의 절반밖에 부과하지 않았다(Blum 1977 : 80). 이런 이점에도 불구하고, 그리고 부분적으로는 점점 더 많은 지주가 부재지주가 되어갔기 때문에, 귀족의 부와 지위는 1880년대까지 하락했다. 이런 추세를 역전시키는 것이 알렉산드르 3세(1871~1894) 정부의 중심 목표가 되었다. 정부는 1885년 귀족 토지 은행(Land Bank for Nobility)를 세워 귀족에게 낮은 이자로 자금을 융자해주었다. 또한 1889년 젬스키 나찰리니크(zemskii nachal'

11) 해방령은 지주가 양도한 토지에 대해 농민이 보상하라고 명했다. 국가는 특별 공채 형태로 토지 가격의 75~80퍼센트 정도를 지주에게 미리 지불했다. 농민은 이 자금을 49년 동안 국가에 갚아나가야 했다. 이 법에 따라 지주는 토지의 손실분에 대해 보상을 받았으며, 사람이나 농노의 노동력을 상실한 부분에 대해서는 보상을 받지 못했다. 하지만 국가는 토지에 대해 시가보다 20~90퍼센트 이상 높게 보상했고, 결국 이를 농민들이 되갚게 하는 방법으로 노동력 손실에 대한 문제를 해결했다. Gerschenkron 1965 : 722~743 참조.

nik)라고 하는 공직을 만들어 귀족들이 농촌에서 권위를 되찾아 농노제 시대와 마찬가지로 농민에게 여러 면에서 권력을 행사할 수 있게 해주었다 (Charques 1965: 32).

유럽 지주 권력의 기초

지배계급 내에서 지주 엘리트의 헤게모니는 농촌에서 그들이 갖고 있는 권력의 안정성에 달려 있었다. 1914년 유럽 대부분은 여전히 농촌이었고, "분명하게 전산업사회" 였다(Mayer 1981: 187, 301). 농업은 유럽 대륙의 모든 나라에서 여전히 가장 크고 비중 있는 분야였다. 제1차 세계대전 이후에도 프랑스는 부의 기초를 농업에 두었고, 인구의 절반 정도가 농업에 종사했다(Ogg 1930: 185). 1914년 서유럽 노동인구의 절반 정도가 여전히 (어업과 임업을 포함한) 농업 분야에 고용되었으며, 독일을 제외한 유럽 대륙의 전 나라에서 농촌 인구가 전체 인구에서 가장 큰 비중을 차지했다. 서유럽의 많은 공업 국가에서 농업에 고용되어 있는 노동자의 절대 수치는 1945년 이후까지도 크게 감소하지 않았다. 1945년 이후 생산의 기계화가 크게 증가했다. 대지주는 경작 가능하고 관개시설이 되어 있는 토지 대부분을 독점했고, 농촌 주민, 즉 농촌의 노동력뿐 아니라 유권자에 대해서도 권력을 행사했다. 이를 통해 대지주는 정치적 · 경제적 권력 기반을 계속 장악할 수 있었다.[12)]

1945년 이전 유럽의 농촌

제1차 세계대전까지 유럽에서 농업 관계는 상대적으로 안정되어 있었으며, 지주와 농촌 거주 노동자의 관계는 가부장적(즉, 권위적이고 위계적인) 관계에 기초해 있었다. 새 산업 엘리트는 광산과 공장에서 투쟁적이고 자의식이 높으며 정치적으로 급진적인 노동계급과 싸우고 있었던 반면에, 지주는 제1차 세계대전 이후까지 농업 노동력에 대해 안정적인 지배력을 행사했다. 1914년 유럽의 귀족은 여전히 농촌적 기반을 갖고 있었다. 즉, 농민만이 아니라 농촌에서 준(準)엘리트에 해당하는 차지농의 지원을 받았다(Lieven 1992). 사실 지주는 제2차 세계대전까지 유럽 농촌에서 계속해서 사회·정치적으로 안정적인 권력을 누렸다(Thompson 1963: 337; Canna-dine 1980: 21).

지주들은 제1차 세계대전 이후까지 지방정부들을 통제할 수 있었고, 일부 지역에서는 그 이상의 권력을 행사했다. 영국에서 농촌 정부와 사법부는 귀족 출신의 주지사들이 전권을 휘둘렀다. 이 주지사들은 치안판사의 임명에 큰 영향력을 행사했다. 치안판사는 봉급을 받지 않는 소수의 권력자들로 거의 지주 출신이었으며, 지방을 다스리는 역할을 했다. 1888년 지방정부법으로 지방정부가 치안판사가 아니라 선거를 통해 구성된 이들이 다스리도록 했지만, 선출된 초기 지방정부 간부들은 거의 대부분 상류층 출신이었다(Keith-Lucas and Richards 1978). 영국의 여러 지역에서 귀족과 젠트리는 이 새 지방정부들을 통해 여전히 지배적인 역할을 했다.[13] 프랑스에서 읍장들, 지방정부 간부들, 의원들, 상원의원들은 주로 지주층에서 충원되었다(Wright 1964: 14~18).

1914년까지 프로이센 지방정부의 수장이었던 프로이센 란드라트

12) 카우츠키(Kar Kautsky 1899)의 자본주의와 농업에 관한 연구는 고전적인 맑스주의적 관점, 즉 농민 경제가 자본에 의해 변화했으며, 농민은 소상품 생산자로 동화되어갈 것이며, 마침내 사라지게 될 것이라는 주장에 대해 문제를 제기한다. 카우츠키는 농민이 자본주의의 일반적인 틀 내에서 계속 존속할 것이라는 점과 농업의 전자본주의적이고 비자본주의적인 형태들이 당대의 자본주의 사회 내에서 여전히 현실적으로 존재하고 있음을 간파했던 것이다(1899: 1~3). 이런 그의 주장은 당대에 "농업 문제"에 관한 논쟁을 촉발했다. 사실상 농업 문제에서는, 맑스가 자본주의가 사회 전체를 바꾸어놓을 것이라고 하는 점을 어느 정도 과장해서 주장했는가에 관한 문제가 유럽 사회주의 정당들 내에서 중심 이슈가 되었다. 하지만 알라비(Alavi)와 샤닌(Shanin)이 지적한 것처럼 카우츠키의 주장은 "20세기까지 유럽 농촌사의 맥락에서 만이 아니라 제3세계 현대 농촌 사회의 변화에 대한 연구에서도 이론가들에게 무시당해왔다"(1988: xi).

13) Lieven 1992; Spring 1977: 14. 양차 세계대전 이전 영국 지방정부의 정치에 대한 연구로는 Robson 1931; Sharp 1969; Chester 1951; Grifìfith 1966 참조.

(Landrat)는 중앙정부의 관료이자 지주를 대표하는 이들이었다. 1872년까지 란드라트는 지주들이 선출한 후보들 중에서 왕이 임명했다. 1872년 이후 정부는 선출 과정을 좀 더 민주화하기 위해 선거인단을 바꾸었다. 하지만 이런 변화에도 불구하고 1914년 프로이센 란드라트의 절반 이상을 여전히 귀족이 차지하고 있었다(Spring 1977: 14; Lieven 1992: 215~216).

지주의 경찰권은 1872년 도입된 행정적 규제(Kreisirdnung)와 1891년 도입된 농촌 지역 법령들(Landgemeindeordnung)로 어느 정도 제한을 받았다. 하지만 지주는 지역에서 여전히 지배적인 역할을 했다. 프로이센 선거의 세 계급 선거 체제를 통해 지주는 가장 공격적인 조치들을 약화시킬 수 있었다(Puhle 1986: 85). 게다가 지방자치제도(Gutsbezirke)로 프로이센의 지주는 해당 지역의 주민에 대해 상당한 행정 기능과 사법권을 행사할 수 있었다. 이 제도는 1927년 12월에 가서야 폐지되었다. 당시 독일에는 1만 2,000개에 달하는 자치체가 있었으며, 그곳 주민은 150만 명에 달했다(Gerschenkron 1943: 105~106). 1914년 프로이센의 지역 총독(Oberprasidenten)의 83퍼센트와 지역 주행정관(Regiefungsprasidenten)의 50퍼센트 이상이 귀족이었다(Lieven 1992: 219; Armstrong 1973: 77). 따라서 제1차 세계대전까지 프로이센을 지배한 것은 대지주였다.

1914년 러시아의 지역 행정은 선거를 통해 선출된 지역 귀족의 수장인 지역장이 지배했다. 지역에서 정부의 일을 조정할 만한, 국가가 임명한 부지사가 없는 경우 지역장이 그 역할을 하도록 했다. 스웨덴은 25개의 지방 행정구역으로 나뉘었는데, 각각은 왕이 지명한 사람의 지휘 아래 의회(Landsting)를 두고 있었다. 의회 구성원은 모두 직접 투표를 통해 선출되었으며, 이들은 제1차 세계대전 직전까지 기본적으로 토지 소유 계급 출신이었다(Ogg 1914: 601). 에스파냐에서 지주와 다른 엘리트는 지역장 제도를 통해 지역에서 권력을 행사했다. 지역장은 지역 정부와 판사의 정책이 자신들 후원 세력의 이익과 일치하는지를 감시했다(Herr 1977: 112~117; Kern 1973).

지주는 지역적 차원에서 누렸던 사회적 · 정치적 권위를 전국적 차원의 정치권력으로 발전시켜냈다. 19세기 도시 지역은 전국 선거에서 상대적으로 농촌만큼 대표되지 못했다(7장 참조).[14] 예를 들어 프랑스 제3공화국에서는 3만 개 이상 코뮌의 인구가 1,500명 이하였다. 각 코뮌은 상원 의원 한 명씩을 선출한 데 비해, (1914년까지 인구가 300만에 가까웠던) 파리는 30명만을 선출할 수 있었다(Wright 1964: 213 n. 2).

많은 농업 노동자가 제1차 세계대전 이전에 투표권을 갖기는 했지만 그들은 경제적으로 지주와 농장 경영자의 선의와 자선에 의존해 있었다. 그 결과 대지주는 농촌 주민의 표를 조정할 수 있었다. 비스마르크는 사실 투표권을 확대하자는 입장이었다. 그래야 금융가의 이익보다 지주의 이익을 강화할 수 있다고 생각했기 때문이다. 다른 유럽 지역(예를 들어 네덜란드)에서 보수주의자의 이익 추구도 비슷한 방향으로 전개되었다.

프로이센에서 토지가 없는 노동자는 수입, 거주지, 식량 등을 지주에게 의존했다. 비밀 투표가 아니었기 때문에 지주는 투표장에서 자신에게 의존해 있는 이들의 표를 좌우할 수 있었다. 귀족의 부관이 농민을 투표소로 데리고 가서 그들을 감시했다. 대지주는 자유주의자에게 표를 던진 상인이나 장인과는 거래를 끊었다. 정부 관료는 공금과 허가권 등을 이용해 적당한 보상이나 불이익을 주었다(Weiss 1977: 76). 지역에서 문제를 일으키는 사람들은 불이익을 당하거나 공직에서 쫓겨났다. 자유주의자나 급진파는 투표용지를 신청하거나 배분할 지위에 오를 수가 없었다. 1914년까지 "노동자 계급이 볼 수 있는 유일한 투표용지는 보수주의자 것이었으며, 투표소 밖에서 십장에게서 전해 받았다." 농촌에서 실외 집회는 불법이었으며, 지주와 경찰과 란드라트는 반대자가 지역 청사 부근으로 가는 것을 막을 수 있었다(Lieven 1992: 222). 지역 지주로 충원된 지역위원회 위원들은 선거에서

14) 스칸디나비아 국가에서 도시 지역은 일반적으로 입법부에 더 많이 대표를 내보낼 수 있었다. 이는 관료적 상인의 이해관계가 영향을 미쳤기 때문이었다. 오스트리아에서도 도시 지역의 이해관계가 지나치게 대표되어 훨씬 큰 비중을 차지했던 농촌 슬라브 지역보다 도시에 집중되어 있던 독일인이 계속 정치력을 장악했다.

지역 표를 보수주의자에게 몰아주는 역할을 할 것으로 간주되었다. 1890년대 이후 독일 정부는 제국의회나 프로이센 주 의회 모두에서 보수당에 점점 더 의존하게 되었다(Tipton 1976: 966).

1884년 영국에서 많은 농업 노동자는 참정권이 있었지만, 그들의 생활은 지주와 농장 경영자의 선의와 자선에 의존해 있었다. 농장 노동자가 노동당 집회에 참여한 것이 알려지면 불이익을 당했다(*Labour Organizer*, March 1924, 9). 동시에 보수(통일)당은 영국 귀족, 성직자, 대지주가 영국 농촌에서 소작농과 농장 노동자가 보수당의 후보를 지지하도록 압력을 가하는 상황에 의존해 있었다(Gosnell 1930: 24~25). 1945년까지 프랑스의 성직자와 대지주는 유권자가 선거일에 그들의 의무를 다하는지를 감시했다(Gosnell 1930: 55). 러시아 귀족은 1861년 농노해방령 이후에도 주민과 농노의 재산에 대해 무제한의 권력을 행사했으며, 지역에서 민간, 경찰, 사법 체계를 아우르는 광범한 권력을 유지했다.

노동을 하는 농장 경영자와 농민은 1930년대 이전에는 지역 차원에서도 정치에 능동적으로 참여하는 일이 거의 없었다(Wright 1964: 14~18). 좋은 공직을 놓고 도시의 부르주아나 대지주와 겨룰 생각을 하는 농민은 어디에서도 찾기 힘들었다. 급속한 사회 · 경제적 변화에 위협을 느끼고, 대처하기도 힘들었던 독일 농민은 융커의 정치적 리더십 뒤로 숨어들었다.[15] 1893~1914년 프로이센에서 지배적인 농업 이익 집단인 지주들이 농업 연맹(Bund der Landwirte)에서 조직위원회를 통제했으며 재정적으로 독립적인 관료 구조를 갖추었다. 1908년 연맹의 구성원들이 프로이센 하원 의

15) Gerschenkron 1943. 양방에게 득을 주는 보호 정치는 보통은 지주가 농민에게 선거에서 보수적인 방향으로 영향력을 행사할 수 있는 능력에 기초하고 있다. 헌팅턴(Huntington 1968: 443~444)은 브라질, 터키, 실론에서만이 아니라 독일과 영국에서도 이런 사례가 있음을 보여준다. 대농장의 농민은 지주와 함께 농업 개혁에 반대하는 투표를 했음을 보여주는 증거들도 있다. 이런 경우 농민은 지주로부터 농업 개혁이 토지를 거주자 사이에서만 분배하는 것이 아니라, 일정 지역 주민 모두에게 분배하는 것을 의미한다는 이야기를 들으며 설득을 당했다. 이는 페루 일부 지역에서도 나타났고, 칠레 개혁 과정에서도 중요한 이슈가 되었다(Drew 1969: 78; Kaughman 1972: 119~123).

원의 절대 다수를 차지했다(Puhle 1986: 92).

1884~1914년 프랑스 전역에서 지역 혹은 지방 농장 경영자 신디케이트들이 "지주 혹은 부르주아 출신의 지역 운동가"를 중심으로 조직되었다. 농업 신디컬리즘의 지도자는 대지주로, "대개는 농민을 급진적 사상과 분리시키고, 유권자가 정치 · 사회적 보수성을 유지할 수 있도록 하려는 목적을 갖고 있었다" (Wright 1964: 18~19). 신디케이트들은 연합하여 1886년 프랑스 농업 신디케이트 중앙연합(Union Centrale des Syndicats des Agriculteurs de France)을 만들었다. 중도파와 좌파의 공화주의 지도자들은 이 우파 신디칼리즘에 맞서 농촌에서 그들 고유의 신디케이트를 조직했다. 하지만 이 조직의 규모는 1917년까지 우파 신디케이트들을 따라가지 못했다(Wright 1964: 21).

19세기 동안 모든 지역의 대지주는 보유 토지를 계속해서 확대하고 통합해나갔다. 대지주 소유의 토지 비율이 1873년까지 매년 증가했다(Montagu 1970: 168). 19세기 내내 유럽 대부분 지역에서 토지 재산은 가장 중요한 재산 형태였다. 19세기 말 대지주는 영국에서 여전히 가장 큰 재산가 집단이었고, 이들 중 가장 부유한 이들은 20세기까지도 가장 부유한 기업인보다 훨씬 더 부유했다(Rubinstein 1977).

부와 권력 사이에는 밀접한 관계가 있다. 부유한 엘리트가 정부에서 직위를 갖고 있든 아니든 간에, 부는 부자들의 이익이 위협당할 때 그들이 다양한 자원을 동원할 수 있게 해주었다. 부자가 선호하는 후보나 기성 정치인은 필요할 때 지원을 요청할 수 있기 때문에, 주요 지주 가문은 정부 요직에 자신들을 대변할 수 있는 이들을 임명하도록 압력을 가하여 관철할 수 있었다. 부는 지주들이 권위적인 정당들과 운동에 재정 지원을 할 수 있게 해 주었고, 투자를 늦추고 자본을 해외로 빼돌리는 방식으로 정부를 위협할 수 있게 해주었다. 지배계급들이 정부가 내린 결정에 대해 직접 영향을 미치지 못하는 때에도, 그들의 자원은 국가의 선택권을 제한할 수 있었다. 따라서 국가가 지배계급의 사적인 목표와는 구별되는 집단적 목표를 부과할 수 있는 자율적인 능력을 제한할 수 있었다.

19세기 동안 프랑스의 연이은 보수 정부들은 권력과 부를 갖춘 이들에게 유리한 정책을 펼쳤다. 경제적 위기들에 직면하여 낮은 직급 공무원의 봉급은 감소했고, 세금도 낮아졌고, 공공 지출도 줄었으며, 특히 사회복지 부분 지출이 삭감되었다. 프랑화를 보호하고, 부유한 이들에게 과세를 하지 않기 위해, 보수 정부들은 높아진 비용을 지불하기보다는 부채를 선택했다. 단기 채권들이 소수의 큰 부자들에게 판매되었다. 이는 사회 개혁 정책을 정부가 추진할 경우 금융 공동체가 정부 채권으로 자금을 회수하여 좌절시킬 수 있음을 의미하며, 실제로 그런 일이 종종 있었다. 따라서 보수 세력들은 직책이 있든 없든 간에, 국가 정책을 통제할 수 있었다. 1936년 사회주의자들이 지배하는 인민전선 정부가 선출되었다. 하지만 1937년 6월 프랑스 자본가들은 정부 채권 구입을 거부하여 정부를 파산시켰다. 이탈리아에서 같은 이유로 보수적인 농업인들이 1914년 이전 정부 행정 부처로 스며들었다(Tipton 1974 : 964).

전국적 차원이나 지역적 차원의 모든 정치적 리더십은 대지주 혹은 전통적인 관료 엘리트가 장악했다. 귀족은 "정치계로 들어온 다른 계층 출신의 뛰어난 두뇌들을 흡수하여," "계속해서 정치적으로 이용하고, 국가를 운영하며 지배했다"(Schumpeter 1947 : 136~137). 성장하고 있던 산업, 상업 이익집단들은 제2차 세계대전 이후까지 내각, 정부 관료, 입법부는 물론이고 지역 정부조차도 지배하지 못했다.

정부 정책은 일반적으로 지주의 당면 이익과 일치했다. 사실 지주 세력은 양차 세계대전 이전까지 정치적으로 크게 후퇴한 적도 없고, 농업 노동자에 대한 장악력이 약화되지도 않았다. 농업 개혁은 그때까지 중요한 문제가 아니었다. 세금과 가격 정책 외에도 관세와 정부의 농업 보조금 때문에 농업 생산은 제2차 세계대전 이후까지 시장에 복속되어 있지 않았다.

제1차 세계대전까지 노동자법으로 농업 노동자 조직을 잘 막을 수 있었다. 전쟁 이후에도 노동운동 조직가들은 농민과 농업 노동자에게 접근하는 데 한계가 있었다. 영국에서 노동당은 농촌에서 큰 힘을 모으지 못했다. 노동운동가를 집회장에 오지 못하게 하기도 했고, 집회에 지역 지주들이 참석하여 당황하게 만들기도 했다. 1929년 노동당은 농촌 지역구에서는 한 곳에서도 성공을 거두지 못했다(Gosnell 1930: 19).

농촌 노동자의 임금은 제1차 세계대전까지 동결되었다. 영국에서 1912년에 임금, 노동시간, 주거, 토지 임대 조건에 대해 조사하기 위해 임명된 토지조사위원회의 보고서에 따르면, 성인 농업 노동자의 60퍼센트 이상이 노동자 자신과 가족의 생계에 필수적인 것보다 낮은 보수를 받았다. 농장 임금은 다른 어느 산업 분야보다 낮았고, 노동시간은 길었으며, 주거나 다른 생활 조건은 더 열악했다. 노동자는 단결할 수도 없었다. 조직 활동을 하려고 하면 집에서 쫓겨나야 했다(Ogg 1930: 174). 1917년까지 농업 노동자는 법으로 정해진 최저임금만큼도 받지 못했다(Read 1964: 217~219).

제1차 세계대전까지 전통적인 엘리트는 자신들의 이익을 보편적 이익으로 제시하는 데 성공했다. 프랑스에서 농업은 국가 노동력의 자연적이고 올바른 고용 형태로, 곡물의 생산은 국민 건강의 기초로 제시되었다. 동부 프로이센의 농업 엘리트는 정부의 산업 개발에 대한 허가를 비롯해서 지역의 경제 구조에 대한 모든 외부적 위협에 반대했고, 지역이 쇠퇴해가는 농업 분야에 더욱 의존하게 했으며, 또 그래야 한다고 주장했다(Tipton 1976: 119). 농업 운동은 이런 프로그램에 대한 이데올로기적 정당화를 발전시켰다. 동부 농업의 위기는 전체 독일 경제의 위기로 확대되었고, 세계에서 독일의 위신을 떨어뜨렸다(gerschenkron 1943: 28~32, 75~76). 폰 몰트케(Von Moltke)는 "독일 농업이 몰락하면, 독일 제국은 금방 무너질 것"이라고 단언했다(Ogg 1930: 200). 공공 정책의 전체 과정은 이런 단언과 상통하는 전제에 기초해 진행되었다. 독일 농업은 보호관세를 비롯한 특별 정책을 통해서만 그나마 어느 정도의 번영을 누릴 수 있었다(Ogg 1930: 200).

교회

19세기와 20세기 초 유럽 전통 엘리트의 가장 중요한 권력 기반은 교회였다.[16] 전통 엘리트는 성직자와 공통의 이해관계를 가졌다. 그들은 농촌의 전산업적이고 봉건적이며 귀족적인 권력과 권위 구조들을 유지하기 위해 이데올로기적이고 문화적인 교회 기구에 의존했다. 18세기에 계몽사상과 프랑스 혁명이 최소한 17세기 중반 이래 지속되어온 세속화 과정을 더욱 부추겼고, 19세기에는 기술 발전과 경제 관계 양식들의 변화가 그 과정을 완결했다고 알려져 왔다. 하지만 19세기 동안 전 유럽에서 "가장 비타협적이고, 비이성적이고, 감정적이고 충동적인 형태들"로 종교가 부흥했다는 점은 자주 간과되고 있다(Hobsbawm 1962: 271). 한 역사가가 1944년 기술한 것처럼(Petrie 1944: 165) 가톨릭교회는 19세기 동안 "당대의 가장 큰 국제 조직"이었으며, 근대 세계에 대해 비타협적으로 저항하는 강력한 이데올로기를 제공하면서 종교 부흥을 주도했다. 19세기 동안 교회는 국가와 교회의 분리, 양심의 자유, 출판의 자유(Mirari Vos, 1832), 자유주의와 자유주의 국가(Quanta Cura and Syllabus of Errors, 1864; Immortale Dei, 1878), 산업화 자본주의, 공화주의, 민주주의, 사회주의(Quadrigesimo Anno, 1931; Divini Redemptoris, 1937)를 강하게 반복적으로 비난하면서, 중세 교회의 원칙으로 돌아갈 것을 주창했다(Rerum Novarum, 1891).[17]

이런 종교적 부흥 이전에 교회의 권위는 국가권력과 점점 더 분리되었고, 또 국가권력에 점점 더 복속되어가고 있었다. 30년 전쟁을 마무리한 1648년 베스트팔렌 평화조약 이후 이런 추세가 시작되었다. 교회의 권위가 추락하면서 종교의식도 쇠퇴했다(Kantorowicz 1957: 3장; Bendix 1978: 27~35). 17세기 말까지 상층에서는 비기독교화가 광범하게 퍼져나갔다. 18

16) 여기서 "교회"라는 단어는 두 가지 형태로 쓰인다. (1) '교회'는 유럽의 가톨릭교회를 의미하며, 영국 국교회와 같은 특정 종교 교파의 이름으로도 사용된다. (2) '교회'는 유럽의 개신교와 가톨릭교회를 모두 나타낸다. 글 속에서는 일반적인 종교 분파들을 지칭하기도 한다.

17) 교회가 배척하는 이런 사항들을 열거한 교황의 회칙 영어판은 Koenig 1943에서 볼 수 있다.

세기에는 프랑스 농촌에서 이런 추세가 증가하는 것을 볼 수 있었다(McLeod 1981: 11). 영국에서도 일반적인 종교적 관행이 쇠퇴하면서 그 결과, 무엇보다 1690년부터 국가가 교회 출석을 강제하지 않게 되었다. 트뢸치(Ernst Troeltsch)는 18세기 말까지 가톨릭이든 개신교든 간에 모든 종교는 "쇠퇴하고, 사라지는 길에 있었다"고 결론지었다(Troeltsch 1960: 1012). 유럽의 가톨릭 세계에서 지배자들은 교회의 권위를 제한하려고 했다. 18세기 동안 지배자들은 로마의 특별한 종복인 예수회를 포르투갈(1759년), 프랑스(1764년), 에스파냐(1767년)에서 몰아냈다.

이런 추세는 프랑스 혁명 정권이 교회를 국가의 권위에 완전히 복속시키려고 시도했던 18세기 말에 절정에 달했다. 나폴레옹 전쟁은 이 운동을 유럽 대륙 전체로 확산시켰다. 프랑스에서 국가는 교회의 토지를 몰수했고, 십일조와 면세 특권을 폐지했으며, 모든 종교적 위계질서를 허물어뜨렸고, 교구를 재정비했으며, 성직자를 국가의 피고용인으로 만들었다. 게다가 국가는 교회 출석을 더 이상 강제하지 않았으며, 기독교를 대신해서 범신적 혹은 무신론적 의식을 거행했고, 예수의 탄생에서부터 시작하는 역법이 아니라 프랑스 왕정을 무너뜨린 1792년 10월을 원년으로 하는 새 역법을 시행했다.

혁명 정책이 계속되면서, 프랑스 성직자와 귀족의 결속이 강화되었고, 이들은 종교적 상징과 정서를 이용하여 대중을 모으고 동원하면서 반혁명을 도모했다. 루이 16세가 그의 나라를 샤크르 쾨르(Sacre Coeur) 성당에 헌신하는 맹세를 했고, 브르타뉴에서 (반혁명–옮긴이) 방데 반란군은 샤크르 쾨르의 상징을 소매에 장식했다(Heyer 1969: 178). 1796년까지 종교적 상징과 이데올로기는 반혁명의 중요한 요소가 되었고, 본격적인 종교적 부흥을 일으켰다. 종교적 부흥이 널리 퍼지면서 "가톨릭 예배가 크게 유행"했고, 권위가 "아주 무력하게" 되었다(Cholvy 1978: 461; McLeod 1981: 5에서 인용). 탈기독교화한 지역들에서 마을 주민이 교회 문을 다시 열 것을 요구했고, 프랑스 전역에서 성지순례 행렬이 부활했다. 1801년 나폴레옹은 프랑스에서 교회의 복위를 선언하는 정교협약에 서명했다.

프랑스 혁명 이후 유럽에서 호전적이고 교황권을 강조하는 가톨릭주의가 등장했다. 예수회 수사들은 프랑스 혁명 이후 프랑스로 복귀했으며, 가톨릭주의의 주요 주창자가 되었다. 가톨릭주의의 주요 목표는 교회에 대한 민중적 신심을 넓히고, 적대 세력에 맞서 옹호자들을 강화시키는 것이었다. 이 운동이 시작된 프랑스에서는 교황에 충직한 성직자가 광장에서 부흥회를 이끌었으며, 자코뱅의 죄를 사하는 미사들을 집전했다. 그들은 매주 미사에 참여할 것을 강요했는데, 이는 대다수 가톨릭인에게 새로운 경험이었다. 그들은 더 크고 더 화려하게 장식된 교회를 건설했고, 예식에서 음악, 향, 깃발, 행렬 등을 이용했다. 또한 묵주, 수사의 어깨에 걸치는 옷, 큰 메달 등의 사용을 권했으며, 동정녀 마리아에 대한 숭배 등을 부활시켰다. 교황권 강화 운동은 프랑스를 넘어 다른 가톨릭 국가들로 퍼져나갔으며, 개신교 국가들 내에 있는 가톨릭 공동체들로 전파되었다. 아일랜드가 교황권 강화 운동으로 다시 가톨릭 사회가 된 것은 이 운동의 가장 큰 성과로 여겨졌다(Gilley 1988: 238).

유럽의 모든 가톨릭 세계에서 성지순례, 행진, 성인에 대한 숭배 현상 등이 부활했다. 새 성인과 순례자를 맞이할 수 있는 새 성지가 계속해서 만들어졌다. 교회 수도 꾸준히 증가했고, 종교의식도 크게 부활했다. 프랑스에서 종교의식은 1851~1901년 사이에 3만 7,000건에서 16만 2,000건으로 증가했다(McLoed 1981: 49). 벨기에에서는 1846~1890년 사이에 1만 2,000건에서 1만 8,200건으로 증가했다(Boulger 1904: 167). 에스파냐에서는 1861~1920년 사이에 1만 5,000건에서 6만 8,000건으로 증가했다. 또한 유럽과 그 외 지역에서 가톨릭 선교 활동도 부활했다. 1850년 이후 가톨릭은 아시아와 태평양 지역, 그리고 아프리카의 프랑스 제국까지 새롭게 국제적으로 뻗어나갔다.

종교 부흥은 프랑스 혁명 이후 기성 개신교 교회들에서도 일어났다. 개신교는 격동의 17세기에는 그 규모도 크고 영향력도 컸지만 18세기 들어서는 많은 기반을 상실했고, 하나의 대중 종교로 정착했다. 독일의 개신교 부흥 운동과 네덜란드에서 정통 칼뱅주의의 부활이 있었다. 동시에 영국에서 감리교 운동이 일어나 프랑스 혁명 이전에는 신도 수가 6만이 채 안되었는데, 1811년에는 14만 3,000명으로 증가했고, 1850년에는 60만 명 정도로 증가했다(McLeod 1981: 37; Hobsbawm 1959: 129). 스코틀랜드에서 세속 군주에 맞서 "그리스도의 왕권"을 옹호하면서 종교적 각성을 촉구하는 프리 커크(Free Kirk) 운동이 일어났다(Gilley 1988: 235~236). "소박하고 순수한 청교도주의"(Hunter 1976: 101)와 성서를 문자 그대로 이해하려는 다른 여러 운동이 근대 근본주의 신앙 운동의 기초가 되었다.

18세기 마지막 10년과 19세기 초에 개신교 선교 활동이 체계적으로 시작되었다. 몇몇 조직들이 이 목적을 위해 세워졌고, 기존 단체들도 선교 활동에 헌신하기 시작했다. 침례교 선교회(Baptist Missionary Society 1792), 런던 선교회(London Missionary Society 1795), 네덜란드 선교회(Netherland Missionary Society 1797), 교회 선교회(Church Missionary Society 1799), 영국 성서 공회(British and Foreign Bible Society 1804), 웨슬리교파(Wesleyans 1813~1818), 바젤 선교회(Basel Missionaries), 베를린과 라인강 연안 협회(Berlin and Rhenish societies 1820년대), 스코틀랜드 교회(Church of Scotland 1824), 장로교인 연합(United Presbyterians 1835), 스웨덴인 · 라이프치히 · 브레멘 협회(1830년대), 노르웨이인 협회(Norweigian society 1842) 등이 활동을 했다(Hobsbawm 1962: 264~265). 19세기 초반 놀랄 정도로 많은 이들이 개신교로 개종했다. 개신교 교회는 오지에도 세워졌으며, 오랫동안 방치되었던 교구들이 새롭게 활기를 찾았다.

유럽에서 교회가 대중적 지지를 받게 된 것은 주로 자선 단체들의 네트워크가 성장하면서 종교 기구들이 국가가 제공하지 못했던 빈민에 대한 사회복지를 제공할 수 있게 되면서였다. 이 중 가장 성공적이었던 것의 하나는 1833년 프랑스에서 세워진 성 빈첸시오 아 바오로회(Societe de Saint Vincent de Paul)였다. 성 빈첸시오 아 바오로회는 빈민에게 국과 저렴한 음식, 헌옷을 제공하고, 월셋집 구하는 것을 도왔으며, 겨울에는 따뜻한 공간을 제공했고, 지낼 만한 공간, 직업안내소, 무료 의료와 법률 서비스, 휴일 캠프, 고령자 안식처, 교리문답 교육, 고아원, 기술훈련소, 성인 교육기관, 각종 단체들, 배급소, 도서관, 성지순례 여행 등을 운영했다. 19세기 교회가 후원하는 자선 조직들이 모두 그랬던 것처럼, 이 회의 빈민에 대한 태도는 온정주의적이고 전통적이었다. 협회는 주로 염려하는 태도로 임했으며, 빈곤의 원인을 찾으려 하기보다는 "자유주의적 사고와 맞서면서" 종교와 정치의 타협을 막고 가톨릭을 지키고자 했다(Zeldin 1970: 108).

유럽에서 종교 부흥은 프랑스 혁명기 동안 성직자에 의해 시작되었으며, 주로 기독교의 이익을 옹호했다. 1815년 이후 종교-정치 정당과 연합체들이 유럽 여러 곳에서 생겨났으며, 이들의 중요한 목적은 유럽 사회가 세속화하는 것을 막고 국가 기구가 교회의 이익에 복무하게 만드는 것이었다. 교회가 주장했던 것 중 하나는 국교 형태를 유지하는 것이었다. 프랑스, 영국, 독일, 스칸디나비아 등 여러 지역에서 여러 차례 종교적 관용 정책이 도입되었고, 이는 국교로서의 교회의 성격을 위협하는 것이었으며, 공식 예배의 특권을 지닌 유일한 종교로서의 지위를 더 이상 누리지 못하게 되는 것이었다. 프랑스에서 가톨릭의 교황중심주의 성직자는 국가가 개신교, 유대교, 자유사상가들이 가톨릭교도와 동일한 권리를 행사할 수 있게 한다고 비난했다. 19세기 내내 영국에서는 가톨릭의 해방과 해체를 놓고 격렬한 논쟁이 있었다. 독일 정부가 1866년 반가톨릭 입법을 중단한 이후, 복음 연맹(Evangelical League)이 "잘못된 편향과 관용이라는 개념"에 맞서서 "독일 개신교를 옹호하기 위해" 형성되었다. 이 단체는 선거운동을 비롯한 여러 공공 영역에서 활발히 활동했으며, 독일 제국과 바이마르 공화국 시대까지 활동을 계속했다(Evans 1981: 93).

세속 예식과 이혼을 허용하는 조치들이 교회를 비탄에 잠기게 했고, 격렬한 논쟁을 불러일으켰다. 국가가 새로 대중 교육제도를 만들자, 이 역시 비난의 대상이 되었다. 교회는 신자들에게 "가톨릭은 가톨릭 신앙과 교회의 힘과 관계없는 어린이 교육기관을 인정할 수 있다"(Pius IX 1864 : 2 : 48)는 생각을 거부하라고 간곡히 호소하면서, 정치적 참여를 주장했고, 참회 교육을 옹호했다. 1847년 이후 벨기에 정치에서 교육을 둘러싼 분쟁이 중요한 이슈가 되었다. 1870년대 네덜란드에서는 호전적인 칼뱅주의자와 주로 로마 가톨릭인 소수 집단들이 정치 조직을 만들어 자신들의 학교에 대한 국가 지원을 놓고 경쟁을 벌였다. 오스트리아에서는 세속 예식을 허용하고 국가가 교육을 통제하는 정책을 도입하자 교회가 정치에 더욱 밀접하게 개입하면서 정치적 우파와 연대를 강화했다. 19세기 영국에서는 기성 교회가 교육에 계속 개입해 있었기 때문에 일반 교육의 발달을 가로막기도 했다. 그 결과 영국은 유럽에서 가장 늦게 공립학교 체제를 확립한 나라가 되었다.

종교 정당들과 종교-정치의 결합은 전국 정치에서 가장 큰 힘을 발휘하는 세력이었다. 독일의 가톨릭중앙당은 완전히 교회의 이익을 옹호하는 정당이었다. 벨기에의 가톨릭당은 1870년 정부를 구성하도록 요구받았다. 1815년 이후 프랑스 정치에서는 교회가 큰 영향력을 행사했으며, 이런 추세는 19세기 후반으로 갈수록 커졌다. 1871년 프랑스 가톨릭은 1789년 이후 선거에서 가장 큰 승리를 거두었다. 네덜란드에서는 1878년 칼뱅주의 반혁명당이 세워져 국가가 종교 학교를 지원하도록 만드는 데 성과를 거두었으며, 우파의 큰 후원 세력이 되었다. 오스트리아에서는 가톨릭 교회가 정치에서 큰 힘을 발휘했으며, 사회기독교당을 통해 정치에 직접 개입하기도 했다. 영국의 보수당은 스스로 국교회와 동일시했으며, 19세기 내내 국교회의 이익을 충실하게 대변했다. 차르 치하의 러시아에서 정교회는 국가 권력의 일부였으며, 정교회 성직자들은 정당, 선거, 의회 정치에서 중요한 역할을 했다(Mazour 1951 : 44~74).

정치적으로 활발한 종교 정당들은 19세기 동안 다양한 집단의 지원 속에 유지될 수 있었다. 이 집단들이 교회와 관련된 혹은 교회의 집단적 이익을 추구하는 것만은 아니었다. 프랑스 혁명 동안 전통적인 귀족은 교회와 연합하여 그들의 힘과 특권을 유지할 수 있는 제도를 지키고자 했다. 교회와 전통적인 지주 엘리트는 양쪽 모두 대토지 소유자였기 때문에 이해관계를 같이했다. 프랑스 혁명 직전 가톨릭교회는 프랑스 토지의 약 10분의 1 정도를 소유하고 있었다(Geffre and Jossua 1989). 영국에서 국교 성직자들은 인클로저법(1760~1850년)의 중요한 수혜자였으며, 19세기 내내 부유한 지주들과 거의 입장을 같이했다(Gilbert 1980: 71). 교회는 또한 상징, 정서, 부, 조직적 힘 등의 풍부한 자원을 가진 존재로 어느 집단이든 함께하고 싶어 하는 존재였으며, 정치에 이용하기에 이상적인 기구였다.

탈기독교화했던 귀족이 나폴레옹 전쟁 이후 망명에서 돌아와 다시 기독교도가 되었다. 그들은 교회에서 높은 직위를 차지했다. 왕정복고 시기에 선발된 90명의 주교 중 70명이 귀족이었다(Moody et al. 1953: 177). 영국에서는 19세기 내내 지주들이 기성 교회의 성직자를 충원했다(Thompson 1974: 198~207). 독일에서 개신교 부흥 운동에 가장 열심이었던 이들은 대지주였다. 포메라니아에서 많은 지주는 자신들의 영지를 기독교 사회로 바꾸어놓고, 이곳에서 그들은 설교를 하고 성경을 나누어주었을 뿐 아니라, 성경에 나오는 족장처럼 그들의 소작인을 다스렸다(Shanahan 1954: 118). 프랑스 대부분 지역에서 미사에 참여한 이들은 거의 부유한 가톨릭 신자들이었다. 영국에서 기성 교회 행사에 참여한 이들은 상류층 중에서도 높은 지위에 있는 사람들이었다. 1902~1903년 런던 국교회 성사 참여율을 보면 가난한 지역에서는 인구의 4퍼센트만이 참여한 반면, 부유한 교구에서는 22퍼센트가 참여했다(McLeod 1981: 27; McLeod 1973: 31).

19세기 동안 하나의 집단으로서 귀족은 사회적·정치적 기구로서의 교회를 수호하는 데 헌신했다. 따라서 교육에 대한 종교적 통제는 가장 열띤 의제가 되었다. 프랑스에서 귀족은 가톨릭 학교를 "자신들의 가치관을 세대를 넘어 전달해줄 수 있는 수단으로 여겼고, 어린이를 반종교적 영향과 1789년의 강령에서 격리시키려" 했다(Zeldin 1970: 70). 따라서 교육은 가톨릭의 책임 아래 구체제의 질서를 교육해야 한다는 생각이 19세기에 새 힘을 얻었다. 종교 교육은 가톨릭 국가에서만이 아니라 개신교 국가에서도 중요한 정치적 이슈가 되었다.

행정부와 입법부를 전통 귀족이 장악하면서 이전에는 교회 권력을 제한하였던 국가가 1815년 이후로는 교회와 협력하여 전 유럽을 계속해서 휩쓸고 있던 혁명 세력을 억압했다. 회의적 철학자면서 프랑스 왕위 요구자였던 프로방스 백작은 1797년에 "왕좌와 제단 사이에서 내밀하게 다리 역할을 하면서, 양측에게 없어서는 안 될" 주교들에게 편지를 썼다(Heyer 1969: 131). "왕좌와 제단"의 긴밀한 관계가 19세기 유럽 사회와 정치를 지배했다.

기독교의 신성함은 여러 보수 정권에 의해 강조되었다. 1815년 형성된 오스트리아, 러시아, 프로이센 신성동맹과 프랑스, 에스파냐, 나폴리에 복귀한 부르봉 왕조, 그리고 유럽 전역의 보수 정부들이 기독교를 강조했다. 샤를 10세(1824~1830년)는 예수회 수사들을 프랑스로 데려왔고, 가톨릭 지도자들에게 정치적 지위를 주어 강한 발언권을 행사하게 했으며, 제기나 성찬식 음식을 불경하게 만들면 사형에 처할 수 있는 법을 제정했다(Weiss 1977: 53). 에스파냐(1851, 1859년), 오스트리아(1855년), 뷔르템베르크(1857년), 바덴(1859년)은 책 검열과 교육, 교회법, 결혼 등에 대한 권한, 성직자에 대해 독립된 형사 제도, 교회 재산과 수도원 재단에 대한 보호 등을 교회에 위임하는 협약에 서명했다.

국가가 교회의 이익을 수호하는 데 실패할 경우 교회는 국가에 반기를 들 수 있었다. 예를 들어 루이 나폴레옹이 1852년 쿠데타를 통해 집권했을 때, 교회는 광범한 통신망을 이용해 그가 반대파를 진압할 수 있도록 도왔다. 하지만 그가 1859년 피에몬테에서 교황령에 반대하는 세력을 지원했을 때, 교황에 충실한 성직자들은 그에 대해 전쟁을 선포하고 프랑스 가톨릭 교도들에게 그를 폐위하기 위해 또 다른 방데 전쟁을 준비하라고 일렀으며, 결국 부르봉 왕가를 복귀시켰다. 성 바오로회도 그를 암살하는 모의에 가담했다. 협회의 비밀 인쇄소 중 한 곳에서 국내 화약 생산 지침서를 인쇄했다(Zeldin 1970: 150).

그리스, 세르비아, 루마니아, 불가리아에서 교회는 국가가 중앙집권화를 기획하고 농민의 부담을 경감하는 개혁을 통해 전통적인 특권을 위협하려고 할 때, 국가(합스부르크 혹은 오스만 제국)에 저항하는 투쟁에 참여하거나 주도했다. 러시아의 구신자 운동(Old Believer movement)은 나폴레옹 전쟁 과정에서 나폴레옹과 연대하여 차르에 반기를 들었으며, 이후 러시아 교회는 국가에 저항하는 운동의 중심지가 되었다(Dunn and Dunn 1964). 교회는 포르투갈(1933), 오스트리아(1934), 에스파냐(1936)에서 반정부 운동을 지원했다.

전통적 엘리트가 경제 발전에서 나오는 이익을 독점하면서 상층과 중간계급 사이의 긴장이 커졌고, 이는 반역적이고, 비국교도적이고 급진적인 종교운동의 등장으로 이어졌다. 선거제도가 부자들을 제외한 다른 집단의 정치적 참여를 철저하게 제한하면서(7장 참조), 이런 운동들은 중간계급과 전문직 종사자들이 기성 질서에서 배제되는 것에 대해 정치적 반대를 표현했다. 그리고 많은 도시 빈민 사이에서, 특히 런던처럼 많은 이민자가 슬럼가를 형성해 살고 있는 항구 도시에서 대중적 지지를 호소할 수 있는 수단을 제공했다.

이런 새로운 개신교 운동은 대개 중간계급의 성격을 지녔으며(Gilley 1988: 236), 기본적으로 보수적인 운동이었다. 기성 교회와 마찬가지로 그들은 종교적 소수집단에게 적대적이었으며, 신도에게 전체주의적 규제를 가하고자 했고, 신도를 신앙이 없는 이들에게서 격리시키려고 했다(McLeod 1981: 36). 국교회와 이 새로운 운동 사이의 갈등은 특히 1830년대 이후 격렬해졌다. 하지만 1880년대에 상층과 중간계급이 사회주의의 대두 앞에서 단결하면서 교회 내의 갈등은 사그라졌다. 영국에서 비국교도 교회의 부유한 신자들은 국교회로 옮겨갔으며, 비국교도 교회의 신도 수가 줄어들기 시작했다(McLeod 1981: 12, 69). 프랑스에서 상층과 중간계급의 "신앙 복귀"는 토크빌에 따르면, "대중 정부"에서 종교의 역할 때문이며, 프랑스 혁명이 전통 지주계급에게 미친 영향과 마찬가지로 중간계급에게 영향을 미친 "사회주의에 대한 두려움" 때문이었다(1866: 6: 178).

사회주의 활동이 점점 과격해지고, 잦아지고, 광범해지면서 유럽 교회는 더욱더 우파가 되었다. 전간 시기 독일, 프랑스, 오스트리아, 포르투갈, 에스파냐, 폴란드, 벨기에, 네덜란드, 이탈리아, 노르웨이, 스웨덴에서 조합주의 정권이나 조합주의 구조들이 세워졌으며, 그 조직적 기반은 (교황 레오 13세가 1891년 발표한 사회 회칙인) 레룸 노바룸(Rerum Novarum, 새로운 사태)하의 가톨릭교회가 규정한 교회-조합주의 사회질서였다. 이는 19세기 내내 교회가 전통 사회의 붕괴에 반대하며 사용했던 모든 테마를 아우르는 것이었다.[18]

이탈리아에서 교회는 가톨릭의 정치 참여에 대한 규제를 완화했다. 이는 사회주의를 약화시키려는 의도에서였다. 1929년 교회는 라테란 조약을 통해 파시즘 지원을 공식화했다. 교회-파시스트 체제는 1934년 오스트리아에서 등장해, 1938년 오스트리아가 독일 제3제국과 병합할 때까지 집권했다. 사회주의 세력이 에스파냐에서 강해지면서 가장 널리 읽혔던 종교 잡지인 『메신저(Messenger)』는 에스파냐를 다시 한 번 완전한 가톨릭 국가로 만드는 "성전"을 주창했다(McLeod 1981 : 52). 에스파냐의 제2공화국(1931~1936년) 헌법은 정교 분리를 선언했으며, 교회 재산의 일부를 몰수했고, 교육에서 종교적 규칙들을 폐지하면서 좌파와 우파 사이에 벌어질 피비린내 나는 내전을 준비했다. 이 전쟁에서 파시즘이 공화파를 누르고 승리한 것을 대부분의 가톨릭교도들은 기독교인의 승리로 받아들였다(Carr 1966).

가톨릭교회는 포르투갈 공화국을 무너뜨리는 데 일조했으며, 1933년 살라자르(Salazal) 아래서 권위주의적 정부가 들어서는 것을 도왔다. 독일에서는 나치즘의 극단적인·무신론에도 불구하고 개신교와 가톨릭의 아주 일부만 히틀러의 집권에 반대했다. 가톨릭중앙당은 히틀러에게 독재적 권력을 부여한 수권법(Enabling Act) 제정을 지지했다. 1933년 이후 많은 가톨릭 조

---

18) Berghahn 1988 ; Sutton 1982 ; Elbow 1953 ; Bowen 1947 ; Gulick 1940 참조.

직이 나치 조직과 통합했다(Evans 1981 : 395). 프랑스에서 권위주의 운동, 특히 모라스(Charles Maurras)의 왕정복고를 주장하는 악숑 프랑세즈(Action Francaise) 운동은 프랑스 주교 대다수의 지지를 받았다(Buthman 1939; Soucy 1972).[19] 또한 1940년대에 교회는 비시 정권을 지지했다. 교회-조합주의 체제는 1940년대에 크로아티아와 슬로바키아에서도 등장했다.

19세기와 20세기 초 교회와 귀족은 전통 사회의 구조와 제도들을 유지하기 위해 협력했다. 19세기 초 교회와 귀족이 반목했던 곳에서도, 예를 들어 이탈리아에서처럼 세속 정부와 교황령이 경쟁하면서 귀족이 교회에서 떨어지게 했던 곳이나 스페인에서처럼 교회에 대한 민중적 적대감 때문에 교회가 전통 사회를 지키는 역할을 변변히 해내지 못했던 곳에서도, 이들은 결국 단단히 결속해나갔다. 이후 교회 내의 분열과 상층과 중간계급 사이의 분열도 사회주의가 성장해가면서 해소되거나 보이지 않게 되었다. 사회주의가 성장하면서 생겨난 긴장들로 유럽 사회는 점점 양극화되었고 결국 양차 세계대전으로 이어졌다. 종교는 이 전쟁들과 밀접한 관련을 맺고 있으며, 그런 사태로 가는 과정에서 중요한 역할을 했다.[20]

제2차 세계대전 이후 유럽에서 교회의 정치력과 역할은 쇠퇴하기 시작했다. 교회에 가는 것은 소식과 안부를 접하는 여가 활동이 되었으며, 사회복지와 자선 활동을 하는 기회가 되었다. 국가가 교회의 사회복지 활동을 담당하기 시작하면서 자선단체들은 세속화되었고, 언론과 비종교적인 사회

19) 교회가 1926년에 악숑 프랑세즈 운동을 비난하기는 했지만, 이후 교회는 가톨릭교도가 이 운동에 참여하는 것에 대한 금지를 완화했다.

20) "제1차 세계대전 동안 모든 교회가 그 기반을 상당히 상실했다. 교회의 쇠퇴는 1920년대에 많은 주목을 끌었다. 당시 영국 인구는 계속 증가하고 있던 데 비해, 대다수 교회는 사실상 현상 유지에 급급했다. 하지만 1930년대 초 신도 수와 신도 수 비율(성인 인구에서 신도 수가 차지하는 백분율) 지표를 보면 다시 쇠퇴하고 있었다. 제2차 세계대전은 이런 추세를 더욱 부추겼다. 이후 1940년대 말과 1950년대 초에 다시 회복기가 있었지만, 이는 제1차 세계대전 이후의 짧은 회복기와 비교해도 미미한 수준이었다. 1960년 이래 신도 수, 예배 참석자, 주일학교 참여자, 세례, 견진성사, 전문 성직자로 입문하려는 후보자 등의 수치가 계속 낮아지면서 총체적으로 위기라는 인상을 주고 있다"(Gilbert 1980 : 71).

단체가 발달하면서 교회 신도 수와 예배 참석률은 감소했다. 제2차 세계대전 이후 종교적 이슈들은 이전 150년 동안처럼 정치에서 그렇게 큰 비중을 차지하지는 못했다.

결론

이 장에서 우리는 자유주의와 맑스주의에서 말하는 부르주아의 발전을 찾아보려고 했지만, 대신 부르주아적 요소들이 전통 귀족에 의해 포섭되고 동화되는 것을 발견했다. 대부분의 유럽 사회에서 "전산업사회 지배 집단들은 재산이 감소하는 시기에도 사회 · 정치적으로 현저한 영향력을 행사했으며, '중간계급들'은 경제적 자산이 증가하는 시기에도 사회적 · 정치적으로 종속된 역할에 머물러 있었다"(Bendix 1977: 420~421). 아마도 스위스와 북해 저지대 국가들을 제외하고,[21] 유럽 전역에서 산업화의 한 특징은 정치 · 경제적으로 강력한 부르주아가 존재하지 않았다는 점이다. 19세기 동안 귀족들은 발전하고 있던 다양한 상업적 · 산업적 요소들을 성공적으로 수용하고 흡수하며, 또 저지했다. 귀족의 권력에 도전하는 반엘리트 세력이나 독립적인 자본가 부르주아는 등장하지 않았다. 성장하던 부르주아는 따로 하나의 계급을 형성하기보다는 귀족에 동화되어갔다. 그리고 이 확대된 계급 내에서 지주 엘리트는 세계대전 때까지 헤게모니를 유지했다. 토지 재산은 계속해서 부의 가장 중요한 요소였다. 유럽 대부분 지역에서 지주 계급은 부만이 아니라 사회적 · 정치적 권력도 확고히 장악하고 있었다. 따라서 19세기 유럽에서 전통적인 엘리트가 경제 · 정치적 발전을 주도할 수 있었다. 6장에서 상술하겠지만, 사실 유럽의 산업 발전은 농촌 유럽

21) 많은 학자들은 작은 서부 유럽 국가들에서 지주 상층계급이 약했거나 없었다고 지적해왔다(Katzenstein 1985; Rokkan 1970). 하지만 상당수 농민이 토지를 보유하고 있던 스칸디나비아와 북해 저지대 국가들에서도 귀족이 정치권력을 독점했다.

의 부르주아화보다는 도시 산업 영역의 봉건화가 증대되는 것이 그 특징이었다.

5장

유럽에서의 종속과 발전

IN THE MIRROR OF THE THIRD WORLD CAPITALIST DEVELOPMENT IN MODERN EUROPE

현대 제3세계의 발전은 식민지적이고 전통적 구조와 세력에 의해 형성되어 왔으며, 이원성과 독점, 내적인 구조적 통합성의 결여, 외부 자본 · 외부 노동력 · 외부 시장에 대한 종속성으로 특징지어진다. 이상이 제3세계 발전의 특성을 잘 정리한 내용이다. 흔히 제3세계의 "종속적" 발전은 좀 더 "온건"하고 "독립적인" 유럽의 발전과 다음과 같은 식으로 대비되곤 한다. "독립적인 자본주의 발전 과정을 경험하지 못하고, 〔다른 지역들은〕 유럽 중심적인 자본주의 체제에 식민지로, 종속된 지위로, 혹은 일종의 고객으로 통합되었다. 우리가 오늘날 알고 있고 있는 바와 같이 자본주의가 자기 결정적인 중심부와 종속적인 주변부가 일찍부터 변증법적으로 통일되면서 시작한 것은 바로 이런 방식으로였다"(Sweezy 1982 : 211). 하지만 유럽이 현대 제3세계 종속적 발전과는 분명히 다른 독립적인 발전을 경험했다고 하는 가정은 잘못되었다.

이 장에서는 종속 이론의 주요 주장들을 분명히 하고 독립적인 발전의 특징은 무엇이어야 하는지를 서술할 것이다. 그리고 이에 기초하여 유럽에서 산업자본주의의 발전이 독립적인 발전이기보다는 종속적 발전에 좀 더 가깝다는 것을 보여줄 것이다.

종속적 발전과 독립적 발전

"종속적 발전"이라는 용어는 제3세계 경제와 그 전개 과정을 표현한 것이며, 이는 저발전의 원인과 연결되어 있다. 종속적 발전에 대한 정의에 대해서는 보편적인 합의가 이루어지지 않은 상황이다. 하지만 어떻게 정의를 하든, 종속적 발전에 대해 두 가지 문제는 특별히 주의를 기울여야 한다. 첫 번째는 정의의 완결성과 관련된 것이다. 포괄적으로 정의할 경우 일부 학자들이 중요하지 않거나 별 관련이 없다고 생각한 요소까지 포함하게 된다. 정의를 제한하면 다른 관찰자들이 중시했던 요소를 배제할 수가 있다. 이 책에서 채택한 정의는 지나치게 포괄적이라고 할 수 있다. 이 모든 요소는 한꺼번에 나타나는 것은 아니라고 할지라도 제3세계 전역에서 볼 수 있다. 이 모든 요소는 1945년 이전 유럽 산업자본주의 발전의 특징이기도 했다. 두 번째 문제는 종속적 발전에 대해 역동적이고 연관성을 강조하는 정의가 필요하다는 문제와 관련되어 있다. 예를 들어 종속적 발전과 관련된 요소들이 다양한 시점의 유럽 경험에서도 나타났다는 것을 보여주는 것으로는 충분하지 않다. 이들은 장기간 성장 과정의 특징이자 내재적인 것이어야 하며, 연관성을 가진 것이어야 한다.[1] 종속적 발전의 특징은 아래와 같다.

1. 식민주의의 역사
2. 좀 더 발달해 있고 동질성을 확보한 국가들이 지배하는 국제 환경에서 덜 발달하고 전국을 완전히 통합하지 못한 국민국가들의 상황.[2]

---

1) 그래서 카르도주(Cardoso)는 종속자본주의 발전의 다양한 요소를 "필수적이고 동시적인 것"이라고 해야 한다고 강조했다. 이 요소들, 즉 "사회 경제적 착취, 소득의 불평등한 분배, 소득 수단의 사적인 전유, 일부 경제가 타자들에게 종속된 상황"(Cardoso 1977 : 17)은 이 책에서 채택한 규정에 포함되어 있다.

2) 여기서 "의존(dependence)"와 "종속(dependency)" 사이의 구분은 Caporaso(1978)의 정의를 따랐다. 1장 참조.

3. 이원성(예를 들어, 경제 일부 분야와 외국 경제 세력 사이의 강한 연계 때문에 국내 경제의 다양한 요소들이 통합성을 갖추지 못하는 것).
4. 몇 안 되는 수출 품목과 소수 무역 상대에 의존.
5. 생산의 중요한 요소들(기술, 자본)을 외국의 공급에 의존.
6. 원료와 1차 곡물 생산의 특화(좀 더 일반적으로는 발전 과정의 선택이 제한되어 있어, 자체적으로 발전을 기획해나가기 힘든 조건).
7. 엘리트와 대중 사이의 불평등(소득과 토지 대여 구조 모두의 불평등)과 간극이 커짐.
8. 독립적인 토착 자본가 부르주아가 없고 발전에서 국가가 지배적인 역할을 함.
9. 형식적으로는 민주주의이지만, 확실하지 않고 부분적이며 불안정한 민주주의.

다른 장들에서 이런 요소들이 유럽 발전의 특징임을 보여주었다. 식민지의 역사(2장), 제대로 통합되지 못한 국민국가들(3장), 유럽 국가들이 발전할 당시의 국제 환경(1장, 2장), 유럽에서 강력하고 독립된 토착 자본가 부르주아의 부재(4장), 형식적이고 부분적인 민주주의(7장) 등이 모두 유럽에서 나타난 현상이었다. 다른 요소들은 아래에서 논한다.

독립적 발전이란 무엇인가? 종속 이론과 신고전주의 문헌들은 아래와 같은 특징들을 제시한다(다른 장에서 논의된 요소들은 제외했다).

1. 국내 산업에서 생산된 것이 유통되는 국내 시장의 발전.
2. 경제적인 전략 자본재 산업들을 포함하여 여러 연계성을 갖고 있는 다각화된 산업 구조.
3. 수출 구조, 무역 상대, 자본과 기술 자원 등을 다양하게 갖춘 상태.
4. 자본 투자와 축적 과정에 대한 "국가적" 통제.

곧 보여주겠지만, 위 내용은 19세기와 20세기 초 유럽 발전의 특징이 아니다. 유럽 발전이 이런 특징을 갖게 된 것은 제2차 세계대전 이후의 일이다.

종속 이론에 따르면 제3세계에서 종속적 발전의 특징은 유럽 열강들의 식민지와 제국주의 정책에서부터 시작되었다.[3] 식민주의는 제3세계 경제를 특화된 수출 지향적인 양식으로 바꾸어놓았으며, 근본적으로 상호 연계되어 있는 구조적 왜곡을 창출하여 발전을 가로막아왔다. 가장 전형적인 왜곡이 이원경제이다(Sunkel 1993). 이원성은 식민지 경제의 전형적 특징으로, 이런 조건에서는 공격적인 근대 경제 영역도 사회의 다른 영역을 바꾸어놓지 못한다. 그래서 노예제와 봉건적 관계들이 자본주의와 국영 기업 등과 결합되거나 공존하게 된다. 식민 상태에서 벗어난 이후에도 여러 형태의 신식민주의에 의해 이원성은 여전히 계속된다.[4] 이원성은 도시와 농촌 사이의 혹은 성공적인 분야와 그렇지 못한 분야 경제 영역 사이의 자연스럽고 또 어느 정도는 어쩔 수 없는 불균형한 성장 과정을 의미하는 것이 아니다. 이원성은 부를 소유한 이들이 의식적으로 추진한 정책들의 결과이며, 일정 영역을 넘어선 투자는 없고, 이윤은 그 영역에 재투자되거나 외국으로 유출된다. 또한 기술 발전은 농업이나 영세 산업으로는 확산되지 않으며, 사회는 다양한 법칙 · 과정 · 제도에 따라 구조적으로 분할되어 있다.

이원성은 몇 안 되는 수출 품목과 소수의 수출 상대에게 의존하게 만들며, 결국 외국 시장의 파고에 따라 흔들리는 불안정한 경제를 만들고, 국민경제에 영향을 미치는 결정들에 외국의 입김이 크게 작용하도록 만든다. 몇몇 수출품과 시장에 의존해 있기 때문에 국가 발전의 자율성이 제한을

---

3) 예를 들어 Murdoch 1980; S. Amin 1979; S. Amin 1974; Williams 1978; Caldwell 1977; Cardoso 1972; Rodney 1972; Emmanuel 1972; Stein and Stein 1970; Furtado 1970 참조.

4) 식민지 국가들의 경제를 설명하기 위해 이중경제 모델이 개발되었다. 식민지 경제에서 서구 경제 제도와 조직은 구식 제도와 저개발된 경제를 가진 구(舊)사회라는 바다에 떠 있는 섬과 같은 존재이다. Boeke 1953 참조. 신식민주의와 이원성에 대한 논의는 Gonzales-Casanova 1965 참조. 이원구조 이론과 문헌 소개는 Meier 1970: 125~288 참조.

받는다. 이원성은 외국 자본에 대한 의존도를 높이기도 한다. 특히 외국의 직접 투자는 외국 기업이 제조업, 농업, 광업, 상업의 주요한 영역들을 장악하도록 만든다. 이는 무역 속국에 한정되지 않으며, 사회정치적 상황으로 연결되어 국가의 자율성을 더욱 제한한다. 역동적 영역에서 사용된 기술은 선진국에서 가져온 것으로 개발도상국에 맞게 재조정된 것도 아니고, 개발도상국의 필요에 "적합한 것도 아니다."[5] 기술과 개발도상국의 사회구조 사이의 이런 불일치는 독점적 관행을 부추기고, 소득의 불균등한 분배를 더욱 심화시켰으며, 인구의 상당수를 소외시켰고, 종속 구조를 지속시켰다.

종속국가에서 토지 소유와 소득 분배는 상당히 불평등하다(Coatsworth 1993 : 26~27 ; Dos Santos 1970; Frank 1970, 1967). 많은 경우 이런 불평등은 경제 발전과 함께 더욱 악화된다(Coatsworth 1993 : 24 ; Chase-Dunn 1975 ; Bodenheimer 1971b). 종속적 발전의 특징인 여러 구조적 왜곡들 중 가장 중요한 것은 계급 관계의 특이한 양상이다(Portes 1985 ; Cardoso 1979). 외국 자본이 산업 분야에 깊이 파고들면서 자국 부르주아는 약하거나 존재하지 않게 된다(Nash 1984 ; Cardoso and Falleto 1979 ; Frank 1972b ; Baran 1970, 1957). 식민 열강들은 전통 엘리트에게 압력을 가하고, 종종 직접적인 군사적 침략이나 은밀한 폭력적 개입을 통해 이들이 계속 집권하게 해주기도 한다(Kautsky 1980 ; Emerson 1960). 일반적으로 식민주의는 전통 엘리트[6]를 부유하게 만들어주거나 새 지배 집단들을 창출해낸다. 독립 이후 지역 엘리트는 식민 세력의 창구로 남는다. 이들 엘리트는 국제적 연계망에 유리한 이익집단의 연합에 기초해 국내를 지배했다(Bodenheimer 1971b). 식민주의의 국제적 기구들은 "불평등의 역동성"을 유지하면서, 평등주의의 등장을 막는다(Gonzalez-Casanova 1965 : 35 ; Emerson 1960 : 342). 토착 부르주

---

5) S. Amin 1977 ; S. Amin 1974 ; Kay 1975 ; Alavi 1975, 1964 ; Stewart 1974 ; Cardoso 1972 참조. 자유주의 발전 경제학자들은 제3세계 사회에서 그들이 수입한 기술이 갖는 함의에 대해 비슷한 분석을 내놓았다. 예를 들어 Singer and Ansari 1977 참조.

6) 식민 세력은 지역 엘리트를 내치기보다는 이들과 협력하여 상호 이익이 될 수 있는 경제적 목표를 달성하고자 하는 것이 보통이다. Kautsky 1980 : 3장 참조.

아가 약하기 때문에 늦게 발전하기 시작한 지역에서는 산업화에서 국가가 좀 더 중요하고 좀 더 강압적인 역할을 한다(O'Donnell 1977). 대부분의 발전도상국에서 인구 대다수는 국가의 정치 생활에서 배제되어 있다.[7] 정부 형태는 민주주의이지만, 부분적이고 상당히 불안정하다.

종속적 발전의 이런 특징은 현대 제3세계의 것으로 잘 정리되어 있다. 하지만 발전 이론 학자들은 이런 특징이 유럽 산업 발전의 특징이기도 했다는 점을 대개는 인지하지 못하고 있다.

19세기와 20세기 초 유럽의 발전

유럽의 국가들은 현대 제3세계 국가들에서 발견되는 것과 비슷한 식민지적 착취를 경험해왔다. 19세기와 20세기 초 몇몇 국가들은 직접 식민 지배를 당했다. 노르웨이, 핀란드, 합스부르크 영방들(이 영토들은 제1차 세계대전 이후 체코슬로바키아와 유고슬라비아가 된다), 이탈리아, 헝가리, 폴란드, 아일랜드, 그리스, 발트 해 나라들, 루마니아, 불가리아, 알바니아 등이 직접 식민 지배를 경험했다. 여러 지역에서 많은 유럽인들은 국가 건설 과정을 통해 식민 지배를 경험했다. 이 과정은, 2장에서 보여준 것처럼 군사적 강점, 경제적 지배, 문화적 동화라는 방식을 거치면서 진행되었다.

유럽의 많은 지역이 직접 지배에 종속되기도 했다. 발칸반도와 동유럽과 남유럽에서, 특히 서유럽 열강은 상당히 불평등한 무역 협정을 비롯해 광범한 특권을 행사했다. 20세기 초까지 프랑스, 독일, 오스트리아가 제공한 차관과 채권 때문에 발칸 반도의 국가들은 이들 채권국의 이해관계에 휘말리게 되었다. 하지만 이런 자본의 수출이 중요한 군사-정치적 의미를 지

---

7) O'Donnell 1979; Schmitter 1971; Chalmers 1969; King 1968; Cardoso and Faletto 1969 참조.

녔음에도 불구하고, 투자가 발칸 국가들의 경제를 저발전되고 전(前)산업화된 수준에서 끌어올려 주는 데는 거의 역할을 하지 못했다. 발칸반도의 국가들은 좀 더 산업화된 국가들에게 농업 생산물을 공급하는 역할에 머물렀다(Berend and Ranki 1974 : 6장).

다른 지역에서는 외국에게 특권을 양도하는 식의 간접 통제가 실시되었다. 예를 들어 에스파냐에서는 유한회사들에게 규제를 완화해줌으로써 외국인이 주식을 발행하여 모든 종류의 회사를 설립할 수 있는 자유를 온전히 누릴 수 있게 했다(Nadal 1973 : 545). 납 광산과 납을 제련하는 산업은 완전히 외국인의 손에 넘어갔으며, 선철 생산과 아연, 구리 광산도 외국 자본이 지배했다. 외국 회사들이 에스파냐의 철도를 건설하여 착취와 무역의 수단으로 삼았다. 철도는 국내 경제 발전을 위한 것이기보다는 광업 생산물 수출을 용이하게 하기 위한 것이었다. 철도의 건설이나 광업이 1914년 이전에는 경제의 다른 부분에 중요한 영향을 미치지 못했다. 제1차 세계대전이 발생할 때까지 에스파냐는 기본적으로 여전히 농업 국가였다(Carr 1966).

이원성은 식민지 경제의 특징이며, 특히 현대 제3세계 발전의 전형적인 특징으로 여겨져 왔다. 사실 이원성은 19세기와 20세기 초 여러 유럽 사회의 내재적 특징이었다. 유럽의 내부 식민주의는 현대 제3세계에서 창출된 해외 식민주의가 낳은 구조적 왜곡과 같은 현상을 낳았다.[8] 유럽의 모든 나라는 어느 정도는 경제적 이원성을 보였다. 모든 나라가 경제적으로 좀 더 역동적인 중심부를 갖고 있었고, 이 중심부가 후진 지역에 대해 정치적 ·

8) 스타벤하겐(Stavenhagen 1968)이 이원성에 대해 분석한 것처럼, 사실 "내부 식민주의"라는 용어가 "이원성"보다는 라틴 아메리카 나라들의 도시 중심부 혹은 생산적인 농업 지역들을 개발되지 못하고 뒤떨어진 지역과 좀 더 정확하게 비교할 수 있게 해준다. 라틴 아메리카에 존재하는 것은 "이원성"이라는 용어가 시사하는 것처럼 두 개의 독립적인 사회적 · 경제적 체제가 아니다. 그것은 하나로 묶여 하나의 기능을 하고 있는 두 개의 세계로, 이 중 "개발되지 못하고 뒤떨어진 지역은 발전한 도시 중심부나 생산적인 농업 지역에 대해 항상 **내부 식민지**의 역할을 하는" 관계에 있다(Stavenhagen 1968 : 14~18).

문화적 지배력을 행사했다. 제2차 세계대전이 끝날 때까지 유럽 대부분 나라에서 지역적 불평등은 여전히 남아 있었다. 윌리엄슨(Jeffrey Williamson)은 19세기 유럽에서 지역 사이의 소득 불균형이 심화되고 남-북 이원성이 커지는 것이 전형적이었음을 보여준다. 성장과 동시에 억압받는 지역도 많이 등장했다. 이 지역은 초기에 상대적으로 발전한 농산물 수출 지역이었다. 지역적 불균형은 1860년부터 제1차 세계대전까지 점점 심화되었다(Williamson 1965).

영국에서 이원 구조는 켈트 주변부(아일랜드, 웨일스, 스코틀랜드, 콘월 지역-옮긴이)에서 발달했다. 영국은 다각화된 산업 경제를 창출했지만, 웨일스, 스코틀랜드, 아일랜드에서 생산은 지나치게 특화되는 경향이 있었다. 켈트 주변부에서 산업화는 지리적으로 소수 주에 국한되었고, 산업화되지 않은 광범한 지역을 배경으로 산업화된 곳은 이종 문화권을 형성했다. 이들 이종 문화권들은 영국과 국제 시장을 지향하면서 또 이에 의존하게 되었다. 켈트 주변부의 대부분 지역은 산업화되지 않은 상태로 남았다.

이원성은 **프랑스** 발전에서 최소한 18세기부터 두드러지는 특징이다. 팍스(Edward Fox)는 18세기의 프랑스를 두 개의 프랑스라고 묘사했다. 하나는 신프랑스로, 영국의 산업혁명을 받아들여 성숙한 자본주의 사회로 발전해가는 프랑스이다. 다른 하나는 구프랑스로, 여전히 생계형 농업에 의존하며 살아가는 프랑스이다. 이 "같으면서도 분리된" 두 사회는(Fox 1971 : 178) "계속 공존하면서 20세기까지 각자의 정체성을 유지해갔다"(98). 1827년 뒤팽 남작(Baron Charles Dupin)은 프랑스가 부유한 북부, 즉 "개명한 프랑스"와 프랑스 내에서 경제·문화적으로 가장 개발되지 않은 브르타뉴, 루아르 계곡, 중부 프랑스 지역 등 "후진 프랑스"로 극명하게 대조를 이루고 있다고 묘사했다(Dupin 1826 ; Chartier 1978 : 531에서 재인용). 그는 프랑스가 두 개의 경제적 세계로 나뉘어 있다고 하면서, 농산물과 공산품의 가치 면에서, 1인당 수입 면에서, 공공 재원 면에서 분명히 구별되는 세계라고 서술했다. 남부는 북부로 농산물을 보냈고, 북부는 공산품을 내려보냈다(Dupin 1827 : 1 : 1 ; Chartier 1978 : 534에서 재인용).

1851년 이전에는 산업 지역 내에서 구조적 변화가 지극히 한정되어 있었다. 성장은 좀 더 많은 상품 생산을 통해 일어났는데, 이는 기술 혁신을 통해서라기보다는 기존 생산 방식의 확장을 통해 발생했다. 근대적인 생산 형태는 예외적인 것이었고, 전형적인 전(前)산업사회 경제 기구들과 공존하고 있었다. 1851년 이후 경제 발전이 시작되면서 근대적 생산으로 바뀌어나갔다. 하지만 1870년까지 직물, 의류, 가죽, 건축, 목제 등 전통 산업들이 여전히 총생산의 85퍼센트를 차지했다. 연료, 광산, 금속, 공학과 같은 좀 더 근대적인 산업들은 10퍼센트에 그쳤다(Price 1981 : 97).

경제 발전이 북부와 북동부의 공업 활동에 집중되어 있었던 반면, 다른 지역은 비공업화와 경제적 침체를 경험했다. 미디, 브르타뉴, 프랑스 중동부 지역의 산악 지대, 파리 분지의 남동부와 남서부 외곽 지역들 대부분은 상업화 수준이 낮은 생계형의 옛 농업 방식으로 살아가고 있었으며, 인구도 갈수록 줄어들었다(Price 1981 : 237~38). 1870년 이후 상당한 지역적 차이가 드러나기 시작했다. 1947년에도 그라비에(Jean-Francois Gravier)는 프랑스를 "프랑스의 사막"에 둘러싸인, 파리를 중심으로 한 풍요의 "섬"이라고 표현했다.[9]

벨기에에서 19세기 산업 발전과 경제 팽창은 주로 왈론(Walloon) 지역에서 일어났다. 벨기에에서 플라망어를 하는 지역은 이전에는 벨기에 경제생활의 중심지였지만 점차 경제적 · 문화적으로 후진 지역이 되었고, 브뤼셀의 금융 중심지에 의존하게 되었다. 제1차 세계대전 이후까지 플랑드르 지역의 임금이 훨씬 낮았다. 1840년대 중반 이후 플랑드르 지역의 특징은 무엇보다 극심한 가난이었다(Mokyr 1976 : 239). 전간 시기 동안 플랑드르 민

9) Gravier 1947. "프랑스의 사막"은 선택받지 못한 70퍼센트의 인구가 거주하는 곳으로 오트루아르 혹은 로자르(Lozàre) 주에서는 1인당 평균 세금이 250프랑도 되지 않았다. 이와 대조적으로 파리에 거주하는 250만 명의 1인당 평균 세금은 1,676 프랑으로, 400프랑이 채 안 되는 전국 평균의 네 배에 달했다(Coates et al. 1977 : 32~34).

족주의자들은 "브뤼셀과 왈론의 정치 권력에 기반을 두고 프랑스화된 수도 브뤼셀에 의해 플랑드르를 식민화"하는 것에 관심을 두었다(Elias 1969; Kossmann 1978: 636에서 재인용). 제2차 세계대전이 지나고 나서야 뒤처진 플랑드르 지역이 개발되기 시작했다(De Vries 1976: 29).

독일은 공업 발전을 통해 유럽에서 군사적 · 공업적인 면에서 강국이 되었지만, 독일 경제 사회의 상당 부분은 토지가 없는 농민, 고전분투하는 장인, 가난한 자영업자, 굶주린 직인으로 구성되어 있었다. 독일은 대규모 공장을 짓고 투자재 산업을 육성하는 등 비싼 선진 기술에 집중하였지만(Gerschenkron 1962), 많은 제조 업자들은 여전히 수공업과 가내 생산에 매달려 있었다. 1907년 광공업에 종사하는 사람의 3분의 1 가까이가 자영업자이거나 5인 이하 작업장에서 작업했다. 직물, 의류, 가죽, 목재, 장난감 생산, 식품 가공, 다양한 금속 산업 분야에서는 가내 생산이 광범하게 퍼져 있었다(Landes 1969: 330). 1914년 동프로이센 지역의 개인 소득은 1892년 프로이센 전체의 평균 수준과 비슷했다. 1907년 베를린 시민의 소득은 동프로이센 지역보다 세 배 이상 높았다.[10] 사망률과 유아 사망률은 전국 평균을 계속 웃돌았다. 이민의 이유로 가장 자주 거론되는 것은 낮은 임금과 가난한 생활 조건이었다.[11]

오스트리아-헝가리 제국의 대규모 산업도시와 화려한 궁정 엘리트는 생계형 농업에 의존해 겨우 살아가는 슬라브 지역의 가난한 농민과 대조되었다(Tipton and Aldrich 1987a: 34). "대대로 살아온 지역"에서 사는 2,800만 주민 중, 40퍼센트에 달하는 1,100만 명이 갈리치아, 부코비나, 달마티아에 살았으며, 이 지역의 15퍼센트만이 산업화되었다. 보헤미아와 오스트리아 지역의 1인당 생산과 소비 수준은 다른 지역 보다 30~40퍼센트 정도 높았다. 갈리치아, 부코비나, 달마티아에서는 인구의 80~85퍼센트 정도가 농

10) Topton•1976: 112. 이 수치는 Orsagh 1968; Goedel 1917: 24; Statistisches Reichsamt 1932: 32~33, 72의 자료를 토대로 계산한 것이다.

11) Tipton 1976: 112의 자료 참조.

업에 종사했다. 1910년 보헤미아의 농업 인구는 38퍼센트, 오스트리아의 농업 인구는 42퍼센트였다(Berend and Ranki 1974 : 121~22, 134). 1914년 자료를 보면 지역에 따라 소득과 생산이 크게 차이가 남을 알 수 있는데, 이는 민족 분포와 상당히 일치하는 것이기도 했다. 1인당 소득을 보면 로워(Lower) 오스트리아(니더외스터라이히) 지역(850크라운)과 보헤미아(761크라운) 지역이 갈리치아(316크라운), 부코비아(310크라운), 달마티아(264크라운)보다 훨씬 높았다(Good 1984 : 150). 슬로바키아는 중공업에 필요한 광물 자원이 많기는 했지만, 주로 헝가리 등 산업화된 지역에 원료와 노동력을 제공하는 곳으로 남아 있었다. 1913년 슬로바키아는 헝가리 철광석, 황철광, 구리광석, 안티몬 광석의 절반 이상을 생산했다(Busek and Spulber 1957 : 297). 하지만 슬로바키아는 별로 산업화되지 못한 채 후진 농업 지역으로 남아 있었다.

발전한 북부와 가난한 남부 사이의 이원성은 **이탈리아** 사회의 오래된 특징이다. 1861년 이탈리아의 9개 나라가 연합하여 이탈리아 왕국을 결성하였을 때 토지 소유 형태가 북서부 유럽과 비슷한 북부와 큰 교회 토지 혹은 큰 영지가 온존하면서 땅 없는 소작농이 많은 남부 사이에는 큰 차이가 있었다. 1859년 남부 토지 소유자의 0.1퍼센트가 전체 토지의 28퍼센트를 차지했다. 그리고 토지의 39퍼센트 정도는 크기가 1.4 헥타르 정도로 나뉘어 있었는데, 이 정도의 토지를 전체 토지 소유자의 94퍼센트가 소유하고 있었다(Siegenthaler 1973 : 370). 90년 뒤인 1951년 남부 이탈리아인의 1인당 소득은 전체 평균의 절반을 조금 넘는 수준이었다. 이 지역은 실업률과 불완전고용 비율이 높고, 노동력의 절반 이상이 농업이나 "생계형" 소규모 장인 작업장에서 일하고 있었으며, 소득의 격차가 커서 빈부 차이도 크게 나타났다. 투자도 별로 되지 않아 인구가 대규모로 이주해 나간 역사가 있다(Vito 1969 : 211). **스위스**는 제1차 세계대전 이전에 수출에서 공산품 비율이 75퍼센트 이상이었지만, 스위스인 대부분은 농민이었다. 1920년에는 인구의 26.7퍼센트만이 도시에 거주했다(Hughes 1975 : 173, 274 ; Crafts 1984).

19세기와 20세기 초 **폴란드**의 산업 발전은 우지, 소스노비에츠, 바르샤바를 중심으로 한 세 개의 "섬"에 국한되어 있었다(Luxemburg 1977: 19~26). 이 시기 스칸디나비아 국가들은 몇 개의 경제권으로 분리되어 있었다. 이 중소도시들은 상업이 발달하면서 소득이 증가하는 발전을 구가했는데 비해, 변경 지역은 별 영향을 받지 않았다(Jorberg 1973: 426~427). **핀란드**는 가장 극단적인 예라고 할 수 있다. 서남부 지역은 상대적으로 빠르게 성공적인 산업화를 이룬 반면, 동부 지역의 산업은 정체 상태였다. 1850년대에는 동부 지역의 제재소들이 핀란드 목재품의 3분의 2를 처리했다. 하지만 19세기 말에 가면 남부 비푸리(비보르크) 지역이 동부 핀란드 제재 생산(핀란드 전체 제재 생산의 50퍼센트 이상)의 80퍼센트를 여섯 개 유통 업체를 통해 처리하게 되면서 동부 제재소가 처리하는 목재의 양은 12퍼센트에 불과하게 되었다. 1915년까지 목재 회사들이 핀란드 동부에 있는 국유지의 20퍼센트 이상을 사들였다. 농촌의 빈곤은 남서부에서보다 동부에서 더 심각했다. 동부에서는 인구의 19~20퍼센트가 집이 없었다. 핀란드 전체에서 집이 없는 인구는 9퍼센트였다(Alapuro 1979: 351). 이원성은 노르웨이, 스웨덴, 덴마크에서도 분명히 볼 수 있었다. 19세기 초 **노르웨이** 사회경제는 (1) 부유한 상인, 관료(그리고 여러 하인, 노동자, 거지)로 이루어진 도시 사회로 화폐경제, 시장 교환, 이윤을 목적으로 한 투자에 기반을 두고 있는 영역과, (2) 비자본주의적이며, 생계를 목적으로 하는 가족 중심적인 농업경제로 이루어져 있었다. 노르웨이의 경제와 사회는 상대적으로 고립되어 있으며, 가부장적이고 부분적으로는 자급적인 농업 사회로, 상층은 토지를 소유한 농민과 번창하는 차지농이, 하층은 상당히 종속적인 하인과 소작농으로 구성되었다(Osterud 1978: 111~112).

제1차 세계대전 이후 만들어진 **체코슬로바키아**는 경제적으로 분명히 구별되는 체코 지역과 슬로바키아 지역으로 나뉘어 있었다. 슬로바키아의 1인당 국민소득은 보헤미아보다 45퍼센트 낮았다. 체코 지역에서 노동력의 37퍼센트가 공업에 종사했으며 농업 종사자는 30퍼센트를 넘지 않았다. 하지만 슬로바키아에서는 공업 종사자가 16퍼센트였고 농업 종사자는 64퍼센트였다(Turcan 1969: 243). 1945년 슬로바키아는 여전히 후진적인 농업지대로 가난한 농민 인구가 다수를 차지하고 있었고, 공업 분야는 취약했다.

20세기 초 **러시아**의 공업은 "농업이라는 바다에 흩어져 떠 있는 섬"과 같은 존재였다(Berend and Ranki 1982: 154). 하지만 제1차 세계대전 직전 러시아 공업은 (미국, 독일, 영국, 프랑스에 이어) 세계 5위 규모의 공업단지를 갖추고 있었다. 1914년 러시아의 경제와 사회는 현대 제3세계에서 나타나는 이원적 발전의 성격을 모두 보여주었다. 산업화는 외국 자본가들이 시작했으며, 기술자와 투자자 대부분은 외국인이었다. 모든 수출 거래는 외국인 상인과 기업가가 장악하고 있었다. 1914년까지 광업의 90퍼센트, 석유 산업의 거의 100퍼센트, 금속업의 40퍼센트, 화학공업의 50퍼센트, 직물업의 28퍼센트를 외국인이 소유했다(Munting 1982: 34).

러시아는 1914년까지 세계 4위의 공업 생산국으로 발전했지만, 1인당 공업화 수준은 독일의 4분의 1, 영국의 6분의 1에도 미치지 못하는 수준이었다(Kennedy 1987: 234). 인구의 80퍼센트가 농업에 의존하고 있었다. 근대화의 큰 흐름은 국가가 주도하고 있었으며 주로 철도, 철강, 군수산업 등 군사적 필요에 집중되어 있었다. 수입한 외제 공산품 대금과 거액의 차관에 대한 이자를 지급하기 위해(러시아는 20세기 초까지 세계에서 가장 큰 채무국이었다) 러시아 국가는 밀을 비롯한 농산물을 1891년과 같은 흉년에도 꾸준히 수출해야만 했다. 1913년까지도 러시아 수출품의 63퍼센트는 농산물이었으며, 11퍼센트는 목재가 차지했다(Munting 1982: 31). 농산물 생산이 조금씩 증가하고 있기는 했지만 이것이 가난하고 영양실조 상태에 있던 농민의 생활수준을 향상시키지는 못했다. 1913년 러시아인은 국방비 때문에 영국인보다 소득의 50퍼센트 이상을 더 국가에 바쳐야 했다. 당시 러시아인의 소득은 영국인의 27퍼센트에 불과했다(Lieven 1983: 13). 1913년까지지도 러시아인 중 글을 읽을 수 있는 사람은 30퍼센트에 불과했다. 18세기 중엽 영국보다 낮은 수치였다(Kennedy 1987: 238).

에스파냐와 **포르투갈**에서 수출품은 전체 경제에서 고립된 영역이었다(Berend and Ranki 1982 : 127, 140). 외국의 수요에 따라 수출 영역에 우선적인 투자가 이루어졌다. 지역 제조업 대부분은 외국인이 소유하고 있었다. 근대 산업 부분의 일부와 정부 관료 등 봉급 관리자들은 부유한 나라의 봉급 관리자와 비슷한 생활수준을 구가했다. 하지만 농민들은 최저 생활수준을 벗어나지 못하고 있었다. 1830~1914년 동안 면화는 에스파냐의 주요 작물이었으며, 주요 면화 생산 지역인 카탈루냐는 이 시기 에스파냐의 거의 유일한 공업지대였다. 그 외 다른 지역은 몇몇 예외를 제외하고는 거의 곡물에 기초한 후진적 농업에 묶여 있었다. 남부에서는 귀족이 대토지를 소유했으며, 농민은 거의 토지를 소유하지 못했다. 이에 비해 북부에서는 자유 토지 보유제가 정착해 있었다. 포르투갈은 더 발전한 영국에 크게 의존한 전형적인 종속적 발전의 길을 걸었다. 19세기 초 영국 상인이 포르투갈의 포도주 수출을 주도했다. 외국인 투자는 파급효과가 작은 영역에 한정되어 있었다. 거액의 차관으로도 포르투갈의 경제를 추동하지는 못했으며, 이자와 원금을 갚아나가는 것은 이후 계속 큰 부담이 되었다(Sideri 1970).

발칸반도에서 산업화는 가난한 농촌 경제 내에서 아주 소폭으로 진행되었다. **그리스**가 전형적인 예로, 이 나라에서 임노동을 사용하는 자본가 기업은 가족 단위의 장인 제조업자들의 바다에 떠 있는 작은 섬에 불과했다. 1922년에도 경제는 여전히 농업이 가장 큰 비중을 차지하고 있었고, 거의 모든 경제 분야에서 비자본주의적 생산양식을 볼 수 있었다. 대량 소비가 제조업 발전에 기여한 것도 아니었다. 제조업과 나머지 산업 사이에 유기적 연관도 거의 없었다. 공산품 대부분은 수입했다. 사실 수입을 안 했다면 지역 차원에서 생산할 수 있었을 것이다. 주요 공업 분야(금속, 화학)는 외국자본이 소유하고 있었다(Evangelinides 1979). **루마니아**에서 제1차 세계대전 이전 전체 외국인 투자의 60퍼센트는 석유 산업에 집중되었으며, 다른 산업에 대한 파급효과는 거의 없었다. 마찬가지로 **세르비아**에서도 몇몇 공업 분야에서 급속한 발전이 있기는 했지만, 이는 거의 외국 자본이 주도했으며, 전체 경제를 발전시키고 변화시키는 데는 거의 영향을 주지 못했다(Berend and Ranki 1974 : 107~109).

동유럽, 발칸반도, 남유럽 대부분의 지역에서 대기업과 금융 분야의 근대 자본주의는 대규모 봉건적 토지 소유와 소농으로 특징지어지는 전통적 농업 분야와 병존했다. 1914년 주목할 만한 발전을 보인 산업 분야에서는 몇몇 대기업이 외국 자본의 지원 아래 지배적 지위를 점하고 있었다(Berend and Ranki 1974 : 310~311). 시장경제의 발전과 생산의 확대는 농업뿐 아니라 도시 산업도 변화시켜내지 못했다. 일부 지역에서는 이 시기 처음으로 시장경제가 등장하기도 했지만, 새로 등장한 시장경제는 봉건적 특징과 사실상 병존했다.

19세기 동안 한때 번창 했던 지역이 침체된 지역으로 변하기도 했다. 브르타뉴의 일부 지역, 프랑스의 중부와 남동부, 핀란드 동부, 트란실바니아 등이 그랬다. 독일의 일부 농촌 지역, 네덜란드, 스칸디나비아에서는 퇴화 현상이 나타나기도 했다. 남부 이탈리아와 오스트리아-헝가리의 슬라브 지역은 다른 선진 지역에 비해 상대적으로 점점 더 뒤처지게 되었다(Riggs 1964 : 24~26 ; Badie and Birnbaum 1982 : 25~64). 이탈리아, 에스파냐, 포르투갈에서는 대농장이 임노동자와 소작농에 의해 운영되면서, 지주에게 각종 부역을 제공해야 했으며, 이런 체제는 1930년대까지 지속되었다. 헝가리에서는 1945년까지 농업의 대부분이 봉건적 토지 소유 형태를 통해 운영되었다.

19세기와 20세기 초까지 유럽 모든 나라에서 경제적 이원성이 일정 부분 존속하고 있었다. 어디에서나 경제적으로 좀 더 역동적인 중심부가 후진 지역에 대해 정치적 · 문화적 영향력을 행사했다. 국제 시장 지향적이고, 또 국제 시장에 의존해 있는 근대 산업 분야가 비공업 분야, 주로 광범한 농업 분야 내에서 작은 섬을 형성하고 있었다. 현대 제3세계에서 이런 이원성은 농업과 공업 분야에서 노동력과 국내총생산이 불평등하게 분배되는 양상으로 나타나고 있다(부록 통계편, 표 5와 표 6 참조). 이에 비해 유럽에서는 표 3에서 볼 수 있는 것처럼, 지역 불균형을 보여주는 자료에서 이원성이 좀 더 명확히 드러나고 있다.

단일 작물에 의존하는 양상 역시 유럽 경제 발전의 한 특징이었다. 유럽의 여러 나라들이 수출 작물을 다양화할 수 있었던 것은 20세기에 와서였다. 이는 특히 발칸반도의 특징이었으며, 북유럽과 러시아도 마찬가지였다.

스칸디나비아 나라들 또한 몇몇 수출품에서 나오는 소득에 크게 의존했다(표 4 참조). 스웨덴은 목재와 철강, 핀란드는 목재, 덴마크는 농산물, 노르웨이는 해산물 · 목재 · 해운업에 의존했다. 이들 모두는 또한 몇몇 무역 거래자에 의존했다. 1870년 이후 노르웨이의 경제 성장은 해산물과 목재 수출, 해운업을 통해 벌어들이는 소득에 의존했다(Jörberg 1973 : 429). 20세기 초 덴마크에서는 주로 목축과 유제품에 기초한 농산물이 수출의 약 90퍼센

표 3 1945년 이전 유럽의 지역 불평등(Y)*

스웨덴	**스톡홀름**	**고틀란드**
1930	264.2	58.1
1944	181.8	71.3
프랑스	**파리와 그 근교**	**브르타뉴**
1864	175.1	62.1
독일	**함부르크**	**동프로이센**
1926	154.8	69.5
1936	134.8	73.2
이탈리아	**피에몬테**	**시칠리아**
1928	155.6	69.7
1938	165.3	71.3
네덜란드	**북네덜란드**	**드렌테**
1938	141.2	50.0

*Y = 전국 1인당 평균 소득에 대한 지역의 1인당 소득 비율

출처 : Williamson 1965.

표 4 제2차 세계대전 이전 유럽에서 식료품, 농산물, 목재가 수출에서 차지한 비율

나라명*	농임산물의 수출 비율(%)
덴마크	90
핀란드	88
스웨덴	65
러시아	75
알바니아	84
불가리아	83
그리스	84
루마니아	69
유고슬라비아	77

*스칸디나비아, 1919, 러시아, 1913, 발칸 반도 국가들 1926~1930.
출처: Lampe and Jackson 1982: 368~369; Jörberg 1973: 395, 398, 421; Munting 1982: 31.

트를 차지했다(Jörberg 1973: 398). 핀란드의 수출은 임업(71퍼센트), 농업(17퍼센트) 분야가 88퍼센트를 차지하면서 그 품목이 상당히 한정되어 있었다. 이 분야는 외부 지향적으로 조직되어 있으면서 몇몇 외국 시장에만 의존해 있었기 때문에 경제의 다른 분야와 거의 연관을 맺지 못했다(Jörberg 1973: 421, 423~425; Alapuro 1979: 347~348도 참조). 스칸디나비아 국가들은 모두 소수의 무역 거래자에 의존했다. 1870년대 동안 핀란드의 금속, 기계 제조업에서 생산된 상품의 60퍼센트와 섬유 제품의 3분의 2 이상이 러시아로 수출되었다. 실제로 임산물 대부분은 서유럽으로 수출되었다. 1900년에는 영국이 덴마크 수출 시장의 60퍼센트를 차지했다(Jörberg 1973: 395).

독일 농업은 변동이 심한 외국 시장에 완전히 의존해 있었다. 영국의 지주들이 엘베 강 동쪽에서 재배된 곡물에 관세를 부과하는 것에 성공하면서, 독일의 융커들은 영국 직물 산업이 팽창하면서 수요가 커진 양모 생산으로 옮겨갔다. 1846년 영국의 곡물법 시행이 중지되면서 독일 융커들은 다시 한 번 수출용 곡물 생산에 주력했다. 1910년 오스트리아-헝가리 무

역의 66퍼센트는 4개국과 이루어졌다: 독일(42퍼센트), 영국(14퍼센트), 미국(6퍼센트), 러시아(5퍼센트). 벨기에 무역의 62퍼센트도 이들 4개국과 프랑스 사이에 진행되었다. 무역 의존도가 커가면서 국제 경제의 경기 변동에 크게 좌우되는 현상도 나타났다. 1873~1895년 사이에 벨기에는 미국 곡물과 경쟁하면서 큰 위기를 겪어야 했다(Chlepner 1945: 179, 183).

일부 학자들은 다양한 생산 방식(예를 들어 대농장 생산 대 공업 생산)이 (단일 경작과 소수 무역 상대자에 대한 의존을 극복하고) 수출 품목과 수출 상대를 다각화하는 것보다 이후 발전에서 훨씬 더 중요한 요인이었다고 주장한다. 열 개의 플랜테이션 작물을 열 명의 무역 상대자와 거래하는 나라가 두 가지 공산품을 두 무역 상대자에게 수출하는 나라보다 더 잘사는 것은 아닐 수도 있다. 고전적으로 종속국가는 국제 시장에 연계되어온 역사 때문에 몇몇 주요 특산물 수출에 전념하는 경향을 보인다. 이 몇몇 특산물은 종속국가의 자본 축적 과정에서 절대적인 역할을 하기 때문에 중심부에서의 경기 동요는 주변부에 큰 충격을 줄 수 있다. 하지만 위에서 본 것처럼 20세기까지 유럽에서 많은 나라들이 몇몇 특산물 수출에 의존해 있었다.

게다가 1913년 세계에서 가장 부유한 8개 혹은 9개국 중 다섯 나라(아르헨티나, 캐나다, 오스트레일리아, 뉴질랜드, 미국)가 1차 산품 수출국이었다. 19세기 동안 미국 수출의 3분의 2 이상이 1차 산품이었으며, 이 중 대부분이 면화를 비롯한 원료였다(Bairoch 1993: 140). 캐나다에서 계속되는 원료 수출(17~18세기의 모피, 18세기 말과 19세기의 목재, 19~20세기의 곡물과 광물)을 통해 얻은 소득은 다양한 분야에서 균형 잡힌 성장을 가능하게 하는 데 필요한 자금으로 이용될 수 있었다. 이는 오스트레일리아(양모, 고기, 밀, 광물), 미국(담배, 면화, 밀, 광물), 스웨덴(목재, 철광석, 철봉 반제품, 구리)의 경우에도 마찬가지였다.

1913년 아르헨티나, 칠레, 쿠바, 우루과이의 평균 수출은, 비록 몇몇 특산물에 한정되어 있기는 했지만, 프랑스와 스웨덴을 능가했다(Banks 1971). 브라질, 콜롬비아, 멕시코, 페루, 베네수엘라의 경우도 크게 뒤지지 않았다

(Maddison 1991 : 1). 게다가 제1차 세계대전 이전 수십 년 동안 아르헨티나, 브라질, 에콰도르, 페루, 콜롬비아, 멕시코, 우루과이에서 연간 수출 성장률은 벨기에, 프랑스, 영국을 능가했다(부록 통계편, 표 7, 표 8-1, 표 8-2, 표 9 참조).

1차 산품과 공산품의 생산, 수출과 연계된 구조들 사이의 분명한 차이 외에도 학자들은 국내적으로 통제되는 체제와 외국인이 지배하는 고립된 체제 사이의 차이를 강조한다. 예를 들어 카르도주와 팔레토(Cardoso and Faletto 1979)는 두 가지 종속 상황, 즉 고립된 상황에서의 종속과 국가가 통제하는 생산 체제에서의 종속을 구별한다. 이 둘은 각각 자본의 생산, 팽창, 축적 과정에 영향을 미친다. 외국 자본이 투자된 고립된 경제권들 내에서 자본은 외부에서 오며, 지역 노동력을 이용하여 가치가 매겨진다. 그리고 생산품을 외국 시장에서 판매함으로써 가치가 실현된다. 유럽에서 고립된 경제권은 핀란드, 웨일스, 아일랜드, 스코틀랜드, 네덜란드, 러시아, 에스파냐, 포르투갈, 영국 일부, 프랑스, 오스트리아-헝가리 제국에 산재했다. 지역 부르주아가 통제하는 경제권에서 자본 축적은 "지역 기업가에 의한 천연자원의 유용과 지역 노동력 이용의 결과이며, 따라서 자본 축적의 시작점은 국내가 된다." 지역 생산 과정을 통해 생산된 것이 원료와 식료품으로 구성되어 있는 한 "자본 순환이 시작되기 위해서는 국제 시장이 필수적이다"(Cardoso and Faletto 1979 : xviii~xix). 유럽에서는 스웨덴, 덴마크, 노르웨이, 핀란드, 러시아, 그리스, 포르투갈, 에스파냐, 발칸반도 국가들이 이 경제에 해당되었다.

정부에서 적당한 정책을 내놓고, 그런 정책을 실현할 수 있는 사회구조가 마련되어 있다면 외국 자본에 기초한 고립된 경제도 정부에 세금을 내고, 자원을 비싸지 않은 가격에 다른 경제 영역에 제공하며, 다른 상품이나 용역에 대한 수요를 증가시키는 과정을 통해 전체 경제에 기여할 수 있다. 외국인이 소유한 부분이 전체 경제의 성장을 추동할 수 있는가 하는 점은 정부가 외국 투자가에게서 직접 받아낸 세금이나 사용료 등을 얼마나 다양하

게 활용하는가 하는 점과 크게 연관되어 있다.[12)]

제3세계 발전에 대한 일반적 설명은, 지금 선진국을 근대화로 이끈 것은 내생적인 문화적 · 제도적 변화였지만 현재 개발도상국의 변화는 주로 외부적 자극의 결과라는 것, 즉 근대화 초기부터 서양 제도들이 보급된 결과라는 것이다. 하지만 유럽의 모든 나라는 근대 자본주의의 조건이 발전해 가는 과정에서 좀 더 선진적인 지역들에 의존해 있었으며, 역동적인 경제 분야들은 국내 시장보다는 국제 시장과 밀접히 연계되어 있었다.[13)] 유럽에서 발전 과정에 있던 모든 나라는 기술, 재정, 시장, 기초적인 수입품 등에서 좀 더 발달한 나라들이 지배하는 국제 경제체제에 의존했다.

18세기 말 영국과 프랑스에서 발생했던 경제적 · 정치적 도약으로 세계의 다른 나라는 모두 "후진국"이 되었다. 영국의 경제적 변화는 프랑스에게 모델을 제공해주었고, 프랑스의 정치 혁명은 영국 정치에서 중요한 논제가 되었다. 앞 장들에서 언급했던 것처럼 네덜란드, 에스파냐, 스웨덴과 같은 과거의 선진국들은 영국과 프랑스를 따라가는 나라들이 되었다.

런던의 외국 자본가들, 특히 네덜란드와 한자동맹의 은행가와 무역상이 수 세기 동안 영국 무역을 관할했다. 영국의 양모 산업은 14~15세기 플랑드르에서 이민 온 이들이 기반을 닦았다. 16세기까지 한자동맹의 무역상들은 런던에서 특권을 부여받아 주식회사를 세우고 공업과 무역을 관할했다.

---

12) 중동에서 이런 예를 많이 볼 수 있다. 이사위(Issawi)는 외국 자본이 (1) 저발전을 가져온 것이 아니며, (2) 일부 분야에서는 성장을 일으켰고, (3) 주로는 내부적 요인 때문에 전체 경제를 추동하는 데 실패했다고 주장했다. 이사위는 중동 나라들의 수입 능력이 그들의 국민총생산보다 훨씬 더 급속하게 증가했음을 지적하면서, 이 국가들의 외국환 수령은 문제가 없는 것이며, 무역이 성장과 발전에 큰 장애는 아니었다고 주장했다(1982: 42). 중요한 문제는 "정치 엘리트가 소득 분배, 분야별 투자, 국가 차원의 구조적 문제들에 어떻게 대처하는가이다. 이를 이해하기 위해서는 계급 분포, 집권층의 발전 전략, 국가가 주어진 계급 혹은 계층 속에서 어떻게 뿌리를 내리고 있는가에 대해 면밀히 검토해야 한다"(Waterbury 1983: 32; Sayigh 1978도 참조; Kerr 1981; G. Amin 1974).

13) 리스트(Frederich List)가 유럽에서 크게 인기를 누렸고, 특히 유럽 보수 세력을 사로잡은 것은 그의 국내 시장 이론이 아니라 보호주의에 대한 주장이었다. 여기서 보호주의는 농업 개혁을 위한 보호주의가 아니라 독점을 위한 보호주의였다.

16세기 영국에서 외국의 제조업자들이 처음으로 종이 공장과 포탄 주물 공장을 세웠다(Clough 1952 : 174, 178~179, 185).

1815년 이후 벨기에와 프랑스의 모든 주요 철강 · 기계 작업과 초기 철도 산업과 여러 직물 공장 등이 영국의 도움으로 운영되었다. 1815~1848년 사이 유럽은 영국인 전문가 · 투자자, 영국 기술로 넘쳐났다(Hobsbawm 1962 : 2장). 새 독일 공업은 모두 영국의 기술을 이용했고 많은 공장이 프랑스 자본과 기업가에 의해 운영되었다. 영국인은 프랑스, 벨기에, 독일의 여러 지역에서 공장 건립을 도왔다. 이후 프랑스인은 러시아를 비롯한 다른 유럽에서 똑같은 일을 했다. 19세기 4/4 분기가 되면 유럽에 다국적 기업이 등장했다. 좀 더 발전한 나라의 기업들이 발칸반도, 러시아, 동유럽에 자회사를 세웠다. 무엇보다 관세를 피하기 위해서였다(Lewis 1978a : 159).

외국 자본은 대부분의 유럽 국가가 발전하는 데 큰 역할을 했다. 영국 자본은 프랑스, 벨기에서 중요했다. 영국과 프랑스 자본은 독일 공업과 은행의 발전, 독일 철도 건설에서 한몫을 했다. 프랑스와 독일 자본은 오스트리아의 발전에서 중요한 역할을 했다. 프랑스 투자자들은 에스파냐, 이탈리아, 러시아와 발칸 반도의 산업화를 돕기도 했다. 독일 자본은 스웨덴과 다른 스칸디나비아 반도 나라들에서 근대 교통 체계를 세웠다. 독일과 스웨덴 자본이 핀란드에서 처음으로 대규모 제재소와 펄프, 종이 공장을 건설했다. 노르웨이에서 공업과 철도가 건설되는 과정에서 외국 자본이 중요한 역할을 했다. 1870년 노르웨이에서 광산의 절반 이상을 외국인이 소유하고 있었다(Jorberg 1973 : 431). 제1차 세계대전 이전 50년 동안 스웨덴의 성장률은 외국 자본의 유입에 크게 의존했다(Heckscher 1954 : 247~248 ; Cameron 1961 : 489~90).

외국 자본은 19세기 말 동부와 중부 유럽의 경제 변화에서 중요한 요소였다(Berend and Ranki 1974 : chap. 5). 오스트리아의 차관, 공업 투자, 철도 건설은 프랑크푸르트 – 파리 자본시장 유력자들의 선의에 의존해 있었다. 세기 전환기에 오스트리아에서 발행된 채권과 주식의 약 3분의 1이 외국인 소유였다(Berend and Ranki 1974 : 96~97).

헝가리 대은행들의 주식 55퍼센트가 외국인 소유였으며, 공업 투자의 약 절반이 외국 자본과 연계되어 있었다. 1900년 무렵 헝가리 제조업 주식 자본의 42퍼센트가 완전히 외국의 통제 아래 놓여 있었으며, 다른 18퍼센트는 외국 자본과 헝가리 자본이 합자한 가운데 운영되었다. 1913년 헝가리 정부 유가증권의 55퍼센트와 국가가 소유하지 않은 철도 우선주의 44퍼센트, 채무증서와 지방채의 56퍼센트를 외국 자본이 소유하고 있었다(Berend and Ranki 1974 : 102~103). 1938년까지 체코슬로바키아에는 외국 자본이 직접 관여하지 않은 공업 분야가 하나도 없는 실정이었다(Teichova 1974 : 40~45).

1930년대 말 폴란드 공업에서 외국 자본의 직접 참여는 주식회사의 경우 총자본의 44.2퍼센트였으며, 유한회사에서는 89.7퍼센트였다. 광업과 금속산업에서 주식회사의 외국 자본 참여율은 77퍼센트였으며, 유한회사에서는 93.1퍼센트였다. 전력 산업에서 외국 자본은 주식회사에서는 81퍼센트, 유한회사에서는 99.1퍼센트였다. 화학공업 분야에서 외국 자본은 주식회사에서는 60퍼센트, 유한회사에서는 87퍼센트를 차지했다(Teichova 1974: 17).

1939년까지 루마니아 공업과 은행업의 상당 부분을 프랑스, 영국, 미국 자본이 장악했다. 제1차 세계대전 이전 석유산업에 투자한 자본의 95퍼센트가 외국 자본이었다. 가스와 전력 산업(95퍼센트), 설탕 산업(94퍼센트), 화학 산업(72.3퍼센트), 목재업(94퍼센트)에서도 사정은 마찬가지였다. 외국 자본 중 60퍼센트가 석유산업에 집중되었으며, 이것이 다른 산업 분야나 전체 국가 경제에 미치는 파급력은 거의 없었다(Teichova 1974 : 23; Berend and Ranki 1974 : 107).

세르비아에서 철강업은 영국 자본이 처음 확립했으며, 메이든펙(Maidenpek)의 구리 광산은 프랑스 자본이 세웠다. 프랑스 자본은 석탄 광산과 시멘트 산업에서도 활발하게 움직였다. 하지만 이런 산업의 발달이 세르비아 전체 경제를 발전시키고 변화시키는 데는 거의 영향을 주지 못했다(Berend and Ranki 1974 : 107~109). 유고슬라비아의 건국 이후 외국 자본의 경제 장악력은 더욱 강해졌다. 1937년 유고슬라비아 주식회사들의 기명자본 중 외국 자본의 비율은 약 61퍼센트였다. 같은 해 유고슬라비아 은행업에서 외국 자본이 차지하는 비율은 약 75퍼센트였다(Teichova 1974 : 23). 외국 금융가들이 정부 유가증권의 82.5퍼센트, 증권 자본의 44퍼센트를 갖고 있었다. 외국 자본은 광업에서 전체 자본의 69퍼센트, 전력에서 83퍼센트, 화학 산업에서 70퍼센트를 차지했다(Berend and Ranki 1974 : 237, 316~17).

러시아 산업화를 가져온 자본의 대부분은 외국의 직접투자였다. 외국 자본은 철도, 철강, 석탄 광산, 석유 추출, 그리고 20세기 들어와서는 대규모 은행업 등에서 중요한 역할을 했다. 1914년 광산의 90퍼센트, 선철 산업의 60퍼센트, 석유 추출업의 100퍼센트, 금속 산업의 40퍼센트, 화학 산업의 50퍼센트, 직물업의 28퍼센트가 외국인 소유였다(Munting 1982 : 34 ; Machay 1970 : 24~37 ; Sontag 1968 : 531).

대부분의 유럽 국가는 산업 기술에서도 외국인에게 크게 의존했으며, 오늘날 제3세계와 마찬가지로 수입 기술과 지역 사회 구조 사이에는 큰 격차가 있었다. 이런 현상은 특히 독일에서 분명히 나타났다. 이를 1915년 베블렌(Thorstein Veblen)은 다음과 같이 서술했다.

> 독일은 근대 기술의 발전을 이룬 영국의 경험을 받아들이면서도 이를 전근대 사회의 생활 방식과 결합시켰다. 이를 통해 독일인은 기술 발전을 이루면서도 영국 사회가 겪어야 했던 사고방식과 관행, 관습의 변화를 감수하지 않을 수 있었다. 근대 기술은 독일에 기성품의 형태로 전달되었기 때문에 기술 발전에 따라 사람들의 생활이 점진적으로 변화하고 발전해가는 문화적 결과를 수반하지 않았다.(Veblen 1939 : 85~86)

19세기 세계에서 가장 큰 병력을 자랑하던 러시아에서 근대식 포병부대는 근대 기술에 대해서는 아무것도 모르는 주민들이 지켜보는 가운데 마을을 가로질러 행군하곤 했다. 벨기에와 프랑스의 근대화된 지역에서 기술 노동자의 상당수는 외국인이었다(Strikwerda 1993a : 1122). 프랑스 로렌 공업 지역 노동력의 3분의 2 이상이 외국인이었다(Vignes 1913 : 685~86). 독일에서 고용된 외국인 노동자는 약 100만 명이었다(Bade 1985 : 133). 1910년 루르 지역 광부의 적어도 4분의 1은 폴란드인이었으며, 이탈리아인과 네덜란드인도 많았다(Herbert 1990 : 21).

4장에서 언급했던 것처럼 유럽 어느 나라에도 강하고 독립적인 토착 산업자본가 부르주아는 없었다. 지금의 제3세계와 마찬가지로 유럽의 모든 나라에서도 국가가 경제 발전에서 중요한 역할을 했다. 거셴크론(Alexander Gerschenkron)은 영국에서 경제 발전은 자본 축적 수준이 높아서 신속하게 진행되었으며, 그 과정에서 국가의 지원이나 장려 정책은 없었다고 주장했다(Gerschenkron 1962 : 14). 하지만 이는 영국 자본의 축적 과정에서 중요한 역할을 했던 식민지 착취와 세계 무역이 국가의 중개 아래 진행되었다는 것을 무시한 주장이다. 영국에서 국내 자본 축적이 큰 규모로 이루어질 수 있었던 것은 다른 어느 요인보다도 국가가 항해와 무역의 발전과 식민지 획득에 적극적이었기 때문이었다.[14] 영국은 법률을 통해 해외 무역의 방향과 구조를 형성해나갔다. 영국 정부는 차별 관세, 선박에 대한 규제, 식민지 경제, 경쟁 무역국인 네덜란드와 프랑스의 배제 시도 등을 통해 영국의 경제 성장 과정에서 큰 역할을 했다. 국가는 인클로저 운동에 개입하여 이를 철저히 시행했고, 이후에는 보호주의 법령을 통해 새로운 공업 분야의 발전을 지원했다(Mathias 1969 : 3장, 4장, 5장).

프랑스에는 콜베르식의 중상주의(1661~1683)와 국영 왕실 제조 업체들

---

14) 국가가 지원하는 식민주의가 영국에서 자본의 축적과 발전에 기여했다고 해서 그것이 식민주의가 영국 발전에 필수적이었다고 주장하는 것은 아니다. 식민주의가 영국의 발전에서 초기에는 긍정적인 역할을 했다고 할지라도 이후에는 영국의 성장에 걸림돌이 되었다.

의 건설에서부터 나폴레옹 1세의 "공업 장려"를 위한 정교한 정책[15]과 나폴레옹 3세 시대에 생시몽주의자들에 의해 형성된 정책들에 이르기까지 분명하게 일관된 정책이 있었다. 국가는 철도망을 건설했고, 중상주의 경제정책을 추진했으며 자국 산업을 보호하는 조치를 취했다(Supple 1973 : 311, 317, 327~329 ; Price 1981 : 159~168).

합스부르크 왕정도, 특히 마리아 테레지아 시대에 비슷한 정책을 실시했고, 벨기에(Supple 1973 : 328~330)와, 좀 더 이후 시기의 이탈리아에서도 비슷한 정책이 실시되었다(Mori 1979). 프로이센에서는 프리드리히 대제가 직물업과 화학 공업에 특혜를 주는 공공 보조와 투자 정책을 실시했다. 과세와 공장 감독을 통해 경제를 조정하고, 산업 발전을 주도한 비스마르크의 정책은 발전 과정에서 국가가 적극적인 역할을 한다는 노선을 그대로 따르고 있었다(Henderson 1958 : Pounds 1959). 동부 유럽에서 국가는 외국 금융자본을 동원하고 확보하는 데 중요한 역할을 했다(Berend and Ranki 1974 : 4장). 러시아 차르 체제의 비약적인 공업화는 국가의 중계를 통해 이루어졌다. 국가는 기간 시설과 은행 제도를 구축했을 뿐 아니라 금융정책을 통해 투자를 촉진하기도 했다(Gerschenkron 1962 : 119~152). 스칸디나비아 반도의 나라들에서도 같은 방식으로 산업화가 이루어졌다(Jorberg 1973).

일반적으로 유럽 국민국가에서 정부는 철도와 항만을 건설하고, 신용 제도를 확장하고 통제하는 데 관여했다(Cameron 1972). 중앙정부는 나라를 정치적으로 통일하고, 시장 체제가 성장하는 데 장애가 되는 제도들을 개선했으며, 발전에 필수적인 자본, 기술, 공산품의 국내 시장 중 갖추지 못한 요소들을 정부 수요와 외국에서 수입을 통해 보충해주는 역할을 했다(Morris and Adelman 1988 : 123~124). 정부는 지역 간의 거래에 장애가 되는 법적 · 정치적 제도들을 폐지했고, 전반적으로 경제적 교류 비용을 감소시켜 낮은 비용으로도 새 경제적 기회를 활용할 수 있게 만들었다. 정부는 노

15) 프랑스 전국공업장려협회(The Société d'encouragement pour l'industrie nationale de la France)가 정부의 후원 아래 1902년 만들어졌다.

골적으로 기존 소유 체제에 대해 자발적인 동의를 강화하는 이데올로기를 강조했으며, 사회가 그 정당성을 받아들이도록 설득했다(North 1981).

따라서 정부는 유럽의 산업 발전에서 중요한 역할을 했다고 할 수 있으며, 경제 발전에서 국가가 중심적 역할을 하는 것은 역사적으로 전형적이라고 할 수 있다. 정부가 큰 역할을 하는 것이 현대 제3세계 특유의 현상은 아닐 것이다. 하지만 현대 제3세계에서 특히 국가가 대표적인 역할을 한다고 주장할 수도 있다. 거셴크론(Gerschenkron 1962)은 권위주의적 국가는 후기 산업화 국가의 특징이라고 주장한다. 자본을 동원하고 임금 인상을 억누르는 데 국가가 개입하게 되기 때문이다. 오도넬(Gillermo O'Donnell), 콜리어(David Collier), 에번스(Peter Evans)도 라틴 아메리카와 관련해서 비슷한 주장을 했다. 억압적이고 기업가 위주의(Collier 1979) 혹은 "관료적–권위주의"(O'Donnell 1979 : 85~111 ; 1978b : 34~54) 국가는 경제 성장과 사회 안정 정책 — 후자는 순응적인 노동자, 낮은 임금, 정치적 결사의 탄압 등을 의미한다 — 에 대한 국가적 합의를 형성하려고 했는데, 이는 대기업에게 유리한 좋은 투자 환경을 만들기 위해서였다. 에번스(Evans 1979 : 50)는 "종속적인 자본주의 국가는 …… 지배계급의 이익을 보호하기 위해 요란하게 억압적인 국가이다. 하지만 이 국가는 인구의 대다수를 정치에서 배제하는 것처럼 국내 부르주아의 대부분도 정치 참여에서 배제시킨다"고 주장한다. 하지만 제2차 세계대전 이전의 유럽 국가 또한 (이 책 2장과 6장에서 언급한 것처럼) 지배계급의 이익을 보호하는 기제였다. 유럽 국가들은 노동조직을 탄압하고, (7장에서 보여주겠지만) 인구의 대다수를 정치 · 경제생활에서 배제했다.

제2차 세계대전 이전 유럽의 개인별 소득 분배의 불평등 정도는 오늘날 라틴아메리카와 견줄 만했다(부록 통계편 표 3 참조). 19세기 유럽은 오늘날 제3세계와 마찬가지로 인구 대다수가 가난하게 살았다. 1815~1850년 사이에 유럽인의 약 3분의 1이 생존 수준 이하로 살았으며, "굶어죽기 일보 직전"이었다(Langer 1969 : 182).

1897년 500만 영국인이 국민 소득의 3분의 2를 차지했고, 다른 3,500만이 나머지로 연명했다(Romein 1978 : 195). 1914년에도 여전히 25세 이상 성인 인구의 5퍼센트 이하가 국부(國富)의 60퍼센트 이상을 차지했다(Clough 1952 : 671). 1880년대 말 런던에서 행해진 빈곤에 대한 연구에 따르면 인구의 30퍼센트 이상이 어느 시대 기준으로 따져도 빈곤선 이하에서 살고 있었다. 7명의 노동자 중 약 6명이 생의 어느 시기에서든 극심한 빈곤을 경험했으며, 이는 특히 대가족과 노인 사이에서 보편적으로 나타났다. 노동계급의 상위 15퍼센트만이 사고나 질병, 경기 불황을 이겨내고 빈곤선 위로 상승할 수 있다는 기대를 갖고 있었다(Gillis 1977 : 269). 1820~1925년 사이에 스위스에서 상당수가 이민을 왔다. 농촌에서 기아 현상이 광범하게 나타났고, 베틀이 역직기로 대치되면서 많은 장인이 일자리를 잃었기 때문이었다. 도시에서는 산업화로 빈민들이 더욱 극한 상황에 처하게 되었다(Luck 1985 : 428).

릴 지방〔프랑스 북부 지방–옮긴이〕에서는 1820년에서 1873~1875년 사이에 상층 인구가 7퍼센트에서 9퍼센트로 증가했다. 하지만 유언장에 명시된 재산의 몫은 5퍼센트에서 90퍼센트로 크게 증가했다. 같은 시기 하층 인구 역시 62퍼센트에서 68퍼센트로 증가했다. 그러나 이들 하층민의 유언장에 명시된 재산의 몫은 1820년 1.4퍼센트에서 1873~1875년에는 0.23퍼센트로 하락했다(Hobsbawm 1979 : 245). 1933년 상속세 납부자의 1.7퍼센트가 그해 상속된 재산의 34퍼센트를 소유하고 있었다(Clough 1952 : 673).

프로이센에서 1875년 인구의 상위 5퍼센트가 총소득의 4분의 1 이상을 차지했으며, 상위 20퍼센트가 48퍼센트를 소유했다. 1911년에 가면 부의 집중은 더욱 심해졌다(Clough 1952 : 673 참조). 1913년 인구의 상위 5퍼센트가 소득의 거의 3분의 1을 차지했으며, 상위 20퍼센트가 50퍼센트를 가졌다. 스웨덴에서 가장 부유한 1.5퍼센트가 전체 사유 재산의 55퍼센트를 소유했다. 헝가리의 상위 7퍼센트가 국민 소득의 3분의 1 이상을 가져갔다(Goldstein 1983 : 240). 오늘날 개발도상국과 마찬가지로 19세기 유럽에서도 인구의 대다수는 점점 더 가난해졌다. 세기 전환기에 부자와 도시 빈민 사이의 격차는 그 이전보다도 더, 그리고 그 이후보다도 더 벌어져 있었다(Romein 1978 : 13장). 19세기 유럽 농촌은 상당히 불평등한 토지 소유 제도 아래 있었다. 이는 세기 전환기(1892~1907) 유럽의 토지 소유 현황을 나타낸 표 5에서 확인할 수 있다. 산업의 독점화 역시 19세기 유럽 발전의 특징이었으며, 이는 20세기 초까지 더욱 강화되었다. 이에 대해서는 6장에서 집중하여 다룬다.

이제 독립적인 발전의 특징을 살펴볼 시간이다. 독립적인 발전은 종속이론과 신고전주의 이론이 전제하고 있는 것으로 이 장 처음에서 논한 바 있다. 유럽 발전의 역사를 보면, 여러 측면이 연계되어 있는 다각화된 산업구조라기보다는 단일 품목의 국가적 생산과 이원성을 발견하게 된다. 수출구조, 무역 상대, 자본과 기술의 공급이 다각화되어 있기보다는 무역과 무역 상대와 자본, 기술적 종속이 통합적으로 일원화되어 있음을 볼 수 있다.

표 5 제1차 세계대전 이전 유럽의 토지 소유

	토지 소유 분포				토지 소유의 집중	
	5헥타르 미만		100헥타르 이상			
	지주 비율(%)	토지 소유 비율(%)	지주 비율(%)	소유 비율(%)	인구 비율(%)	토지 비율(%)
오스트리아(1902)	72	–	.7	50	–	–
덴마크(1901) ·	53	62	4.0	33	3.5	33
영국(1897)	–	–	–	–	.4	90
프랑스(1892)	85	30	2.0	43	2.4	43
독일(1907)	74	61	.4	23	.4	23
헝가리(1895)	73	42	.5	42	.5	42
폴란드(1905)	48	42	.9	44	.9	44
루마니아(1905)	77	25	.6	49	.6	49
평균	69	44	1.4	41	1.24	46

출처 : Blum 1978 : 437 ; Clough 1952 : 671.

유럽의 나라들은 자신들의 산업화 전략에 알맞은 기술을 발전시킬 만한 고유의 능력을 갖고 있지 못했다. (영국, 네덜란드, 플랑드르, 이탈리아를 포함한) 유럽의 나라들은 이미 발전된 기술을 외국에서 들여왔다. 유럽 대륙은 영국에서 가져온 발전된 기술에 대해 기여한 바가 상대적으로 얼마 없었다. 선진국들은 산업 기술 면에서 외국에 상당히 의존했고, 심지어 지금도 자주 의존하고 있다.

자본 투자와 그 축적 과정에 대한 국가적 통제를 살펴보면, 19세기에 유럽에서 경제적 힘은 점점 더 집중되었다(6장 참조). 20세기 첫 10년까지 독점과 국제적 카르텔이 경제를 지배했으며, 이들은 점점 더 여러 나라의 국가 정책에 큰 영향력을 발휘했다. 채택된 투자 전략은 유럽의 토지와 산업의 대부분을 독점하고 있는 소수 엘리트의 부를 증진시키기 위한 것이었다. 엘리트는 무엇보다 국내 시장에서 그들의 독점적 지위에 손상이 가지 않도록 하기 위해 투자 기회를 외국으로 확대해나갔다.[16]

20세기까지 영국에서 해외 투자를 통해 이윤을 추구하는 것은 영국 경제의 장기적인 사회적 생산성과는 거리가 멀었다. 자본이 해외로 흘러 나가는 것은 국내 산업의 손실로 이어졌다. 어떤 면에서 보면 런던의 각종 기구들은 영국 산업보다는 해외 투자에 자본을 제공하는 쪽으로 더 잘 조직화되어 있었다.[17] 자본은 주로 런던에서 멀리 제국으로 흘러갔으며, 런던과 북부 산업 지대 사이를 흐르지는 않았다. "철도, 운송, 철강, 면직물업(1868년 이후) 등과 은행, 보험 회사 등 몇몇 산업 분야의 몇몇 회사만이 런던의

16) 국내 발전을 경시하면서 외국 투자를 선호했던 것은 1945년 이전 유럽에 만연했던 독점적 상황과 연관되어 있었다. 외국 투자는 계속 도전받거나 침식되어온 진입 장벽을 보호 혹은 확장하기 위한 독점 혹은 과점 산업의 전략이다. 하지만 이는 또한 국내 독점 때문에 생긴 진입 장벽 혹은 과잉 생산능력의 **결과**이기도 하다. 독점의 조건 아래서, 초기 경제 규모와 수요 변동으로 인한 과잉 생산능력이 산업 내에서 조절되기는 힘들었다. 값비싼 생산 시설을 시장 밖으로 내칠 수는 없기 때문이다. 과잉 생산능력은 투자 의욕을 저하시키는데, 이는 특히 잘 알려진 산업 분야에서 그러하다. 회사 수가 몇 안 되기 때문이다. 따라서 독점 혹은 과점 기업가는 이윤을 자신의 기업으로 재투자할 생각을 하지 않게 된다(Baran 1957 : 3장과 4장).

17) Committee on Finance and Industry, 1931 : 171.

새 금융시장에 접근할 수 있었다. 일부는 기존 기업에 다시 투자하기도 했다. 하지만 저축액 대부분은 국내 산업이 아니라 해외로 흘러갔다" (Kindleberger 1964 : 62). 만약 영국이 국내 자원을 충분히 활용했다면, 해외투자 규모를 줄이고 투자자들이 국내에 좀 더 관심을 갖고 개발해나갔다면, 영국 산업은 기술적으로 큰 성과를 올렸을 것이다(Lewis 1978a : 176~177 ; Lewis 1972 ; Trebilcock 1981).

세계에서 두 번째로 큰 투자자였던 프랑스는 기술적으로 낙후해 있었기 때문에 국내 투자가 분명히 더 절실한 상황이었다. 사실 프랑스는 전반적으로 볼 때 19세기와 20세기 초까지 국내적으로 대기업에 대해 투자를 하지 않았다. 1850년대에 해외 대출이 급속하게 이루어졌고, 이는 1879~1881년, 1896~1913년, 1919~1930년 사이에 번성했다. 산업 은행들은 국내 산업에 대출해주는 것보다는 주로 해외 주식 인수에 관심을 쏟았다(Collas 1908 ; Baldy 1922). 1852년에 창립된 크레디 모빌리에(Crédit Mobilier : 산업 은행의 하나 - 옮긴이)는 곧 산업에 대한 융자에서 해외 증권회사로 관심을 옮겨갔다. 1868년 이 은행이 없어진 뒤, 파리 - 네덜란드 은행〔Banque de Paris et des Pays - Bas : 파리 은행과 네덜란드 저축신용은행이 합병해 만든 은행. 1998년에 회사명을 파리바(Paribas)로 바꿨다 - 옮긴이〕과 유니언 파리지엔(Union Parisienne)과 같은 차세대 은행들도 같은 길을 갔다. 크레디 리요네(Crédit Lyonnais)는 산업 은행에서 일반 예금 은행으로 탈바꿈했고, 곧 산업 융자에서 임대 수익과 해외 투자로 바꾸어나갔다(Bouvier 1961 : 6장). 1863년 설립 이후 3년이 지난 뒤 이 은행은 산업 융자를 제한하고 외국에 투자를 하기 시작했다. 상업 은행들 역시 외국 증권 판매에 주로 관심을 쏟았으며, 국내 증권에는 등을 돌렸다(Bigo 1947 : 124).

여러 견해를 종합해볼 때, 프랑스 자본 수출은 프랑스의 발전을 지연시켰다.[18] 하지만 프랑스의 투자는 에스파냐와 이탈리아를 비롯한 유럽의 상당 지역을 산업화하는 데 일조했다. 프랑스는 미국 항구를 건설하는 것에 재정을 지원했으며, 터키, 발칸 반도, 러시아 전역에도 광범한 투자를 했다.[19]

이 자본이 이윤을 벌어들이든, 프랑스 제품에 대한 외국의 주문을 증가시키는 방식으로든 어쨌든 간에 프랑스에 적절한 성과를 가져왔다는 증거는 거의 없다. 1914년까지 프랑스의 잠재적인 총 산업 생산력은 독일의 약 40퍼센트에 불과했다. 생산된 석탄, 철강, 철제품들은 작은 공장이나 빈약한 광산에서 나온 것으로 독일 제품보다 가격이 훨씬 비싼 것이 보통이었다(Kennedy 1987 : 222).

국내 산업에서 생산된 상품을 위한 국내 시장의 발달은 미약했으며, 공업의 확산은 아주 제한되어 있었고, 이원성은 지속되었으며, 가난은 더욱 심해졌다. 유럽의 공업 생산은 19세기 유럽과 오늘날 일부 제3세계에서의 1차 산품의 생산과 마찬가지로 대개는 외부 시장을 겨냥했다. 공산품과 기술은 외국으로 수출되었고, 그곳에서 역동성을 만들어내기는 했지만 그래도 발전은 여전히 몇몇 지역에만 집중되었다. 이들 지역들은 국내 경제의 다른 부분보다는 다른 나라의 비슷한 공업 지역과 연결되어 있었다.

영국의 경우가 이를 잘 보여준다. 제1차 세계대전이 끝날 때까지 섬유, 석탄, 강철, 철강, 조선 등 영국 경제에서 큰 몫을 차지하고 있는 산업들이 국제 경쟁에서 뒤처지게 되면서 변화하는 기술과 조건에 적응하는 것이 불가능함이 명확해졌다. 새로 투자를 하지 않으면서도 경쟁력 있는 수출품을 생산하기 위해 영국 광산주들은 임금을 낮추고 노동시간을 늘려서 생산 비용을 낮추는 방식을 취했다. 투자를 늘리기보다는 임금을 줄여서 영국 상품의 가격을 낮추려는 시도가 반복되자 노동 불안이 이어졌다(Tipton and Aldrich 1987a : 169, 171).

18) 케언크로스(Cairncross)는 프랑스 산업은 "자본에 굶주렸다"고 주장한다(1953 : 225). 적어도 1830년 이래로 이 문제는 논란거리였다. Cameron 1961 : 123 ; 152 참조. 인용은 Landes 1954 : 260 n. 9에서도 볼 수 있다. 세(Sée)는 외국 투자가 1896년 이후 프랑스의 발전에, 특히 농업 부분에 대한 투자에 장애가 되었다고 믿는다(1942 : 360). 레비(Lévy)는 외국 투자 때문에 자본이 부족했으며, 특히 화학공업과 도시 교통에서 많이 부족했다고 주장한다(51~52 : 228).

19) Trebilcock 1981 ; Cameron 1961 참조. Kindleberger(1984)는 프랑스 은행과 해외 투자에 대한 광범한 문헌을 잘 요약했다.

1870년대 이후로 다른 나라들은 영국보다 좀 더 새로운 산업 설비를 갖추어갔다. 영국의 공산품 수출은 1880년대와 1890년대 동안 공산품의 세계 무역 성장률이 감소하면서 함께 감소했다. 하지만 영국의 공산품 수출에 더 크게 영향을 미친 것은 새로운 나라들이 산업화하는 것이었으며, 그 영향은 좀 더 지속적이었다. 1876~1880년 세계 공산품 수출에서 영국은 38퍼센트를 차지했다. 1911~1913년 사이에 세계 무역은 전반적으로 상승하고 있었지만, 그중 영국의 몫은 27퍼센트로 감소했다. 영국 산업이 상대적으로 침체했던 중요한 원인은 영국이 더 이상 세계의 공장으로 기능을 하지 못하게 되었기 때문이었다. 영국은 국제 무역에 지나치게 의존해왔었다. 영국 산업 생산이 활력을 되찾기 위해서는 국내 시장의 개발에 좀 더 중점을 두어야 했다.

> 공산품의 세계 무역에서 절대적인 몫을 차지해왔던 영국이 더 이상 그런 기능을 수행하지 못하게 되면서 영국은 해운업, 보험 등 상업 서비스에서 이례적인 몫을 장악하는 데 성공함으로써 임시로나마 무역 수지의 균형을 유지해나갔다. 영국이 이런 지위를 계속 유지할 수 있을지는 상당히 의심스럽다. …… 조만간 …… 다른 나라들도 고유의 운송과 기타 유사 서비스를 개발하기 시작할 것이다. 마치 제조업에서 고유의 기술을 발전시켜냈던 것처럼.(Lewis 1949 : 75~77)

1920년대의 다양한 조사에 따르면 불황은 수출 시장의 상실에 따른 것이며, 실업은 수출 산업 분야에 집중되어 있었다. 기계는 노동력을 수출품 분야에서 다른 분야로 이전시키는 것을 용이하게 만들었지만, 국내 소비용품 생산을 촉진하기 위한 특별한 대책이 마련되지는 않았다. 수출품 생산 지역 외에 다른 분야에서의 고용이 수출품 분야에서 나오는 실업자들을 수용할 수 있을 만큼 빠르게 팽창하지도 않았다(Lewis 1949 : 80). 초기 산업화 국가들이 가졌던 선택권이 후발 산업화 국가들보다 더 컸다고 주장되어왔다. 하지만 영국과 프랑스 등 초기 산업화 국가들이 가질 수 있는 선택권이 넓었음에도 불구하고, 선택한 길은 본질적으로 같은 것이었다.

종속 이론가들은 이원 구조 등 종속적 발전의 특징들은 현대 제3세계에 고유한 것이며, 유럽의 착취 때문에 나타난 현상이라고 주장한다. 하지만 그런 구조는 유럽이나 제3세계 발전에서 모두 나타나는 현상인 것으로 보인다. 유럽에서도 자본이 침투해 들어오면서 놀라울 정도로 다양한 제도적·경제적 변화들이 있었다. 일부 국가들은 광범한 성장을 경험했다. 하지만 이도 통념보다는 훨씬 덜 광범했고, 훨씬 뒤에 이루어진 발전이기도 했다. 대부분의 국가에서 근대 산업 분야는 국제 시장 지향적이면서 동시에 국제 시장에 종속되어 있었으며, 산업화되지 않은, 주로 농업과 후진 지역을 배후로 하여 하나의 섬을 형성하고 있었다. 전체 수출품 중 공산품이 차지하는 비율은 그리스, 덴마크, 노르웨이, 포르투갈 등은 11퍼센트 이하였으며, 영국, 스위스, 독일은 74퍼센트 이상이었고, 나머지 유럽 나라들은 그 사이에 분포하여 다양한 모습을 보였다(Crafts 1984: 448). 1913년 유럽 내에서 부유한 나라와 가난한 나라 사이의 차이는 유럽과 라틴 아메리카 나라 사이의 차이보다 더 컸다. 19세기 초, 유럽에서 가장 부유한 세 나라의 일인당 국민총생산(GNP) 평균은 가장 가난한 세 나라의 그것보다 약 45퍼센트 높았다. 1860년까지 이 차이는 160퍼센트까지 더 커졌으며, 1913년에는 240퍼센트에 이르렀다. 1800년 무렵 가장 부유한 5개국 중 하나였을 포르투갈이 1913년에는 가장 가난한 3~4개국 중 하나가 되었다(Bairoch 1976: 286).

유럽과 제3세계 발전의 유사성이 동유럽의 경험에만 기초한 것은 아니다. 제2차 세계대전까지 스위스는 가난한 나라로 주로 농업에 의존했으며, 생활수준은 영국의 절반 정도였다(Hughes 1975: 173, 274). 19세기와 20세기 벨기에, 네덜란드, 덴마크, 스웨덴, 노르웨이, 핀란드, 그리고 영국과 프랑스의 일부 지역에서의 발전 양상은 독립적 발전보다는 종속적 발전 모델에 좀 더 가까웠다.

결론

종속적인 근대 자본주의 발전이 전설이 아니라, 독립된 발전이 전설이다. 지배, 착취, 종속은 현대의 개발도상국에서만이 아니라 선진국의 역사적 경험에서도 풍부히 나타난다. 옛날이나 지금이나 발전 과정에 있는 나라들은 기술, 재정, 시장과 기초적인 수입품 등을 좀 더 선진국이 지배하는 국제 경제체제에 의존해왔다. 현대 개발도상국의 특징이라고 여겨져 온 이원성은 19세기와 20세기 초 유럽 여러 나라의 내재적인 특징이었다. 어느 나라든 외국으로부터 이미 발전한 기술과 다양한 정체와 제도들을 수입해 들여왔으며, 이와 함께 고유의 오래된 봉건적·전통적인 사회구조도 온존시켰다. 선진 국가들도 산업 기술에서는 외국에 상당히 의존했으며, 현재도 종종 의존하는 모습을 보이고 있다. 현재 선진국들 모두 발전 과정에서는 외국 자본의 지배를 크게 받았다. 모든 개발도상국은 그 운명을 체제 전체의 발전에 직결시켜왔다.

오늘날 많은 저개발 국가에게 공통적으로 나타나는 사회적 경직성은 현재 선진국의 경제 발전 초기 단계에서도 나타났던 특징이었다. 역사적으로 산업 발전은 전통 엘리트를 강화시키는 경향을 보였으며, 산업 발전이 이들을 약화시키거나 자유주의적으로 만들지는 않았다. 산업 발전에서 국가가 중심적 역할을 하고 강력한 중간계급이 부재하다는 것은 제3세계의 특징이 아니라 역사적 발전 과정에서 공통되게 나타난 현상이었다. 계급에 따라 소비 양태가 다양화되는 것은 유럽과 현대 제3세계 경제 모두의 특징이다. 엘리트의 취향은 언제나 보통 사람들과 거리가 있었으며, 당대 지배문화의 영향을 강하게 받아왔다. 소득 불평등의 확대는 선진국에서 산업자본주의 발전의 전형적인 특징이었다.

지배, 착취, 불평등, 문화적 왜곡, 권위주의, 민족적(national) 분화, 내실 없는 형식적인 민주주의 등은 산업자본주의 발전에서 보편적인 모습이다. 이들은 현대 제3세계의 특징이 아니다. 제3세계의 경제 성장이 서구와는 다르다고 가정함으로서 종속 이론가들은 산업 발전이 수반하는 본질적인 비용을 제대로 다루고 있지 못하다. 산업사회의 형성 과정에서는 일정한 공통의 문제들이 있었으며, 역사적으로 볼 때 이 문제들에 대해 비슷한 일련의 대응들이 있었다. 비슷한 문제와 비슷한 대응이 크게 동떨어진 배경 아래 반복되었다는 점을 인식한다면 각각의 조건에서 구분되는 설명 틀을 세워야 하는 학문적 필요를 덜어줄 수 있을 것이다.

6장

봉건제와 자본주의의 공존

– 양차 대전 이전 유럽에서의 산업 발전

IN THE MIRROR OF THE THIRD WORLD CAPITALIST DEVELOPMENT IN MODERN EUROPE

제3세계로 자본주의가 침투하면서 이곳에서 자본주의 팽창의 전제 조건 중 일부의 발전을 촉진하기도 했지만, 동시에 기존 봉건적 구조를 지키기 위해 모든 노력을 다하는 정치 · 사회적 세력의 연합을 강화시키기도 했다. 19세기 유럽에서 등장했다고 여겨져 온 역동적인 산업 부르주아가 지배하는 계급 구조 대신에 기존 사회질서를 충실히 옹호하는 "부유한 무역상, 유력한 독점자본, 대지주의 정치 · 사회적 연합"이 있다. 이런 연합이 19세기에 성장의 확산을 크게 제한하는 정부 정책들을 양산해냈다. "독점자본주의의 억압적 영향" 때문에 산업자본주의로의 변화가 지체되고, 실제로 정체되기도 했다. 독점 세력들이 경제적 잉여를 엄청나게 착복했으며, "지주 귀족과 비슷한 방식으로 유용했다." 이는 주로 과소비에 쓰였으며, 남는 것은 "지대를 더 받아낼 수 있는 토지 구입과 모든 종류의 상업 활동 융자에 고리대금과 투기 방식으로 쓰였다"(Baran 1957 : 177, 194, 195).

하지만 유럽의 산업자본주의 발전 과정에서도 같은 현상이 나타났다. 유럽에서 시장 제도의 팽창은 노동, 토지, 통화와 관련하여 시장을 규제하기 위한 수단과 정책의 발전과 함께 진행되었다. 그리고 이는 궁극적으로 경제 성장을 지연시키는 방향으로 작동했다. 유럽에서 자본주의 발전은 자유주의적이고 경쟁적인 정신에 의해 이루어진 것이 아니라 독점과 농촌적 · 전(前)산업적 · 봉건적 · 귀족적 권력과 권위 구조에 의해 추동되었다. 유럽의 자본주의 발전은 농촌 지역을 부르주아화하는 과정이기보다는 산업 영역이 봉건화되는 과정이었다.[1)]

유럽에서 산업 발전은 경쟁을 제한하는 규제 정책들 속에서 이루어졌다. 관세와 카르텔을 비롯한 다양한 경제 보호 정책과 노동조직에 대한 각종 규제 조치 덕분에 소수의 지주 엘리트와 부유한 산업가가 전체 산업과 상업뿐 아니라 토지까지도 독점할 수 있게 되었다. 유럽에서 산업 발전 초기에 토지는 거의 유일한 부의 원천이었으며, 극소수가 토지 대부분을 장악하고 있었다. 관세는 지주계급과 부유한 실업가를 보호하고 부유하게 만들어주기 위해 이용되었다. 농업 관세로 지주 엘리트는 국내 시장을 실제로 독점하게 되었다. 산업 보호로 카르텔과 트러스트 형성이 가능하게 되었으며, 이는 실업가가 노동자에 대항하여 좀 더 효과적으로 단결하면서 시장을 통제할 수 있게 해주었다.

유럽이 발전하면서 산업 영역은 점점 더 봉건적 조직들의 침투를 받았다. 일부 지역에서는 길드, 후원과 후견의 네트워크와 같은 조합 구조들이 계속 온존하면서 강고해지기도 했다. 1889년 엥겔스(Engels, 1971 : 396)는

---

1) 1960년대 포르쉬네브(Boris Porchnev)와 무니에(Roland Mousnier) 사이에 있었던 논쟁으로 이 용어가 유명해졌다. 포르쉬네브는 16~17세기 동안 "귀족의 부르주아화"가 아니라 부르주아의 귀족화가 일어났다고 주장했다(1963 : 577, 580). 이와 다르게 무니에는 봉건 질서의 유재가 절대주의 아래 성장한 부르주아적 요소와 충돌을 일으키기보다는 결합해나갔다고 주장했다(1964 : 82~83 ; 이 논쟁과 관련된 다른 연구자들의 주장은 Wallerstein 19741 : 283~297 참조).
19세기와 20세기 초 계급과 계급 관계의 변화에 대해 비슷한 논쟁이 또 있었다. 메이어(Amor Mayer, 1980)는 이 시기를 귀족의 지배가 계속되었거나 "봉건화" 되었던 시기로 묘사한 반면에, 블랙번(David Blackbourn)과 엘리(Geoff Eley, 1984)는 이 시기를 부르주아의 지배가 점점 강화되었거나 "부르주아화"가 이루어진 시기로 보았다.
이런 용어들에 정확한 사회 · 경제적 규정을 부여하는 것이 가능하지 않을 수도 있지만, 후자에서 전자를 구분해내기 위해 2장과 이번 장에서는 몇 가지 기준을 사용했다. 전통적인 토지 소유 엘리트의 사회 · 정치적 헤게모니의 지속, 전(前)자본주의적이고 귀족적인 제도와 생활 방식이 지속되고 가치를 인정받는 분위기, 산업자본주의 발전의 요구가 전통적 생활 방식과 사회 조직과 생산관계의 온존에 종속되는 상황 등이 그것이다.

이런 상황을 다음과 같이 묘사했다.

> 런던의 구식 시 정부와 관계된 모든 것 — 시 조직과 행정 — 은 아직도 완전 중세풍이다. 세계 최고의 항구인 런던항도 마찬가지다. 선창 관리인, 점등하는 인부, 선원 등은 정식 길드의 구성원으로 배타적인 특권을 갖고 있으며, 이 중에는 여전히 중세 시대 옷을 입고 사는 이들도 있다. 구시대적인 길드의 특권이 지난 7년 동안 부두 회사들 속에서 독점적 지위를 인정받았고, 이에 따라 특권을 가진 소수 조합들이 큰 런던 항구 전체를 장악하고 무자비하게 착취했다. 특권으로 무장한 이런 이상한 관행은 계속되었다. 모순되고 복잡한 법률들이 끝없이 이어지면서 이런 관행은 새로 만들어지고 확대되었으며, 건드릴 수 없는 것이 되었다. 미로(迷路) 같은 법률들이 이런 관행을 지켜주는 최고의 성벽이 되었다. 조합들은 상업 세계에서 중세적 특권을 계속 유지했고, 런던을 세계에서 가장 비싼 항구 도시로 만들었지만, 그 조합원들은 보통의 부르주아가 되어 고객을 등치고, 노동자들을 가장 지독하게 착취한다. 이들은 중세 길드와 근대 자본주의 사회의 이득을 동시에 챙기는 것이다.

일부 지역에서는 전통적인 조합 구조들이 계속 살아남아 더욱 공고해지기도 했고, 새 조합 구조들이 만들어진 지역도 있었다. 이런 구조를 이용하여 부유한 사람들은 기존 힘의 관계와 사회 내에서 부의 분배 체제를 유지하고 강화했으며, 인구의 대다수를 배제하여 이들이 제도화된 경제 · 사회 · 정치권력 안에서 어떤 가능성도 찾기 힘들게 했다.

유럽의 토지 소유

토지 재산은 19세기 유럽에서 가장 중요한 재산 형태였다. 1815년 몇백 개의 귀족 가문들이 영국과 웨일스 토지의 25퍼센트를 차지하고 있었으며, 비슷한 숫자의 귀족 가문이 합스부르크 제국 토지의 3분의 1을 소유하고 있었다. 헝가리에서는 다섯 가문이 토지의 15퍼센트를 차지했으며, 다뉴브 공국에서는 15개 가문이 토지의 3분의 1을 갖고 있었다. 스칸디나비아 국가들에서는 19세기 중반까지 토지 소유가 집중되면서 스웨덴과 노르웨이에서는 인구의 5분의 1이, 핀란드에서는 인구의 5분의 2가 토지를 소유하지 못하게 되었다(Langer 1969 : 12). 덴마크와 스웨덴의 귀족은 각각 인구의 1퍼센트도 되지 않았지만, 토지의 3분의 1 정도를 차지했다. 에스파냐의 귀족은 인구의 5퍼센트 정도였는데, 토지는 절반 이상을 소유했다. 아일랜드, 동부 독일, 포르투갈과 이탈리아 남부, 러시아에서도 토지가 비슷하게 소수의 손에 집중되어 있었다.[2)]

영국과 웨일스에서 개방 경작지와 공유지는 법적 과정, 속임수 혹은 압력 등을 통해 사라졌으며, 이런 과정은 (1760~1840년 사이, 혹은 좀 더 일찍 튜더 왕조 시기) 인클로저 운동들과 함께 시작하여, 계속 진행되었다. 동부 독일, 합스부르크 제국 거의 대부분, 러시아, 몰다비아와 왈라키아의 다뉴브 공국에서는 귀족만이 토지를 소유할 수 있거나, 귀족만이 오랫동안 토지에 대해 권한을 가질 수 있었기 때문에(러시아에서는 1801년까지, 프로이센에서는 1808년까지) 귀족들이 거의 토지를 사적으로 전유하고 있었다. 이 지역의 농민 혹은 농노의 대다수는 귀족 토지 일부에 대해 용익권만을 갖고 있었다. 1815년 이후 러시아를 제외하고 이론상으로 농노들은 영주의 허락 없이도 토지를 떠날 수 있었다. 하지만 실제로는 영주에 대한 법적 금전적

2) 19세기 토지 소유에 대해 국가 차원에서 가장 잘 조사되어 있는 나라는 영국이다. 1874~1876년, 영국 정부는 "신 둠즈데이 북(New Domesday Book)"라는 이름으로 잘 알려진 자료를 발간했다. 이는 지주와 지주가 가진 토지의 위치와 면적을 확인하는 특별 센서스를 통해 만든 것이다. Great Britain, Parliamentary Papers, vol. 72(1874), "Return of Owners of Land, 1872~73" 참조. 의회가 수거한 원자료는 Bateman 1971에 잘 정리, 조직되어 있다. 1883년에 초판을 발행한 이후 여러 판을 거듭하면서 최종본에서 베이트먼(Bateman)은 2,000에이커 이상의 토지를 가진 지주 명단을 모두 나열하고, 이들 토지를 주(州, county)별로 정리했다. 영국 통계에 대해서는 Montagu 1970 참조. 프랑스 통계에 대해서는 Grantham 1975와 Zeldin 1973 참조. 프로이센 통계는 1882년, 1895년, 1907년 것이 있는데, 이에 대해서는 Grunberg 1922, Born 1976, Berdahl 1972, Muncy 1973, 1944를 참조. 러시아 통계는 Pavlovsky 1930을 참조.

의무 때문에 토지에 묶여 있는 형편이었다.[3)]

19세기 유럽 대륙의 어떤 엘리트도 영국의 엘리트만큼 많은 토지를 소유하고 있지 못했다. 신 둠즈데이 북(New Domesday Book)에 따르면 1870년대에 약 7,000명이 영국 토지의 약 80퍼센트를 차지하고 있었다. 영국에서 363명의 지주가 토지의 25퍼센트를 소유하고 있었으며, 이들 대부분은 귀족 작위를 갖고 있었고, 1만 에이커 이상의 영지를 갖고 있었다. 토지의 또 다른 30퍼센트는 약 3,000명의 지주가 갖고 있었는데, 이들은 주로 작위가 없는 젠트리였으며, 1,000~1만 에이커의 토지를 소유하고 있었다. 이들 엘리트는 영국 토지의 적어도 55퍼센트를 장악하고 있었다(Bateman 1971: 515).

19세기 동안 대지주들은 토지 재산을 더욱 증가시켰고 확고하게 다져나갔다. 1897년 17만 5,000명의 지주가 영국 토지의 11분의 10을 차지하고 있었으며, 4,000만 명이 나머지 11분의 1의 토지를 소유했다(Romein 1978: 195). 1900년 오스트리아, 헝가리, 루마니아, 독일, 폴란드에서는 인구의 1

3) 프로이센 농부들은 1810년 개인적으로 자유인이 되었다. "하지만 이들이 보유한 재산은 대부분 그들의 노동과 이전에 그들 각자에게 부과되어 있던 금전적 의무에 달려 있었다. …… 동부 대부분 지역에서 법으로 허용되어 있다고 할지라도 농부가 봉건적 의무에서 빠져나올 정도의 자본을 소유한 경우는 거의 없었다. 농부가 봉건적 속박에서 벗어나기 위해 지불해야 하는 화폐나 토지의 양을 결정하는 것은 우선은 지역 융커가 선정한 지역 판사였다. …… 법적으로 봉건적 의무를 되사기 위해서는 〔경작-옮긴이〕 토지의 절반 이상을 사도록 되어 있었다. 하지만 실제로 슐레지엔에서 땅 한 평이 봉건적 의무에서 벗어나기 위해 판매되려면 이 토지가 봉건적 의무에서 벗어나기 이전에 거래되던 가격의 열 배는 지불해야 했다." 프로이센에서 농부들은 농노제에서 해방된 이후에도 봉건적 화폐 지대의 부담을 계속 져야 했다. 여기에는 기본적인 육체노동(Handdienstttage), 영주가 농부의 땅에서 사냥을 하지 못하게 하는 것에 대해 지불하는 비용(Jagdgeld), 물레 사용료(Springeld), 베틀 사용료(Weberzins), 구속되고 투옥될 경우 영주에게 자비로 변상하는 비용(Schutzgeld), 되사기를 통해 다른 의무에서 해방되는 토지인지 아닌지에 상관없이 모든 토지 거래에서 10퍼센트를 지불해야 하는 의무(Laudemium), 소유한 토지든 대여한 토지든 모든 토지에 대해 매년 지불해야 하는 부담(Grundzins) 등이 포함되어 있었다. 잡화상, 빵집, 여인숙, 상인-제조업자들에 대한 부채도 이주하는 데 결정적인 걸림돌이었다. 융커들은 새로 이주해 오는 이들에게 신원 보증서를 필수적으로 제출하게 함으로써 이주를 쉽지 않게 만드는 정책을 쓰기도 했다. 따라서 융커가 자기 영지에서 누군가 나가는 것을 원하지 않으면, 신원 보증서를 써주지 않기만 하면 되었다(Reddy 1987: 170~172).

퍼센트 이하가 토지의 40퍼센트 이상을 차지하고 있었다. 덴마크와 프랑스에서는 인구의 4퍼센트 이하가 토지의 25퍼센트를 차지했다. 이탈리아에서는 지주의 10퍼센트가 토지의 85퍼센트를 차지하고 있었다. 중남부 에스파냐에서는 지주의 1퍼센트도 안 되는 소수가 토지의 40퍼센트 이상을 차지하고 있었다(Goldstein 1983 : 240).

유럽에서 토지에 대한 갈망이 커졌다는 것은 19세기 말에 시작된 대규모 이민에서 잘 나타났다. 1870~1914년 사이에 3,500만 유럽인이 살던 지역을 떠났다. 1890년 이전에 이주민 1,000만 명 중 약 75퍼센트가 북서 유럽 출신이었다. 1890년 이후 약 25년 동안에는 이주민 2,500만 명 중 약 65퍼센트가 남부 · 중부 · 동부 유럽 출신이었다(Goldstein 1983 : 246).

1912년 준관료 조직이라고 할 수 있는 토지조사위원회(Land Enquiry Committee)의 보고서에 따르면 영국 성인 농업 노동자의 60퍼센트 이상이 자신과 가족의 생활을 유지할 수 있는 최저생계비 이하의 보수를 받았다. 다른 어떤 산업보다 농업 노동자의 평균임금이 낮았고, 노동시간이 길었으며, 주거를 비롯한 생활 조건은 열악했다(Ogg 1930 : 174).

프로이센의 동부 농업 지역에서 대융커의 영지가 집중되고 기계화가 진행됨에 따라 종속되어 있던 경작자들이 일자리를 박탈당했다. 그리고 독일의 밀 생산이 붕괴하면서 이민자가 많아졌다(Wolf 1982 : 12장). 1914년 대토지 보유와 가난한 농촌 임노동자들은 여전히 프로이센의 중요한 문제 중 하나였다(Ogg 1930 : 195). 1890년 이후 이탈리아, 오스트리아-헝가리 제국, 발칸반도 등에서 일자리를 박탈당한 농민과 농업 노동자가 신세계를 향했다. 1870년대에 시작된 농업 위기 동안 공유지와 교회의 토지가 매각되면서 대지주들은 토지 재산을 더욱 늘릴 수 있었다. 위기가 깊어지면서 부유한 지주들은 유동 재산을 공업으로 옮겨가기 시작했다(Smith 1969 : 159). 하지만 소규모 경작자들은 농산물 가격을 낮추거나 다른 지역으로 옮겨갈 수밖에 없는 처지가 되었다(Schneider and Schneider 1976 : 120~25). 1861~1911년 사이에 영구적으로 이탈리아를 떠났던 400만 명 이상의 사람들 중 대다수는 남부 이탈리아 출신이었고, 5분의 4는 농업 노동자와 건설 노동자였다(Sereni 1968 : 353). 1905년까지 러시아 지주들은 토지 재산 중 4분의 1을 농민들에게 매각했다. 하지만 그것으로 토지에 대한 갈증을 장기적으로 해갈해줄 수는 없었다. 농업 불만이 1917년 볼셰비키 혁명의 중요한 원인 중 하나였으며, 농민 봉기가 혁명의 가장 중요한 단계 중 하나이기도 했다.[4]

유럽의 보호주의와 자유무역의 신화

19세기는 유럽에서 자유무역 정책이 실시되었던 시기라고 주장되어왔다. 하지만 역사 기록들은 이 주장을 전혀 뒷받침해주지 못하고 있다. 19세기 유럽을 풍미했던 것은 자유무역이 아니라 보호주의였다. 1860년대의 잠깐을 제외하고 19세기에 유럽에서 자유무역 정책은 찾아볼 수가 없다. 자유무역에 대한 시도와 분야와 이데올로기들은 있었지만, 진짜 자유무역의 관행이 오랜 기간 지속되었던 곳은 어디도 없었다. 19세기 대부분의 기간과 20세기 초 동안 전통적인 지주계급과 산업 엘리트는 성공적으로 보호관세를 지켜냈다. 보호관세를 비롯한 다양한 수단과 정책을 통해 그들은 국내 시장에서 독점을 유지하고 일반 주민의 희생 위에서 부를 축적할 수 있었다.

19세기 초 나폴레옹의 대륙 봉쇄령(1806~1810)으로 프랑스의 경쟁력 없는 산업들이 보호 속에 큰 시장을 확보할 수 있었다. 나폴레옹이 봉쇄령을 내렸던 것은 영국을 정벌하기 위한 것만이 아니라 보호주의를 위한 것이기

---

4) 트로츠키는 볼셰비키의 목표들이 계속되는 농업 관계자들의 불만과 결합해나가는 것에 대해 설명했다. Trotsky 1937 : 3 : 48~51 참조. 오그(Ogg 1930 : 311~12)는 1917년 내내 지속되었던 농민 봉기와 반란들을 나열했다. 케넌(Kennan 1960 : 34)은 볼셰비키가 이런 불만들을 이용하기 위하여 케렌스키(Kerensky)의 사회혁명당 농업 프로그램을 도용했다는 점에 주목했다.

도 했다. 나폴레옹은 유럽 대륙의 경제적 결속을 이루는 데 실패함으로써 영국 정벌의 목표를 무시했을 뿐 아니라, 그의 체제가 대륙의 종속국들과 연합국들에게 적대적이 되는 상황으로 치닫기도 했다(Heckscher 1964 : 257~259). 프랑스 제품을 수출하기 위해 허가제가 개발되었으며, 프랑스 연합국들을 향해서도 주로 프랑스 실크 산업에 유리한 방향으로 통상 정책이 제도화되었다(Heckscher 1964 : 267).

나폴레옹 전쟁과 더불어 관세정책이 도입되면서, 프랑스에서 소수지만 영향력 있는 철기 제조 업자와 섬유 제조 업자가 등장했다. 이들은 영국 상품을 몰아내고 자신들이 이전에 장악했던 프랑스 시장을 상당 부분 독점하기로 결심했다. 전쟁 이후 제조업에 대해 고(高)관세 정책이 취해지면서, "전쟁 시기 영국을 몰락시키려고 했던 체제가 평화 시기에는 다른 모든 나라로 확대되었다"(Ogg 1930 : 270~271).

나폴레옹 전쟁 이후 영국에서는 과중한 관세법이 마련되어 빵 값이 크게 올랐다(곡물법들). 이런 정책은 지주층에 유리했고, 산업 노동자의 생활수준은 분명히 악화되었다(Barnes 1965 : 148, 210~213 ; Clark 1951). 다른 서유럽 국가들도 비슷한 법률을 도입하여 독일이나 폴란드 같은 나라에서 가격이 낮은 밀이 수입되지 못하도록 하는 방법으로 농업을 보호했다(Fairlie 1965). 프랑스에서는 1819년 법률을 통해 곡물을 수입할 경우 고정 관세를 부과하고, 국내 가격이 일정 선 아래로 떨어지게 하는 정도에 따라 부과세를 다양하게 만들어 조정하는 정책을 썼다. 이 법은 일정 조건에서는 모든 수입을 금지시킬 수가 있었다. 이후 관세정책은 다양한 양상을 보였지만, 농업이 상당한 보호 없이 방치된 적은 한 번도 없었다.

1860년대는 보호주의 세기 중에 있었던 유일한 자유무역 시기였다. 1850년대 말과 1860년대에 국제 무역에서 관세를 낮추려는 흐름이 있었다. 국제 운하에서 무역에 대한 제한과 징수가 다뉴브 강(1857년)에서 완화되었고, 이어 라인 강(1861년)과 셸드 강(1863년), 엘베 강 하류(1861년), 엘베 강 상류(1863년과 1870년), 발트 해와 북해를 잇는 덴마크 해협과 운하들(1857

년)에서도 완화되었다. 국제통화로 1857년 독일의 탈러화와 1858년 오스트리아의 표준 플로린화를 채택하고 프랑스, 벨기에, 스위스, 이탈리아가 1865년에 라틴 통화조약을 맺으면서 간편하게 되었다. 일련의 무역 조약들을 통해 유럽의 선진 공업 국가들 사이에서, 20년 동안 있었던 조약들 중 일부, 예를 들면 영국-프랑스(1860년), 프랑스-벨기에(1861년), 프랑스-프로이센(1862년), 그리고 그 연장선에서 프랑스와 독일 관세동맹 사이의 조약(1866년), 프로이센-벨기에(1863년, 1865년), 프로이센-영국(1865년), 프로이센-이탈리아(1865년) 등이 맺은 조약에서 관세율이 상당히 낮아졌다. 이런 무역 조약은 19세기 유럽 경제사에서 특이한 것이었다. 하지만 시류가 바뀐 뒤 이들 조약은 거의 실현되지 못했다.

1860년대 자유주의적 체제가 단명했고 다시 시류가 바뀌었던 가장 중요한 요인은 1875~1880년의 공황이었다. 이 공황은 서유럽 전역을 휩쓸면서 공업과 농업 모두에 영향을 미쳤다. 1870년대에 농업과 공업 모두에서 보호관세가 다시 도입되었고 그것도 이전보다 더 높은 수준에서 시행되었다. 게다가 시장이 위축되고 경쟁이 치열해지는 상황을 극복하기 위해 대규모 경제블록을 만들려는 시도도 도입되었다. 독일에서 중부 유럽 관세동맹이 만들어졌고, 영국은 제국관세동맹을 형성했다.

1875년까지 프랑스에서 보호주의자들의 부활은 전국적으로 반동적인 성격을 띠었다. 1881~1890년의 10년 동안 보호주의는 농업을 위해 고관세 정책을 도입하는 데 중점을 두었다. 1885년 선거는 완전히 농업 보호 정책 문제를 놓고 벌인 싸움이었다. 선거 이후 밀, 보리, 귀리, 가축, 고기 등을 비롯한 여러 농산물에 대한 관세를 새로 도입하거나 높이는 법률이 제정되었다. 1892년 프랑스는 멜린 관세를 도입했는데, 이는 농장의 수입을 보호하고 사회적 안정을 도모하기 위해, 토지에서 쫓겨나는 노동력의 증가 추이를 완화하고, 비효율적인 생산자를 지원하려는 것이었다. 1910년에 도입된 새 관세는 제조업자의 요구를 충족시키기 위한 것으로 새 품목에 대한 최소 관세율을 높이고 세금을 부과했다(Ogg 1930: 279). 관세정책은 주로 산업의 요구에 부응하기 위해 기획되고 지속되었으며, 또 일부는, 특히 농산물에 대한 관세율은 높아지는 경향이 있었다(Ogg 1930 : 277).

독일에서는 농업과 공업 이해관계자들이 결합하여 상호 안전망을 확보할 수 있는 관세를 만들어냈다. 1873년 값싼 기계를 원했던 농업 관계자의 요구에 따라 철제품에 대한 관세가 낮아졌으며, 이와 함께 다른 상품에 대한 관세도 낮아졌다. 1877년까지 모든 수입품의 95퍼센트가 관세 없이 수입되었다. 하지만 1879년에 독일은 다시 보호주의 정책으로 돌아서서 제2차 세계대전까지 계속 그 정책을 고수했다.

이탈리아에서는 남부의 대규모 곡물 농장주들이 1870년대부터 보호관세를 요구하기 시작했다. 농업은 이탈리아 기후에 맞는 과일, 채소, 유제품을 특화하여 좀 더 국제 경쟁력을 갖추어갔다. 하지만 이런 변화 때문에 곡물 재배 지역에서 사회적 구조 변화가 불가피하게 되었다. 지배적이었던 전통적인 소작제 형태에서 좀 더 자본 집약적인 작은 농장 체제로 바뀌어갔다. 이 지역에서 지역 엘리트는 이런 변화에 저항했다. 그들은 관세의 보호막 아래 수많은 토지 없는 농업 노동력과 낮은 기술 수준을 이용하여 곡물 농사를 하고 싶어 했다(Tipton and Aldrich 1987a : 29).

1870년대 말 이래 유럽의 국내 시장들은 계속 폐쇄적이고 제한되어갔다. 20세기 전환기에는 모든 서구 국가들이 보호주의 정책을 택했고, 이런 경향은 제1차 세계대전 동안 많은 정부들이 광범한 수입 제한 정책을 취하면서 더욱 심해졌다. 독일에서 농업 보호 정책을 옹호했던 이들은 중부 유럽 관세동맹의 창설을 옹호했다. 작은 지역들을 단일한 관세 체제 안에 결합함으로서 농업 분야의 이익을 증진시키고 시장을 안정적으로 확보할 수 있었다. 베를린(1880년)과 부다페스트(1884년)에서 열린 농업 의회에서는 이 문제가 중심 의제였다.[5] 이런 열정은 헝가리 지주가 발칸반도에서 수입되어 오는 농산물에 적의를 갖게 되면서, 독일 제국의 융커가 오스트리아-헝가리 제국에서 들어오는 농산물에 민감하게 되면서 사라져갔다. 하지만 중부 유럽 관세동맹이라는 발상은 특정한 경제적 이해 집단의 반대에도 불구

하고 계속해서 이론경제학자들의 주목을 끌었다.[6]

중부 유럽(Mitteleuropa)에 대한 책들이 줄지어 나왔으며, 이 주제에 대한 논의와 저술들이 서구에서 큰 반향을 얻었다.[7] 1916년 초까지 연합국의 고위 정책 입안자들은 독일이 중부 유럽 동맹을 만들려고 하는 열망이 전쟁의 근본적인 원인 중 하나이며, 이는 독일 정부의 중요한 목표라고 굳게 믿었다. 1916년 동안 연합국 대표들은 파리에서 두 차례 만나 중부 유럽 경제권 형성이 가져올 위협이 임박했음을 우려하면서, 중부 유럽 열강들과 적대감이 해소된 뒤에도 경제적 차원의 전쟁이 계속될 것이라는 데 의견을 같이했다.[8]

전쟁 이후 독일은 상업 세력으로서 자신의 위치를 여러 차례 돌아보지 않을 수 없었다. (독일 해외 무역에 타격을 준) 평화 정착기,[9] 범아메리카 관세동맹의 위협, 러시아 수입 관세 인상 정책, 프랑스의 보호주의가 크게

---

5) 프랑스인 몰리나리(G. de Molinari)는 비스마르크에게 프랑스, 네덜란드, 벨기에, 독일, 오스트리아–헝가리, 스위스를 포괄하는 중부 유럽 동맹을 형성하자고 제안하면서 1879년 의회의 논의를 열었다. 그는 관세동맹이 독일에 풍요를 가져다준 것처럼, 좀 더 큰 단위로 관세동맹을 형성할 경우 유럽인이 더욱 풍요롭게 살 수 있게 될 것이며, 나아가 평화를 증진시키고, 점차 세계적 차원에서 무역 장벽을 사라지게 할 수 있을 것이라고 주장했다(Molinari 1879; Meyer 1955 : 60에서 재인용).

6) 이 논의에 대한 자세한 소개는 Bosc 1907 : 311~57 참조. 이 논의에서 가장 유명한 인사는 슈몰러(Gustav Schmoller)로, 전쟁 이전 독일에서 가장 중요한 경제 저널의 편집자였다. 그는 다른 경제권와 맞서 방어하기 위해서라도 일정한 형태의 중부 유럽 경제권을 형성하는 것이 분명히 필요하다고 생각했다(1900). 1885년 브렌타노(Lujo Brentano)는 세계가 열강의 지배를 받는 몇 개의 큰 경제권으로 나뉘는 흐름이 강하게 포착되고 있음을 분석하여 발표했다. 그에 따르면 큰 시장과 원료 공급지를 확보하기 위한 독일의 유일한 희망은 두 왕국과 발칸반도 나라들과 관세동맹을 형성하는 것이었다. 나우만(Friedrich Naumann)의 책, 『중부 유럽(Mitteleuropa)』은 1917년 학계의 주목을 받았다. "이 책은 전쟁 중 독일에서 발간된 책 중 가장 중요한 책이며, 비스마르크의 회고 때문에 출판가의 관점에서 볼 때 가장 큰 성공을 거둔 책이 되었다"(Meyer 1955 : 206). 프랑스, 영국, 이탈리아, 스웨덴, 스위스, 미국에서 곧 번역본이 나왔다.

7) 1917년 5월, 밸푸어 경(Lord Balfour)은 윌슨 대통령에게 영국과 관계된 모든 전쟁 비밀 조약들의 사본을 보내면서 자신이 제국의회에서 그 무렵에 했던 연설을 동봉했다. 이 연설에서 그는 전쟁 이전 독일의 정책은 실제로는 인도로 진출할 수 있는 길을 닦기 위한 노력이었으며, 전쟁 시기 중부 유럽에 대한 논의는 그 꿈을 실현하기 위한 필연적인 접근이라고 주장했다. Meyer 1955 : 251~252 참조.

강화될 전망, 그 외 수많은 중하위권 나라들의 보호주의 경향 등이 모두 독일에 타격을 주었다. 그 결과 독일은 전쟁 이전 세계정책(Weltpolitik)을 중부 유럽에 자족적인 천년 제국을 건설하려는 나치 프로그램으로 바꾸어나갔다. 프랑스는 점진적으로 과세에 기초한 보호주의 체제로 돌아섰다. 이에 따라 각료회의를 통해 잦은 주기로 관세를 높일 수 있었다. 프랑스는 관세에 대해 의회의 면밀한 토론 없이도 독일과 오스트리아의 제품에 대해 높은 관세를 부과할 수 있었다. 1921년 11월 벨기에의 비상 관세에는 일정한 독일 공산품에 대해 비슷한 보호 정책을 취하는 내용이 포함되어 있었다.

1915년 영국은 공산품 수입에 대해 높은 관세를 부과했다(매케나 관세). 이 관세의 원래 목표는 제1차 세계대전 동안 외국 상품의 국내 소비를 위축시키기 위한 것이었다. 하지만 전쟁이 끝나가면서, 그리고 그 이후 점차적으로 관세는 영국 공업을 위한 중요한 보호막으로 필수적이라고 여겨졌다.[10] 전쟁 이후 보호주의의 부활에 대한 주장들은 영국이 아닌 세계 전체에 대해 관세 벽을 세우고, 영국과 모든 영국의 식민지와 종속 지역들로 이루어진 제국관세동맹을 세우는 것에 집중되어 있었다.

---

8) 1916년 3월 연합국의 정치인들은 파리에서 회의를 갖고 전쟁이든 평화든 상관없이 연합국들 사이에서 경제적 협력 사항을 논의할 경제 회의를 개최하기로 결정했다. 이 회의는 1916년 6월 14일 파리에서 열렸다. 이 회의의 주요 결정 사항은 중부 유럽 열강들을 견제하면서 연합국들 사이에 긴밀한 협력 관계를 구축하는 것에 대한 합의와 자연 자원 교류에 관한 것, 소집 해제 기간 동안 독일 무역에 대해 보호주의 정책을 취하는 것 등이다. 전쟁 이후에도 장기간에 걸쳐 경제적 협력을 하는 점에 대해서도 일반적인 결의를 이끌어 냈다. 회의는 두 가지 정책을 합의하에 내놓았다. (1) 특히 중립국과의 무역을 통제하면서 봉쇄를 강화한다. (2) 함께 협력하여 독일 수출품을 봉쇄하고(최우선무역국 협약 폐기), 협약국의 통제 아래 중부 유럽 열강이 원료에 접근하지 못하도록 하는 방법을 통해 중부 유럽 열강과 적대적 관계가 해소된 이후에도 이들에 대한 경제적 압력은 계속하는 단계에 대해 신중하게 고려한다. 이런 결의들은 러시아의 적극적인 반대에도 불구하고 통과되었다. 러시아는 전쟁 전 곡물 시장의 40퍼센트를 상실했다. 영국의 입장은 모호했다. 영국은 당시 자유무역 정책으로 내몰리고 있는 상황이었다(Great Britain, H. M. S. Stationary Office, 1916) ; Nodle 1928 : 57~58, 152~70.

9) 조약에 따라 독일은 이전에 해외에서 장악했던 것들에 대한 주권과 영향력을 모두 상실했으며, 그 지역에서 독일 국적의 사람과 재산은 법적 지위와 보호를 보장받을 수 없게 되었다(arts. 119, 120, 257). 독일은 중국(arts. 129, 132), 시암(타이의 옛 명칭 – 옮긴이, arts. 135~140), 모로코(art. 141), 이집트(art. 148)에서 가졌던 모든 권리와 특권을 포기해야 했다. 조약 내용은 Temperley 1920 : vol. 3에서 볼 수 있다.

1920년대와 1930년대는 농업 생산자에게 위기의 시기였다. 북부 프랑스, 동부 유럽, 발칸반도 등 전통적인 생산지의 붕괴로 전쟁 동안 아메리카 대륙에서 농작지가 크게 확대되었다. 결국 생산이 증가하면서 가격은 하락했고, 농부들은 보호주의 정책을 소리 높여 요구했다. 서유럽 공업의 재건과 동유럽에서 공업 발전이 재개되면서 이전의 생산력을 되찾게 되었을 뿐 아니라, 잠재적인 생산 능력을 크게 향상시킬 수 있게 되었다. 새로 지은 공장은 전쟁 이전보다 좀 더 규모도 컸고, 생산성도 높았다. 농업의 경우 생산자들은 보호주의 정책을 요구했다. 관세는 높아졌고, 직접 통제, 할당제, 금지령, 양자 협정 등으로 무역은 더욱 제한되었다.

카르텔 운동

보호주의가 강화되면서 1870년 이후 유럽에서 독점도 크게 강화되었다. 관세는 뒤떨어진 산업을 지켜줌으로써 카르텔화를 가능하게 했다.[11] 역으로 카르텔화는 관세가 계속 유지되도록 만들었다.[12] 따라서 보호관세를 위해 투쟁을 전개했던 집단이 카르텔의 형성도 지지했다(Maschke 1969 : 227). 카르텔은 독점을 목적으로 한 독립된 기업들의 연합이다.[13] 독점은 일반적

---

10) 산업보호법(Safeguarding of Industries Act 1921)으로 좀 더 광범한 관세가 부과되었다. 영국은 1931년 기존 관세를 올리고 1932년 모든 수입품에 대해 일괄적으로 10퍼센트의 관세 인상을 단행했다. 그리고 이후 여러 해 동안 특정 상품들에 대해 상당히 높은 관세를 부과하는 정책을 계속 시행했다(Tipton and Aldrich : 1987a : 227).

11) 예를 들어 1873년 독일의 철제품 관세는 철제 산업의 카르텔화를 가능하게 했을 뿐 아니라 철도 카르텔도 용이하게 했다.

12) 국제적 카르텔들이 각국의 관세정책에 영향력을 행사할 수 있었는가 하는 문제는 1927년 세계경제회의(World Economic Conference)에서 세워진 경제자문위원회(Economic Consultative Committee)의 주요 논제였다. 위원회는 "결합은 기존 관세에서 나온 보호주의의 결과인 상업적 가능성의 기초 위에서 만들어지곤 한다. 그리고 이런 가능성을 수정해주는 관세의 변화는 결합 그 자체를 위험스럽게 하는 것으로 여겨질 것"이라고 결론을 내렸다(League of Nations 1931a : 29).

으로 독점 사업가가 모든 경쟁자를 배제하고 특정 상품을 생산하거나 판매하는 것을 법적이고 실질적으로 할 수 있는 지위를 의미한다고 알려져 있다. 카르텔만이 아니라 수많은 다양한 형태의 "결탁", 즉 콘체른이 발전했다. 콘체른은 일정한 산업에서 일정 규모의 생산 단위 부분들이 모여 다양한 형태의 합병을 한 것을 이른다.[14] 기업 합병은 일반적으로 이전까지는 경쟁 관계에 있던 별개의 기업들이 좀 더 높은 이윤을 얻기 위해 결합한 것이다(Levy 1927 : 219). 카르텔과 합병 모두 경쟁을 없애고, 가격을 고정시키며, 공급자를 공유하고, 원료를 총괄하여 구입하고, 특별한 공급 체계를 이용하여 중간상인을 배제함으로서 시장을 통제하는 것을 목표로 했다. 국제 카르텔 역시 같은 방식으로 작동했다. 국제 카르텔은 회원들의 국내 시장을 보호하기 위해 형성되었으며, 회원들에게 일정 수출 시장에서 배타적 권리를 주었다. 제1차 세계대전 이후 국제 카르텔은 유럽에서 점점 확대되었다(Maschke 1969 : 56).

근대 카르텔 운동의 토대는 1873년 경제 위기와 이어진 불황 속에서 만들어졌다. 유럽의 모든 나라에서 대기업이 발달했고, 기업들은 조약을 통해 경쟁을 배제하려고 시도했으며, 이를 통해 자신들의 경제적 지위를 향상시켰다. 1900년까지 독일 기업 대부분은 카르텔로 운영되었다. 독일과 벨기에 산업의 주요 분야는 카르텔로 결합되었고, 러시아에서도 같은 과정이 진행되었다. 제1차 세계대전 이후 영국에서 강력한 트러스트가 여럿 등장하기 시작했다(Romein 1978 : 180~191).

제2차 세계대전 이전에는 산업적 혹은 상업적 합병을 다루는 특별한 법

13) 그래서 카르텔은 특정 산업에서 이익과 효율성을 증대시키기 위한 산업적 · 기술적 · 상업적 연합과는 구분되며, 독점을 목적으로 하지 않는다. 카르텔에 대한 가장 초기의 규정은 수요에 따라 생산을 조절함으로써 경쟁을 제한하는 것을 언급하고 있으며, 독점에 대해서는 언급하지 않았다(Kleinwachter 1883 : 143). 하지만 20세기 전환기가 되면 규정 내용에서 독점은 연합의 중요한 목적으로 항상 언급되었다(Liefmann 1897 : 7).

14) 합병, 콘체른, 트러스트는 조직되는 방식에 따라 구분되는 다양한 종류의 합병을 이르는 용어이다.

적 조항이 없었다. 영국에서 1919년에 도입된 이윤법(Profiteering Act)은 1921년 폐지되었다. 1923년 독일에서 발간된 한 카르텔 법령(Kartell-verordnung)에 따르면 결합이 이루어지려면 사안별로 검토하여 경제력을 유용할 가능성이 있는지를 조사받아야 했다. 하지만 일반적으로 이에 대한 판단은 경제 정치적 상황에 따라 다양한 변화가 있었다(Landes 1969: 245~246; Maschke 1969: 134~137). 카르텔법은 헝가리(1931), 폴란드(1933), 루마니아(1937)에서 시행되었다. 하지만 이들 법은 카르텔의 등록을 의무화하고 국가 통제를 명시했을 뿐이었다.

카르텔은 **독일**에서 제일 많았고 또 가장 효율성을 발휘했다. 1897년 독일 고등법원은 과도하게 낮은 가격을 올리기 위해 기업 합병을 할 권리를 인정했다. 1889년 독일에는 약 100개의 카르텔이 있었고, 이는 점점 증가해 1900년에는 300개, 1914년에는 600개였다. 1914년까지 독일의 실제 모든 주요 산업은 직간접적으로 카르텔의 영향을 받았다(Curtis 1931: 402~403). 라인-베스트팔렌 석탄 신디케이트는 1893년 형성되어 라인란트-베스트팔렌 지역의 전체 석탄 산업을 지배했다. 이 신디케이트는 북서독일 전체와 중부 독일의 상당 지역에 석탄을 공급했다. 철강 산업은 1904년에 만들어진 철강업연합(Steel Works Union)이 거의 모두 지배했다(Ogg 1930: 223~224). 석탄과 철제 산업에서 카르텔과 신디케이트는 대표적인 자본의 양이나 전반적인 산업에 미치는 영향력 측면에서 볼 때 다른 모든 것을 모아놓은 것보다 더 큰 비중을 가졌다(Dawson 1913: 118). 조선업을 제외하고는 기업 합병의 영향을 근간에서부터 받지 않는 산업은 없었다. 독일 다음으로는 **오스트리아**에서 카르텔이 많이 진척되었는데, 이들 중 많은 것이 상응하는 독일의 카르텔과 관계되어 있었다. 이 경우 하나의 카르텔이 두 나라를 관할했다(Curtis 1931: 411). **벨기에**에서도 크게는 독일의 모델에 따라 카르텔이 발달했다. 오스트리아처럼 이들 중 많은 경우 상응하는 독일의 카르텔과 연결되어 있었다. 벨기에의 가장 중요한 산업인 석탄 광산, 철제, 제철, 유리, 시멘트 산업 등은 비교적 초기 단계부터 함께 보조를 맞추기 위해 조직되었다. 지역 연합이 석탄 산업에서 일찍이 1841년부터 있었다. 고정 가격, 공동 판매, 덤핑에 대한 보상을 보장하는 공식 카르텔은 1896년에 조직되었다. 벨기에의 코크스 생산자들은 1894년 합동 판매국을 조직했고, 루르 코크스 신디케이트와 시장 배분에 대한 합의에 들어갔다. 제1차 세계대전이 발발하기 오래전에 제철과 철강 산업은 매 단계마다 카르텔화가 진척되었다(Curtis 1931 : 411).

프랑스에서 카르텔은 일반적으로 콤투아(comptoir 수매 업체)의 형태를 띠었다. 콤투아는 가격을 고정시키는 데 주로 관여했으며, 생산을 제한하지 않는다는 원칙이었다. 설탕, 정유, 제철과 철강, 중화학, 판유리와 같은 대량생산에 도움이 되는 산업에서는 시장 통제가 있었다. 프랑스에서 가장 오래되고 유명한 카르텔 비슷한 조직으로는 1876년에 로렌의 강철과 선철 제작자들이 연합 판매를 위해 조직했던 드 롱위 금속판매연합(Comptoir Metallurgique de Longwy)이 있다. 섬유산업에서는 1899년 드 코통 실크 프랑스위원회(Comite Francaise de la Filature de Coton)가 발족했다. 제1차 세계대전 동안 콤투아는 사라지거나 정부의 산업 통제에 이용되었다. 하지만 휴전 이후 이들 중 여럿이, 특히 제철과 철강 산업에서 부활했다(Curtis 1931 : 410~411).

1860년대 이후 산업 전반에서 볼 때 기술 면에서나 재정 면에서나 집중되는 경향이 뚜렷이 나타났다. 대규모 제철과 철강 회사들이 1840년대에 합병과 인수를 시작했고, 1860년대에 일반적인 것이 되었다. 1847년 7대 기업이 프랑스 제철과 철강 생산의 37.5퍼센트를 통제했다. 1860년까지 8대 기업이 53퍼센트를 통제했다. 1912년 가장 앞선 10대 기업이 이 분야 전체 자본의 70.5퍼센트를 통제했다. 1914년까지 석탄 산업은 강력한 10대 기업이 지배했다. 기초적인 화학 산업은 다섯 개 회사가 지배했으며, 이 중 네 개를 생 고뱅 협회(Societe de Saint Gobain)가 통제했다. 알루미늄 산업 역시 다섯 개 회사가 지배했으며, 시장은 그중 두 개 회사 만이 통제력을 발휘했다(Caron 1979 : 7장). 1920년대에 알루미늄 산업에서 몇 건의 놀랄 만한 합병이 있었다. 1925년 쿨만(Kuhlmann) 기업은 전쟁 중 세워진 염료전국협회(Societe Nationale des Matieres Colorantes)를 인수했다. 1928년 론 사(Etablissements du Rhone)와 풀랑크 사(Societe Poulenc)가 합병하여 론-풀랑크 사(Societe Rhone-Poulenc)를 만들었다(Caron 1979: 284).

영국 산업에서 카르텔화는 1870년과 1880년 사이에 세워진 "운송업 모임"에서 시작되었다. 하지만 영국의 카르텔은 전간 시대 동안 영국 정부가 적극적으로 추진한 합병의 그림자 아래 있었다. 1917~1927년 사이에 제철과 철강 산업에서 합병이 진행되었으며, 이는 독점의 온갖 기능을 다했다(Levy 1927 : 233). 어떤 경우에는(예를 들어 석탄과 면화) 생산자들 사이의 "협력"이 법을 통해 이루어지기도 했다. "그런 협약으로 가격을 규제하고 생산량을 할당할 수 있었다. 따라서 가장 효율성이 떨어지는 기업도 시장에서 '자신의' 몫을 챙길 수 있었다"(Youngson 1976 : 169~170). 하지만 이는 여러 단계의 기업을 하나의 새 기업으로 결합시키면서, 카르텔이나 다른 유형의 합병에 그늘이 드리웠다. 예를 들어 코츠(Coates) 재봉실 회사는 1919년까지 경쟁사들을 인수하여 영국 재봉실 산업의 95퍼센트를 장악했고, 던롭 고무 회사는 합병을 통해 1925년이 되면 영국 전체 고무 생산의 90퍼센트를 생산했다. 큰 군수품 회사인 비커스-암스트롱(Vickers-Armstrong) 역시 1927년 합병을 통해 만들어졌다. 1945년 이후 영국에서는 독점과 경쟁제한 검토위원회(Monopolies Commission and Restrictive Practice Court)가 세워져 경쟁 제한 협정들을 다루었다. "경쟁 제한을 규제하는 협정들이 영국 여러 산업에서 흔들렸다고 하는 점은 카르텔 같은 기업 연합이 이전에 얼마나 근본적으로 침투해 있었는가를 확인해주었다"(Caves et al. 1968 : 307). 이런 흐름은 표 6에서 볼 수 있는 것처럼 유럽 여러 나라에서도 마찬가지였다.

카르텔화는 전쟁 전 동유럽 경제의 분명한 특징이었으며, 전간 시기 동안 더욱 확대되었다. **헝가리**에는 1914년 이전에 약 100개의 카르텔이 있었는데, 1938년에는 357개가 되었다. 이 카르텔들이 총 산업 생산의 41퍼센트

표 6 카르텔과 기업 합병

나라	산업
영국	시멘트, 제철, 석탄, 철강, 공업용 알코올, 위스키, 벽지, 전기 제품, 케이블, 소금, 면직물, 재봉실, 표백과 염색제, 캘리코 프린팅(사라사 날염), 인조견, 화학, 철도, 담배, 고무, 군수품, 알코올, 이스트, 성냥, 구리 채굴, 보험, 도서 판매, 섬유, 자기(磁器), 카펫
프랑스	설탕, 정유, 판유리, 제철, 철강, 중화학, 선철, 석탄, 화학, 알루미늄, 자기(磁器), 소금, 비누, 향수, 단추, 종이, 직물
독일	제철, 철강, 화학, 전기 제품, 가성 칼륨, 시멘트, 석탄, 염료, 합성 질산염, 레이온, 소금, 폭약, 섬유, 페인트와 래커, 비료, 제약, 납, 벽돌과 타일, 알루미늄, 식료품, 설탕, 증류수, 종이, 화장지, 자전거, 회전목마, 철도 운반기와 마차, 곡물, 운송과 교통업
벨기에	석탄, 코크스, 제철, 철강, 유리, 판유리, 아연, 시멘트
스위스	실크, 면직물, 레이스, 염료, 석회, 벨벳, 맥주, 벽돌, 화강암, 가죽 염색, 제분, 우유, 초콜릿, 필름, 식초, 종이, 목재 펄프, 화학, 양조, 시멘트, 전기, 시계, 케이블, 고무, 알루미늄, 성냥
스칸디나비아	목제품, 철광석, 전기 제품, 유리, 기계, 몰리브덴, 구리, 카바이드, 벽돌, 소다, 시멘트, 석회석, 화강암, 밀가루, 셀룰로오스, 종이, 비누, 이탄, 술, 인공 비료, 고기, 면직물, 초콜릿, 마가린, 탄산, 타르, 황마, 통조림, 주석판, 섬유, 과인산 비료, 운송
이탈리아	면직물, 제철, 설탕, 대리석, 종이, 유황, 강철 볼트, 속돌[부석(浮石)], 인공 비료, 실크, 술, 시트르산, 제분, 유리
에스파냐	제철, 철사, 철못, 나사못, 철도 차량, 황철석, 석탄, 구리, 납, 목재, 수지, 시멘트, 거울, 탁자 유리, 종이, 고무 제품, 면직물, 황마 섬유, 쌀, 맥주, 모직물, 인공 비료, 비누, 아질산염, 설탕, 밀가루, 고기, 통조림
헝가리	제철, 금속, 석재, 점토, 석탄 채굴, 강철 볼트, 술, 광천수, 탄산, 석유, 카바이드, 소다, 맥주, 설탕, 아교, 염료, 붕사, 타르타르산, 무두질제(tanning materials), 마그네사이트, 인공 비료, 성냥, 벽돌, 시멘트, 양초, 커피 대체품, 백열등, 철사, 면직물, 의류, 직물, 가죽
체코슬로바키아	갈탄, 철도 부품, 제철, 현(絃), 술, 강철, 체인, 철사, 단열재, 황마, 의류, 볼트, 튜브, 구리, 황동, 알루미늄 제품, 미네랄 오일, 카바이드 시멘트, 석면, 병, 탁자 유리, 벽돌, 아교, 셀룰로오스, 종이, 설탕, 화학, 채굴, 도자기, 고무, 섬유, 목재
루마니아	석유, 선철, 못, 석회, 유리, 종이, 술, 목재, 목재 못
불가리아	설탕, 담배, 술, 장미 오일
폴란드	석탄, 제철, 전선, 튜브, 체인, 에나멜 제품, 유리, 아연, 시멘트, 자기(磁器),

나라	산업
	종이, 설탕, 면, 가죽, 술, 밀가루, 양초, 파라핀, 나프타, 과인산 비료, 의료품, 향수, 면, 황산
러시아	석탄, 제철, 구리, 시멘트, 설탕, 성냥, 담배, 소금, 술, 거울, 종이, 화학, 셀룰로오스, 단추, 석유, 아교, 고무, 석면, 유리, 면, 캘리코 프린팅, 출판, 농기계

출처: Liefmann 1933: 25~30, 40~41; Curtis 1931: 411; Berend and Ranki 1974: 311~313; Lampe and Jackson 1982: 492; Clough 1952: 642; Tipton and Aldrich 1987a: 29; Levy 1927: 9장; Teichova 1974: 60.

를 장악했으며, 제철과 금속 산업에서는 60퍼센트, 석재와 점토에서는 83퍼센트, 석탄 채굴에서는 100퍼센트를 통제했다(Berend and Ranki 1974: 312). **루마니아**에서는 약 1,600개의 회사가 다양하게 조직되어 만들어진 94개의 카르텔 조직이 1938년 투자 자본의 50퍼센트, 기계의 53퍼센트, 생산가치의 23퍼센트를 차지했다(Berend and Ranki 1974: 311). **유고슬라비아**에서 카르텔의 수는 1920년대 30개에서 1930년대에 80개로 증가했으며, 당시 투자 자본의 25퍼센트를 관리했다. **불가리아**에서 카르텔은 1930년대까지 투자 자본의 25퍼센트를 운영했다(Berend and Ranki 1974: 313). **폴란드**에는 1919년 11개의 카르텔이 있었는데, 1936년 266개로 증가했다(Berend and Ranki 1974: 313).

트러스트와 카르텔의 형성은 19세기 말과 20세기 초 유럽 산업 조직의 가장 중요한 특징 중 하나였다. 유럽 전반에 걸쳐 대기업들은 안정적인 노동과 원료 자원을 원했고, 좀 더 높은 이윤을 확보할 수 있는 가격으로 시장을 확보하고자 했다. 이들은 또한 노동조직, 관세, 식민지 팽창과 관련해서 정부 정책에 영향력을 행사하려고 했다. 이런 영향력은 제1차 세계대전 이후 유럽 전역의 여러 나라들에서 세워진 조합 구조와 관계를 통해 공식화되었다.

조합주의

제1차 세계대전 이후 유럽의 여러 나라에서 등장했던 조합주의적 구조들은 산업적 경쟁과 거리가 멀어진 것을 뜻한다. 전쟁 과정에서 대기업들은 정부 기구를 이용해 경제 문제를 해결하려는 경향을 보였으며, 이는 특히 군사력 정비 과정에서 분명히 나타났다. 전쟁 동안 산업과 국가 사이의 상호작용은 전간 시기 조합적 협약 기구가 등장하는 배경이 되었다. 전쟁 동안 레닌은 자본주의가 "독점" 단계에서 "국가 독점" 단계로 이행했다고 주장했다(Lenin 1932 : 5). 자유주의자들은 전쟁 기간의 변화를 경제를 제어하여 경제 외적이고 국가적 혹은 사회적 목표를 추구한 것이라고 해석했으며, 이는 당시 유행했던 "전쟁 사회주의"라는 용어에 나타나 있다. 하지만 1914~1918년 사이에 벌어들인 이윤은 상당했다. 전쟁 중 이루어진 한 비교 연구에 따르면, 기업들은 전쟁 전 시기보다 몇 배나 큰 이윤을 벌어들였다(Fuchs 1918 ; in Hardach 1977 : 106). 이는 군수물자 생산과 직접 관련된 산업(무기, 군수품, 화약, 폭발물)에서만이 아니라, 기초 산업(탄광, 제철과 철강, 화학)에서도 마찬가지였으며, 피혁이나 자동차 산업과 같은 제조업 분야에서도 나타난 현상이었다(Kennedy 1987 : 105~107).

제1차 세계대전 이후 조합 기구들이 포르투갈, 에스파냐, 오스트리아, 폴란드, 프랑스, 벨기에, 네덜란드, 이탈리아, 노르웨이, 스웨덴에서 만들어졌다. 제1차 세계대전 이후 형성된 조합주의적 재조직화의 중요한 테마는 산업을 시장의 힘으로부터 보호해야 할 필요성이었다(Maier 1975 : 8장 ; Neumann 1944 : 3장). 조합주의적 협약이 만들어지면서 권력은 선거를 통해 선출된 의원들 혹은 직업 관료층으로부터 유럽 사회와 경제의 주요 조직화된 세력 — 재계와 실업계 지도자들의 다양한 모임뿐 아니라 카르텔과 트러스트 — 로 이동했다. 이는 "때로는 그들 사이의 협상을 통해, 또는 약화된 의회를 통해 영향력을 행사하면서, 간혹 새 행정부를 통해 이득을 보려고 하는 형태로" 진행되었다(Maier 1975 : 9).

"조합주의"는 전간 시기 유럽의 파시스트와 권위주의적 체제만을 이르는 용어로 사용되었지만, 최근 좀 더 정교화되면서 현대 유럽의 자유-민주주의 국가에도 적용되었다. 하지만 여기서 "조합주의"는 자유주의와는 반대되는 일종의 정치-경제적 이익집단의 대표체를 의미한다. 이는 사기업과 정부 사이의 조합적 협약을 통해 운영되는 국가 경제 통제의 한 형태이다. 제2차 세계대전 이후 유럽의 조합주의와는 대조적으로 이는 독립적인 노동자 대표를 인정하지 않았다.[15] "조합주의"는 국가가 특정 사회 집단의 대표적인 조직들을 집단적으로 구성하고, 그들의 활동을 공식적으로 규제하며 그 범위를 한정하고, 그들의 이해관계와 요구가 권위적인 통로를 통해 국가에 전달되도록 하기 위해 설계된 법적·행정적 제도들을 의미한다.

전간 시기 유럽 조합주의의 근저에 깔린 생각은 20세기의 산물이 아니었다. 이는 19세기 초 뮐러(Adam Müller, 1797~1882)와 바더(Franz von Baader, 1765~1841)의 저작들에서 기원했다. 말년에 오스트리아 정부에서 일했던 뮐러는 중세 신분제도를 찬양하면서, "타고난 불평등성"으로 성직자와 귀족이 가장 높은 지위를 차지한 것이며, 농민은 귀족의 부속물로 만들어진 것이라고 주장했다. 바더는 개인과 국가적 권위 사이를 중재하기 위해 구(舊)길드 체제를 존속시키고 확대한 "유기적 국가"를 제안했다(Bowen 1947: 31~38).

조합주의자들은 1891년 교황 레오 13세가 발표한 회칙 「레룸 노바룸(Rerum Novarum)」에서 조합주의에 대한 지지를 발견했다. 이 회칙은 유기적 국가를 제안했고 조합이 노동자만을 위한 것은 아니며, 노동과 자본이 하나의 조합 조직을 형성할 것을 주장했다.[16] 1891년 이후 조합주의는 교회가 선호하는 사회적·정치적 조직에 대한 이론적 이상으로 여겨지게 되었다. 교황 피우스 11세는 「40주년(Quadragesimo Anno)」을 발표하면서 교황

15) 조합주의에 대한 문헌은 여기서 정리하기에는 너무 방대하다. 믹달(Migdal 1983)이 이를 간명하게 정리했다. 제2차 세계대전 이후 유럽 전역에서 볼 수 있는 이른바 신-조합주의와 전간 시대 조합주의의 차이에 대해서는 8장에서 다룬다.

으로서 조합주의를 적극 지지한다고 밝혔다.

19세기 동안 다양한 형태의 조합들이 발전하고 강화되었다. 중세 길드와 조합 조직들은 구체제의 제도 내에 완전히 흡수되어 있었으며, 아주 폐지된 것이 절대 아니었다. 1776년 루이 15세의 재무장관이었던 튀르고(Turgot)의 탄압을 받기는 했지만 그의 몰락 이후 다시 부활했다(Lefebvre 1947: 45). 1791년 국민의회는 길드와 다른 장인과 노동자 조합을 탄압했다. 의회는 결사와 파업, 그리고 노동자들이 일을 거부하기 위해 혹은 고용주들이 일거리를 주지 않기 위해 협약을 하는 것을 특별한 상황을 제외하고는 완전히 금지했다.[17] 하지만 나폴레옹 치하에서 길드와 비슷한 성격의 유사-조합들이 세워졌으며, 많은 중요한 산업 분야를 통제하는 것이 허용되었다. 하지만 노동과 노동조합에 대한 규제는 19세기 내내 지속되었다.

19세기 동안 "효율적인 조합 조직에 대한 향수는 프랑스에서 왕정복고주의와 가톨릭 우파 사이에서 계속 남아 있었다"(Crouch 1986: 192; Williamson 1984: 2장~5장 참조). 영국에서 그런 기구로는 "국가와 사회의 혼합체"라고 할 수 있는 치안판사와 엘리트로 이루어진 런던의 자발적인 클럽들을 들 수 있다. 사적인 공간에서 공적인 업무를 논하는 이들 모임은 "조합주의와 기능적으로 같은" 역할을 했다(Crouch 1986: 194). 조합적 구조는 합스부르크 영토에서 산업화를 통제하고 지연시키는 데 이용되었다. 덴마크에서는 길드 구조가 상대적으로 거의 변하지 않은 형태로 남아 있었다. 1930년대

---

16) 일부는 이런 생각의 기원을 초기 유토피아 사회주의자, 특히 오웬(Owen)과 생시몽(Saint-Simon)에서 찾는다. 오웬(Robert Owen, 1771~1859)은 제조업자이면서 박애주의자였으며, 구성원의 복지를 위해 필수적인 생산 도구는 모두 집단적으로 소유하고 사용하는 조직을 주장했다. 하지만 그가 가장 근본적으로 고려했던 것은 노동계급의 빈곤이었다. 오웬은 기계 생산의 발전이 완전히 사적 이익을 위해 조직화된다면 그것은 노동계급의 빈곤과 퇴보를 의미할 뿐이라고 하면서, 이런 경향을 개선하기 위한 조치를 취해야 한다고 주장했다. Owen 1969 참조. 생시몽(Claude Henri de Rouvray, Comte de Saint-Simon, 1760~1802)은 국가가 재화의 생산과 분배를 통제해야 할 것이라고 주장했다(Saint-Simon 1802). 오웬과 마찬가지로 생시몽 역시 분배가 더욱 평등하게 이루어져야 한다는 점을 중시했다.

17) *Decree upon the Organization of Trades and Professions* of June 14, 1791에서. 법령의 내용은 Anderson 1904: 43~45.

에 포르투갈에서 세워진 조합 기구들은 오랫 동안 정치제도와 활동을 지배해온 오래된 세습적 조합 체제에 기초한 것이었다(Wiarda 1977 : 8; Williamson 1984 : 105).

독일에서 "중산층이 국가적 사안에 대해 자신들의 영향력을 높이기 위해 의회 기구들에게 점점 더 강하게 압력을 행사하면서 유기적 신분제 주장은 …… 보수주의자와 전통주의자가 공유하는 신념"이 되었다(Bowen 1947 : 71). 1850년대에 프로이센의 법정과 귀족은 수천 개의 길드에게 국가적 지원과 자치권을 주고 귀족적 영주권을 회복시킴으로서 자신들의 지배력을 강화했다. 19세기 내내 성직자와 귀족은 국가와 사회의 조합이라는 개념을 발전시켰다. 세속주의와 민주주의가 성장하면서 압박해오자 이들이 비타협적인 적대감으로 대응한 것이었다. 이런 개념이 가장 열중했던 문제는 성직자와 귀족이 누려온 특권적 지위를 유지하고 정당화하는 것이었다.

비스마르크는 경제적 자유주의와 민주주의적 집단주의에 맞서기 위해 조합주의적 구상을 발전시켰다. 1880년과 1890년 사이에 조합적 정치 · 경제 기구의 발전을 도모하려는 그의 노력은 의회의 지위를 약화시키려는 구상과 밀접하게 연결되어 있었다(Berghahn 1988 : 110~112). 그는 전국 경제위원회(Nationa Economic Board)를 세워 독일 의회를 보완하거나 대치하려는 계획을 세웠다. 이 계획이 무산되는 과정에서도 비슷한 종류의 위원회가 프로이센에 세워져 수년간 경제 · 사회적 문제에 대해 자문 구실을 했다. 이런 발상은 계속 남아 거의 40년 뒤 바이마르에서 국가적 차원의 뜨거운 논제가 되었다.

비스마르크의 조합주의에 대한 동조는 1869년 노동조합법에 대한 그의 1881년, 1884년, 1886년 수정 법안에도 반영되어 있다. 북부 독일 연합의 자유주의 의회에서 채택된 노동조합법은 직능 길드가 자신들의 규칙을 강제하기 위해 의존했던 모든 남아 있던 법적 특혜를 폐지했다. 비스마르크의 수정 법안은 이런 특혜 중 많은 것을 부활시키는 것이었고, 일정 직업에 관여할 수 있는 권리를 정부 혹은 길드의 권위에 의존하게 만드는 것이었다. 그 결과 일정 영역에서 공장 조직에 대항하여 길드 조직이 강화, 확장되었으며, 노동조합 운동에 장애가 되었다(Bowen 1947 : 149~156).

에스파냐와 이탈리아에서는 광범한 후원자-수혜자 네트워크가 발달하여 국가 엘리트가 자율적으로 스스로를 규정하고 지향성을 만들어가도록 발전할 수 있는 여지가 거의 없었다. 에스파냐에서 지방 정치 고위직은 지주 엘리트가 자신의 지배에 도전하는 경찰의 허를 찌르는 데 이용되었다. 중부 이탈리아에서 이런 네트워크는 1950년대까지 소작인을 거느린 지주를 중심으로 형성되었다. 이들은 지방과 중앙 체제의 연계를 독점했고, 중앙 정치 생활에 직접 참여하는 것을 통해 갖게 된 자원을 독점했으며, 지역 관료직을 관할했다(Eisenstadt and Lemarchand 1981).

조합적 형태는 지배적인 실업가와 자본가의 이윤 추구에도 유용했기 때문에 오래 지속되었다. 그들은 경쟁적인 정치 활동에 개입하기보다는 "여전히 가족, 지역, 파벌적 조직 등 비공식 네트워크가 게임의 중심에 자리하고 있는 관료 혹은 궁정 정치 안에서 보호받으면서" 신용 기관, 재정 기관과 국가 통제 아래 있는 다른 자원에 접근하는 것을 선호했다(Leca 1990 : 183). 상류층은 "정치권력으로부터 특권을 매입하거나 혹은 단지 자본의 힘을 통해서 그들 중 일부의 성공을 보장받을 수 있다면, 생산품 판매 혹은 생산수단의 취득에서 스스로 독점을 유지하고, 시장을 자신들의 입장에서 정리할 수 있다면" 경제적 자유를 옹호했다(Weber 1978 : 1: 638).

19세기 동안 국가 정책은 다양한 형태의 조합주의와 독점이 생존할 수 있는 조건을 창출했다. 조합적 구조는 민중이 국가에 접근하는 것을 막으면서, 동시에 국가가 지배 집단으로 가는 통로를 열었다. 국가에 접근할 수 있는 특권을 얻음으로써 지배층은 국가로부터, 그리고 국가 관할 아래 있는 모든 자원으로부터 특혜를 계속 얻어낼 수 있었다.

조합 구조는 지배층에게 국가에 접근할 수 있는 특권을 준 반면에, 민중들은 선거 제한과 파업권 제한, 노동조합의 조합 기관화를 통해 접근을 봉쇄당했다. 선거권을 위한 자율적인 시위 활동이나 운동은 권위에 대한 중요한 도전으로 간주되었다. 국가와 지배층이 조합적 협약을 통해 결합되어 있는 환경에서 "고용주의 특권에 대한 어떤 공격도 국가에 대한 공격으로 간주되었다." 따라서 "제2차 세계대전까지 중요한 파업 투쟁들은 거의 피 흘리는 격전이 되었다"(Kumar 1983 : 165).

어디에서나 조합주의 구상은 노동 통제에 관심을 가졌다. 조합주의는 산업 영역에서 전통적이고 온정주의적이면서 농촌적인 생활 방식과 권위주의적 관계를 재생시키려고 했다. 조합주의적 협약은 결국 유럽에서 많은 경우 봉건사회의 중요한 특징들을 재현시켰다. 근본적으로 적대적인 지주와 농민 관계, 경제적 착취와 정치적-법적 강제를 통한 농민에 대한 권력 행사, 유기적 사회질서에 대한 이데올로기적 전망 등이 그것이다.

파시스트 조합주의의 목적은 경제적 근대화를 전통적인 계서적 사회 형태 내에서 하겠다는 확신을 주는 것이었다(Linz 1984 : 105~106; Crouch 1986 : 193). 프랑스 비시 정권은 광범한 조합위원회와 협의회의 네트워크를 만들었으며, 그 목적은 페탱(Petain)이 다음과 같이 명확하게 표현했다. "한 걸음 한 걸음 우리는 조합주의 사회의 건설을 위해 전진할 것이다. 조합주의는 사회 · 경제 영역에서 발전하면서 여러 면에서 친밀한 유대감을 재생시켜줄 것이다. 이런 유대감은 특히 우리 민족의 전통에서, 아주 양심적인 노동자들 사이에서 이전에 존재했던 것이다"(Elbow 1953 : 183).

전간 시기 조합주의 체제 아래 노동 세력이 결정적으로 쇠퇴하기 시작했던 것은 노동자가 공장 대표자로 선출되는 데 제한을 받으면서였다. 프랑스에서 노동자가 공장을 대표하는 발언자로 나서는 운동은 거의 시작되지도 못했다. 독일에서 노동자 대표는 법적으로 그 규모가 제한되어 있었다. 이탈리아에서 노동자 대표는 기업가와 협력한 파시스트 노조 지도자로 대치되었다(Maier 1975 : 582). 제1차 세계대전 이후 프랑스 조합주의자의 가장 큰 고민은 고용주와 피고용인 사이의 투쟁이 특히 파업의 형태로 여전히 지속되고 있다는 점이었다. 프랑스 조합주의자는 이런 분쟁이 자본주의 체제의 죽음을 가져올 수 있는 큰 문제라고 보았다. 그들은 파업이나 파업의 위협이 전체 생산 기제를 곧 몰락시킬 것이라고 믿었다(Elbow 1953 : 196). 이탈리아 파시즘의 중요한 목표 중 하나는 노동 통제와 규율이었다. 이탈리아 파시즘은 자유 노조 운동, 공장위원회, 그리고 1931년 1,000만 사무직 피고용인에게 적용되었던 노동조합 협정 체제를 파괴했다. 제도적으로 중앙 집중화된 노동조합은 파업을 규제하고 금지했으며, 심지어 임금을 삭감하기도 했다.

독일, 이탈리아, 포르투갈, 에스파냐, 오스트리아에서 조합주의는 제1차 세계대전 이후 다양한 파시즘의 형태로 절정에 달했다. 프랑스, 스웨덴, 벨기에, 네덜란드에서 조합 기구들이 세워졌다. 독일의 나치당과 이탈리아의 파시즘은 중공업과 은행가에게서 큰 지원을 받았다(Guerin 1939 : 23~40). 이 운동들은 노동조합을 억압하고 지신들의 지배력을 전체 국가 경제로까지 확장시키고자 했던 기업 지도자들의 지원을 받았다. 두 나라에서 파시스트 운동의 목표는 민주주의적 자유를 짓밟고, 노동 조직을 파괴하며, 국가를 만만한 정치인에게 넘겨주는 것이었다(Guerin 1939 : 24~25). 1930년까지 대기업가 대부분은 독일 나치당이 주요 선거들에서 승리를 거둘 수 있도록 충분한 물자를 제공했다. 결국 나치당은 제국의회에서 107석을 확보했다(Guerin 1939 : 24~25).

독일에서 1920년에 명시된 나치당의 프로그램에는 입법부에서 제정한 법률을 집행하기 위해 신분과 직업에 따라 위원회를 만드는 내용이 포함되어 있다. 일부 나치당원들은 후에 이 구절을 이용하여 독일 경제체제를 조합주의에 기초해 재조직하려는 정교하고 포괄적인 프로그램을 만들었다. 1933년 집권한 뒤 그들이 제일 처음 한 일 중 하나는 노동조합의 재산과 유관 조직들을 국가로 이전시킨 것이다. 나치 치하에서 독일의 사기업 독점 자본주의 체제는 소수의 독점 기업가, 독점 금융가, 독점 지주에게 혜택을 주는 방향으로 운영되었다. 수많은 노동자와 봉급생활자는 어떤 종류의 조직 생활도 할 수 없게 되었고, 자신들의 견해를 분명히 표현할 수 있는 수단도 상실했다.

이탈리아에서 보수적인 이탈리아 민족주의자 연합(Italian Nationalist Association)은 잘 정비된 조합주의 체제를 통해 경제를 발전시키려는 계획으로 1925년 민족주의자들을 체제의 요직에 배치했다(파시스트당과 민족주의자 연합은 1923년 2월 통합에 동의했다). 대공황 동안 특히 대기업가가 크게 타격을 받았다. 이는 그들이 가진 큰 고정자본 때문에, 공장이 제대로 돌아가지 않는 동안에도 계속 높은 감가상각 비용을 지불해야 했기 때문이다. 이탈리아 파시즘 체제는 세계에서 가장 높은 관세정책을 실시했다. 보호주의 체제를 통해 수입품에 높은 관세를 부과했고 일정 상품의 생산에 대해 허가제를 실시했다. 이는 독점 기업이 대자본으로 국내 시장을 통제하고 높은 이윤을 보장받게 해주었다(Schmidt 1939 : 165~166). 1928년 선거법승인에 관한 칙령으로 대의제 정부는 쉽게 무너졌다. 선거 제도는 파시스트 대위원회가 당의 감독 아래 신디케이트와 다른 조직들의 지원을 받아 전국적 차원에서 만든 명단 하나를 놓고 그것을 받아들이든지 거부하든지만 결정하는 체제로 바뀌었다. 선거권 역시 제한되었다(Williamson 1984 : 93~96).

프랑코 치하의 **에스파냐**에서는 노동자와 고용주를 하나의 집단으로 조직한 직종별 조합(sindicatos verticales)이 전 분야에서 의무적으로 만들어졌다. 이 조합의 간부는 팔랑헤당(스페인 내란 후 정권을 잡은 파시스트 당-옮긴이) 당원 중에서 정부가 임명했다. 팔랑헤당 외에 다른 정치 정당은 없었으며 의회(Cortes)는 조합별로 조직되었다. 파업은 범법 행위가 되었다.

포르투갈에서 조합주의는 1933년 헌법에서 포르투갈이 공화국이며 조합국가임을 선언하고, 노동법과 조합 기구들을 조직한 여러 법령들이 제정되면서 시작되었다.[18] 1933~1950년 사이 중소기업가들은 현장에서 배제되

18) 이 중 좀 더 중요했던 것은 법령 23,049로 산업과 상업에서 고용주의 이익을 보장하는 협회인 그레미오스(gremios)를 전국적으로 조직하도록 명시했다. 법령 23,050은 노동자 조직인 신디카토스(syndicatos)를 전국적으로 조직할 것을 명시했으며, 자유직들이 스스로 협회를 조직할 것을 명령했다. 법령 23,051을 통해서는 농업 노동자와 지주가 따로 조직되면서도 이 두 집단을 모두 포괄하는 농촌 지부로 이루어진 전국 조직이 만들어졌다.

기 일쑤였다. 정부 자금과 지원이 주로 대기업에게만 쏠리는 가운데 중소기업은 접근하기 힘들었기 때문이기도 했고, 법적으로 합병을 강제당했기 때문이기도 했다(Simas 1971 : 29~30). 헌법과 함께 그 연장선상에서 제정된 노동법은 무솔리니의 노동헌장(Carta del Lavoro)을 거의 그대로 번역해 놓은 것이었으며, 교황의 회칙에서 빌려온 것이기도 했다. 이 체제는 저임금을 계속 유지했고 노동자 복지 혜택은 최소화했다(Williamson 1984: 120).

1938년 독일이 합병하기 전까지 **오스트리아**를 지배하고 있던 교황-파시스트 체제는 오스트리아를 귀족, 성직자, 기업가, 상인으로 이루어진 신분제 체제에 기초하여 산업을 정치체제로, 대의제를 대체하는 체제로 재조직하려고 시도했다(Gulick 1940).

프랑스에서는 대공황으로 생산과 물가에 대한 통제를 개별 기업가의 손에만 완전히 맡길 수 없으며, 통제가 불가피하다는 것이 분명해졌다. 하지만 프랑스 조합주의자들은 국가가 경제를 계획하다는 생각은 받아들이지 않았다. 대신 각 산업별로 조합을 조직하여 분산적으로 조절하는 방안을 선택했다. 조합주의자들은 사회적 안정은 필수적이지만 국가 경영, 사회보장, 기술 교육은 효율적이지 못하다고 생각했다. 직업인은 조합을 통해 구성원의 복지를 돌볼 권위를 가져야 했다. 이 외에도 조합은 입법기관의 조합 분과나 전국 조합 자문위원회를 통해 정부에서 발언권을 행사해야 했다. 프랑스 조합주의자들은 사회를 조합으로 조직화하면 가족생활을 강화하고, 교회의 영향력과 나라에 대한 충성심을 고양시킬 수 있을 것이라고 믿었다(Elbow 1953 : 198).

금속 관련 대기업들은 집단적 힘을 조직하고 주장하려고 시도했다. 1864년 이후 주요 철강 기업가 모임인 철강산업위원회(Comite des Forges)는 정부 관세와 사회정책에 영향력을 행사하기 위해 개입했다. 제1차 세계대전으로 이 지도자들은 새 권력과 책임을 갖게 되었다. 원료와 생산을 책임지는 국가 기관들은 산업에서 권위를 하나로 통일시키고자 했다. 예를 들어 국가 기관은 철강산업위원회에게 강철을 수출하고, 영국에서 석탄을 구매하는 것을 감독하는 권한을 주었다. 1918년까지 산업 전반에 걸쳐 세금과 보조금 체제를 통해 금속 가격을, 생산자에 따라 생산 비용이 다양했음에도 불구하고 평준화하려는 운영 체제가 만들어졌다. 이 위원회는 당시 독일에서 등장했던 계획경제의 발상과 비슷한 전국적인 산업 자치안을 추진했다. 31개의 "신디케이트"가 모여 전국신디케이트연합(Federation Nationale des Syndicats)을 조직하여 정부의 자문 기관 구실을 했다. 사업가 대표들을 집단적으로 조직한 프랑스 생산자동맹(Confederation Generale de la Production Francaise, CGPF)이 1919년 발족했다. 전쟁 동안 철강산업위원회는 평화 정책을 위한 자체 요구를 정식화했다. 이 위원회는 자르 강 지역을 이양하고, 알자스-로렌 지역을 재병합하며, 룩셈부르크를 독일관세동맹에서 벨기에와 맺은 새 동맹으로 이양할 것을 요구했다. 전쟁 동안 이 위원회 역시 장기적으로 경쟁을 없애나가는 계획을 실행했다(Maier 1975: 73~74). 전쟁 이후 이 위원회는 독일 철강 산업이 프랑스를 공략해 오는 것을 막고자 했다. 동시에 프랑스 산업은 로렌과 자르 강 지역에 대해 5년 동안 무관세 특혜를 받아 독일로 진출해 들어갔다. 프랑스는 자르 경제를 15년 동안 자체 관세 영역으로 포괄할 수 있는 권리를 얻었다(15년 뒤에는 국민투표를 통해 그 지역의 미래를 결정하기로 했다). 프랑스가 획득한 독일-로렌 제철과 철강 관련 기업들이 헐값에 새 프랑스 공동 관리자에게로 이전되었다. 프랑스 철강 기업들은 아홉 개의 자르 철강 기업들 중 일곱 개를 취득하기도 했다(Maier 1975: 519~541).

제1차 세계대전 이후 정부 지원으로 국가는 특정 분야와 특정 유형 기업들의 "구세주"가 되었다. 우선 프랑스 정부는 면세를 통해 일정 분야를 지원했다. 1931년 이후 국가 자체가 주식 보유를 늘려 어려움에 처한 기업들을 구해주었다(Caron 1979: 263). 또한 국가는 시장을 조직하는 데도 개입하여, 시장이 분산되어 있어 카르텔의 보호를 받지 못하고 있는 분야의 생산자를 일정하게 보호해주었다. 농업 시장에서는 포도주와 옥수수의 생산량을 감소시키려는 시도가 있었다. 산업에서는 직능별 조직들이 시도되어 비시 정부의 조합주의를 예시(豫示)하면서 그 길을 열었다(Caron 1979: 263~264).

스웨덴에서 조합주의는 1902년 스웨덴 고용주연맹(Swedish Employers' Confederation, SAF)이 발족하면서 시작되었다. 스웨덴의 산업구조는 고도로 집중되어 있었고, 기업은 제1차 세계대전까지 노동조합에 대해 상당히 전투적이고 조직화된 투쟁을 전개했다(Rueschemeyer et al. 1992: 92). 스웨덴 노동시장에서 치열한 공방이 몇 년간 지속된 뒤 스웨덴 노동조합연합(Swedish Confederation of Trade Union, LO)과 스웨덴 고용주연맹 사이에 맺어진 잘츠요바덴(Saltsjobaden) 협약에 따라 노동을 중앙 통제 아래 두게 되면서 조합주의 체제로 가는 기초를 닦았다(Elder 1988).

결론

유럽에서 산업 발전은 독점에 의해 이루어졌다. 19세기 초 존재했던 상당히 불평등한 토지 소유 체제는 20세기까지 지속되었다. 사실상 많은 나라에서 토지 소유의 집중도는 더욱 심각해졌다. 농업과 공업 모두에서 보호주의 정책이 유럽 전역에서 실시되었고, 19세기 4/4분기부터 제2차 세계대전이 끝날 때까지 사실상 더 강화되었다. 공업 역시 집중화가 더욱 진척되었다. 다양한 양태의 카르텔, 트러스트, 기업 연합 등이 유럽 전역에서 나타났다. 이는 수 세기 전에 있었던 인클로저 운동의 공업 편, 상업 편이라고 할 만했다. 일반적으로 경제 조직의 주요 주제는, 특히 1870년대 이후에는 생산의 제한과 팽창해나간 시장의 분할, 국내 산업을 카르텔화하거나 가격 조합이나 가격에 대한 공동 통제를 위한 연합의 필요성, 시장 세력으로부터 산업을 보호하기 위해 조합주의적 협정을 체결할 필요성 등이었다.

산업의 집중은 19세기 말부터 급물살을 탔다. 20세기 초까지 산업의 카르텔화는 유럽 전역에서 만연했다. 산업 집중화 추세는 제1차 세계대전 이후 유럽에서 등장한 조합 구조들에서 절정에 달했다. 독일, 프랑스, 오스트리아, 포르투갈, 에스파냐, 폴란드에서 성숙한 조합주의 체제가 집권을 했다. 벨기에, 네덜란드, 이탈리아, 노르웨이, 스웨덴에서 조합주의 기구들이 세워졌다. 이들 구조들은 봉건 사회의 조직들을 산업화된 공간에 적용하려는 시도였다. 18세기 말부터 19세기 내내 전통적 사회의 붕괴를 막고, 정치·경제적 권리가 농민과 산업 노동자에게 확산되는 것을 막기 위해 귀족이 이용했던 모든 주장들이 조합주의 구조 내에서 다양한 형태로 구현되었다(Bowen 1947; Berghahn 1988; Elbow 1953; Gulick 1940).

유럽에서 산업 발전은 엘리트가 자신들의 정치·경제적 권력의 전통적 기반을 지키기 위해, 경제 발전으로 생긴 이익을 독점하기 위해, 다른 계급과 집단을 정치·경제 생활에서 배제하기 위해 기획한 독점적이고 이중적인 구조의 속박 아래 진행되었다. 엘리트는 농지 개혁을 막아 농민과 농촌 노동자를 계속 가난한 약자로 묶어놓았고, 카르텔과 신디케이트를 만들어 상업과 산업을 독점했다. 이들은 관세를 비롯한 다양한 정책을 통해 국내 시장과 해외 무역을 독점하려고 했다. 이를 통해 다른 기업가와 외국 경쟁자들이 성장하지 못하도록 했고, 상품 가격을 높이 유지하여 소비자 대중이 그 대가를 치르게 했다. 이들은 차별적이고 불균등한 성격의 조합 협정을 통해 경쟁을 더욱 제한했다. 이는 노동자를 약하고 종속적이고 통제할 수 있는 대상으로 묶어놓고 저임금을 유지하기 위한 것이기도 했다. 독점, 보호주의, 카르텔화, 조합주의는 유럽의 전통적인 봉건 엘리트가 권력을 유지하기에 가장 좋은 전략이었으며, 그들의 정신을 반영하는 것이었고, 그들의 세력을 강화해주었다.

7장

양차 대전 이전 유럽 민주주의의 신화

IN THE MIRROR OF THE THIRD WORLD CAPITALIST DEVELOPMENT IN MODERN EUROPE

정치적 배제와 억압이 의례히 나타나는 제3세계에 대해, 민주주의의 발전이 지체된 것은 뒤늦은 종속적 발전의 과정적 특성과 세계 노동 분업에서 제3세계의 주변적 지위 때문이라고 주장되어왔다.[1] 거센크론(Alexander Gerschenkron 1962)은 유럽의 후발 산업화 사회에는 권위주의적 정부가 들어서는 경향이 있다고 하면서, 이는 부분적으로는 자본을 동원하고 임금을 억제하려는 노력 때문이라고 주장했다. 그의 주장은 후에 히르슈만(Albert Hirschman 1971)과 오도넬(Guillermo O'Donnell 1979; O'Donnell and Linck 1973)에 의해 라틴아메리카를 배경으로 발전했다. 종속 발전 이론들과 세계체제론은 경제적 종속이 권위주의적 지배로 가는 압력을 만들어낸다고 주장한다. 이런 압력은 부분적으로는 계급 구조와 주변부 사회 특유의 약한 국가적 통일성과 연관되어 있다. 게다가 "중심의 힘, 즉 중앙정부와 다국적 대기업의 중심부가 너무 강력하고, 약한 국가 내에서 정책을 부추기

1) 늦은 발전을 원인으로 보는 논의는 O'Donnell 1979; O'Donnell and Linck 1973; Gourevitch 1984, 1978; Hirschman 1971; Gerschenkron 1962를 참조. 종속 발전에 대해서는 Thomas 1984; P. Evans 1979; Collier 1979 참조. 제3세계의 주변적 지위에 대해서는 Chirot 1977; Wallerstein 1974a 참조.

고, 부정부패를 조장하거나 정책에 영향력을 행사할 수 있는 능력이 너무 커서, 상대적으로 독재 정부만이 견뎌낼 수 있다"(Chirot 1977 : 222~224).

현대 제3세계 사회의 정치적 전개 과정과는 대조적으로 "20세기 초" 대다수 서유럽 사회는 "정치적 민주주의거나 민주주의를 향해서 가는 도정에 있었다"고 흔히 주장되어왔다(Chirot 1977 : 222). 하지만 안정적이고 온전한 민주주의가 확립된 것은 서유럽 일부에서였고, 그것도 1945년 이후였다. 그 이전까지 유럽도 오늘날 제3세계와 마찬가지로 부분적 민주화와 민주주의가 와해되는 경험을 했다. 유럽의 정치제도는 엘리트에 의해 확립되었으며, 그 목적은 엘리트의 사회적 · 경제적 권력을 유지하고 확장시키려는 것이었다. 이들은 특권을 유지하고 종속 집단과 계급에 의한 권력 찬탈을 방지하기 위해 노력을 기울이는 과정에서 계속 타협하지 않을 수 없었고, 계속 도전받아왔다. 정치적 참여는 상당히 제한되어 있었다. 자유 경선 정치가 도입된 곳에서 정부는 이를 오랜 기간 유지하는 것을 버거워했다. 의회는 해산되었고, 선거 결과는 무시되었으며, 헌정과 민주적 시민의 자유는 법의 규제를 무시한 정치적 후원 체제와 부패, 폭력에 의해 계속 위협받았다.

1945년 이전 유럽에서 민주주의로 무비판적으로 받아들여졌던 것은 성인의 상당수를 배제한, 아주 제한된 형태의 대의제 정부였다. 25세 이하 혹은 35세 이하의 남성과 여성은 선거에서 제외되었다. 제1차 세계대전 이전 유럽의 기대 수명은 41세(오스트리아, 에스파냐)에서 45세(스웨덴, 덴마크, 노르웨이) 사이였음을 고려하면(Goldstein 1983 : 241 참조), 투표권을 가진 사람은 인생의 2/3분기에 있는 남성뿐이었다. 이런 제한을 오늘날 서구에 적용해보면 투표권은 54세 이상의 남성에게만 부여된 셈이다.

19세기 유럽 민주주의는 모든 곳에서 상당히 제한적인, 재산 자격에 기초한 선거권 제도를 실시했다. 이는 사실상 인구의 대다수를 정치 참여에서 배제한 것이었다. 고대 세계의 민주주의와 마찬가지로, 이는 정말 "평등주의적 과두정"이었으며, 이 안에서 "지배계급인 시민은 정치력을 행사할 권리와 이권을 공유했다"(MacIver 1932 : 352). 보통 성인 선거권을 실시할 경우 각 나라 인구의 40~50퍼센트 정도가 선거권을 가질 수 있었다. 1910년 스웨덴, 스위스, 영국, 벨기에, 덴마크, 네덜란드에서 투표권을 가진 인구는 14~22퍼센트에 불과했다.

1910년 선거권을 가진 인구의 백분율은 아래와 같다(Goldstein 1983: 241).

핀란드	45	스웨덴	19
노르웨이	33	영국	18
프랑스	29	덴마크	17
에스파냐	24	루마니아	16
불가리아	23	러시아	15
그리스	23	네덜란드	14
세르비아	23	포르투갈	12
벨기에	22	이탈리아	8
스위스	22	헝가리	6
오스트리아	21	독일	2

참정권이 가난한 계층까지 확대된 경우에는 공개 투표와 노동계급 조직과 당에 대한 규제뿐 아니라 3부제 투표법(1848년 프로이센 헌법은 양원제 의회로, 상원은 융커 귀족이, 하원은 부유한 20퍼센트의 시민이 의석의 3분의 2를 선출하도록 하는 방식의 3부제 투표법을 실시했다-옮긴이), 가중(加重) 혹은 복수 투표권 제도 등을 통해 가난한 사람들의 투표가 별 의미를 갖지 못하게 했다. 따라서 위에 열거된 수치는 당시 체제 내에서 투표가 허용된 사람들의 실제 비중을 반영한 것은 아니다.

1950년대와 1960년대에 나온 정치 발전에 관한 연구는 제3세계 나라에서 의회 제도의 존재와 민주주의를 동일한 것으로 보는 경향이 있는데, 이는 잘못된 것이다. 최근에는 더 이상 그런 식으로 보지 않는다. 오늘날 제3세계 발전에 관한 연구는 의회의 기반과 구조, 목표, 범위 등과 제3세계에 존재하는 대의제 정부의 다른 제도들, 그리고 그들이 허용하는 정치 활동과 참여의 형태에 더 큰 관심을 두고 있다. 하지만 의회의 존재와 민주주의를 동일한 것으로 보는 경향은 여전히 남아 있으며, 유럽 정치 발전에 대한 연구에서도 특징으로 계속 작용하고 있다.

19세기 의회 제도의 발전은 유럽에서 인민 대의제의 특징에 영향을 미치지 않았다. 사실 제1차 세계대전 이전에 유럽의 의회는, 의회나 오늘날 서구의 대의 기구 같은 기능을 하기보다는 거의 궁정(宮庭)과 같았다. 1920년대 한 프랑스 언론인은 이런 상황을 다음과 같이 서술했다.

> 구체제 아래 …… 귀족 출신은 …… 모든 고위직에 오를 수 있었다. 이런 상황을 변화시키고자 우리는 혁명을 거쳤다. 하지만 아무것도 변한 것이 없다. 이전과 마찬가지로 우리 사회에는 자작, 남작, 공작, 백작이 있어 자기들끼리 정치 요직을 나누어 갖는다. 차이가 하나 있다면 이들이 이전에는 궁정 소속이었던 반면에 지금은 의회에 소속되어 있다는 점이다. 특별한 재능이 없이도 이들은 그런 자리를 차지하는데, 이는 그들이 의회 패거리 태생이기 때문이다. 이런 방식으로 신귀족이 등장했으며, 모든 면에서 구체제와 다를 바 없다.(Sorokin 1927 : 486)

1914년에서 사회・정치적 지위의 상속은 광범하게 일어났다. 예를 들어, 영국 상원은 대지주 가문이 독점한, 순전히 상속받은 이들이 모인 기구였으며, 하원이 제출한 법률안에 대해 1911년까지 절대적인 거부권을 행사할 수 있었다(Lieven 1992 : 205).

이 장의 목적은 민주주의와 정치적 안정이 유럽에서 오래된 특성이 아니라 아주 최근에 성취한 것임을 보여주는 것이다. 여기서 "민주주의"는 (1) 보통 평등 선거권 아래 자유롭고 공정한 대의제 선거와 (2) 반대할 권리(결사와 표현의 자유, 자의적 국가 행위에 대항하는 개인의 권리 보호)의 제도화를 볼 수 있는 정치체제로 정의한다. 이 정의는 뤼셰마이어(Rueschemeyer) 등이 쓴 책에서 차용했다(Rueschemeyer et al 1992 : 43~44). 하지만 뤼셰마이어는 세 번째 조건을 명시했는데, 이는 '선출된 의회에 대한 국가 기구의 호응'이다. 이는 앞의 두 요소에 달려 있는 것이기도 하다. 선거 남용이 횡행하고, 선거를 통하지 않은 혹은 아주 제한적인 상원이 모든 입법 기구에 대해 절대적인 거부권을 행사하는 상황, 노동계급 조직과 정당이 정치 과정에서 배제되는 상황을 국가 기구가 입법부에 대해 호응하며 대의제가 제대로 작동하는 것이라고 볼 수 없다. 제1차 세계대전까지 유럽 정체는 선거 남용, 제한, 배제가 그 특징이었으며, 일부 지역에서는 이후에도 그런 관행이 계속되었다. 따라서 세 번째 요소는 이 논의와 크게 관련이 없다.

뤼셰마이어와 그의 공저자들은 선거권이 계급적 차이를 뛰어넘어 부여되는 가운데 정치 과정에 좀 더 포괄적인 참여가 이루어지는 것이 종종 부차적인 것으로 간주되는 경향이 있기는 하지만, 그래도 민주주의의 핵심적 특징이라고 정확하게 지적했다. 따라서 보통 남성 선거권은 이들 연구에서 역사적으로 중요한 척도이다. 계급을 뛰어넘는 참정권의 확대가 중요하기 때문이다. 이는 관심사의 초점을 분명히 하기 위해서나 비교사 연구를 위해서나 현명한 선택인 것으로 보인다.

선거 관행과 선거권

거의 모든 유럽 국가에서 시민권은 20세기로 들어설 때까지 아주 제한적인 수준에 머물러 있었다. 자유롭고 공정한 선거가 실시되는 것을 막는 데 사용된 가장 흔한 선거 관행과 제한 방식은 고액 납세와 수입을 기준으로 선거 자격을 제한하는 것, 선거구 개편, 가중 선거권, 복수 투표권, 간접 투표, 공개 투표 등이었다.

전형적인 선거권에 대한 제한은 세금 납부와 수입에 기초하여 제한을 가하는 것이었다. 양원제에서는 정치적 특권을 누리는 상원 선거에 더 높은 자격 기준을 설정하는 것이 보통이었다. 그 결과, 입법부에서 귀족이 지나치게 많이 대표되었던 것이 제1차 세계대전 이전 유럽 정부의 일반적인 특성이었다. 양원제 의회에서 하원의 활동에 대해 거부권을 행사할 수 있는 상원의 의석 대부분은 귀족을 위해 마련된 것이었다. 하지만 하원에서도 귀족이 여러 의석을 차지하는 경우가 많았다(Gehrlich 1973).

선거구 개편과 의석의 불균형한 배치로 19세기 내내 유럽 대부분의 나라에서 좀 더 보수적인 농촌 유권자가 지나치게 대표되는 경향이 분명했다. 영국에서 도시 지역은 제대로 대표되지 못했던 반면에, 인구가 거의 없는 수십 개의 선거구(이른바 부패 선거구)가 주민의 표를 조정할 수 있는 대지주의 지배 아래 존재했다. 선거권을 제한하려고 하는 다른 전략으로는 가중 선거제와 복수 투표제가 있었다. 주목할 만한 예로 오스트리아의 쿠리엔과 프로이센의 3부제 투표법이 있다. 보통선거제가 허용되기는 했지만, 하층에게 부여된 투표권의 비중은 지주나 금융가와 같은 기성 엘리트와 비교하면 아주 미미했다. 입법부 대표를 선출하는 것이 아니라 선거인단을 선출하여, 선거인단이 의원을 선출하게 하는 간접선거 역시 여러 나라에서 시행되었다.[2)]

말로 하거나, 손을 드는 방식으로 진행되는 공개 투표제에서는 관료나 지역 엘리트의 압력과 조정이 손쉽게 작용할 수 있었다. 이는 특히 농촌에서 위력을 발휘했다. 공개 투표제는 헝가리와 프로이센에서 무려 1914년까지, 덴마크에서는 1901년까지, 오스트리아에서는 1906년까지 존속했다(Goldstein 1983 : 15~17). 비밀선거제가 도입된 이후에도 매수, 협박 등을 통해 선거에 영향력을 행사하는 것이 그리 어려운 일은 아니었다.

프랑스에서 보통 평등 선거권은 제1차 세계대전 이후에나 이루어졌다. 프랑스 혁명 이전에 일부 소도시는 그 의도나 목적에서 작은 민주공화국들이었다. 관료는 도시 주민이 선출했으며, 따라서 관료는 도시 주민의 요구에만 응하면 되는 체제였다. 그곳에서는 실제로 모두가 참여하는 지역 자

---

2) 노르웨이(1805~1906), 프로이센(1849~1918), 러시아(1905~1917), 루마니아(1866~1907), 오스트리아(1873~1907), 핀란드(1906년까지)에서 선거가 간접적으로 시행되었다.

치가 이루어졌다. 1692년 지방자치 선거는 폐지되었고, 시정(市政)의 지위는 "관직으로 통합"되었다. 다시 말하면 이제 이 관직은 왕이 판매하는 자리가 된 것이다. 이런 변화는 도시들의 독립성에 큰 타격을 주었지만, 그래도 혁명 직전까지 지역 정부가 어느 정도 자치와 민주주의적 경향을 갖게 해주었다(Tocqueville 1955 : 41~42).

나폴레옹은 선거 정치와 모든 의미 있는 정치적 참여를 사실상 폐지했다.[3] 나폴레옹 치하의 정부에 대해 토크빌(Tocqueville)은 "혁명이 무너뜨린 정부보다 훨씬 더 강하고 독재적인 정부가 다시 한 번 전체 행정력을 중앙집권화하고, 전능한 권력을 만들어내고 있으며, 우리가 소중하게 얻은 자유를 억압하고 사이비 자유로 바꿔치기를 하고 있다. …… 조세에 기초한 '자유투표'가 지나친 기대를 모았지만, 이는 복종과 침묵에 길들여진 의회를 세우는 것 외에 아무 의미가 없게 되었다"(Tocqueville 1955 : ix~x).

새 질서의 엘리트가 된 혁명가와 공화주의자는 정치 참여의 폭을 넓히는 것에 반대했다. 그들은 정치 집단에서 좌파를 배제했고, 구(舊)귀족을 명사들의 과두정치에 재통합시키는 길을 닦았다.[4] 혁명이 발발하고 채 1년이 지나지 않아 미라보(Mirabeau)는 왕에게 보낸 비밀 편지에서 아래와 같이 썼다.

현재의 상태를 구질서와 비교한다면 안심하고 희망을 찾을 만한 특징이 있음을

---

3) 나폴레옹은 "지역 자치 정부에 어떤 인민적 참여도 허용하지 않았으며, 지사, 부지사, 시장을 중앙정부가 임명하고 이들이 전권을 장악하도록 했다. 부서에서 나폴레옹이 보낸 지사는 행복했던 구체제 시절의 감독관이 거의 그대로 재현된 것이었다"(Tocqueville 1955 : 220~21).

4) Hunt 1984 : 233, 234. 새 지도자들의 사상은 셰이에스(Abbe Sieyes)가 쓴 널리 읽힌 팸플릿, 『제3계급이란 무엇인가』에 가장 잘 표현되어 있다. "그 자신이 제3신분의 대표였던 셰이에스는 귀족과 성직자에 대한 투쟁을 주도하면서 의회의 많은 입법 활동을 이끌었으며, 1790년대 내내 정부의 일원이었고, 심지어는 1799년 나폴레옹의 쿠데타에서 진행자의 역할을 하기도 했다." 하지만 "셰이에스는 무산(無産) 대중을 대변하지는 않았다. 그가 대변한 이들은 봉건적 부담으로 고생하는 소농 토지 소유자 만이 아니라 관료, 전문직, 상인 계층이었다"(Weiss 1977 : 22). 프랑스는 이제 상당한 재산을 가진 성인 남성이 선출한 입법부가 지배할 것이었다.

> 알게 될 것입니다. 국민의회가 발표한 칙령 대부분은 왕정에 분명히 긍정적입니다. 의회와 시 정부와 강력한 사제단과 특권과 귀족이 여전히 존재하는데 잘되지 않을 수 있겠습니까? 평등의 원칙에 기초한 하나의 시민 집단이라고 하는 근대적 발상은 분명 리슐리외를 기쁘게 했을 겁니다. 이런 종류의 표면적 평등은 권력의 행사를 용이하게 하기 때문이지요. 왕의 권위를 위해 수 세대 동안 이어져온 절대주의 체제도 하지 못했던 것을 혁명 1년 동안 성취해놓았습니다.(Tocqueville 1955 : 8)

구질서의 원리가 이후 모든 정부들에 의해 부활했으며, 받아들여졌다(Tocqueville 1955 : 60). 1793년 프랑스에서 선포된 민주적 헌법은 세계 최초로 보통 남성 선거권을 명시했다. 하지만 이는 실현되지 못했으며, 다음 해에 폐지되었다(Hunt 1984 : 117~119).

나폴레옹 전쟁 말기에 극우 왕당파(이들은 "극단파"로 불렸다)들이 연합군에 의해 프랑스로 돌아와 프랑스를 통치하게 되었을 때, 이 돌아온 이민 귀족들은 혁명 시대가 남긴 유산들을 뒤집기 위한 운동을 즉각 벌여나갔다. 루이 18세가 외국군의 도움을 받아 부르봉 왕조의 복원(1814~1824)을 선언했고, 이와 함께 "백색 테러"가 시작되었다. "백색 테러"는 왕당파 패거리들이 수천 명의 자코뱅, 보나파르트주의자, 개신교도, 유대인 등을 살해한 것을 말하며, 이 테러를 귀족이 주도하는 경우도 자주 있었다. 1816년 의회 선거에서 극단적 왕당파는 392석 중 350석을 차지했다(Weiss 1977 : 50~51).

루이 18세의 사망 이후 왕위는 극단적 왕당파 중에서도 가장 반동적인 샤를 10세에게로 돌아갔다. 재임 이후 첫 선거(1827)에서, 그는 선거 결과를 무시하고, 의회를 해산시켰으며, 언론의 자유를 억압하고, 전문직이나 상업과 공업에 종사하는 중간계급이 확보했던 유권자로서의 권력을 귀족과 지주에게 이전시켰다. 이런 정책에 맞서 장인, 소상점주, 노동자, 실업자들은 혁명을 일으켰으며, 그 과정에서 200명의 군인과 2,000명의 민간인이 사망했다.

1815년과 1831년 사이에 약 3,200만 인구 중 9만 명의 시민만이 선거를 할 수 있을 정도의 재산을 갖고 있었고, 이들 중 실제 선거권을 행사한 사람은 3분의 1에 불과했다. 비밀선거가 아니었고, 의원의 3분의 1은 정부 관료였으며, 경찰과 정부와 성직자들은 유권자에게 쉽게 압력을 가할 수 있었다(Weiss 1977: 51). 무어(Barrington Moore)는 1830년 혁명이 대혁명을 완수했으며, "구귀족은 정치 무대에 하나의 유력한 정치 집단으로는 더 이상 나타나지 않게 되었다"고 주장했다(1966: 106). 하지만 1831년과 1833년 법을 통해 변화한 것은 이전에는 부유한 지주에게만 해당되었던 선거권이 세금을 아주 많이 내는 상공업에 종사하는 부유한 이들에게까지 확대된 것일 뿐이었다. 사실상 1832년 개혁법(Reform Bill) 이후 선거권을 행사한 프랑스인(인구의 4.2퍼센트)은 17세기 말 선거권을 행사했던 규모(인구의 4.7퍼센트)보다 적었다(Neale 1975: 91). 1831~1848년 사이 유권자의 수는 16만 6,000명(인구의 0.5퍼센트)에서 24만 1,000명으로 증가했는데, 이는 선거권 자격 세금 기준을 낮추었기 때문이었다(Cole and Campbell 1989: 43; Goldstein 1983: 4). 정부는 상공업 자본가를 포괄하는 높은 재산세 자격 기준을 제시함으로써 이전 체제에 대해 반대 세력을 형성했던 부유한 기업가와 은행가들을 만족시키려고 했다. 이런 조치로 봉급을 받는 전문직 대다수를 포함한 인구의 상당수가 배제되었다. 이 체제는 대부분 지주로 구성된 명사들의 체제였던 부르봉 체제와 기본적으로 다른 것이 없었다(Cole and Campbell 1989: 43~44).

1848년 혁명으로 각 지역 정부 평의회에 보통선거제가 도입되었다. 평의회에서 보수주의자들이 상당한 다수를 점하게 되었다. 1848년 봉기에서 선동가 역할을 했던 자유주의자는 일단 투표권을 확보했기 때문에 자유를 하층까지 확대하는 데 관심이 없었다. 1849년 루이 나폴레옹과 그해 새로 선출된 의회는 기존 정부와 일군의 공화주의자를 몰아내고, 약 300만 명의 참정권을 박탈하여 좌파 유권자가 크게 줄어들게 만들었다(Cole and Campbell 1989: 45). 헌법에 의해 두 번째 출마가 가능하지 않게 되자, 루이 나폴레옹은 1852년 집권하여 재빨리 그에게 반대하는 약 10만 명을 탄압했다. 프랑스 대중은 쿠데타를 승인하는 투표만을 할 수 있었다. 이후 루이는 개혁을 단행하여 지역 정부를 나폴레옹 1세 때의 개혁보다 훨씬 더 뒤로 후퇴시켜, (1852년과 1861년 법령을 통해) 지사의 권한을 강화했고, 이들이 지역 정부를 거의 독립적으로 운영할 수 있게 했다(Marx 1963 : 121~123).

보불 전쟁 이후 평화협정을 맺을 임시정부를 구성하기 위해 1871년 2월 선거를 치렀다. 선출된 의원의 3분의 2 이상이 지역 명사와 구귀족 가문 출신이었다(Cole and Campbell 1989 : 48~49). 이들은 투표를 통해 정부를 급진적인 파리에서 전통적인 왕실의 고향인 베르사유로 옮기기로 했다. 그러자 급진파는 파리가 자치적 코뮌(혁명 자치 정부 – 옮긴이)임을 선언했다. 파리 코뮌 세력이 국민군에게 패퇴한 이후 수천 명의 가담자가 재판 없이 사살되었으며 더 많은 이들이 프랑스 범죄자 식민지에서 서서히 죽어갔다. 파리 코뮌의 실패 이후 지방정부들은 시장을 선출할 권리를 다시 상실했다.

1873년 정부의 수장이었던 티에르(Adolphe Thiers)가 왕당파 정치인에 의해 관직에서 쫓겨났다. 육군 사령관 맥마혼(McMahon)이 그를 대신해 7년 임기의 총통에 선출되었다. 1876년 맥마혼은 의회 다수파인 공화주의자를 무시하면서, 공화파 수상을 파면하고 그 자리에 한 왕당파 귀족을 임명했다. 하원의 탄핵으로 그는 사임했다. 하지만 1890년대 초까지 많은 지주와 금융과 산업 지도자들은 좌파 세력이 커지는 것을 두려워하여, 공화국 정부와 분쟁을 일으키지 않았다. 비슷한 이유로, 교황은 제3공화국과 화해를 하기도 했다. 공화국 아래서 좀 더 보수적인 농촌 유권자가 과대 대표되는 선거 관행 때문에 전통적인 엘리트는 정치적 지배력을 유지할 수 있었다. 인구가 1,500명 이상인 3만 개의 코뮌에서 각각 한 명의 상원 의원을 내보낼 수 있었던 것에 비해, (1914년 인구가 300만에 육박했던) 파리에 배당된 의원 수는 30명에 불과했다(Wright 1964 : 213n.2). 프랑스에 비례 대표제가 도입된 것은 1945년에 가서였다.

20세기 들어 프랑스 사회는 좌파와, 점점 더 의회에 반기를 드는 우파로 양극화되었다. 제1차 세계대전이 끝나면서 프랑스는 아주 불균형하고 사회주의자에게 불리하게 작동하도록 기획된 체제를 만들어냈다. 공산당은 1928년 100만 표를 넘게 얻어, 전체 표의 11.4퍼센트를 가졌지만, 의회에서 차지한 의석은 두 자리뿐이었다. 1927년 선거법을 통해 공산당 세력을 몇몇 지역에 집중시킴으로서 이런 결과를 획책한 것이다(Gosnell 1930: 65). 처음으로 진정한 형태의 비례 대표제가 도입된 것은 1945년이었다.

영국에서는 대규모 농민 반란 때문에 정부가 1932년 선거권을 더 많은 부자에게 확대하는 조치를 취하게 되었다(1832년의 개혁). 이 개혁으로 21만 7,000명의 유권자가 늘어나, 총 유권자 수는 43만 5,000명에서 65만 2,000명으로 증가했다. 하지만 여전히 성인 인구의 96퍼센트는 민주적 대의제에서 배제되어 있었다. 개혁에도 불구하고 이후 수년 동안 하원의 사회적 구성은 거의 변하지 않았다. 하원은 이전과 마찬가지로 귀족의 차남이나 고관들의 수족으로 구성되었다(Gillis 1977: 124~125). 물론 상원은 여전히 지주 귀족으로 채워졌다. 1867년 제2차 개혁법으로 유권자는 40만 정도가 더 증가했다. 하지만 이때에도 유권자는 전체 인구의 30분의 1도 되지 않았다. 성인 남자 6명 중 5명이, 노동계급의 경우는 거의 대부분이 투표권을 갖지 못했다.

1884년 제3차 개혁법으로 원칙적으로는 성인 남성 대부분이 투표권을 갖게 되었다. 하지만 1918년까지 영국의 선거 자격 조건이 너무 까다로워서 자격이 있는 유권자가 어느 정도의 규모인지 가늠하기가 어려웠다. 세입자들은 투표권자 목록에 남아 있기 위해서는 매년 신고를 해야 했다. 투표권 신청과 반대가 정당 요원들이 지켜보는 가운데 법정 변호사에 의해 제기되고 만들어졌다. 이렇게 명단을 만드는 방법은 정확하거나 완벽하지 못했다. 1911년에는 투표 자격을 갖춘 자가 성인 남성의 88퍼센트에 이르렀지만, "등록 과정의 복잡성과 규제 때문에 노동계급에게 불리한 경향"이 있었다. 결국 영국에서는 전체 성인 인구 중 투표할 수 있었던 이는 30퍼센트도 되지 않았다. "게다가 1911년에는 800만 유권자 중 50만 명은 복수 투표자였다. 이들 중 노동계급이 많지 않았음은 두말할 나위가 없다" (Rueschemeyer et al. 1992 : 97 ; Blewett 1965 ; Maehl 1967 : 10 ; Hanham 1970 ; Wright 1970 : 103~110, 140~141 ; Therborn 1977).

제1차 세계대전은 영국을 과두정에서 민주정으로 바꾸어놓았다(Howard 1979 : 103). 1910년 12월 선거와 1929년 5월 선거 사이에 영국의 선거제도는 몇 가지 근본적인 변화를 겪었다. 1913년 의회법은 귀족의 권력을 제한하기 위해 선거권을 확대하여 남아 있던 제도적 장벽을 제거했다. 1918년 국민대표법(Representation of the People Act)은 등록 과정을 완전히 바꾸어 구비 서류를 간소화하는 것만으로 남성 유권자를 거의 세 배 증가시켰으며, 여성은 30세 이상에게 선거권을 주었는데, 이는 소유권 자격에 준하는 것이었다. 1928년 여성은 남성과 똑같은 조건의 선거권을 갖게 되었다. 하지만 복수 투표제는 영국에서 1948년까지 존속했으며(O'Leary 1962), 민주정치가 운영되는 데 장애가 되는 다른 선거 오용의 관행도 마찬가지로 오래 존속했다. 1931년 노동당은 30퍼센트를 득표하고도 의석은 9퍼센트밖에 차지하지 못했다(Carstairs 1980: 197). 국민대표법을 통해 복수 투표제를 폐지한 것은 1948년에 가서였다.

프로이센에서 나폴레옹이 시작한 개혁은 중단되었고, 자유주의적 헌법은 폐지되었으며, 자유주의자는 투옥되거나 추방당했다. 1819년 칼스바트법은 자유주의적 민족주의자를 억압하기 위해 각 대학에 정부 요원을 파견해 자유주의 사상과 관련된 모든 교수와 학생을 파면하고 블랙리스트를 만들어 모든 비밀 조직을 금지시켰다. 엄격한 검열 제도 아래 탄압이 가해졌고, 잠재적 위험성이 있는 단체나 개인을 감시하기 위해 중앙수사위원회(Central Investigating Commission)를 세웠다.

프로이센에 정치 정당들이 처음 등장한 것은 1848년 혁명 동안이었다. 이들은 특정한 정책을 추구하기보다는 산만한 정강들에 매달려 있었다. 정치적 자유가 빈약하고 주(州) 의회가 약했기 때문에 이런 추세는 오래 지속되었다(Berdahl 1972). 1852년 창당한 가톨릭중앙당은 전국적으로, 그리고 프로이센 의회에서 최대 정당이 되었다. 그 밖에 독일 정치에 등장한 주요 정당으로는 1881년 이후 쇠퇴한 전국자유당, (1875년에 창당된) 사회민주당, 1876년 이후로는 동부 농업을 지키는 데 전력을 투구한 독일보수당 등을 들 수 있다. 1878년 언론, 정치 조직, 사회민주당 모임이 불법화되었다. 이런 조치에도 불구하고 1890년까지 사회민주당 지지표는 두 배로 증가했으며, 1910년에는 독일 최대 정당이 되었다.

1850년 프로이센의 빌헬름(Friedrich Wilhelm) 4세는 3부제 투표법을 명시한 헌법을 채택했다. 이 체제는 부유한 지주나 사업가에게 가난한 베를린 시민 35명에 해당하는 투표권을 부여하는 방식을 통해 상층의 투표권을 수십 배 증가시켰다. 1870년 독일 제국이 선포한 헌법에 따라 25세 이상의 독일 남성은 모두 투표권을 갖게 되었다. 이후 몇 년 동안 농촌에서 도시로 큰 인구 이동이 있었지만 선거법은 변하지 않았다. 그 결과 농촌 지역의 유권자들이 도시 유권자보다 훨씬 큰 비중을 갖게 되었다(Gosnell 1930 : 69). 1914년까지 보수파를 지지했던 프로이센의 소도시와 농촌 지역은 제국의회에서 상당히 과대하게 대표되었다.[5] 제1차 세계대전이 끝날 때까지 프로이센의 선거제도는 3부제 투표법 외에도 공개투표제를 시행했기 때문에 대지주가 빈민층을 암묵적으로 협박하기 쉬웠다(Gosnell 1930 : 169). 3부제 체제는 빈민의 투표가 별 의미가 없게 만들었으며, 빈민층은 의회를 장악하겠다는 희망도 품을 수 없었다. 1919년부터 시행된 프로이센의 새 헌법으로 3부제가 사라졌다. 독일의 의회 민주주의는 1918년 이후 수립되었으며, 1933년에 막을 내렸다. 그리고 1945년 독일 제국의 패망에 이어 서독에서 복원되었다.

오스트리아에서 의회 상원은 황실의 왕자들, 직위를 물려받은 대귀족 지주들, 고위 성직자, 황제가 임명한 종신 의원으로 구성되었다. 하원은 선거인단이 투표를 통해 선출했는데, 선거인단은 네 개의 집단(curial)으로 나뉘

---

5) Goldstein 1983 : 18~19을 참조. 스칸디나비아 나라들과 오스트리아에서는 일반적으로 도시 지역이 과대 대표되었다. p. 101 n.14 참조.

어 있었다. 제1집단은 거의 귀족으로 이루어진 5,402명의 대지주로, 1891년 이들은 하원 전체 353명의 의원 중 85명을 선출했다. 이에 비해 제4집단은 138만 7,572명의 농촌 유권자로 구성되었으며, 129명의 의원을 선출했다. 이 체제는 1907년까지 지속되었다(Blum 1978 : 431).

독일인 소수집단은 민주주의의 시행으로 제국에서 그들의 권력 기반이 침식당할 것을 두려워했다. 결국 이 소수집단은 합스부르크의 온건한 전통적 보수주의를 밀쳐내고 극단적 인종주의자와 극단적 보수주의자를 지지해야만 자신들의 특권적 지위와 권력을 유지할 수 있다는 전망을 추구했다. 1907년 선거를 통해 극단적 보수파인 기독교사회인민당(Christian Social People's Party, CSVP)이 오스트리아에서 최대 정당으로 등장하였다. 1907년 이 당은 빈을 비롯해 각 주의 수도와 여러 도시를 장악했다. 보통선거제가 확산되면서 기독교사회인민당도 의석을 늘려갔다.

오스트리아는 1918년 합스부르크 황실의 몰락 이후 완전한 보통선거제와 의회에 기초한 정부를 수립했다. 이를 통해 1920년 오스트리아는 민주주의적이고 사회주의적인 공화국이 되었다. 하지만 이는 패전의 결과로 나타난 임시적 현상일 뿐이었다. 전간 시기 다른 나라와 마찬가지로 오스트리아에서도 무장한 우파와 준파시스트 집단이 만들어져 세력을 확장해갔다. 1934년 2월 사회주의자들이 무장해제와 해산을 당하고, 검거되었다. 오스트리아의 총리 돌푸스(Engelbert Dollfuss)는 의회를 해산시키고, 성직자-파시스트로 구성된 정당인 조국 전선(Fatherland Front)을 창당했다. 그해 소요와 폭력이 내전 속에서 절정에 달했다. 사태가 마무리되면서 성직자-파시스트 체제가 "비상 조치"를 통해 나라를 다스렸다. 노동자들에게 영향을 미친 사회복지법들은 폐지되었고, 배심원 재판도 전반적으로 없어지게 되었으며, 언론의 자유는 무시되었고, 오스트리아의 모든 민주적 권리가 사라져버렸다(MacDonald 1946 ; Deutsch 1934 : 11~13). 오늘날의 오스트리아 민주주의는 1955년부터 시작된 것이다.

통일된 **이탈리아**는 사르디니아 왕국의 극도로 제한된 선거권 제도를 받아들여, 이를 남성 투표제가 확립된 1912년까지 유지했다. 하지만 지역의 고위 관리들이 여전히 선거에 영향력을 행사했다(Seton-Watson 1967 : 147). 이탈리아는 1919년에 보통 남성 선거제를 도입하여, 전쟁 동안 복무한 경험이 있는 21세 이상의 남성에게는 누구나 선거권을 부여했다. 완전히 평등한 자유선거권이 남성과 여성 모두에게 부여된 것은 1946년에 가서였다.

벨기에에서는 재산 자격에 기초한 선거권이 너무 제한되어 있어서 상당히 부유한 부르주아 계급만이 투표권을 가졌다. 1831년 벨기에 헌법은 하원에만 선거제를 도입했으며, 투표권은 일정액의 직접세를 납부한 시민에게만 부여했다. 투표권을 얻을 수 있는 직접세 납부 기준은 20~100플로린으로 지역마다 달랐다. 농촌 지역에서는 투표권 자격의 조건이 좀 더 낮았는데, 이 지역 유권자는 주로 농민으로 가톨릭 세력이 강했다. 헌법은 각 주(州)에서 여러 개의 선거구를 만들어 선거를 치르도록 했다. 주 보다는 선거구가 비례성을 확보했기 때문에, 가톨릭당은 약한 곳에서는 세력을 강화할 수 있었고, 강한 곳에서는 더욱 보강할 수 있었다. 1914년까지 가톨릭당은 선거에서는 많은 표를 얻지 못했지만, 의회에서 다수 의석을 확보했다(Carstairs 1980 : 49~50).

1880년대 이후에는 유산계급의 가장이 세 표를 행사할 수 있는 남성 선거권 체제였다. 1893년 개헌을 통해 25세 이상 남성에게 보통선거권을 부여했다. 하지만 일정 범주의 선거인단에게는 복수 투표를 허용했다. 이를 재산 자격 평가 선거제(vote capacitaire et censitaire)라고 한다. 기혼 여성이거나 과부인 납세자와 지주에게 각각 한 표를 추가로 주었으며, 높은 수준의 교육을 받은 사람과 일정 전문직에 있는 사람, 혹은 특정 분야에 고용되어 있는 사람에게 추가로 각각 두 표를 주었다. 이는 대중이 좀 더 교육받고 재산 있는 계급을 몰아내고 의회를 지배하는 일이 없도록 하는 안전장치였다. 19세기가 거의 끝나갈 즈음에(1899년 12월 29일에) 가톨릭당에 아주 유리한 체제가 도입되었고, 이에 따라 가톨릭당은 1914년까지 집권할 수 있었다.

스위스는 1880년 제대로 된 선거 등록제가 만들어지면서 1850년 헌법을 통해 천명된 남성 선거제가 제도화될 수 있었다. 스위스에 비례대표제가 도입된 것은 1919년이었고, 여성은 1971년에 가서야 투표권을 받았다.

네덜란드는 제1차 세계대전까지 재산에 기초한 아주 제한된 선거권 제도를 유지했다. 1887년 약간의 개혁으로 유권자 비율은 인구의 2.5퍼센트에서 6.5퍼센트로 증가했다. 1896년 또 한 번의 개혁으로 12퍼센트까지 증가했으며, 1917년 남성 보통선거제가 도입되었고, 2년 뒤 여성에게도 선거권이 확대되었다. 1917년 비례대표제를 채택할 때까지, 선거구마다 규모가 크게 차이가 났으며, 이는 가톨릭당에게 상당히 유리했다(Carstairs 1980: 61~66).

덴마크에서 농민은 1849년부터 투표권을 가졌지만, 귀족 지주와 부유한 시민에게 의회 상원 의석 대다수가 배정되었기 때문에 이들의 영향력이 훨씬 더 컸다. 1849년 덴마크는 양원제의 왕정을 세웠으며, 하원은 평등한 거의 보통 남성 선거를 통해 선출되었다. 지주 귀족과 대부르주아 연합이 지배하는 상원과 투쟁을 거쳐 1901년에는 내각이 하원에 대해 책임을 지도록 만들었다.

덴마크는 1901년에 가서야 비밀투표를 시행했다. 이 체제는 수적으로 최대 정당이었던 민주자유당(Vensture)에게 유리하여, 1901년 이 당은 43퍼센트의 득표로 상원과 하원 의석의 67퍼센트를 차지했다. 재산 자격 기준 또한 높았다. 1906년 상원 선거에서 높은 재산 자격을 만족시킨 선거인단은 유권자의 7퍼센트였지만, 선거인단의 38퍼센트 이상을 선출했다.

평등선거권은 1915년에야 도입되었다. 이 해 개헌을 통해 이전에 상원 선거에서 있었던 재산 자격을 폐지했고, 모든 남성과 35세 이상의 여성이 선거인단을 선출할 수 있도록 했다. 1918년 처음으로 29세 이상의 여성이 하원 의원을 선출할 수 있게 되었다. 하지만 비례대표제의 복합 체제는 보수주의자가 상당히 과대 대표되도록 기획되었다. 전국적으로 하나의 선거 체제가 도입된 것은 1920년이었다(Carstairs 1980: 78~80).

스웨덴에서는 1866년 선거 개혁을 통해 선거권을 인구의 5퍼센트까지 확대했다. 이 체제에서 부유한 선거인은 1,000표를 행사할 수 있었다. 1900년에도 부유한 선거인은 농촌 선거구에서는 5,000표를, 도시에서는 100표를 행사할 수 있었다. 하원 선거권은 높은 재산 자격을 갖춘 이에게만 한정되었다. 1905년 선거권은 인구의 8퍼센트 이상으로 확대되었다(Carstairs 1980 : 99). 1907년 남성은 하원 선거에서 평등선거권을 부여받았다. 하지만 하원과 같은 권력을 가진 상원은 간접선거를 통해 구성되었으며, 이 선거에서는 부유한 유권자가 40표를 행사할 수 있었다. 1918~1921년 사이에 남성과 여성에게 보통선거권이 양원 선거 모두에서 적용되었다. 하지만 상원의 경우는 27세 이상, 하원은 23세 이상으로 제한되었으며, 상원 선거에 실시되었던 복수 투표제는 폐지되었다(Verney 1957 : 21~22).

핀란드는 1906년까지 유럽에서 가장 고색적인 의회 형태를 유지하였다. 핀란드 의회는 귀족, 성직자, 도시민, 농민 이렇게 네 부류로 나뉜 신분제 의회였으며, 앞의 두 신분은 배타적인 대의제도를 유지했고, 뒤의 두 신분에서는 선거권이 매우 제한되어 있었다. 1905년 노동자의 대파업과 시위로 보통선거로 선출되는 양원제 의회 제도가 세워졌다. 하지만 핀란드는 러시아 제국 식민지의 일부로 남게 되었고, 상원은 1919년까지 의회의 기능을 하지 못했다.

노르웨이에서 1882년 유권자는 인구의 7.6퍼센트에 불과했다. 1884년 개헌을 통해 선거권은 일정 수준 이상의 소득세를 내는 시민에게까지 확대되었다. 이를 통해 유권자는 인구의 9.4퍼센트까지 증가했다. 1897년 25세 이상 남성 보통선거제를 도입하는 법률이 제정되어 1900년 유권자의 수는 19.7퍼센트까지 증가했다. 완전한 보통선거제가 수립된 것은 1915년이었다. 1919년 이른바 비례대표제의 도입 이후에도 불균등하게 대표되는 상황은 오랫동안 지속되었다. 도시 거주자는 인구의 10퍼센트밖에 되지 않았지만, 의회에서는 3분의 1의 의석을 확보했다(Carstairs 1980 : 90~91).

헝가리에서는 인구의 90퍼센트가 1914년까지 선거권에서 배제되어 있었다(Anderson and Anderson 1967 : 319~320, 326~327). 1913년 3월 의회는 선거권을 인구의 6퍼센트에서 8퍼센트로 확대하는 법안을 통과시켰다. 헝가리는 유럽에서 선거권이 가장 제한되어 있는 나라로 남게 되었다(Goldstein 1983 : 297~302).

러시아에서 선거법은 도시와 농촌 정부들에서 각각 1890년과 1892년에 개정되었다. 도시에서 선거권은 크게 축소되었고, 농촌 젬스트보(zemstvo : 지방의회)에서 농민의 영향력이 크게 줄어들었다. 농민이 선거권을 얻게 된 것은 1905년이었다. 1906년과 1907년 소집된 첫 두 차례 러시아 의회(Duma)에서 의원의 43퍼센트가 농민이었다. 하지만 1907년 6월 법령으로 선거법을 다시 조정하여, 농민 대표는 22퍼센트로 감소했고, 인구의 1퍼센트밖에 안 되는 귀족이 의회의 거의 절반을 차지했다(Miliukov 1917 : 28~29). 새 선거법은 러시아 민족이 아닌 이들이 대표되는 것을 크게 감소시키면서, 10만 명 대지주의 선거 비중은 크게 증가시켜 유권자의 1퍼센트가 의석의 절반 정도를 차지하도록 만들었다(Goldstein 1983 : 285~286).

나폴레옹 전쟁 동안 **스페인** 의회(Cortes)는 부르주아 헌법(1812)을 만들어 사실상 모든 귀족의 특권을 없애고 종교재판소를 폐지했다. 부르봉의 왕정복고는 이런 조치들을 무효화했다. 1820년 프랑스 군대가 왕과 봉건세력을 도와 헌법과 민주적 시민의 자유를 부활시키려는 세력을 탄압했다. 1834년과 1854년~1856년, 부르주아 헌법을 복원하려는 시도가 있었지만 패배했다.

표면적으로 보면 스페인은 입헌군주제로 보이고, 정당들이 번갈아가며 집권을 하지만, 이것이 정상적인 선거 과정을 통해서 이루어진 것은 아니었다. 전체적으로 볼 때 국민은 투표권을 거의 갖지 못했다. 의원은 지방 유지와 정부 사이의, 그리고 정당이나 정부 내의 분파 지도자 사이의 협정을 통해 선출되었다(Romero-Maura 1977 : 53~54). 관료층은 혁명과 왕정복고 과정을 거치면서 다양했지만, 내부에서 스페인을 운영하고 있던 것은 지방 유지와 그 관계자였다. 그 결과 공식적인 헌법적 혹은 법적 인정과는 별 관련 없는 권위와 행정적 계서제가 만들어져 사회 · 경제적 권력을 행사했다.

지주를 비롯한 엘리트가 지역 권력을 장악하고 카시키스모(caciquismo: 지방 행정이 지역 유력자들의 암묵적 지배 아래 놓여 있는 체제 – 옮긴이)의 방식으로 민주적 도전들을 물리쳤다. 카시키스모의 목적은 사적으로 결정한 정책을 추진하기 위해 공식적 위계질서를 무시하는 것이었다. 선거 부정은 지역 유지가 하는 가장 공공연한 관행이었으며, 유지들의 중요한 의무는 지역 관청과 법원이 지역 유력자가 결정한 정책을 수행하도록 감독하는 것이었다. 판사는 편향된 판결을 내렸고, 행정관은 선별적으로 특혜를 주었고, 선별적으로 수감하고, 선별적으로 법을 집행하였다. 개혁적 행정관이나 정직한 판사가 이런 체제에서는 등장할 수가 없었다(Herr 1977 : 112~117 ; Kern 1973).

그리스 국가의 건설은 1820년대 자유주의의 커다란 업적이었지만, 19세기에 자유주의적인 제도를 유지하지는 못했다. 1843년 9월 무혈 쿠데타로 오토 왕은 지역 명사와 귀족에 의해 지배되는 전국 의회를 소집해야 했다. 이후 채택된 서구 제도들은 "왕실로부터 그리스 명사들이 권력을 이양받아 통제하는 것을 가리는 얼굴"에 불과했다(Langer 1969 : 179~180). 지배자들은 반복해서 위헌 행위를 저질렀다. "법이 권력자의 이익을 위협할 때면, 법은 가능한 한 무시되었다"(Finlay 1877 : 5 : 208). 선거는 부정했으며, 정부는 오래 지속되지 못했고, 선거와 정부 모두 폭력과 학살의 위협에 자주 시달렸다. 1864년~1880년 사이 아홉 번의 총선이 있었고, 31개의 행정부가 들어섰다. 1881년~1910년 사이에는 열두 차례의 총선이 있었으며 39개의 행정부가 나왔다(Woodhouse 1968 : 172).

루마니아에서 상원 의원 선거는 높은 재산 기준과 교육 기준 때문에 인구의 2퍼센트만이 투표를 할 수 있었다. 하원은 이른바 3개 선거인단으로 구분되었으며, 각각은 다른 투표자 집단에서 선출되었다. 41명의 의석을 갖고 있는 제1선거인단은 유권자의 1.5퍼센트가 선출했다. 제2선거인단은 유권자의 3.5퍼센트가 선출했으며, 의석은 모두 38개였다. 제3선거인단은 21

개의 의석이 있었으며 나머지 95퍼센트의 유권자가 선출했다. 이 95퍼센트의 대다수는 의원을 직접 선출하는 것이 아니라, 선거인단을 선출한 뒤 선거인단이 의원을 선출하는 간접선거를 했다(Blum 1978 : 431).

폴란드와 다른 **발칸반도의 나라들**에 세워진 정치제도와 선거 정치는 제1차 세계대전 이후 수립되었다. 하지만 정치 활동은 소수 엘리트에 한정되었었고, 부패 선거가 만연했다. 유권자는 매수되거나 위협을 당했고, 표가 위조되었으며, 투표함이 분실되거나 도난당했다(Seton-Watson 1945 : 154~156). 공직은 사리사욕을 채우는 데 이용될 뿐이었다. 가장 큰 자금이 산업이나 은행에서 만들어지는 것이 아니라 정치에서 만들어졌다(Seton-Watson 1945 : 148~150).

제1차 세계대전이 시작되었을 때 유럽에서 보통평등선거권을 시행하는 유일한 나라는 노르웨이였다. 이 장을 시작할 때 명시한 것처럼, 남성 선거권만 고려하면 여기에 프랑스도 추가할 수 있다. 영국에서 참정권은 아직 노동계급 남성까지 포괄하지 않았다. 전쟁 이후 덴마크, 핀란드, 네덜란드, 스웨덴이 전면적으로 보통선거제를 시행했다. 독일과 오스트리아도 따라 했지만 오래가지는 못했다. 제2차 세계대전이 발발한 시점에는 영국도 포함시킬 수 있지만, 영국에는 여전히 복수 투표제가 남아 있었다.

반대할 권리의 제도화

스칸디나비아, 영국, 프랑스, 스페인에서 노동 정부가 집권을 하기는 했지만, 이 나라들을 비롯한 여러 지역의 광범한 여론은 여전히 이 정부들의 정통성을 기본적으로 인정하지 않았다. 이런 생각은 전간 시기 프랑스, 스페인, 오스트리아, 헝가리, 폴란드, 불가리아, 루마니아, 포르투갈에서 일정한 세력을 형성하며 등장한 권위주의 운동이 의회 정치를 주도하면서 중요해졌다. 유럽 대부분 지역에서 사회주의와 공산주의 정당은 제2차 세계대전이 끝날 때까지 정치 과정에 완전히 합법적인 참여자가 되지 못했다.

1917년 이전 유럽에서 가장 큰 사회주의 정당은 독일의 사회민주당(Socialist Democratic Party, SPD, 이하 사민당)이었다. 하지만 독일의 제2제국과 제3제국은 사회주의 정치인들을 혹독하게 탄압했다(Breitman 1981 : 9). 1878년 사회주의 정당이 불법화되었으며, "사회질서를 전복하기" 위한 혹은 사회주의적 성향이 조금이라도 발견되는 결사, 회합, 출판이 금지되었다. 4년 동안 제정된 이 법률은 두 번 개정되었다. 그리고 1890년 3차 개정을 앞두고, 비스마르크는 공공연하게 사회주의를 내세우며 폭력 행위를 하는 이들을 직권으로 한 번에 모두 추방할 수 있는 권한을 달라고 제안하였다. 황제는 이를 허용하지 않았고, 비스마르크는 사임했다. 독일 사회주의자는 1890년 이후 공개적으로 운동을 하는 것이 허용되었지만, 형법을 과대 해석하고 관료적 책략을 이용해 파업과 일반 노조 활동을 반사회주의법이 있던 시대와 마찬가지로 혹독하게 탄압했다(Hardach 1977 : 177). 사민당은 제1차 세계대전까지 탄압의 가장 중요한 대상이었다(Roth 1977 : 177). 독일기업가중앙연맹(Central League of German Industrialists), 식민지협회(Colonial Association), 범독일연맹(Pan-German League), 농업연맹(Agrarian League), 제국연맹(Reich League)과 같은 조직들이 사회민주주의에 반대해 만들어졌다. 이들 조직은 사민당을 독일 사회의 모든 악의 원흉으로 몰면서, 독일에서 사회주의의 확산에 반대하는 다양한 정치 · 경제 세력을 집결시켰다(Groth 1973 : 53~54, 66~69).

19세기와 20세기 초까지 자유주의와 자유주의 제도는 우파의 공격 아래 계속 약화되면서, 우파와 타협해갔다. 우파가 특권을 유지하고 사회주의의 성장을 막으려고 모든 노력을 다하는 가운데, 헌정주의와 민주적 시민의 자유는 보수적 왕정복고운동과 반동주의에 의해, 법에 개의치 않는 후견인 체제에 의해, 부패와 폭력에 의해 끊임없이 위협받았다. 제1차 세계대전 이후 유럽 정부들은 의회를 해산하고, 야당을 불법화하며, 언론에 대해 검열을 실시하고, 회합을 제한하였다. 이탈리아(1922), 포르투갈(1926), 발트 해 국가들(1926), 헝가리(1919), 폴란드(1926), 발칸반도 국가들(1923, 1926, 1929), 벨기에(1926, 1935), 독일(1934), 오스트리아(1934), 네덜란드(1935), 스위스(1935), 스페인(1936)에서 의회 민주주의가 무너졌다.

전간 시기 유럽 전역에서 가장 보수적인 정당이나 이익집단의 중요한 목표는 사회주의 세력이 국가에서 중요한 영향력을 행사하지 못하도록 하는 것이었다. "만약 사회주의자가 자신들의 경제정책을 전국적 차원에서 제시하게 되면, 놀란 보수주의자가 반격을 했다. 이들은 분산적이면서도 동시적으로 정부의 채권과 자금을 동결시키거나(프랑스), 정치인과 협력을 통해 과세에 반대하는 정치 운동을 진행하거나(독일), 법을 무시한 강제력을 동원했다(이탈리아)" (Maier 1975 : 581). 사회주의 정당은 이탈리아, 독일, 오스트리아, 에스파냐에서 우파 정부에 의해 무너졌다. 포르투갈(1926), 헝가리(1919), 폴란드(1926), 발칸반도 국가들(1923, 1926, 1929)에서는 사회주의 정당이 불법이 되었다. 벨기에와 네덜란드에서는 1939년까지 사회주의자가 내각에 진출할 수가 없었다.

전간 시대 첫 10년 동안 독일의 사민당과 독일노동조합연맹(German Federation of Trade Unions, ADGB)은 독일에서 의회 민주주의를 수립했다. 바이마르 공화국이 세워질 때에는 여러 세력이 연합하여 함께 세웠지만, 비(非)사회주의 정당들, 기업가 이익 집단, 그들과 협조한 군부 등이 바이마르 공화국을 거부하면서 공화국은 무너졌다. 사민당 지도자들은 의회 민주주의를 무엇보다 우선시했으며, 사회주의자와 사회주의자가 아닌 이들이 함께 협력할 수 있도록 충분히 노력했다. 하지만 정부에 사회주의자가 존재한다는 것 자체가 정당 사이의 협력을 불가능하게 만들었다(Breitman 1981). 1933년 나치(National Socialists)가 집권한 이후 사민당의 사옥, 신문, 재산은 모두 압수당했고, 사민당은 "국가 전복적이고 적대적인" 세력이라는 비난 아래 해체되었다.[6]

영국에서는 1923년에 첫 노동당 정부가 들어섰지만 2년 만에 실각했다. 폭동 혐의를 받은 전 공산주의 편집자를 기소하지 않았기 때문이었다. 이후 선거운동에서 외무부는 빨갱이에 대한 경각심을 일으키는 전략을 구사했고, 노동당의 패배에 결정적 영향을 미쳤다. 노동당은 1929년에 다시 재기했지만 1931년 선거에서 다시 쓴맛을 봐야 했다. 결국 자유주의자와 보수주의자가 연합하여 새 정부를 구성했고, 노동당 지도자들을 볼셰비키 추종자라고 비난했으며, 노동당이 "미쳐 날뛰는 볼셰비즘"을 주장하고 있다고 유권자를 설득했다(McHenry 1940 : 16~17).

1936년 프랑스에서 사회주의자가 주도하는 인민전선 정부가 당선되었다. 이 정부를 이끌었던 블룸(Leon Blum)은 법을 통해 노동 개혁을 추진했고, 부유한 계급은 이를 혁명적이라고 여겼으며, 결국 블룸은 모스크바의 간첩이라는 비난을 받았다(Carr 1947 : 264). 프랑스 자본가들은 정부 채권과 자금을 동결시켜 결국 1937년 블룸을 사임하게 했다.

1945년 이후 사회주의자는 오스트리아, 스위스, 북해 연안의 저지대 국가들(네덜란드, 벨기에, 룩셈부르크 - 옮긴이)과 스칸디나비아반도 국가들에서 연합 정부에 자주 참여했다. 영국과 프랑스에서 노동당과 사회주의 정당이 정부를 구성하거나 연합 정권에 참여했다. 이탈리아에서는 1963년 기독교민주당(Christian Democrats)이 독립사회주의당(Independent Socialist Party)을 정부로 끌어들였다. 서독에서는 1963년부터 1966년까지 사회주의자가 기독교민주당과 연합하여 집권했으며, 1969년 서독 역사에서 처음으로 좌파 정권을 형성했다.

제2차 세계대전 이전까지 노동계급을 대변하는 정당은 다른 정당과 평등한 조건에서 의회 민주주의 과정에 참여하는 것이 허용되지 않았다. 1945년 이전에도 몇몇 국가에서 노동자를 대변하는 정당이 정부에 참여한 경험이 있기는 하지만, 이들의 존재 자체가 우파의 계속되는, 때로는 폭력적인

6) Carsten 1967 : 156. 공업 노동자 중에 나치를 지지했던 이들은 거의 없었다. 나치를 지지한 이들은 인종주의자, 민족주의자(volkish), 극단적 우파 집단과 정당들이었으며, 이들 중 일부는 독일에서 수십 년간 지속해온 집단이었다. 이들 집단의 구성원은 장인, 상인, 공무원, 화이트칼라 종업원 등이었다. 이 외에도 퇴역군인이나 학생 등 전쟁 이후 구성된 준군사 조직에서도 지지자가 있었다. Carsten 1967 : 130~132 참조.

반발을 불러일으켰다. 유럽에서 사회주의 정당과 노동자 당이 정부에 참여하는 것이 완전 합법화된 것은 1945년 이후였다.

민주주의와 계급

종속 발전이나 전통적 발전 연구에서 그동안 주장되어왔던 것은 유럽에서는 산업 부르주아가 전통 엘리트의 정치력에 도전하는 데 중요한 역할을 했으며, 정치적 민주주의가 발달하는데 핵심 세력이었던 반면에, 제3세계 나라들에서 산업 부르주아는 비민주적 정부를 지원하는 중요한 수단이라는 것이다. 하지만 유럽에서 산업 부르주아는 노동계급의 정치적 편입을 가로막는 중심 세력이었다. 다만 스위스에서는 예외였으며, 영국과 프랑스에서도 부르주아 계급 일부는 긍정적인 역할을 했을 것이다(Rueschemeyer et al., 1992 : 98). 무어(Moore 1966)는 부르주아가 민주주의에 대해 긍정적인 태도를 취했지만, 유럽에서 부르주아는 선거권이 노동계급에게 확대되는 것에 대해 사실상 반대했다고 주장했다.

유럽에서 민주주의는 처음에는 지배계급 내의 남자 구성원을 위한 민주주의로 발전하기 시작했다. 산업 부르주아가 권력과 규모에서 성장하면서, 이들은 구체제로부터 일정한 정치권력을 쟁취하고자 노력했으며, 동시에 사회민주주의의 압력에 대응하여 좌파로부터 자신들을 지키려는 노력도 함께 진행했다. 18세기 말 부유한 도시 부르주아는 토지 재산을 선호하면서 규제로부터 자유를 모색했다. 산업 부르주아 내에서 자신들의 목적을 위해 하층과 연대하려는 준비가 되어 있음을 보여주려는 이들이 나타나기 시작하자, 지주 엘리트 대표들은 산업 부르주아 중에서도 부유한 층에게 의회의 의석을 제공하고자 했다. 19세기 중반까지 이런 목적이 성취되면서, 산업 부르주아는 지주 엘리트와 결속을 강화하여 선거권이 실제로 확대되는 것을 봉쇄했다. 19세기 내내 상층 지주 세력과 산업 엘리트는 사유 재산 제도를 수호하고, 하층의 대의제와 민주주의 체제에 참여하려는 압력을 저지하기 위해 계속 함께했다.

경제적 · 정치적 지배력을 가진 어떤 계급도 민주주의로 정치력을 분화시키려고 하지 않았다. 유럽의 상층이 의회 체제를 도입한 것은 그들의 이익을 지키기 위해서였다. 자신들의 권리를 확장시키려는 욕망 때문에 귀족은 정치 행동을 시작했고, 문을 열어 사회 내 다른 집단들의 요구가 쏟아져 들어오게 만들었다. 그런 사태에 놀란 귀족은 왕정을 도와 서둘러 다시 문을 닫았다. 혁명 운동의 초기에 잠깐 귀족이 등장했던 현상은 유럽을 비롯한 여러 곳에서 수차례 나타났다.[7]

처음에 이 체제에서 기본적인 선거 참여를 성취하기 시작한 귀족이 토지에 기초한 세력이었기 때문에 농촌(그중에서도 상층)의 참여가 도시에 기초한 귀족 혹은 상층 부르주아와 거의 비슷하게, 혹은 그보다 앞서 진행되었다. 〔1967년 로칸(Rokkan)의 노르웨이에 대한 연구에서 밝힌 것처럼〕 선거권은 제일 먼저 농민에게로 확대되었다. 농민 중 토지를 소유한 계층이 도시 노동자계급보다 먼저 선거권을 확보한 것은 확실하다. 비스마르크는 선거권의 확대를 추진했다. 이는 지주가 선거 과정에서 농촌의 다른 종속 집단에게 지배력을 행사할 수 있기 때문에, 지주 세력이 금융 세력에 비해 강화될 수 있다고 판단했던 것이다(Weiss 1977 : 76). 벨기에에서 우파는 보통 남성 선거권에 대해 자유주의자만큼 두려움을 갖고 있지 않았다. 자유주의자는 주로 부르주아였고, 우파는 가톨릭인 농민 대중에 기반을 두었기 때문이었다(Carstairs 1980 : 51). 벨기에의 많은 가톨릭교도는 여성 선거권을 도입하는 것에 대해 사회주의자보다 더 호의적이었다. 사제의 영향력 아래서 여성은 남성보다 보수적이고 가톨릭에 우호적인 정책을 지지할 것이라

7) 예를 들어 1789년의 프랑스를 보라. 1905년 혁명기 러시아에서 지역 귀족은 대의제 정부와 보통 평등 선거권을 요구했다. 대규모 농민 반란과 폭동과 혁명적 요구에 직면하여 차르 니콜라스는 10월 17일 선언을 통해 러시아를 입헌군주국으로 만들었다. 하지만 1906년 귀족들은 개혁의 전망에 위협을 느끼고 황실과 전통적 관계를 다시 복원하여 1906년 말 무렵에는 1년 전 내주었던 많은 것들을 되찾았다.

고 여겼기 때문이었다(Carstairs 1980 : 55).

하지만 전반적으로 볼 때 기존 조건에서 혜택을 받는 계층은 거의 예외 없이 민주주의에 반대했다. 지주 엘리트와 마찬가지로 산업 부르주아는 "입헌 체제와 대의제 정부를 일반적으로 지지했지만, 하층까지 정치에 포괄시키는 것은 반대했다"(Rueschemeyer et al. 1992 : 8). 곡물법 폐지 이후 구(舊)지주 엘리트와 신흥 산업 부유층은 새로 지배계급을 형성하여 토지가 자유롭게 거래되는 것을 막고 선거권이 확대되는 것을 막는 데 전력을 다했다. 1848년 파리 봉기에서 자유주의 선동가 대부분은 중간계급 지식인으로 그들의 주요한 욕망은 토지를 소유한 부르주아와 같은 권리를 갖는 것이었다. 그러나 하층에게도 평등한 권리를 제공해야 한다는 생각은 없었다. 대부분의 독일 자유주의자는 단순히 민주주의에만 몰두한다는 것은 받아들이지 못했다. 그들은 민주주의는 사회적 민주주의, 대중적 평준화, 전제정치를 의미하는 것이라고 느꼈다. "매컬리에서 미제스까지, 스펜서에서 섬너에 이르기까지 전투적 자유주의자 중에서 대중 민주주의가 자본주의에 위험한 것이라는 확신을 표현하지 않은 이는 없었다"(Polanyi 1944: 226).

뤼셰마이어(Rueschemeyer)와 그 공저자들이 주장한 대로(1992 : 47) 민주주의를 위해 싸운 것은 하층민들이었다. 도시 노동자계급은 민주주의의 주요한 주창자였으며, 가장 일관된 친민주 세력이었다. 노동계급이 자신의 계급적 이익을 위해 친민주적 성격을 가졌다고 하는 것은 민주주의가 출발하는 과정에서 노동계급이 했던 역할과 1930년대에 유럽에서 민주주의 제도들을 옹호하기 위해서 했던 역할에서 잘 볼 수 있다.

결론

19세기와 20세기 초까지 민주 정부에 참여하는 것은 높은 자격 조건을 갖춘 엘리트의 몫이었다. 유럽에서 정치 기구들은 특권을 유지하고 하층

집단과 계급이 권력을 찬탈하는 것을 막기 위해 노력하는 과정에서 계속 전통 세력과 타협하면서 약화되어갔다. 자유주의적 선거 정치가 도입된 경우에도 오래 유지되기는 어려웠다. 헌법과 민주적 시민의 자유는 법을 무시하는 후견 제도와 부패와 폭력에 의해 계속 위협을 당했다. 의회는 해산되었고, 선거 결과는 무시되었다. 일반적으로 정치 기구는 하층에 대해 전통 세력의 권력을 강화되도록 기획되었으며, 이런 기획은 일반적으로 거의 성공적이었다. 요약하자면 유럽에서 민주주의의 시작은 늦게, 그리고 제한적으로 이루어졌다. 제1차 세계대전 직전까지 유럽에서 보통 평등 선거가 실시된 나라는 노르웨이뿐이었다. 서유럽에서 보통, 평등, 직접, 비밀선거가 규범이 된 것은 제2차 세계대전 이후였다.

유럽에서 전통적 상류층과 신흥 산업 부르주아 사이에서 등장한 자유주의자가 민주주의의 원리를 정교하게 발전시킨 것과 이를 구체적인 정치와 실천으로 실현하는 것을 지지하는 것 사이에는 분명한 거리가 있었다. 이런 현상은 새로운 것도, 설명하기 어려운 것도 아니다. 협소하고 억압적인 과두정밖에는 경험해본 적이 없는 로마가 라틴인의 자유에 대한 숭배를 낳았으며, "자유에 대한 고대에서 가장 우아한 송가"를 남겼다. 한편, "아테네는 고대 세계에서 가장 제한 없는 민주주의로 유명하지만, 자유에 대한 중요한 이론이나 옹호론을 생산하지는 못했다." 앤더슨(Perry Anderson)이 시사한 바와 같이, 그 이유는 로마에서는 문학과 정치 사이에 사회적 갈등이 없었기 때문이었다. 권력과 문화가 소수의 귀족에게만 집중되어 있었던 것이다. 자유를 향유한 층이 제한될수록, "후세에 전승된 자유에 대한 찬가는 더욱 순수했던 것이다"(Anderson 1978 : 73).

문자 속에서 정교하게 된 사상과 실천 사이의 불일치에 대해서는 프랑스 혁명기에 이폴리트 텐(Hippolyte Adolphe Taine)이 언급했다. 텐은 인간의 사고 구조를 2층집에 비유하여, 이 현상을 설명했다. 이 집의 2층에서는 "추상적인 이성의 물레가 주장의 실을 자아낸다." 그리고 1층에서는 "활동적인 신념이 이에 대응한다." 둘 사이에서 소통은 불완전하며, 즉각적이지도 못하다.

> 어떤 일련의 원리들은 2층에서 내려와보지도 못한다. 이들은 계속 호기심 차원에 머물러 있다. 많은 섬세하고 독창적이며 정교한 이론들이 행진을 벌여도 실제 실행의 장으로는 거의 진입하지 못한다. 가끔 그 소유자가 1층으로 안내를 하더라도 그는 그중 일부만을 사용한다. 기존의 관습과 관례와 좀 더 강력한 이해관계와 본능이 이들의 실행을 제한한다. 이런 점에서 볼 때 그는 부정직한 처신을 하는 것은 아니다. 하지만 사람으로서 우리 각자는 실행하지 못한 진실들을 품고 있다.(Taine 1962 : 286~287)

두 층 사이의 균열이 어떻게 일어나는가를 구체적으로 설명해주기 위해 텐은 국민의회에 간 한 귀족 의원의 이야기를 들려준다(1962 : 286).

> 미라보는 귀족의 작위를 폐지하는 데 찬성표를 던지고 집에 와서 그의 하인의 귀를 잡고 크게 소리를 질렀다. "여봐라, 내가 분명히 말하건대, 나는 언제까지나 백작 나으리이니라!" 이는 새 이론들이 어떻게 귀족의 머리에서 받아들여지고 있는지를 보여준다. 이론들은 머리의 2층을 온통 차지하여, 그 안에서 즐겁게 중얼거리며 끝없는 대화를 이어갔다. 한 세기 내내 이렇게 웅얼거렸다.

8장

결론

– 비교사적 관점에서 본 산업자본주의의 발전

IN THE MIRROR OF THE THIRD WORLD CAPITALIST DEVELOPMENT IN MODERN EUROPE

많은 이들은 제3세계의 발전은 식민지적이고 전통적인 구조와 세력에 의해 형성되었으며, 이원성과 독점, 내부적인 구조적 통합의 부족, 자본・노동・시장 등을 외부에 의존한 상황 등의 특징들을 지닌다고 주장한다. 이는 맞는 주장이다. 이런 발전은 좀 더 자유주의적이고, 내부에 집중해 있고, 독립적인 유럽의 발전과 비교되곤 한다. 그러나 이는 잘못된 주장이다. 사실상 우리가 종속성과 연관시켰던 모든 구조들 — 이원성, 몇 안 되는 수출 품목과 수출 상대에 의존한 상황, 외국 자본과 기술에 대한 종속, 원료 생산과 1차 농산물의 특화 — 은 오늘날 제3세계와 마찬가지로 세계대전 이전의 유럽도 함께 공유하는 것들이다.

유럽과 현대 제3세계에서 자본주의의 팽창은 생산의 여러 제도적 측면에서는 자본주의적이면서도 사회적 관계에서는 봉건적인 사회경제 체제를 양산했다. 두 지역 모두에서 자본주의의 팽창은 "부분적으로 혹은 완전히 자족적인 농업 국가들을 시장 상품 생산국으로 전환시켰다." 하지만 "봉건적 관계를 자본주의적 관계로 대치시키는 것에는 실패했다." 유럽에서나 제3세계에서나 나라들을 오늘날의 상태로 만든 것은 세계적인 자본주의 체제였다. 이 체제가 포괄한 집단은 아주 제한되어 있었으며, 서서히 확대되면서 도시 중산층과 산업 부르주아를 참여시켜나갔다. 그 결과 제1차 세계대전 직전 양 지역은 "자본주의와 봉건제가 혼재한 가운데" 살아가는 상황이었다(Baran 1970 : 286). 1912년까지도 영국의 로이드 조지〔Lloyd George : 영국 정치가, 총리(1916~1922)를 지냄 – 옮긴이〕는 "봉건 체제의 유산을 무너뜨리기 위한" 전국적인 토지 개혁 운동을 선언했다. 유럽에서 "봉건제의 소멸"을 분명히 하기 위한 급격하고 급진적인 변화 과정은 제1차 세계대전에 와서야 이루어졌다. 몇 년 뒤 매스터먼(C. F. G. Masterman)이 서술한 것처럼, 전쟁으로 "봉건 체제는 피와 불 속에서 사라졌으며, 지주 계급 구성원들도 많이 사망했다"(1923 : 48).

유럽에서 전통적인 지주 엘리트는 절대주의 속에서도 굳건하게 살아남아, 민족주의 운동과 국민국가 건설을 통해 국가 기구를 장악했다. 그리고 세계대전 때까지 유럽에서 경제적 · 정치적 발전 과정을 주도했다. 유럽에서 산업 발전은 전통적인 집단의 권력과 지위를 보존하기 위해 만들어진 이중적이고 독점적인 구조의 제한 안에서 이루어졌다. 노동 조직과 정치 참여에 대한 제한과 함께 다양한 형태의 경제적 보호주의와 독점을 통해 소수의 지주 엘리트와 부유한 기업가가 토지를 독점하고 산업과 상업의 전 분야를 독점할 수 있었다. 이런 체제는 (유럽에서는 그렇게 불리지는 않았지만) 제3세계의 맥락에서는 종속적 발전이라고 불렸던 사회경제적이고 정치적인 발전 유형을 만들어냈다. 공업 생산은 주로 외부 시장용이었으며, 역동적이지만 제한된 주요 발전 지점들은 국내 경제의 다른 분야와 연계되기보다는 외국의 비슷한 산업 지역과 연계되었다.

국가 기구들은 하층계급에 적대적인 전통 세력의 권력을 강화시키도록 기획되었다. 지배 집단이 이 기구들에 접근할 수 있고, 모든 자원을 자유자재로 이용할 수 있는 특권을 누린 반면, 국가는 노동 조직을 가혹하게 탄압했고 인구의 대다수를 경제와 정치 생활에서 배제시켰다. 중세의 길드와 조합 기구 같은 보호와 독점의 전통적 형태는 결코 완전히 사라지지 않았다. 이들은 새 조합 구조와 함께 산업 발전이 전통 지주의 부와 권력을 강화할 수 있게 해주었다. 부유한 새 기업가는 귀족 출신이거나, 빠르게 귀족으로 동화되어갔다. 그 결과 유럽에서 전통 사회 구조는 제1차 세계대전이 시작될 때까지 그대로 남아 있었다.

유럽에서 전통적인 농업 구조는 거의 19세기 내내 보존되었다. 대부분의 토지는 소수의 손에 장악되었으며, 토지 소유는 19세기 동안 점점 더 집중되는 경향이 있었다. 토지 집중은 근대화와 농업 생산의 기술적 개선을 제한하고 소득의 불평등한 분배를 초래함으로써, 결국은 산업 생산의 성장을 저해했다(Morris and Adelman 1988 : 5장). 산업 생산이 지속적이고 활발하게 이루어지려면 내부 시장의 발전이 필수적이다(Lewis 1949 : 75~77, 80). 이는 결국 자원의 효율적인 이용을 의미하며, 무엇보다 농업 개혁을 수반한다. 20세기 전환기에 영국 산업은 국제 경쟁력에서 뒤처지게 되었다. 수출 시장을 상실하면서 수출 산업 분야에서 실업이 집중되었다. 하지만 수출 산업 분야에서 생긴 실업을 다른 분야에서 해결해주지 못했다. 국내 소비를 자극하려는 특별한 노력이 없었기 때문이었다.[1] 토지 소유의 집중이 강화되고, 그것이 부의 불평등한 재분배로 이어지면서 가용 자원을 효율적으로 이용하는 것도 힘들게 되었다. 그러자 영국의 투자자들은 국내 경제에 투자하기보다는 자본 수출을 선호했다. 이런 상황이 국내 시장의 발전을 막고, 경제 성장이 좀 더 광범한 분야와 지역으로 확산되는 것을 막았다. 따라서 농업 개혁은 지속적인 성장과 발전을 위한 논의에서 전략적인 이슈가 되었다.[2]

사실상 농업 개혁은 1914년 영국, 독일, 프랑스, 러시아, 그리고 유럽의 동부와 남부 지역이 직면한 가장 중요한 문제였다. 영국에서 1870년대와 1880년대에 수행한 공식 조사를 통해 지주가 얼마나 토지를 독점하고 부를 축적했는지가 처음으로 밝혀졌다. 이후 토지 재산의 분배와 통제를 개혁할

1) 1930년대에 군수산업이 많은 실업자를 흡수하기 시작했다(Tipton and Aldrich 1987a : 172).
2) 모리스와 애덜먼(Morris and Adelman)에 따르면 "지속적이고 광범한 경제 성장은 토지 분배가 평균 이상으로 평등하게 될 때에만 가능하다"(1989 : 1425).

것에 대한 요구와 불로소득에 대해 더 무거운 과세를 해야 한다는 요구가 높아졌다. 농촌 여러 지역에서 농민의 항의와 시위가 유례없이 커졌다. 소작농은 지주에게 반기를 들었고, 소작료 지불을 거부하는 일도 자주 있었으며, 대(大)영지 체제의 종식을 요구했다(Cannadine 1990 : 36). 이런 사건들은 로이드 조지가 1912~1914년 사이에 전개한 "토지 개혁 운동"에서 절정에 올랐다. 하지만 농업 개혁에 대한 고민은 1914년 제1차 세계대전이 발발하면서 연기되었다. 본격적인 농업 개혁은 유럽 거의 모든 지역에서 제2차 세계대전 이후에나 진행되었다.

엘리트들은 해외에서 투자 기회를 개발하는 것을 선호했다. 국내 생산력을 증가시켜 국내 시장에서 구축한 독점적 지위를 훼손시키고 싶어 하지 않았기 때문이다. 레닌은 자본의 수출을 자본주의의 전형적인 특징이라고 보았으며, 자본 수출은 선진국에서 자본 축적이 과잉된 결과라고 주장했다.[3] 하지만 중요한 자본 수출국들의 국내 경제에서 자본이 충분했던 것은 아니었다. 19세기 동안 영국과 프랑스는 가장 큰 투자국이었다. 하지만 국내적으로는 자본 부족에 허덕이고 있었다. 토지와 산업 모두에서 경제적 자원이 독점되면서 인적 자원의 발전과 신기술의 적용, 자원의 합리적 분배가 제대로 이루어지지 못했다. 19세기 동안 유럽에서 1인당 국민총생산(GNP)은 증가했지만, 제1차 세계대전이 발발할 때까지 농업 분야는 부진했고 세금과 소득의 불균등 분배로 경제가 제대로 돌아가지 못하는 일이 자주 발생했으며, 이는 결국 불경기와 사회적 양극화, 경제 위기로 이어졌다. 20세기 초 유럽에서 만성화된 사회적 양극화와 갈등은 결국 1914년 제1차 세계대전의 참사를 낳았다.

---

3) 다른 이론가들도 외국으로 경제적 팽창을 해간 원인은 선진 자본주의 국가에서 만들어진 잉여 자본이 출구를 찾아야 했기 때문이라고 보았다(예를 들어, Baran and Sweezy 1966 ; Hobson 1965 ; Baran 1957 ; Sweezy 1942 ; Lenin 1948).

유럽과 제3세계 발전 모델

앞 장들에서 정리한 자료와 증거에 따르면 제1차 세계대전이 발발할 즈음 유럽의 사회 · 경제 · 정치 체제는 당시 다른 지역과, 그리고 현대 제3세계에 존재하는 체제와 비슷했다. 앞에서는 이런 유사성을 보여주기는 했지만 결론을 내리지는 않았다. 제3세계의 발전은 제2차 세계대전 이전 유럽의 발전과 비슷하며, 제3세계 발전을 분석하는 데 사용된 범주와 개념은 유럽의 발전에도 적용할 수 있다. 이를 설명하기 위해서는 이론들이 수정될 필요가 있다. 가장 좋은 수정을 위해서는 먼저 앞 장들에서 정리한 주장과 증거, 발전과 저발전 연구에 사용된 기존의 이론적 접근 방식들 사이에 합의되는 지점과 그렇지 못한 지점을 설명해야 할 것이다. 표 7에서 합의되는 지점들을 진하게 표시했다.

신맑스주의/종속 모델은 진하게 표시를 해두었지만, 그 내용에는 진하게 표시된 것이 없다. 이는 종속 이론들이 설명 수준에서는 적확하다고 할 수 있지만, 이 책 앞 장들에서 제시한 증거들과는 몇 가지 면에서 일치하지

표 7 이 연구에서 제시된 주장과 증거,
그리고 발전 연구의 기존 이론적 접근 방법들 사이의 합의점

발전 모델	모델 적용	분석 단위	변화 지점	변화의 주체
신고전주의	**일반적**	국가	**내부적***	개인/국가
근대화론	**일반적**	국가	**내부적**	개인
자유주의	지역적/시기적/제한성	국가	**내부적**	집단
세계체제론	시기적 제한성	세계체제	외부적	세계 시장 세력
신맑스주의	지역적/시기적 제한성	국가	외부적	초국가적 혹은 국제적 세력
고전적 맑스주의	**일반적**	생산양식/ **사회적 구성체**	**내부적**	**계급들**

*신고전주의 이론의 변화 지점에 대해서는 p. 5 n. 11을 참조. 대부분의 신고전주의 저자들은 상업이 확대될 수 있는 조건을 만들기 위해서는 내생적인 제도적 변화의 역할이 중요하다고 강조한다.

않음을 보여주는 것이다. 이들은 종속 발전 모델을 제3세계에만 적용하고 있다. 이는 잘못된 것이다. 그들은 발전 단위로 국가에 초점을 두고 분석하면서 변화의 추동력은 외부에서 찾고 있으며, 국제 세력을 주체로 가정하고 있다. 자유주의, 근대화, 신고전주의, 세계체제, 고전적 맑스주의 이론은 모두 상당히 부정확한 서구 유럽의 발전 모델에 기여해왔다. 하지만 일부 이론들은 어디에서나 자본주의 발전 과정은 내부에서 추동된 것이며 어느 정도는 다 비슷하다는 정확한 가정을 내놓고 있다. 이들 이론들이 모두 받아들이고 있는 유럽 모델은 자본주의가 실제보다 훨씬 일찍, 그리고 좀 더 완벽하게 등장했으며, 강하고 독립적인 산업자본가 부르주아가 주도했고,[4] 어느 정도는 균등하고 내부에 초점을 둔 발전이다. 하지만 이는 유럽 발전에 대한 적당한 모델이 아니다. 이 책 앞 장들에서 서술한 것처럼 자유주의나 고전적 맑스주의 이론이 제공하는 발전 모델보다 제3세계의 종속적 발전 모델이 양차 대전 이전 유럽의 자본주의 발전을 훨씬 더 잘 설명해준다.

꽤 최근까지 자유주의, 근대화, 신고전주의, 맑스주의 이론가들은 제3세계 나라들이 19세기 유럽이 갔던 길을 그대로 갈 것이라고 가정했다. 오늘날 세계체제론이나 종속 이론가를 비롯한 여러 학자 사이에서 일반적으로 합의된 것은 제3세계가 완전히 다른 길로 발전하고 있다는 것이다. 자유주의 이론가들은 영국이 봉건제에서 자본주의로 이행해간 것은 그들 관점에서 볼 때, 상업의 발전, 노동 분화, 자본과 기술이 선진 분야에서 후진 분야로 분산되어가는 과정을 통해서였다고 하면서 이를 경제 발전의 모델로 제공했다. 근대화 이론은 전통 사회에서 근대 사회로 이행하는 과정을 설명하는 데 중심을 두며, 이는 보편적 기원을 가진 국가에서 보편적 목적을 가

4) 세계체제론에서 이 계급은 세계체제의 중심부인 서유럽 나라들에서만 발견된다. 맑스주의자들은 개별적으로 특정 유럽 국가의 부르주아에 대해 그들의 "취약함"과 전통적 엘리트와 타협하거나 그들에게 의존하는 것을 비판했다. 룩셈부르크(Luxemburg)는 폴란드(1976: 176), 그람시(Gramsci)는 이탈리아(1949: 77~83), 엥겔스(Engels)는 독일(1969: 17)과 이탈리아(1895: 23~24)에 대해 그렇게 서술했다.

진 국가로의 진화로 이해되고 있다. 하지만 자유주의와 근대화 이론이 묘사한 이행 과정은 현대에 개발 도상에 있는 세계의 변화 모습과 일치하는 점이 없다.[5] 성장에 관한 신고전주의 모델은 내생적인 제도적 변화가 상업의 팽창(이는 성장의 엔진으로 기능을 한다)과 산업화의 확산, 많은 공산품의 수출, 농업의 전반적인 향상 등을 가능하게 만들었다고 설명했다. 이 모델은 현대 제3세계의 경험과는 관계가 없음이 증명되었다. 사실 모리스(Cynthia Morris)와 애덜먼(Irma Adelman)이 보여준 것처럼(1988), 영국, 프랑스, 벨기에, 스위스를 제외하면 이 모델은 유럽의 역사적 발전과도 관계가 없다. 이 책의 앞 장에서 보여준 것처럼, 이 소수의 예외적인 국가들의 경우에도 이를 적용할 수 있을지 의문이다.

자유주의, 근대화, 고전적 맑스주의 이론들은 모두 유럽 자본주의 발전에서 중심 역할을 한 것은 신흥 도시 산업 부르주아였다고 주장했다. 하지만 유럽의 부르주아가 실제로 이런 역할을 했던 것은 아니다.[6] 새 생산 세력이 발전하기는 했지만, 유럽 자본주의 발전에서 중요한 역할을 했던 것은 사실 전통 엘리트였다. 세계대전이 끝날 때까지 생산 관계가 자본주의의 확산으로 완전히 변화하지는 않았으며, 엘리트의 계급적 성격 역시 변하지 않았다. 이 모델들은 현재의 덜 발달한 나라와도, 오늘날 선진 산업국가들의 발전 역사와도 관련이 없다. 이 모델들은 역사적 기록에 기초한 것이 아니라 세 가지 자료로 만든 허구에 불과하다. 그 세 가지 자료는 첫째, 1789년의 혁명적 사건들이고, 둘째, 유럽 제국주의 시대에 유럽인이 주장했던 우월성이며, 셋째, 1917년 이후 일상화된 자본주의의 승리에 대한 자신감이다.

종속 이론과 세계체제론은 사회과학 이론에서 여러 중요한 문제를 제기

5) 최근 동유럽의 사건들이 근대화 이론을 다시 부활시키고 있다. 예를 들어 Müller 1992, 1994 참조.

6) 하지만 이 주장은 미국, 뉴질랜드, 캐나다, 오스트레일리아, 그리고 아마도 남아프리카공화국에서는 유용하다.

하기는 하지만, 서구가 자신의 발전에 대해 자체적으로 갖고 있는 이미지에 대해서는 도전하지 않는다. 이런 관점을 발전시키는 연구를 하려는 학자들은 서구의 역사적 발전에 대해 좀 더 적확한 모델을 이론에 통합해가는 것이 필요하다. 이런 과정에서 그들은 종속 발전 모델을 제3세계에만 한정하여 종용하는 자신들 이론의 일정 측면을 결국은 부정하게 될 것이며, 제2차 세계대전 이전 중심부에서 종속적 발전을 설명하는 방식으로 이론을 재구성해야 할 것이다. 오늘날 연구들의 중요한 합의 중 하나인, 발전 과정은 어느 지역이든 중요한 측면에서는 비슷하다는 결론은 지역 사이의 차이를 강조하는 세계체제론의 주장과 다르다. 월러스틴이 비판자들에 대해 한 조언(1988: 881)에 깔려 있는 원칙들을 스스로의 연구에 적용해본다면, 그것은 세계체제론의 기반을 허물게 될 것이다.

> 우리는 언제나 차이를 지적할 수 있다. 시공간을 걸쳐 산재하는 모든 것은 다 다르기 때문에 차이를 지적하는 것은 학문 작업 중 가장 쉬운 일이다. 더 어렵고 우선권을 두어야 하는 작업은 유사성을 찾아내는 것이다. 유사성을 충분히 서술하고 난 뒤에, 남은 차이점을 분석하는 것이 성실한 태도일 것이다. 사회적 변혁에 도덕적 관심을 갖고 있다면 더욱더 그래야 한다. 차이가 중요한 문제라고 확신하는 사람이 있다면, 그야말로 변화가 필요하다고 생각한다.

발전 경험에서 계통적인 다양성이 나라들 사이에서, 과거와 현재 사이에서, 그리고 **오늘날** 세계체제의 발전한 나라와 덜 발전한 나라들 사이에서 존재할 수도 있지만, 19세기 유럽 나라들과 오늘날 제3세계를 구성하는 나라들 사이에 존재하는 것은 아니다. 오늘날의 발전을 분석할 때에 유럽과 제3세계 사이에 아주 분명하게 나타나는 차이는 제2차 세계대전 이전에는 나타나지 않았다. 종속 모델은 산업자본주의 발달에 보편적으로 적용할 수 있는 모델이다. 종속 발전은 단일한 과정이 아니며, 지역과 지방에 따라 다양하다. 하지만 발전 과정의 다양성은 나라들 내에서, 그리고 지역 내에서

찾을 수 있는 것이지 지역과 지역 사이에서 찾을 수 있는 것은 아니다.[7)]

자유주의, 근대화, 신고전주의[8)] 이론에서 국가는 발전 과정 연구의 기본 분석 단위이다. 종속 이론은 사회 세력과 지역과 국제적 관계 사이의 연속성에 좀 더 무게를 두지만, 궁극적으로는 국제 체제에서 그들의 지위에 따라 행동하는 **국가**의 특유한 기능 방식에 가장 큰 중점을 두고 있다.[9)] 하지만 국경이 실제 발전하는 단위를 규정하는 것은 아니다. "이원적 발전"이라는 용어는 사실 경제 발전이 하위국가적(subnational)이거나 초국가적(transnational)인 현상임을 시사하는 것이다. 국가 내에서 어떤 부분은 발전하고 다른 부분은 발전하지 않는다. 발전하고 변화하는 단위, 발전 과정에서 주도하거나 반응하는 단위는 하위국가적이고 초국가적이다.

선진국과 후진국 사이에서 점점 커가는 소득 차이에 대해서는 자유주의와 종속 이론 문헌들에서 많이 다루어왔다. 하지만 이런 강조로 제3세계의 엘리트가 선진국 엘리트와 같은 수준의 소득과 생활수준을 구가하고 있다는, 이론적으로나 경험적으로나 중요한 사실이 은폐되고 있다(Sunkel 1973 : 150). 사실 더 중요한 차이는 제3세계 나라들 내의 빈부 격차이다. 발전과 저발전은 국가들 사이의 혹은 지역 사이의 수직적 구분과 부합하는 것이 아니라 계급들 사이의 초국가적이고 수평적인 구분과 부합하는 것이다. 때로는 전쟁이나 침략이 계급들 사이의 세력 균형을 변화시키기도 하지만, 부가 광범하게 분배되는 것만으로도 충분히 일정한 나라나 일정한 지역을

7) 19세기와 20세기 초 23개국에서 경제적 제도적 변화를 추적한 모리스(Morris)와 애덜먼(Adelman)은 "국경 내의 차이가 국가들 사이 차이의 '평균'을 넘어서는 일이 종종 있었"음을 발견했다(1988 : 4).

8) 신고전주의 이론에서 변화의 주체는 최대의 이익을 추구하는 계산적 개인〔예를 들어 슘페터(Schumpter 1939)의 독립적이고 창조적인 기업가〕이거나, 지배자의 소득을 최대화하기 위해 제도를 변화시키기도 하는 국가이다(예를 들어 North 1981 ; North and Thomas 1973, 1970 ; Olson 1982; Davis and North 1971).

9) 종속 이론은 고전적 맑스주의와는 대조적으로 계급적 종속보다 국가적 종속에 관심을 둔다. 고전적 맑스주의는 국가적 종속과 계급적 종속이 최소한 부분적으로는 독립적인 문제라고 본다. 종속 이론의 발상을 맑스주의와 민족주의를 결합시키려는 노력으로 본 패큰엄(Packenham)의 논의를 참조(1992 : 1장).

다른 곳보다 더 풍요롭게 만든다고 하는 것은 사실이다. 유럽과 미국, 일본이 그랬다.

오늘날 선진국이나 후진국의 역사가 무언가 가르쳐주는 것이 있다면 세계적으로 생산에서 큰 몫을 차지하고 있다고 하더라도 그 나라가 그를 통해 얻은 수익을 좀 더 공평하게 분배한다든가, 이들을 국경 내에서 좀 더 생산적으로 사용한다는 것을 의미하는 것은 아니라는 것이다. 외국 자본과 협력을 하느냐 안 하느냐, 혹은 어느 정도 하느냐 하는 것이 큰 차이를 갖는 것으로 보이지도 않는다. 또한 국가의 정부들은 발전에서 중요한 역할을 하지만, 이들은 19세기와 20세기 초 유럽에서, 그리고 오늘날 제3세계 여러 나라에서 일어난 경제적 · 정치적 발전과 변화 과정에서 자율적인 주체는 아니다. 외부에 의존하는 관계를 들여오고, 이를 옮겨와 구조적 왜곡을 만들어내고, 외국 자본과 협력을 통해 얻은 이익이 어떻게 분배되고 사용될지를 결정하는 것은 지역의 지배 엘리트이다.[10] 변화의 형태, 내용, 시간과 속도를 지시하고, 경제 발전과 그 이득을 전국적으로 전파시킬 것인가, 전파시킨다면 어떤 식으로 할 것인가를 결정하는 것도 지역 엘리트이다.[11]

일부 맑스주의 학자들은 유럽과 제3세계 발전의 유사성을 인지하기는 하지만 이를 부수적인 것이거나 자본주의 생산양식의 내재적이고 주로 경제적인 특징과 결과 때문인 것으로 돌린다.[12] 하지만 자본주의 생산양식의 운동 법칙을 서술한다고 해서 왜 유럽이 양차 대전 이후에는 풍요로워졌고,

---

10) 워런(Warren 1980)은 종속 이론이 제국주의적 착취와 자본주의적 착취 사이의 구분을 흐리게 한다고 비판한다.

11) 패큰엄(Packenham)은 "외국의 압력에 눌려버린 브라질의 전통에서 강한 평등주의적 요소를 찾을 수 있는가?"라고 묻는다. 엘리트주의, 엄청난 사회경제적 불균형, 자본주의, 권위주의가 "강력한 진짜 이 나라의 전통들이다"(1992 : 147). 포테스(Portes)가 주목한 대로, 사실 국내 자본가들, 다국적 기업 자회사의 경영자들, 공기업의 총지배인 등은 "하층 집단과 구분되는 공통의 지위와 기득권을 유지하려는 이해관계로 결합되어 있다." 이들은 보수적인 정부가 들어서는 것을 지지하면서 협력하고, 지역에서 다양한 형태의 포퓰리즘과 사회주의에 반대하면서 힘을 모은다"(Portes 1985 : 10~11). 모리스와 애덜먼(Morris and Adelman)은 "정부 정책에 대해 국내 세력이 지배력을 행사한다고 해도 그것이 꼭 광범하게 이익이 되는 경제 성장으로 이어지는 것은 아니"라고 결론을 내린다(1988 : 210).

제3세계는 그대로 저발전 상태로 남았는지를 설명하지는 못한다. 발전과 저발전은 역사 속에서 계속 나타나며, 같은 지역에서 두 가지가 동시에 나타나는 일도 자주 있다. 발전과 저발전의 원인은 어느 생산양식에서나 본질적으로 동일하다. 발전을 저해하는 것은 계급 형성 과정과 부(富)의 새로운 자원이 열리고 생산양식에서 발전이 있을 때 일어나게 마련인 계급과 계급 내 투쟁의 과정에서 만들어진다.

자본주의의 도래는 욕망, 독점, 빈곤화의 순환을 일으켰다. 이 순환은 부를 가져오는 새로운 자원이나 새로운 부의 생산수단이 등장할 때마다 계속 나타났다. 따라서 우리가 주목해야 하는 것은 자본주의 그 자체가 아니다. 자본주의의 형태는 역사 속에서 계속 반복되어왔다. 주목해야 하는 것은 산업주의와 팽창, 발견, 변화의 다른 과정이다.

종속 발전은 계급 관계와 계급 형성 과정에서 나타나며, 이는 유럽과 현대 제3세계에 공통된 것이다. 그것을 가장 잘 보여주는 이원성은 사회, 정치, 혹은 경제적 과정의 의도하지 않은 결과도 아니고 피할 수 없는 귀결도 아니다. 이원성은 능동적이고 역동적으로 반복되고 재생산된다. 이원 구조는 새로운 생산적 부의 자원이나 수단이 있을 때 나타나게 되는 내부적 계급 관계의 결과이다. 이원 구조는 만들어지는 곳마다 계속 유지되었고, 지금도 유지되고 있다. 19세기와 20세기 초 유럽과 오늘날 제3세계에서 전통적 엘리트는 그들이 과거에 획득한 부와 특권을 이용하여 자본주의 발전 과정이 그들의 이익에 악영향을 미치지 않도록 해왔다. 전통적 집단의 정치 · 경제적 기반의 보존과, 자본과 토지의 집중 때문에 나타나는 제약 때문에 성장을 제한당하면서 이원 구조는 종속 발전과 결합된 구조적 왜곡을 창출했다.

---

12) 예를 들어 Senghaas 1985 ; Lall 1981 ; Bernstein 1979 ; Cueva 1977, 1976을 참조. 랄(Lall)은 "자본주의가 선진 자본주의 국가들의 경험을 결코 반복할 수는 없다"고 하는 "잘못된 주장"에 매달리는 것은 이제 그만하고, 신맑스주의 분석가들은 "이런 자본주의 체제 특유의 비용과 계속 진화해가는 역동성에 주목해야 할 것"이라고 주장했다(1981 : 19).

발전 속에서 변화한 기본 단위는 세계체제나 국가가 아니다. 그것은 "사회적 구성체(social formation)"로, "실제적이고 특정한" 사회적 실체이며, "일정한 자원과 경제적이고 정치적인 조직 형태와 문화적 특징"을 갖고 있다(Alavi 1982 : 178). 세계의 어떤 지역에서는 사회적 상호작용의 장이 계속 이어진다(예를 들면 유럽과 중동). 발전하고 변화하는 사회적 구성체는 그 성격에서 본질적으로 초국가적이며, 그 규모에 있어 광범한 지역을 포괄한다. 예를 들어 19세기 유럽 국가들은 그보다 앞서 형성된 사회에 기초해 있었다. 그리고 그 구조는 지역 계급 구조와 국가－형성과 산업 발전 과정의 변화와 계속해서 겹치고 엇갈려왔다. 유럽의 지배계급은 초국가적이었다. 그들끼리는 일종의 가족처럼 닮기도 했던 반면, 자국 내의 농민과는 외모로도 다르기 일쑤였으며, 국적이나 종교, 혹은 언어까지 다른 경우도 종종 있었다. 국적이나 종교가 같다고 하더라도 지역 엘리트는 자국 내 하층민보다는 유럽 다른 곳의 엘리트와 공통점이 더 많았다.

사회적 구성체는 세계 자본주의 체제와 마찬가지로 그 규모에 있어 지구적일 수도 있다. 맑스주의의 용법에 따르면, 사회적 구성체는 다양한 생산양식이 그중 하나의 지배 아래 강하게 결합한 것이다(Poulantzas 1973a : 10~12). 이 관점은 세계체제론과 부합한다. 하지만 이런 지구적 차원의 사회적 구성체의 원동력과 형성 과정은 여전히 본질적으로는 사회적이며, 무엇보다 계급 형성과 계급투쟁의 과정에서 추동된 것이다. 사회 세력들은 다른 구조와 세력들의 영향력을 조정하며, 국가가 자율적으로 행동할 수 있는 능력을 제한한다. 따라서 이들은 분석에서 국제 세력이나 구조보다, 그리고 국가보다도 우선적으로 다루어야 하며, 좀 더 근본적으로 다루어야 한다. 발전적 변화는 지역 차원이건 지구적 차원이건 간에 세계체제나 국가, 개인 혹은 자본주의 발전 논리에 의해 추동되는 것이 아니다. 그것은 사회적 구성체 내에서 계급들과 계급투쟁에 의해 이루어진다.

모든 자본주의 발전은 종속적 발전으로 진행되어왔다. 하지만 이 종속은 계급적 종속이지 국가적 종속은 아니다. 국가 사이의 종속이 아니라 내재적인 종속이다. 그 인과관계나 과정은 지역적인 것이 아니라 (지리적 의미에서) 지구적이다. 발전적 변화는 계급들과 계급투쟁에 의해 추동된다. 계급투쟁에 의해 추진되고 형성되는 발전은 특정 지역이나 특정 시대 특유의 것이 아니다. 국가와 지역에 따라 다양하기는 하지만 그래도 보편적인 것이다. 진실로 보편적인 자본주의 발전 모델은 없다. 그런 의미에서 자본주의가 발생한(혹은 발생하는 데 실패한) 특정한 역사적 조건, 형태, 메커니즘은 중요한 것이 아니다. 현대 제3세계의 자본주의 발전이 어떤 "정상적인" 자본주의 발전 모델과 대조적으로 "불완전"하다거나 "왜곡되었다"는 식의 인식이 현재 서구의 선진국이 공유하는 생각이기는 하지만, 이는 잘못된 것이다.

거대한 분화 : 제1차 세계대전 직전의 유럽과 라틴아메리카

라틴아메리카와 유럽은 제1차 세계대전이 시작될 무렵까지 비등한 발전 수준과 경제적 여유를 성취했다(부록 통계 편, 표 1~표 6 참조). 부유한 라틴아메리카 국가들은 부유한 유럽 국가들만큼 부유했으며, 가난한 유럽 국가들은 가난한 라틴아메리카 국가들만큼 가난했다(부록 통계 편, 표 1 참조). 아르헨티나, 칠레, 우르과이에서 1913년 평균 수출 수준은 프랑스, 독일, 스웨덴을 넘어섰다(Banks 1971 : 171~205). 브라질, 콜롬비아, 베네수엘라, 쿠바에서 농업 수출은 선진 공업 국가들의 공업 생산만큼 빠르게 증가하였다. 이를 잘 활용한 국가들에서 1인당 생산은 1914년 이전에는 서유럽만큼 빠르게 성장했다.[13] 제1차 세계대전 이전 수십 년 동안 아르헨티나, 브라질, 에콰도르, 페루, 콜롬비아, 멕시코, 우루과이에서 연간 수출 성장률은 벨기

13) Stover 1970 ; Lewis 1978a : 223. 아르헨티나, 칠레, 브라질, 콜롬비아, 쿠바, 베네수엘라, 멕시코는 이 지역 인구의 66퍼센트를 차지했다.

에, 프랑스, 영국보다 높았다(부록 통계 편, 표 1, 표 7, 표 8-1, 표 8-2, 표 9, 표 10 참조).

제1차 세계대전이 발발했을 때, 유럽과 라틴아메리카 사이에 존재했던 불균형은 본질적으로 유럽의 몇몇 나라에서 일찍 산업화가 일어났다고 하는 점과 천연자원의 차이에서 나온 것이었다.[14] 양차 대전은 유럽과 다른 세계의 부가 확실하게 차이가 나게 한 큰 분수령이 되었다. 유럽이 양차 대전을 경험하지 않고, 전통적 계급 구조가 무너지지 않았다면 오늘날 유럽과 라틴아메리카가 그렇게 크게 달라 보이지 않았을 것이다.[15]

양차 대전 이후 유럽과 제3세계 사이의 차이가 커졌지만, 이는 라틴아메리카의 성장이 지체되었기 때문은 아니었다. 라틴아메리카의 성장은 지체되지 않았으며, 사실 성장률은 더 높아졌다. 1913~1950년 사이에 라틴아메리카의 국내총생산(GDP) 평균 연성장률은 3.5퍼센트였다. 이는 현대 선진 자본주의 나라들의 성장률이 1.9퍼센트인 것과 비교하면 높은 성장률이다(Maddison 1991 : 17). 라틴아메리카는 1930년대와 1940년대에 세계 어느 지역보다 많은 것을 성취했다(Maddison 1991 : 20). 1937~1950년 사이에 제조업 생산은 거의 두 배로 증가했다. 국민총생산은 1937~1953년 사이에 매년 4퍼센트씩 증가했으며, 일인당 국민소득은 매년 2퍼센트 증가했다. 1945~1955년 사이에 총생산은 매년 4.9퍼센트, 일인당 생산은 2.4퍼센트 증가했다(United Nations 1956 : 3 ; Bairoch 1975 : 184 ; Kuznets 1971 : 30~31도

14) 1913년, 영국, 독일, 프랑스 이 세 강국이 유럽 공산품 생산력의 10분의 7 이상을 차지하고 있었다. 이들 세 나라의 인구는 유럽의 절반도 되지 않았다. 이 나라들은 "탄전에 가깝게 자리한 것이 중요했던 시기에 일찍 산업화를 시작한 결과 유럽 공업 발전에서 안정적인 지위를 차지했다." 석탄이 공장의 가장 중요한 동력이었으며, 이들 세 나라는 자국 내에서 유럽 석탄 93퍼센트를 생산하고 있었다. 나머지 탄전은 벨기에와 오스트리아-헝가리 제국에 있었다(Svennilson 1954 : 16).

15) 실제로 라틴아메리카의 모든 나라들은 용케 참전을 피했다. 브라질이 양차 대전 모두에 법적으로 약속한 참전국이기는 했지만, 실제 참여는 제한적이었다. "얼마나 깊이 관여했는지, 능동적으로 참여하게 된 국민국가가 어느 정도 침공을 당했고, 자국 영토에서 얼마나 파괴적인 전투를 치렀는지, 그리고 전쟁이 이 나라에 어떤 결과를 가져왔는지에 따라 전쟁 이후 그 나라의 경제와 이후 경제 발전 전망까지 달라지는 것은 당연하다" (Kuznets 1964 : 69).

참조).

하지만 개발도상국에서 1인당 평균 소득이 1950~1969년 사이에 매년 2.5퍼센트 오른 것에 비해, 산업화된 나라에서는 3.3퍼센트 증가했다. 개발도상국에서 수출이 이 시기에 매년 평균 4.8퍼센트 증가한 것에 비해, 산업화된 나라에서는 7.9퍼센트 상승했다. 세계 수출에서 라틴아메리카가 차지했던 몫이 1950년에서 1969년 사이에 12퍼센트에서 6퍼센트로 하락했다(Lord and Boye 1991 : 121). 라틴아메리카의 성장률이 높기는 했지만, 제2차 대전 이후 여러 유럽 나라가 경험한 유례없이 놀라운 성장의 파고를 따라갈 수는 없었던 것이다.

제3세계 나라에서 경제 발전에 중요한 장애로 여겨졌던 요소 중 많은 것들, 예를 들어 저축액의 부족, 기업가와 기술 노동의 부족, 인플레이션 등으로는 1945년 이후 라틴아메리카가 유럽 성장에 상대적으로 뒤처졌던 것을 설명하지 못한다. 1955년 이후 라틴아메리카로 외국 자본이 유례없이 많이 투자되었다. 저축률도 선진 서구 국가들보다 크게 낮지 않았다. 기업가들 역시 충분히 많았고 재화와 용역의 생산을 1945~1958년 사이에 60퍼센트까지 증가시킬 정도로 유능했다. 노동력도 이 시기 동안 제조업을 90퍼센트 확장시킬 수 있을 정도로 충분했다. 금융 불안이 장애는 아니었다. 브라질처럼 인플레이션에 시달린 나라들은 높은 성장률을 기록한 반면, 쿠바와 같이 안정되었던 나라에서 성장률이 낮아졌다(Ahumada 1963 : 115).

라틴아메리카 나라들은 기술, 제도, 사상 등 종합적인 산업 능력을 발전시킬 수 있었지만 이들은 그렇게 하지 않았다. 수출의 성장으로 라틴아메리카는 사회 기반 시설을 강화하고, 식량 생산을 증대시키고, 국내외 시장을 지향하는 산업화로 옮겨갈 수 있는 기회가 있었다. 하지만 라틴아메리카 나라들은 그렇게 하지 않았다. 수출을 통해 번 자금을 유용하게 썼다면 철도, 도로, 항구, 행정망, 법원, 시장, 은행, 병원, 학교, 상수도 등 물리적·사회적·인적 기반 시설을 만들어낼 수 있었을 것이다. 전문가와 무역에 종사하는 중산층이 발전할 수 있었을 것이며, 경제적·법적·정치적 제도들을 개선할 수 있었을 것이고, 이 과정에서 새로운 사회를 세울 수 있었을 것이다. 하지만 라틴아메리카에서 권력은 지주계급의 손에 집중되어 있었다. 값싼 수입품으로 이득을 보았던 이들은 국내 시장을 발전시킬 필요가 없었고, 경제 성장을 전국적으로, 전 분야로 확대해야 할 필요도 없었으며, 새 계급의 등장을 지원할 필요도 없었다(Lewis 1978b : 11).

아르헨티나는 발전과 저발전에서 중요한 요소라고 여겨지는 항목들의 상대적 중요성을 검토할 수 있는 완벽한 예를 보여준다. 1914년 아르헨티나는 세계에서 가장 부유한 나라 중 하나였으며, 세계적인 최고 선진국 대열에 당당히 참여할 수 있었다. 1880~1910년 사이에 수출 가치가 여섯 배가 증가했으며, 연평균 총생산성장률은 5퍼센트였다. 인구도 3~4퍼센트 증가했고, 경지는 8.3퍼센트, 철도 조직은 15.4퍼센트 증가했다(Rock 1975 : 1). 1944년까지 제조업 생산의 순가치가 농축업 생산의 순가치를 넘어섰으며, 농업보다 공업에 고용된 노동력이 더 많게 되었다.

아르헨티나는 온대 기후로, 영토가 통합되어 있었고, 비옥한 토지가 넓게 펼쳐져 있었다. 석유 자원도 풍부했고, 해상에 쉽게 접근할 수 있었으며, 문자 해독률도 높고 인구 구성도 상당히 동질적이었다. 외국의 기술 지식도 잘 전수받고 있었고, 기업가들도 산업 성장에 필요한 기술적 경쟁력을 갖추고 있었다. 노동력도 적응력과 기술이 있었으며, 평균 임금도 서유럽 여러 지역과 견줄 만했고, 사회적으로 상승할 수 있는 기회도 상대적으로 좋은 편이었다(Rock 1975 : 67). 페론(Peron) 시대만 제외하면, 일시적으로 자본이 부족할 경우 외국 자본이 채워주었지만, 전반적으로 국제 자본이 적당한 비율을 유지하고 있었다(United Nations 1959 : pt. 1, 27~36). 미국의 아르헨티나에 대한 투자가 1960년 미화 4억 2,700만 달러에서 1968년 미화 12억 달러로, 10년도 안 되는 기간 동안 거의 세 배가 증가했다. 이 기간 아르헨티나에 대한 미국 투자의 90퍼센트 이상이 화학, 석유화학, 교통, 금속, 기계, 전자 부품, 석유 등 제조업에서 가장 빠르게 성장하고 있는 분야에 집중되었다(Smith 1989 : 34). 제2차 세계대전 이전 아르헨티나의 부채 부담은 오스트레일리아, 캐나다, 뉴질랜드보다 적었다.[16] 아르헨티나의 식민지 이후 발전은 이곳에 가장 큰 영향력을 행사했던 외세인 영국의 정책 때문에 왜곡되었다는 주장이 나오곤 한다. 하지만 오스트레일리아나 캐나다와 비교하면 영국은 아르헨티나에 별 영향력을 행사하지 않았다. 1930년까지 오스트레일리아와 캐나다는 세계 곡물 수출을 주도했으며, 유럽의 투자와 근면한 유럽 노동력을 많이 끌어갔다.

1916~1930년 사이 아르헨티나는 18세 이상의 남성에 대해 보통, 비밀, 그리고 의무 선거제도와 함께 민주적인 정치체제를 갖추고 있었다. 소득, 재산, 문자 해독 등을 자격 조건으로 내세우지 않았다. 1916년~1930년 사이 투표자 수는 20퍼센트에서 65퍼센트로 증가했으며, 이후 투표율은 50~80퍼센트 정도였다. 하원은 직접선거를 통해 구성했다. 1916년 대통령 권력이 오랫동안 집권해온 보수당(Conservative)에서 중산층 정당이라고 할 수 있는 급진당(Radical Party) 지도자에게로 자연스럽게 이양되었다. 급진당은 1922년과 1928년 대선에서 승리했다.[17]

오스트레일리아와 아르헨티나는 발전 시기가 비슷하고, 생산과 수출 구조도 비슷하기 때문에 둘의 비교는 많은 것을 시사해준다. 아르헨티나와 오스트레일리아는 1850년대에 곡물, 모, 고기 등 같은 상품을 판매하면서 급속하게 성장했다. 1913년 이들 나라의 일인당 수입은 세계 10위 안에 들

16) 1928년 아르헨티나가 외국에 지불한 순이자(−17.4)는 오스트레일리아(−27.5), 캐나다(−22.3), 뉴질랜드(−27.6)보다 적었다(League of Naitons 1931a : 36).

17) 브라질에서도 의회 민주주의가 작동했다. 브라질에서 처음 전국적인 선거를 실시한 것은 1821년이었다. 1824년 헌법은 "능동적인 시민 대중"에게 참정권을 확대했는데, 대다수 유럽 나라들의 관행보다 훨씬 많은 사람에게 참정권을 부여했다. 당시 유럽 대다수 나라보다 훨씬 많은 사람이 선거에 참여했다. "외국인들이 한 목소리로 정치제도를 칭찬하면서 유럽의 부르주아 체제와 아주 비슷하다고 말했다. 이들이 가장 열광했던 대목은 정규적으로 선거를 치른다는 것과 집권당이 바뀐다는 점이었다. 정부는 철저하게 헌법을 준수했고, 개인의 권리는 보호받는 것으로 보였으며, 군사 지도자나 독재자가 선거를 통해 선출된 정부를 전복하는 일은 없었다. …… 황제가 내각을 해산하고 다른 내각을 소집할 수는 있었지만, 내각이 통치하기 위해서는 입법부의 인가를 받아야 했다. 내각이 하원의 신임을 받지 못하면 황제에게 그 해산과 재선출을 요구했다"(Graham 1990 : 71).

었다. 하지만 오스트레일리아가 이후 급속하게 공업화하는 동안 아르헨티나는 그러지 못했다. 오스트레일리아에는 토지 귀족이 없었다. 이곳 정치는 도시 공동체가 지배했으며, 이들은 권력을 산업적 이익과 임금 인상에 사용했다(Lewis 1978b : 25). 한편, 아르헨티나는

> 수백만 헥타르에 이르는 최고의 팜파스 토지가 극소수에 의해 전유되었다. …… 아르헨티나를 풍요롭게 해준 자원을 소수가 독점했다. …… 이 특권층은 산업 활동에는 별 관심이 없는, 별로 유능하지 않은 기업가들로 구성되었다. 이런 요소들이 결합하여, 그렇지 않았으면 안정된 경제와 좀 더 개방된 사회를 만들었을 가능성을 제한했다.(Lewis 1978b : 144)

자본주의의 발전은 어디에서나 대지주의 사회적 지배를 강화시켰다. 대지주는 먼저 수출 작물을 늘려서 시장 확대로 인한 이득의 상당 부분을 챙겼고, 국내 시장용 식량에는 거의 투자를 하지 않았다. 유럽에서와 마찬가지로 라틴아메리카에서도 대농장제가 농업 조직의 중요한 형태였다. 라틴아메리카 나라들이 19세기 초에 독립을 이룬 뒤에도 토지제도는 상당 부분 그대로 유지되었다. 전통적인 지주 엘리트는 가난해진 소농의 토지를 사들이고, 징발된 교회 재산을 사들여 부유한 도시 엘리트와 마찬가지로 팽창해갔다. 전형적인 토지 소유 분포를 보여주는 것은 멕시코이다. 1910년 멕시코의 인구 1퍼센트가 토지의 97퍼센트를 소유했으며, 인구의 96퍼센트가 토지의 1퍼센트만을 소유했다(Stavenhagen 1970 : 227). 토지-소작제는 라틴아메리카에서 경제적 · 사회적 발전의 가장 중요한 걸림돌이었다.

농업 개혁은 토지를 둘러싼 권리의 광범하고 철저한 재분배를 수반하며, 재산 관계를 재편하고, 그 결과 권력의 재분을 낳는다. 따라서 "토지 개혁이 그 규모와 효력에서 상당한 의미를 가졌다면, 이는 그 성질상 혁명적 변화가 된다"(Carroll 1970 : 103). 수출의 성공이 기득 이권을 창출해냈고, 1차 산품으로 살아가는 사람들은 산업화 정책에 반대하는 성향을 갖게 되었다.

따라서 수출용 1차산품의 생산은 공업과 농업 이해관계의 세력 균형에 좌우되었다(Lewis 1978 : 41a).

유럽에서 농업 개혁은 궁극적으로는 점진적으로 성취된 것이 아니라 짧은 시간 내에 큰 폭력과 파괴를 통해, 즉 러시아 혁명과 엄청난 파괴를 가져온 양차 대전을 통해 이루어졌다. 오스트레일리아, 캐나다, 뉴질랜드에서 지주계급은 처음부터 제한되어 있었으며, 따라서 수입도 유럽이나 라틴아메리카에서처럼 전통적인 지주계급과 그 연합 세력을 부유하게 하는 데 이용되지 않았다.[18] 미국에서는 남부에서 강한 지주계급이 성장했으며, 토지 세력과 산업 세력 사이의 투쟁은 남북전쟁에서 절정에 달했고, 마침내 산업자본가 부르주아가 승리를 거두었다. 그 결과 미국에서 소토지 소유 형태가 전개되었다. 일본에서는 제2차 세계대전 이후 연합군 세력의 주도 아래 대규모의 놀라울 정도로 성공적인 토지개혁이 일어나 경제와 사회를 바꾸어놓았다.[19] 일본의 개혁은 후진 봉건 경제를 변화시켰으며, 정치권력을 이양시켰다. 농업에서 상당한 유효 수요를 창출했고, 국내 식량과 원료에 대한 공급을 증가시켜 전반적인 경제 생산력을 향상시켰다(Ladejinsky 1959). 한국과 대만에서도 미군정의 보호 아래 상당히 급진적인 토지개혁이 실시되었다.

이들 나라들도 1950년대와 1960년대의 역사적으로 유례없는 경기 호황에 온전히 참여할 수 있었다. 그 결과 오늘날 선진 산업화 국가들은 (1) 굳건한 지주 세력이 없었거나(예를 들어, 캐나다, 오스트레일리아), (2) 내전 결과 지주 세력이 크게 쇠퇴했거나(미국), (3) 처절한 전쟁들로 전통적인 사회구

18) 이들 나라에는 이전부터 존재했던 지주 엘리트가 없었으며, 식민 이주자들이 원거주자들을 대치하거나 제압하거나 괴멸시켰다.

19) 개혁 이전에는 경작지의 54퍼센트가 소유자 운영 토지였다. 개혁 이후에는 토지의 92퍼센트를 농부들이 소유했다. 1947~1949년 사이에 정부는 580만 에이커의 토지를 사들여 되팔았다. 개혁이 시작된 지 3년 만에 약 300만 농민이 토지를 갖게 되었다. 일본 토지개혁에 대해서는 United Nations 1950 : 188~189 ; U. S. Department of Agriculture 1951 : 187~189를 참조.

조가 무너지고 광범한 토지개혁을 경험했거나(유럽의 대부분), (4) 외부 세력에 의해 대규모 토지개혁이 진행되고, 그 결과 전통적 계급 구조가 무너진 경우(일본, 독일, 한국, 대만)이다.

라틴아메리카는 이런 전통적 사회구조의 붕괴를 경험하지 않았다. 양차대전 이후 토지 제도에서는 거의 변화가 없었다. 1960년대에 경작할 수 있는 토지의 약 94퍼센트를 지주의 7퍼센트가 소유하고 있었다.[20] 라틴아메리카에서 1950년대와 1960년대에 도입된 토지개혁은 대륙 차원의 토지개혁 반대 운동에 의해 중단되었다.[21] 1980년 쿠바를 제외하고 라틴아메리카의 토지 소작 체제는 여전히 대토지 소유제의 특징을 벗어나지 못하고 있다(Theisenhusen 1980 : 137). 유럽에서와 마찬가지로, 라틴아메리카의 토지 제도는 경제 성장이 지리적으로 광범하게 확산되는 데 장애가 되었다. 유럽에서처럼 라틴아메리카의 이 제도들은 "부와 권력과 사회적 지위가 불평등하게 분배되는 기존 관행을 유지하고 합법화했다. 이는 역으로 가용 자원의 효율적 사용을 억제하고, 농업뿐 아니라 공업 투자율도 저하시켰으며, 최소한의 사회적 · 정치적 안정도 이루지 못하게 했다" (Barraclough and Domike 1970 : 71). 아마 라틴아메리카에는 1950년대보다 1980년대에 가난하고 글을 못 읽는 사람이 더 많았을 것이다. 제2차 세계대전 이후 라틴아메리카의 대부분 나라에서 진짜 권력 구조는 거의 변하지 않았기 때문에, 라틴아메리카는 지속적이고 좀 더 공평한 발전을 하는 데 실패하고 제3세계로 계속 남게 되었다.

경제 발전의 중요한 필수 조건은 1인당 생산이 계속 증가하는 것과 꾸준히 늘어난 국가 수입이 모든 분야의 인구에 균형 있게 분배되는 것이다. 소득이 낮은 집단에게 소득이 재분배되기 위해서는 이 집단에서 수요가 있는

---

20) 브라질에서 농장의 절반을 지주의 1.6퍼센트가 소유했다. 칠레에서는 경작지의 75퍼센트를 지주의 2.2퍼센트가 소유했다. 과테말라에서는 경작지의 약 40퍼센트를 500명의 지주가 소유했다(Theisenhusen 1980 : 136 ; Johnson 1964 : 11).

21) Feder 1970 ; Seligson 1984 ; Ruhl 1984 ; Wise 1983 ; Hough et al. 1982 참조.

재화와 용역, 특히 식료품 생산이 비필수품의 생산보다 빠르게 발전해야 한다. 이는 토지개혁 없이는 불가능한 일이다. 농업 생산성을 높이고 토지에 대한 접근성을 높이기 위해서는 많은 학자들이 강조해온 것처럼(예를 들어, Moore 1966 : 419~422, 490~491, 429~430, 438, 422), 농업이 재조직되고, 계급 관계의 혁신이 필요하다. 하지만 농업 엘리트는 그런 정책에 반대하는 경향이 있다. 경제 발전을 위해서는 고용구조의 변화도 필요하다. 노동자도 각 분야에서 생산성 향상이 가져온 성과의 일정 몫을 가질 수 있어야 한다. 이것을 확보해주는 기제 — 노동조합주의가 가장 효과적이다 — 가 제3세계에서 약하다. 유럽에서 전통 계급 구조의 급진적 변화는 양차 대전이 노동계급을 강화시키고 상층계급을 약화시키면서 나타났다.[22] 새 노동조합이 조직되었고, 경찰의 억압으로 탄압받았던 전쟁 이전의 노동조합은 재조직되었다. 처음으로 노동자를 대표하는 정당들이 정치 과정에서 합법적 참여자가 되었다.

라틴아메리카는 유럽이 양차 대전을 통해 겪은 대규모 학살과 파괴를 경험하지 않았다. 대공황 시기와 양차 대전 동안 경제 불황이 있기는 했지만 이는 전통적 구조를 강화시키는 것으로 귀결되었다. 조합주의적 협정이 도입되면서 전통적 질서는 새로운 기반 위에서 반복되었으며, 도시 노동자를 산업 농노로 변화시켰다. 그 결과 두 지역의 발전 경로는 완전히 갈라지게 되었다. 제2차 세계대전 이후 유럽의 발전은 갑자기 하늘에서 떨어진 것이기 보다는 지속적인 성장으로 전개되었다. 이는 소득이 좀 더 공평하게 분배되는 것과 연관되어 있으며, 대개는 사회 자체의 노력의 결과였다. 외국자본의 섬에서 들여온 것이 아니었다. 다시 말해 이제는 더 이상 종속적 발전이 아니었다. 1945년 이후 라틴아메리카의 발전은 이전과 마찬가지로 "대개 지역적으로 한정되어 있었으며, 주요 수출 품목에 매여 있었고, 나머

22) 계급 관계의 변화를 보여주는 지표 하나는 제1차 세계대전 이후 노동조직화가 크게 진전되어 전쟁 전 평균 9퍼센트에서 전후 30퍼센트까지 증가한 것이다(Rueschemeyer et al. 1992: 91~92).

지 광활한 지역과 분야에서는 원시적인 생산 조건과 사회 조건, 식민지적 제도가 그대로 존속했다"(Sunkel 1993 : 26). 1970년대 말까지 라틴아메리카의 극소수 나라들만이 자본 축적과 다각화된 산업화를 통해 발전 단계로 접어들게 되었으며, 피상적인 사회·경제적 구조의 변화를 넘어설 수 있었다(Cardoso and Faletto 1979).

아우마다(Jorge Ahumada)가 주목한 것처럼, "놀랄 정도로 큰 개인 소득의 차이를 급격하게 좁혀주기를 기대할 만한 것을 라틴아메리카 경제의 구조와 동력에서 찾아볼 수가 없다"(1963 : 116). 하지만 꾸준한 경제 발전을 이루려면 혁신적이고 급진적인 사회 개혁이 필수적이다. 특권층은 자발적으로 자신들의 특권을 축소하려고 하지는 않기 때문에, 전쟁이나 자연 재해 없이는 급격한 사회적 변화가 거의 일어나기 힘들다.

양차 대전 이후의 유럽

유럽에서 제1차 세계대전은 하나의 시대를 마감하는 중요한 역사적 전환점으로 간주되었다. 1917년까지 라테나우(Rathenau), 체르닌(Czernin), 슈트레제만(Stresemann)은 모두 전쟁으로 시작된 것이 혁명으로 전환할 것임을 인지했다(Mayer 1969 : 24, 31). 독일, 에스파냐, 프랑스, 영국 작가들은 전통적 유럽 문명의 몰락을 글로 써냈다. 영국에서 신문들과 의회의 한 위원회는 "인종의 타락"에 대해 조사했다(Kennedy 1981 : 114). 1920년 케인스(Keynes)는 이렇게 썼다. "한 시대가 막을 내렸다. …… 땅이 흔들린다. …… 죽어가는 문명이 두려움에 몸을 떠는 것이다"(1988 : 4). 1920년대 동안 중산층과 상층의 고뇌에 대한 분석들은 시대의 전환에 대한 강력한 느낌을 증언해주었다.[23]

제1차 세계대전 이후 유럽 사회는 계급적으로 점점 더 양극화되었다.[24] 전간 시기 동안 부유한 계급은 국내에서는 사회주의 세력이 커지는 것에,

해외에서는 볼셰비즘의 위협에 계속 시달렸다. 이 시기 유럽 정부가 추진한 정책들은 이런 위기감의 산물이었다. 유럽의 부유층은 독일의 침략에 대해 힘을 모아 맞서기보다는, 유럽에서 제국을 건설하려는 독일의 야심이 그들에게까지 미치지는 못하기를 바라면서 동시에 국내외의 공산주의 세력을 물리칠 수 있기를 희망하며 도박을 선택했다. 이 도박은 결국 제2차 세계대전을 낳았다.[25] 제2차 세계대전으로 국내 경제는 쑥대밭이 되었고, 유럽 지역의 산업 구조는 파괴되었으며, 유럽 전역에서 계급 권력의 균형이 변화했다. 전쟁 이후 제1차 세계대전과 함께 시작되었던 변화들이 제도화되었고, 유럽에서 평화와 번영의 시대를 여는 기초가 되었다.

서유럽과 동유럽 양쪽에서 계급 구조에 급격한 변화가 있었으며, 이는 유럽 경제의 전체 기반을 바꾸어놓았다. 새 경제 · 정치 질서가 전 지역에서 이익집단, 정당, 노동조합, 그리고 기타 여러 조직들에 기초해 세워졌다. 이 조직들은 이전에는 권력에서 배제되어 있던 경제 부문들을 모두 포괄했다. 노동자는 서유럽에서 강력한 조직 세력이 되었고, 노동자 정당들은 정치에 완전히 합법적인 일원으로 참여했다.

지역의 전통적인 사회구조의 몰락으로 유럽의 국가들이 훨씬 더 큰 자율성을 갖게 되면서, 경제를 완전히 다른 기반 위에 놓게 해주는 재분배 정책을 추진했다.[26] 1945년 이후 유럽 전역에서 국가들은 진보적인 과세와 복지 정책을 통해 국민 소득의 재분배에 개입했다.[27] 이런 재분배가 가져온 결과

---

23) 1918년 한 비평가에 따르면, 세계대전은 "프랑스 부르주아의 생활 조건을 아주 근본적으로 바꾸어놓았다. 그들이 겪은 위기의 무게는 어떻게 표현할 수가 없을 정도이다"(Lichtenberger 1921 : 388 ; in Maier 1975 : 39). 수많은 소설들이 전통적 유럽의 종말을 보여주었다. 가장 뛰어난 작품으로는 프루스트(Proust), 입센(Ipsen), 체홉(Chekhov), 만(Mann), 무질(Musil) 등의 작품을 들 수 있다.

24) 다른 책(Halperin 2003)에서 20세기 초반 유럽 사회가 양극화되었던 것에 대해 정리했다.

25) 19세기와 20세기 초 유럽의 분쟁들과, 왜 그리고 어떻게 이들이 양차 대전에서 절정에 달했는지에 대해서는 다른 책(Halperin 2003)에서 다룬다.

26) (마셜 정책과 같은) 미국의 지원이 결정적이었던 것으로 생각하는 이들이 많지만, 원조만으로는 제3세계에서 그랬던 것처럼 전통적 사회구조를 바꾸기보다는 오히려 강화시켰을 것이다.

중 하나는 유럽 농촌의 변화였다. 제2차 세계대전 이후 농촌의 생활 방식과 농촌의 생활수준이 과거 어느 시대보다 도시에 근접했다(Mendras 1970). 이 변화들은 프랑스의 한 마을 두엘(Douelle)에 대한 두 가지 장면을 통해 잘 볼 수 있다. 하나는 제2차대전 직후로, 오래된 생활 방식을 여전히 고수하고 있다. 다른 하나는 1970년대 중반으로 마을의 생활 모습이 완전히 바뀌어 있다. 1946년에 두엘 주민은 534명이었다. 노동력은 모두 289명인데, 그중 농부가 208명, 장인이 27명, 상점주가 12명, 사무직 임노동자가 19명, 제조업에 종사하는 노동자가 2명이었다. 208명의 농부들은 기계화되지 않은 농장에서 일했으며, 평균 5헥타르의 토지를 갖고 있었다. 1821년 이후 출생한 4,000명의 아이들 중 50명만이 중학교를 마쳤다. 주민들 수입의 4분의 3은 식료품에 쓰였으며, 주로 빵과 스프였다. 농민들은 일주일에 한 번 질이 안 좋은 고기를 먹었다. 버터 1킬로그램을 사려면 7시간을 일해야 했고, 닭 한 마리를 사려면 8시간을 일해야 했다. 163가구 중 150가구가 난방과 요리를 위해 나무로 불을 지폈고, 10가구가 석탄 난로를, 3가구가 가스나 전기난로를 사용했다. 마을에 라디오는 50대, 텔레비전은 2대였다.

1950년대 초 토지 재분배 프로그램을 통해 생산성이 떨어지는 작은 단위의 경작지들을 큰 경지로 통합하여 새 기계 사용을 용이하게 했고, 비용 효율을 올릴 수 있었다. 또한 정부는 농촌 주민에게 농업 근대화를 위해 필수적인 자원을 제공했다. 평균 보유 농장은 13헥타르였다. 인공 비료가 널리 사용되었고, 정부 기관에서 파종할 씨앗을 제공했다. 농업 생산성이 높아져 노동력이 많이 필요하지 않게 되자, 많은 이들이 다른 산업에서 직업을

27) 독점의 지나친 행위와 억압적 관행들이 법률을 통해 규제되었다. 독일은 1957년 법을 통해 경쟁을 제한하는 것을 금지했고, 법률을 통해 연방조정청(Federal Control Office)을 세웠다. 영국은 1948년, 1956년, 1964년에 반독점법을 제정하고, 독점위원회(Monopolies Commission)을 만들어 조치를 취했다. 프랑스, 스웨덴, 네덜란드에서도 상응하는 법과 기구들을 만들었다(Voigt 1962; Boswup and Schlichtkrull 1962; Edwards 1962; Guenalt and Jackson 1960). 또한 고용 수준을 높이는 발전 전략과 계획을 세우고 투자 기준을 마련하는 데 아주 높은 우선순위를 두었다(1950년대 투자 기준에 대한 논쟁에 대해서는 Sen 1960; Dobb 1960; Galenson and Leibenstein 1955를 참조).

찾게 되었다.

1976년 두엘에는 주민이 670명이었다. 3차 산업 고용이 거의 농업을 대치했다. 215명의 노동력 중 농민이 53명, 서비스업 · 은행 · 정부의 사무직 노동자가 102명, 장인이 25명, 비농업 부분 노동자로 고용된 사람이 35명이었다. 212가구 중 197가구가 가스나 전기난로를 이용했다. 1킬로그램의 버터를 사려면 1.5시간을 일해야 했고, 닭 한 마리를 사려면 45분을 일해야 했다. 마을에는 250개의 라디오와 200개의 텔레비전이 있었다. 주민 대부분은 정규적으로 휴가를 갔다. 모든 아이들이 학교를 다녔다.[28)]

경제 발전과 민주주의를 모두 이루기 위한 필요조건은 권력과 특권을 가진 이들이 기꺼이 혹은 어쩔 수 없이 권력과 특권을 어느 정도 축소시키는 것이다. 역사적으로 이는 폭력적 투쟁과 대규모 인적 · 물적 파괴를 거쳐서만 이루어졌다. 암울하고 비관적인 결론으로 보인다. 그러나 암울하다고는 할 수 있지만 그렇게 비관적으로만 보지 않을 수도 있다. 유럽이 끔찍한 두 차례의 세계대전을 통해 종속 발전의 길에서 벗어났다고 해서 라틴아메리카와 여타 제3세계도 꼭 그래야 한다는 것은 아니다. 하지만 우리가 역사를 다시 검토하고 과거에서 관련된 사항을 찾아내지 못한다면 역사의 반복을 피하기 힘들 것이다.

무어(Barrington Moore 1958)는 「사회과학의 전략(Strategy of Social Science)」이라는 논문에서 사회과학의 최근 사상과 저명한 19세기 사상가들을 비교했다. 무어가 잘 지적한 것처럼, 오늘날 이론가들이 직면하고 있는 주요 문제는 토크빌(Tocqueville), 모스카(Mosca), 맑스(Marx), 베버(Weber), 뒤르켐(Durkheim)이 직면했던 문제와 동일하다. 산업화의 조건 아래 합리적인 사회를 창조해나가는 것이 가능한가 하는 문제이다. 문제는 본질적으로 같지만 최근의 사상들은 19세기 사회학적 사상이 가졌던 비판적이고 역사적인 의식이 부족하다. 오늘날의 발전과 사회적 변화의 문제에

28) 프랑스 경제학자 푸라스티에(Jean Fourastié)의 연구에서. Tipton and Aldrich 1987b : 166~67에서 재인용.

관심을 둔 학자들은 이행 과정에 있던 사회의 문제를 놓고 씨름했던 19세기 사상가들의 정신을 되찾아야 한다. 과거는 흔히 생각하는 것보다 훨씬 더 크게 현재와 연관을 맺고 있다. 과거를 좀 더 엄밀하게 읽는 과정을 통해 우리는 발전과 변화에 대한 좀 더 적확하고 확실한 모델을 만드는 데 도움을 받을 수 있을 것이다.

부록

통계 편/정치 편

IN THE MIRROR OF THE THIRD WORLD CAPITALIST DEVELOPMENT IN MODERN EUROPE

통계 편

표 1 노동 인구의 1인당 소득(국제 단위로 표시), 1925~1934

범위(국제 단위)	유럽	라틴아메리카
1000~1100	영국	아르헨티나
	스위스	
700~900	네덜란드	
	아일랜드 자유국	
600~700	프랑스	우루과이
	덴마크	
	스웨덴	
	독일	
	벨기에	
500~600	노르웨이	칠레
	오스트리아	
	에스파냐	
400~500	체코슬로바키아	브라질
	아이슬란드	
300~400[1]	그리스	멕시코
	유고슬라비아	나머지 라틴아메리카 나라들[2]
	핀란드	
	폴란드	
	헝가리	
	라트비아	
	이탈리아	
	에스토니아	
	소련	
	포르투갈	
200~300	불가리아	
	루마니아	
	리투아니아	
	알바니아	

주석: 여기서 1국제 단위는 이 시기 평균 미국에서 미화 1달러로 살 수 있는 재화와 용역의 양을 의미한다. 사용된 계산과 자료에 대한 충분한 논의에 대해서는 Clark 1940: 32~58 참조.

1) 유럽과 라틴아메리카 모두에서 가장 빈도수가 많은 범위.

2) 클라크(Clark)는 아르헨티나, 우루과이, 칠레, 브라질, 멕시코에 대해서만 평균 지표를 제시했다. 이 지표에 기초해서 그는 나머지 라틴아메리카 나라들을 이 범주로 분류했다.

출처: Colin Clark, *The Condition of Economic Progress*, © 1940. Reprinted from page 54 by permission of Prentice Hall, Inc., Upper Saddle River, N.J.

표 2 유럽(1910)과 라틴아메리카(1950)의 기초적인 사회적 지표 비교

	기대 수명 (년)[1]	사망률 (1,000명당)	영아 사망률 (1,000명당)[2]	성인 문자 해독률 (%)[3]	대학 등록률 (1,000명당)[4]
유럽					
오스트리아	41	22	180	83	14
벨기에	47	15	137	87	4
체코슬로바키아	–	–	–	95	14
불가리아	–	–	–	61	1
덴마크	55	13	105	95	2
핀란드	44	18	114	75	3
프랑스	48	19	129	88	41
그리스	–	–	–	37	3
아일랜드	–	–	–	32	3
이탈리아	46	21	153	60	22
네덜란드	53	14	111	90	4
노르웨이	55	14	70	95	2
폴란드	–	–	–	72	32
포르투갈	21	–	150	31	3
루마니아	–	–	–	52	4
러시아(유럽 지역)	–	30	250	45	–
에스파냐	41	31	159	48	16
스웨덴	55	19	77	98	4
스위스	50	23	107	98	7
영국[5]	51	22	115	93	22
유고슬라비아	–	–	–	52	14
중앙값	48	19	122	75	4
분포	21~55	13~30	70~250	31~98	2~41
라틴아메리카					
아르헨티나	59	9	72	87	79
볼리비아	44	–	170	32	5
브라질	52	12	106	49	44
칠레	53	14	128	79	11
콜롬비아	45	–	124	57	9

	기대 수명 (년)[1]	사망률 (1,000명당)	영아 사망률 (1,000명당)[2]	성인 문자 해독률 (%)[3]	대학 등록률 (1,000명당)[4]
코스타리카	55	13	105	79	0
에콰도르	52	–	132	56	0
엘살바도르	46	20	152	39	0
과테말라	40	22	172	29	2
온두라스	48	–	137	39	0
멕시코	48	15	108	57	45
니카라과	48	–	137	38	1
파나마	63	–	67	66	2
파라과이	–	–	–	66	1
페루	43	–	104	47	12
우루과이	60	–	64	81	12
베네수엘라	59	–	81	52	6
중앙값	50	14	116	52	5
분포	40~63	9~22	64~172	29~87	1~79

1) 볼리비아, 에콰도르, 온두라스, 니카라과, 파나마, 베네수엘라의 기대 수명은 1960~1965년 자료에 기초했다. 콜롬비아와 페루를 제외하고는 남성을 기준으로 한 수치이다. 콜롬비아와 페루의 경우는 남성과 여성 모두를 포함했다.
2) 에콰도르, 온두라스, 니카라과, 파나마의 영아 사망률 자료는 1960~1965년 자료에 기초했다.
3) 불가리아, 체코슬로바키아, 아일랜드, 폴란드, 루마니아, 유고슬라비아의 문자 해독률은 1928년 자료에 기초했다.
4) 체코슬로바키아, 폴란드, 유고슬라비아의 대학 등록 자료는 1919년 자료에 기초했다.
5) 영국의 자료는 잉글랜드와 웨일스 지역에만 기초한 것이다.

출처: Goldstein 1983: 241; Todaro 1977: 40~49; Urrutia 1991: 34~39. Vanhanen 1977: 174~175; Maddison 1991: 10; Banks 1971: 207~254; Altimir 1981: 표 5.

표 3 제2차 세계대전 이전 유럽과 제2차 세계대전 이후 라틴아메리카의 소득 분배 비교

	해당 집단이 차지한 소득의 비중(%)		
	상위 5%	상위 20%	하위 60%
유럽			
덴마크(1908)	24	51	27
프랑스(1933)	34	–	–
독일(1913)	31	50	26
네덜란드(1914)	42	53	33
노르웨이(1907)	30	–	–
폴란드(1929)	–	55	–
스웨덴(1930)	30	59	19
영국(1913)	43	59	–
중앙값	31	54	26.5
분포	24~43	50~59	19~33
라틴아메리카			
아르헨티나(1953)	27	–	32
브라질(1960)	28	55	18
칠레(1968)	31	52	25
콜롬비아(1956)	42	56	31
코스타리카(1961)	33	54	24
에콰도르(1960)	42	–	–
엘살바도르(1953)	35	52	32
과테말라(1953)	34	55	29
멕시코(1950)	40	60	25
페루(1961)	38	–	18
우루과이(1967)	19	–	29
베네수엘라(1977)	32	49	28
중앙값	32	54	28
분포	19~42	49~60	18~32

출처 : Clough 1952 : 671, 673 ; Goldstein 1983 : 240 ; Kuznets 1963 : 13, 37, 60~61 ; ECLAC, *Serie distribution del ingreso* : various years ; ECLA, *Estudio sobre la distribucion del Ingreso en America Latina : 1967* ; Theisenhusen 1980: 132, Urrutia 1991 : 51.

표 4 유럽과 라틴아메리카의 인구 2만 명 이상 도시 인구의 비중(%)

유럽(1910)		라틴아메리카(1950)		유럽(1950)	
				영국	69
영국	62				
				네덜란드	56
		우루과이	53		
벨기에	51				
		아르헨티나	50		
				독일	46
				프랑스	45
				덴마크	44
		칠레	43		
				이탈리아	41
				오스트리아	39
				에스파냐	39
독일	35			스웨덴	35
네덜란드	34			헝가리	34
		베네수엘라	31		
				노르웨이	30
이탈리아	28			그리스	28
				스위스	27
프랑스	26				
벨기에	25				
		멕시코	24		
		콜롬비아	23		
		파나마	22	핀란드	22
스위스	20	브라질	20		
		볼리비아	19		
노르웨이	18	코스타리카	18		
		에콰도르	18		
		페루	18		
에스파냐	17				
				포르투갈	16
스웨덴	15	파라과이	15		

계속

유럽(1910)		라틴아메리카(1950)		유럽(1950)	
		니카라과	15		
오스트리아	14				
그리스	13	엘살바도르	13		
헝가리	13				
포르투갈	12				
루마니아	11	과테말라	11		
러시아*	10				
핀란드	9				
		온두라스	7		
불가리아	6				
세르비아	4				
중앙값	16		19		39
분포	4~62		7~53		16~69

*러시아의 유럽 지역에 한정.

출처 : Goldstein 1983 : 241 ; ECLA, *Statistical Yearbook*, 1980 ; Hughes 1975 : 173 ; Vanhanen 1977 : 170.

표 5 (제2차 세계대전 이전) 유럽과 라틴아메리카(1950) 노동력의 산업별 분포(%)

	농업	공업
	유럽*	
유고슬라비아	83	11
불가리아	82	10
루마니아	80	11
세르비아	80	10
러시아(유럽 지역)	75	10
핀란드	70	11
그리스	66	17
에스파냐	66	15
폴란드	65	9
헝가리	63	17
포르투갈	57	20
이탈리아	56	27
오스트리아	53	22
스웨덴	51	32
아일랜드	48	15
노르웨이	47	25
프랑스	43	30
덴마크	40	22
독일	38	43
네덜란드	28	33
벨기에	23	46
스위스	22	54
영국	8	54
중앙값	56	20
분포	8~83	9~54
	라틴아메리카	
온두라스	83	8
과테말라	68	12
니카라과	68	11

계속

	농업	공업
라틴아메리카		
볼리비아	65	8
에콰도르	65	10
엘살바도르	61	12
페루	60	19
멕시코	58	15
파라과이	55	16
브라질	54	14
콜롬비아	53	13
코스타리카	52	11
파나마	47	9
베네수엘라	42	11
칠레	31	31
아르헨티나	25	24
중앙값	56.5	12

*유럽 자료는 폴란드 1921, 아일랜드와 영국 1936, 러시아 유럽 지역(남성) 1897, 에스파냐 1940, 유고슬라비아 1920을 제외하면 모두 1910년 자료이다. '핀란드' 자료는 1910년 러시아 자치 지역 자료에, '오스트리아'와 '헝가리'는 1910년 오스트리아-헝가리의 지역 자료에 기초했으며, 경계선은 제2차 세계대전 이후 영토를 기준으로 했다.

출처 : Kuznets 1966 : 106~107 ; 1963 : 24, 70 ; Goldstein 1983 : 24 ; Lampe and Jackson 1982 : 336, 597 ; Spulber 1963: 367; Blum 1978 : 419 ; Woytinsky and Woytinsky 1953 : 464 ; Vanhanen 1977 : 205 ; CEPAL 1979 : 78.

표 6 (제2차 세계대전 이전) 유럽과 라틴아메리카(1955) 국민총생산의 산업별 비율(%)

	농업	공업
	유럽[1]	
불가리아	71	15
루마니아	60	21
이탈리아	48	22
헝가리	44	24
그리스	41	20
폴란드	41	38
프랑스	35	37
스웨덴	35	38
덴마크	30	33
핀란드	30	26
체코슬로바키아	24	27
노르웨이	24	26
독일	18	39
네덜란드	16	33
영국	6	46
중앙값	35	27
분포	6~71	15~46
	라틴아메리카[2]	
과테말라	45	13
파라과이	42	17
온두라스	41	16
엘살바도르	39	17
콜롬비아	37	22
볼리비아	26	25
코스타리카	26	20
에콰도르	25	19
니카라과	24	21
페루	24	31
브라질	21	31

계속

	농업	공업
	라틴아메리카	
파나마	21	13
멕시코	18	30
우루과이	15	27
아르헨티나	14	38
칠레	14	37
베네수엘라	8	47
중앙값	24	22

1) 유럽 자료는 핀란드 1940, 그리스 1938, 헝가리 1925, 네덜란드와 영국 1913, 루마니아 1926, 체코슬로바키아 1920, 불가리아와 유고슬라비아 1926을 제외하면 모두 1910년 자료이다.

2) 볼리비아, 코스타리카, 니카라과 자료는 1960년, 과테말라는 1949년 자료이다. 아르헨티나, 칠레, 베네수엘라 수치는 1950년 국내총생산의 백분율을 이용했다.

출처 : Mitchell 1975 : 426–35 ; Kuznets 1966 : 88–93 ; jörberg 1973 : 390 ; Spulber 1963 : 366 ; Lampe and Jackson 1982 : 559 ; Woytinsky and Woytinsky 1953 : 466 ; CEPAL 1979 : 36 ; Banks 1971 : 255~268 ; Reynolds 1985 : 396~397.

표 7 연평균 수출 성장률(%), 1883~1913

유럽		라틴아메리카	
		아르헨티나	7.6
독일	5.1	에콰도르	5.1
네덜란드	4.6		
		브라질	4.5
		멕시코	4.3
		콜롬비아	4.1
스웨덴	3.8		
		중앙아메리카	3.7
		페루	3.7
		우루과이	3.6
벨기에	3.5		
프랑스	2.8		
영국	2.1	칠레	2.1
		베네수엘라	1.3
중앙값	3.65		3.9

출처: Maddison 1964: 166; Lewis 1978a: 196, 203; Banks 1971.

표 8-1 유럽과 라틴아메리카 1인당 수출액, 1913(미국 달러화로 환산한 값)

유럽		라틴아메리카	
스위스	72		
덴마크	69		
네덜란드	67	아르헨티나	67
		우루과이	62
영국	54		
벨기에	48		
노르웨이	42	칠레	42
스웨덴	39		
독일	36		
프랑스	31		
		코스타리카	25
루마니아	23		
		볼리비아	18
이탈리아	14		
		브라질	13
		니카라과	13
		과테말라	12
오스트리아-헝가리	11	베네수엘라	11
		에콰도르	10
		페루	10
		멕시코	10
스페인	9	엘살바도르	9
		파라과이	8
		콜롬비아	7
핀란드(1919)	6		
포르투갈	6		
그리스	5	온두라스	5
폴란드(1922)	5		
러시아	5		
세르비아	5		
불가리아	4		
		파나마	3

유럽		라틴아메리카	
중앙값	18.5	중앙값	11
분포	4~72	분포	3~67

출처: Banks 1971: 171~205; Maddison 1991: 2.

표 8-2 유럽과 라틴아메리카 1인당 수출액, 1950(미국 달러화로 환산한 값)

유럽		라틴아메리카	
		베네수엘라	230
스위스	192		
벨기에	191		
스웨덴	157		
덴마크	156		
네덜란드	140		
영국	120		
노르웨이	119		
		우루과이	105
오스트리아(1955)	100		
핀란드	98		
		아르헨티나	79
프랑스	72		
		코스타리카	70
체코슬로바키아	63		
		칠레	47
독일	41		
헝가리	36	엘살바도르	36
		콜롬비아	35
		파나마	30
		과테말라	28
이탈리아	26	브라질	26
폴란드	26		
		볼리비아	25
		니카라과	25
		에콰도르	23
		파라과이	23
포르투갈	22	페루	22
불가리아	20	멕시코	20
에스파냐	14		
루마니아	13		
그리스	12	온두라스	12

유럽		라틴아메리카	
러시아	7		
알바니아	6		
중앙값	52		28

출처: Banks 1971: 171~205.

표 9 유럽과 라틴아메리카 1인당 수출액, 1913, 1950, 1966(미국 달러화로 환산한 값)

	1913	1950	1966
유럽			
알바니아	–	6	59
오스트리아[1)]	–	100	231
오스트리아-헝가리	11	–	–
벨기에	48	191	717
불가리아	4	20	158
체코슬로바키아	–	63	193
덴마크	69	156	512
핀란드[2)]	6	98	325
프랑스	31	72	220
독일[3)]	36	41	337
그리스	5	12	47
헝가리	–	36	156
이탈리아	14	26	155
네덜란드	67	140	542
노르웨이	42	119	416
폴란드[4)]	5	26	72
포르투갈	6	22	66
루마니아	23	13	62
러시아	5	7	38
세르비아	5	–	–
에스파냐	9	14	39
스웨덴	39	157	546
스위스	72	192	546
영국	54	120	258
중앙값	18.5	52	206.5
범위	5~208	6~192	58~717
라틴아메리카			
아르헨티나	67	79	70
볼리비아	18	25	34

라틴아메리카			
브라질	13	26	21
칠레	42	47	100
콜롬비아	7	35	27
코스타리카	25	70	93
에콰도르	10	23	29
엘살바도르	9	36	62
과테말라	12	28	50
온두라스	5	12	61
멕시코	10	20	28
니카라과	13	25	80
파나마	3	30	71
파라과이	8	23	23
페루	10	22	64
우루과이	62	105	68
베네수엘라	11	230	304
중앙값	11	28	62
범위	3~60	13~230	21~309

1) 오스트리아 : 1955, 1966.
2) 핀란드 : 1919, 1950, 1966.
3) 제2차 세계대전 이후 자료는 서독.
4) 폴란드 : 1922, 1950, 1966.
출처 : Banks 1971 : 171~205 ; Maddison 1991 : 2.

표 10 유럽과 라틴아메리카 국민총생산/국내총생산 1인당 연평균 성장률(%)

유럽	1인당 국민총생산 연평균 성장률, 1830~1913
덴마크	1.7
스웨덴	1.5
스위스	1.5
독일(서부)	1.4
벨기에	1.3
영국	1.2
프랑스	1.2
노르웨이	1.2
핀란드	1.2
오스트리아(1860~1913)	1.1
네덜란드	0.9
러시아	0.8
이탈리아	0.6
그리스(1840~1913)	0.6
유고슬라비아(1860~1913)	0.5
불가리아(1860~1913)	0.4
포르투갈	−2
에스파냐	−4
중앙값	1.15
범위	−4~1.7
라틴아메리카	**1인당 국내총생산 연평균 성장률, 1870~1913**
페루	3.8
콜롬비아	3.7
칠레	3.3
아르헨티나	1.5
브라질	1.2
멕시코	0.8
중앙값	2.4
범위	−.8~3.8

주석: 국내총생산과 국민총생산은 모두 국가 수입을 측정하는 것이다. 국내총생산(GDP)은 전체 국내 생산을, 국민총생산(GNP)은 국내총생산과 해외 재산으로부터 얻은 수입을 합한 것이다. 나라명은 1970년 국경을 기준으로 했다.

출처: Bairoch 1976: 309; Maddison 1983: 29; 1991: 17.

표 11 유럽 1인당 국민총생산 연평균 성장률(%)

	1830~1913*	1913~1950	1950~1973
오스트리아	1.1	0.2	4.9
벨기에	1.3	0.7	3.6
불가리아	0.4	1.3	6.4
체코슬로바키아	–	1.1	5.0
덴마크	1.7	1.1	3.3
핀란드	1.2	1.9	4.5
프랑스	1.2	1.3	4.4
동독	–	–	6.5
서독	1.4	0.5	5.0
그리스	0.6	0.9	6.2
헝가리	–	1.1	5.3
아일랜드	–	0.5	3.0
이탈리아	0.6	0.8	4.7
네덜란드	0.9	0.8	3.7
노르웨이	1.2	2.2	3.3
폴란드	–	–	5.4
포르투갈	0.2	0.7	5.3
루마니아	–	–	6.5
에스파냐	0.4	0	5.2
스웨덴	1.5	2.5	3.0
스위스	1.5	1.0	3.0
영국	1.2	0.8	2.3
러시아	0.8	1.6	5.2
유고슬라비아	0.5	0.5	5.6
중앙값	1.15	.9	4.95
범위	.2~1.7	0~2.2	2.3~6.5

주석: 시장 가격을 따름. 1970년 국경을 기준.
*이 칸에 있는 오스트리아, 불가리아, 유고슬라비아는 1860~1913년 자료;
그리스는 1840~1913년 자료. 출처: Bairoch 1976: 309.

표 12 유럽(1913)과 라틴아메리카(1950) 입법부 선출과 효과

	입법부 선출		입법부 효과		
	선거	선거가 아닌 방식	부분적[1]	크지 않음[2]	심각함[3]
유럽					
알바니아(1919)		x			x
오스트리아(1919)	x			x	
벨기에	x		x		
불가리아	x		x		
체코슬로바키아(1919)	x			x	
덴마크	x			x	
핀란드(1919)	x			x	
프랑스	x			x	
독일	x		x		
그리스	x			x	
헝가리(1919)	x				x
이탈리아	x		x		
라트비아(1919)		x			x
리투아니아(1919)		x	x		
네덜란드	x			x	
노르웨이	x			x	
폴란드(1919)	x		x		
포르투갈	x			x	
루마니아	x		x		
러시아	x				x
에스파냐	x				x
스웨덴	x			x	
스위스	x			x	
영국	x			x	
유고슬라비아(1919)	x				x
라틴아메리카					
아르헨티나	x		x		
볼리비아	x		x		
브라질	x			x	

	입법부 선출		입법부 효과		
	선거	선거가 아닌 방식	부분적[1]	크지 않음[2]	심각함[3]
		라틴아메리카			
칠레	x			x	
콜롬비아	x		x		
코스타리카	x			x	
에콰도르	x		x		
엘살바도르	x		x		
과테말라	x		x		
온두라스	x		x		
멕시코	x		x		
니카라과	x				
파라과이				x	
파나마	x		x		
페루	x				
우루과이	x			x	

1) 행정부의 권력이 상당히 크지만 그렇다고 해서 입법부를 완전히 지배하지는 못하는 상황
2) 정부의 자율성이 강하여 과세, 지출, 입법에 대해 입법부의 거부권을 무시할 수 있는 권력과 권위를 가짐.
3) 입법부 활동이 "도장 찍어주는" 역할 정도에 한정되어 있거나,
국내 혼란으로 그 활동이 불가능해진 상태, 혹은 행정부가 입법부 활동을 방해하는 상황.
출처: Banks 1971: 4~53

정치 편

여기서는 이 책에서 다룬 '유럽'을 구성하는 단위들을 열거하고 이 책이 다루는 시기 동안 국경과 국호의 변화를 설명한다. '유럽'은 유럽 대륙에 있는 모든 영토들과 영국, 유럽 대륙에 있는 오스만 제국의 지역들, 러시아를 포괄한다. 1815년에서 1945년 사이에 아래와 같이 국경과 국호가 변화했다.

그리스	1829년까지 터키 제국의 일부였다. 1829년에 독립국가를 세우면서 모레아, 에우보이아, 키클라데스 군도와 아르타와 테살리아 남부의 본토를 포괄했다. 테살리아와 아르타는 1881년 터키로부터 취득했다. 에피로스, 마케도니아, 트라키아 서부, 크레테, 에게 해의 섬들 대부분은 1913년 획득했다. 트라키아 동부는 1919년에 취득했다. 도데카니소스 군도는 1947년 이탈리아로부터 획득했다.
네덜란드	1815년 오스트리아의 네덜란드와 리에주가 영토로 추가되었다. 이들은 1830년 벨기에의 주로 독립했다. 룩셈부르크 대공국과 림뷔르흐를 1839년 취득했다. 룩셈부르크 대공국은 1890년 독립했다.
노르웨이	1814년까지 덴마크 왕령지의 일부였으며, 1814년부터 1905년까지 스웨덴 왕령지의 일부였다. 1905년 독립국이 되었다.

덴마크 1864년 슐레스비히, 홀슈타인, 라우엔베르크 공국들이 프로이센으로 양도되었다. 1920년 슐레스비히 구공국의 북쪽 지역을 덴마크가 되찾았다.

독일 1870년 독일 제국이 건설되었다. 1918년 알자스와 로렌 지역 대부분을 프랑스에 양도했다. 단치히, 메멜, 슐레스비히 북부 지역과 외펜(Eupen)은 1920년에 양도되었다. 슐레지엔 북부는 1922년 폴란드에게 빼앗겼다. 자를란트는 1920~1935년에 프랑스가 통치했다. 1939년 이전 동부 영토였던 지역의 큰 부분이 1945년 폴란드와 소련에 양도되었다.

러시아 1793~1795년 폴란드의 영토 일부를 취득했다. 남부 우크라이나, 크림반도, 쿠반 강, 코카시아를 1791년 터키로부터 취득했다. 그루지야를 1801년, 오세티아를 1806년, 핀란드를 1809년, 이메레티아와 아브하즈를 1810년, 베사라비아를 터키로부터 1812년, 다게스탄을 1819년, 고리를 1829년, 밍겔리아를 1857년, 스바네티아를 1858년, 아브하즈를 1864년 취득했다. 아제르바이잔 대부분은 1813년에 취득했다. 예레반과 나히체반은 1828년에, 부하라와 발루치스탄은 1876년에, 카르스 지역은 1878년에 취득했다. 타슈켄트는 1865년에, 사마르칸트와 부하라는 1865년에, 히바는 1873년에, 아스카바드는 1881년에 취득했다. 1917년 혁명 이후 핀란드, 에스토니아, 라트비아와 리투아니아는 독립했다. 베사라비아는 루마니아에 양도했고, 폴란드 영토는 독립한 폴란드의 일부가 되었다. 폴란드 중부와 핀란드를 제외하고 이 영토는 모두 1939~1940년에 다시 취득했다. 1940년 부코비나 북부를 루마니아로부터 취득했다. 카르파티아 산맥 아래 러시아(루테니아)와 동프로이센의 동북 지역이 1945년 소련에 추가되었다.

루마니아 터키의 종주권 아래 있던 왈라키아 공국과 몰다비아 공국이

1859년 통합되었다. 오스만 제국과 독립 전쟁(1877~1878)을 거쳐 루마니아가 독립을 했다. 1878년 남부 베사라비아를 러시아에 양도했으며, 도브루자의 남부를 제외한 모든 지역을 터키로부터 획득했다. 1913년 이 남부 지역을 불가리아로부터 취득했다. 1918년 베사라비아를 러시아로부터 취득했다. 1920년 부코비나, 바나트의 일부, 트란실바니아를 취득했다. 1940년 남부 도브루자를 불가리아에게, 베사라비아와 부코비나 북부는 소련에게 양도했다. 북부 트란실바니아는 1940년에서 1944년까지 헝가리에게 빼앗겼다.

벨기에 1795~1815년 프랑스로 병합되었다. 1815~1830년에는 네덜란드의 일부였다. 1830년 분리, 독립국가를 세웠다.

불가리아 1878년까지 터키 제국의 일부였다. 1878년 분리하여 국가를 세웠다. 1885년까지 '동(東)루멜리아(East Rumelia)'와 통합되어 있었다. 1913년, 1916년, 1918년에 남부 도브루자(Southern Dobrudja)를 획득하고 잃었다가 다시 찾았다. 1940년 이 지역을 영구히 다시 확보했다.

세르비아 1817년 터키의 종주권 아래 자치 공국이 되었다. 1878년 공식적으로 독립국이 되었다. 1913년 노비 바자르의 산자크 일부와 마케도니아의 상당 부분을 취득했다. 1919년 유고슬라비아의 일부가 되었다.

스웨덴 1814~1905년까지 노르웨이를 취득했다. 1809년 핀란드를 러시아에게 빼앗겼다.

스위스 1815년, 독립된 주인 제네바, 발레, 뇌샤텔을 추가했다.

아일랜드 아일랜드 남부에 있는 26개의 주들이 1921년 독립했다.

알바니아 1913년까지 터키 제국의 일부였다. 1939~1944년에 처음에는 이탈리아에, 이후에는 독일에 점령당했다.

영국 아일랜드를 1901년 합병했다. 1921년 남부 아일랜드의 26개 주가 독립했다.

오스트리아 1918년까지 합스부르크 왕국의 일부였다. 오스트리아 공화국은 1918년 세워졌다. 1938년에서 1945년까지 독일에 병합되었다.

유고슬라비아 이전에 독립되어 있던 몬테네그로 · 세르비아 · 크로아티아-슬라보니아, 바나트의 일부 · 바카 · 헝가리 영토의 일부, 오스트리아 영토였던 카르니올라와 달마티아를 카린티아와 스티리아의 일부와 합쳐 1919년에 건국했다.

이탈리아 이탈리아는 1860년 건국되었다. 1866년 베네치아, 1870년 교황령이, 1919년 남부 티롤이, 1922년 피우메가 영토로 추가되었다. 1945년 남부 티롤과 피우메, 이스트리아, 베네치아-줄리아의 일부를 유고슬라비아에게 양도했다.

체코슬로바키아 1918/1919년에 치스레이타니아(Cisleithania)로부터 세 체코 지역(보헤미아, 모라비아, 슐레지엔)을 받고, 헝가리 왕국의 슬로바키아 지역과 루테니아 지역을 합쳐서 건국되었다. 1938년부터 1945년까지 수데텐란트(Sudetenland) 지역이 독일에 병합되었다. 테셴(Teschen) 지역은 폴란드에 점령되었고, 슬로바키아는 분리되어 독립국이 되었다. 나머지 체코슬로바키아는 독일의 보호령 아래 들어갔다. 슬로바키아 지역과 루테니아 지역은 1945년에 소련으로 양도되었다.

폴란드 1772년 러시아, 프로이센, 오스트리아가 분할하면서 독립을 상실했다. 나폴레옹 전쟁 중 독립하지만, 1793년과 1795년 다시 분할된다. 1919년 독일로부터 포젠, 서프로이센, 포메라니아 일부를 받고, 오스트리아로부터 갈리시아를, 러시아로부터 이전 폴란드 영토였던 지역과 러시아 영토 일부를 얻어 독립국가를 세웠다. 1922년 상부 슐레지엔을 취득했다.

1938년 체코슬로바키아로부터 테셴을 취득했지만, 1945년 반환했다. 1939~1945년 사이 폴란드는 다시 분할되었다. 1945년 동부에 있는 전쟁 이전 영토의 3분의 1을 소련에게 양도하고, 독일로부터 동프로이센 지역 대부분과 오데르-나이세 강 지역을 취득했다.

프랑스　1860년 사부아(Savoie)와 니스(Nice)를 피에몬테 공국으로부터 획득했다. 1871년에서 1918년까지 알자스와 로렌 지역을 독일에 양도했으며, 1940~1944년 일시적으로 독일에 빼앗기기도 했다.

핀란드　1809년까지 스웨덴 왕국의 일부였다. 1809년 별도의 자치 정부가 있는 대공국으로 러시아에 양도되었다. 1918년 핀란드가 독립국가로 세워졌다. 국경을 놓고 몇 차례 전쟁을 겪었으며, 1945년에는 비푸리 지역의 일부를 소련에 빼앗기기도 했다.

헝가리　1918년까지 트란슬레이타니아(Transleithania)의 섬들, 즉 트란실바니아, 바나트, 바카, 반(半)자치적인 크로아티아-슬라보니아를 포괄하고 있었다. 하지만 1849년에서 1868년까지 바나트와 바카는 자치를 하고 있던 보이보디나의 일부였고, 크로아티아-슬라보니아는 오스트리아에 부속되어 있었다. 1868년 보이보디나가 헝가리로 통합되었고, 크로아티아-슬라보니아도 헝가리 치하로 돌아갔다. 1980년 피우메(Fiume)가 헝가리 직속으로 병합되었다. 1919년 헝가리가 독립된 국가가 되면서 슬로바키아와 루테니아는 체코슬로바키아에게, 트란실바니아와 헝가리 영토 중 몇 개 주와 바나트 일부는 루마니아에게, 바나트 나머지 지역과 바카, 헝가리 일부 지역은 유고슬라비아에게 돌아갔다.

옮긴이의 말

이 책은 1945년 이전 유럽의 자본주의를 '종속적 발전'이라는 틀로 설명한다. '종속적 발전'은 현대 제3세계의 자본주의 발전 과정을 설명할 때 주로 사용되는 표현으로, 자본과 기술 등의 면에서 외국에 종속되어 있고, 발전 과정에서 식민지 혹은 식민지와 비슷한 상황을 경험했으며, 국내 시장에 기초한 발전이기보다는 수출에 의존한 발전 등을 의미한다. 그래서 이 책의 영어판 제목은 『제3세계라는 거울을 통해서 본 근대 유럽의 자본주의 발전(*In the Mirror of the Third World: Capitalist Development in Modern Europe*)』이다. 일반적으로 유럽의 자본주의는 자생적 상공업 세력인 부르주아의 주도 아래 국내 시장에 기초하여 국내 여러 경제 영역이 유기적인 연관을 갖고 균형 있게 발전했다고 생각한다. 하지만 이 책에 따르면, 이는 제2차 세계대전 이후인 1945년 이후에 나타난 모습이다. 19세기에서 20세기 전반기까지 유럽의 사회와 경제는 오히려 현대 제3세계에서 보여주고 있는 '종속적 발전'에 훨씬 가깝다는 것이 저자의 주장이다.

이 책의 큰 장점 중 하나는 유럽 자본주의의 발전을 다루면서 서유럽만이 아니라 동부, 남부, 북부까지 거의 유럽 전역을 아우르고 있다는 점이다. 사실 그동안 유럽사 연구가 주로 영국, 프랑스, 독일 등 서유럽을 중심으로 서술하면서 나머지 군소 국가는 구색 맞추기 식으로 간단히 언급하거나 아예 다루지 않는 경우가 많았다. 하지만 유럽의 여러 나라는 지리적 위치와 민족적 구성, 그리고 역사적 경험 등에 따라 상당히 다양한 방식으로 자본주의와 근대화의 길을 걸었다. 각기 다른 경험을 했다고 해서 일반화를 할 수 없는 것은 아니지만, 일반적인 경향을 찾는 과정에서 몇몇 특정 국가의 경험만이 주로 언급된다면 이는 제대로 된 설명이라고 할 수 없을 것이다. 이 책을 통해 독자는 유럽 여러 나라의 다양한 경험을 접하면서 동시에 이 개별 국가들의 경험이 어떻게 서로 영향을 주고받았는지도 보게 될 것이다.

하지만 그렇다고 해서 이 책이 군소 국가들의 경험에 기초해 유럽의 발전을 '종속적 발전'이라고 규정한 것은 아니다. 산업혁명의 선두 주자였던 영국에서도 초기 산업화 과정에서 큰 역할을 했던 것은 네덜란드의 자본과 첨단 기술이었으며, 산업화의 2인자였던 프랑스도 영국 자본이 많이 유입되면서 본격적으로 산업화의 길을 가게 되었다. 식민지 경험도 19세기 유럽에서는 비교적 보편적인 현상이었다. 이는 핀란드나 아일랜드와 같은 나라에만 해당되는 것이 아니라, 영국, 프랑스, 독일의 대부분 지역이 하나의 국민국가를 형성해가는 과정에서 했던 역사적 경험이기도 했다.

이 책은 우리가 유럽 자본주의에 대해 일반적으로 갖고 있던 통념이 역사적 사실에 기초한 것이 아니라, 현재 유럽의 모습을 토대로 만들어낸 허구이자, 이데올로기이며, 신화일 뿐이라고 주장한다. 그렇다면 이런 신화는 어떻게 생겨나게 되었는가. 저자는 그 이유로 몇 가지를 지적하는데, 그중 하나는 서양 근대사에서 프랑스 혁명이 봉건시대와 근대를 가르는 분기점으로 지나치게 크게 강조되어왔다는 것이다. 프랑스 혁명이 정치적 · 사상적 측면에서 갖는 큰 의의를 부정할 수는 없지만, 경제적 · 사회적 의미에서 부르주아 혁명이라는 식으로 강조될 경우 이는 20세기 전반까지 유럽 전역에서 확고한 헤게모니를 장악하고 있던 봉건 지주 귀족 세력의 영향력을 과소평가하게 하고, 결국은 근대 사회와 자본주의 사회를 제대로 이해하기 힘들게 할 수 있다. 프랑스 혁명을 부르주아 혁명으로 이해하는 것에 대한 문제 제기는 역사학계에서는 한 세대 전부터 꾸준히 제기되어왔고, 이는 역사학자들 내에서는 어느 정도 공감대를 형성하고 있다. 하지만 그럼에도 불구하고 이 책의 저자가 지적한 것처럼, 프랑스 혁명을 비롯한 국민국가 형성 과정에 대해 다른 일관된 총체적인 설명 체계가 나오지 않고 있기 때문에 부르주아를 중심 주체로 설정한 근대 사회와 국민국가 형성론은 여전히 유럽의 19세기를 설명하는 틀로 교육 현장에서 되풀이되면서, 대다수 교육받은 사람들의 역사 인식을 지배하고 있다.

이 책은 유럽 자본주의 발전에서 무엇보다 주목해야 할 분기점은 프랑스 혁명이 아니라 양차 대전이라고 주장한다. 양차 대전이라는 물리적 파국을 거치면서 유럽에서 토지 재산에 기초한 귀족 세력이 크게 쇠퇴했고, 이와 함께 노동자를 비롯한 광범한 인구 집단이 참정권을 획득하면서 권력과 부의 분배가 좀 더 민주적으로 변화했다. 따라서 지금 우리가 유럽의 자본주의와 민주주의라고 이해하는 체제는 프랑스 혁명 이후 만들어진 것이 아니라 1945년 이후의 현상이라는 주장이다.

이런 설명이 가지는 장점은 자본주의 발전이 얼마나 봉건적 구조와 봉건 세력에 의존해 있었는가 하는 점을 분명히 보여준다는 점이다. 유럽의 19세기부터 20세기 중반까지를 일반적으로는 자본가 세력이 득세하고 근대적 자본주의가 발전했던 시기로 이해해왔지만, 이 책은 유럽의 자본주의 발전 과정에서 지주 귀족 봉건 세력이 얼마나 강하게 오랫동안 정치 · 사회 경제적 헤게모니를 장악하고 있었는지를 보여줌으로서 자본주의 발전에 대해 새로운 설명을 시도하고 있다. 자본주의는 근대라는 집에서 부르주아의 비호 아래 자라난 것이 아니라, 봉건제도의 기둥과 지붕을 채 벗어나지 못한 채 지주 귀족 세력의 영향력과 견제 아래서 성장했다는 것이다.

저자가 양차 대전을 중시하는 것은 19세기에 발전한 유럽의 민족주의와 국민국가 형성의 중심에 지주 귀족 세력이 자리했다고 보는 관점 때문이기도 하다. 저자 핼퍼린은 민족주의 운동의 중심 세력이자 그 수혜자는 누구보다 귀족이었으며, 부르주아는 여기에 거의 영향력을 미치지 못했을 뿐 아니라 민족주의 운동의 척결 대상이기도 했다고 주장한다. 대부분의 국가에서 부르주아는 외국인과 같은 존재였으며, 국왕이 통일국가를 형성하는 과정에서 부르주아를 중용했던 것은 귀족 세력을 견제하기 위해서였다. 이에 비해 민족주의는 정부 관직과 국가 자원을 독점하고자 했던 토착 지주 귀족 세력의 운동이었다는 것이다. 유럽에서 산업화와 자본주의 발달은 이렇게 토착 지주 귀족 세력이 강한 헤게모니를 발휘하는 조건에서 진행되었다.

19세기 유럽 경제에서 지배적인 풍토는 자유무역이 아니라 높은 관세와 철저한 규제 정책이 시행되는 보호무역 체제였으며, 공장제의 발전과 함께 중세 길드적인 조합 구조도 여전히 위력을 발휘하고 있었다. 봉건적인 세력과 제도가 근대적 자본주의와 병존하는 이원성은 주로 자생적 부르주아가 취약하고 외세의 주도 아래 근대화가 진행된 제3세계의 특징으로 이해되어왔지만, 헬퍼린에 따르면 1945년 이전 유럽의 자본주의 역시 마찬가지였다. 이 이원성이 절정에 달한 것이 제1차 세계대전 이후 유럽 여러 지역에서 등장한 조합주의 체제였다. 파시즘으로 대표되는 조합주의 체제는 봉건적 권력과 자본주의 기업이 담합을 통해 정치와 경제·사회 전반을 통제하는 권력 구조를 형성한 것으로 기업 활동에 대한 봉건 정치 세력의 영향력이 절정에 오른 동시에 몰락하기 시작하는 전환점이 되었다.

이 책은 제1차 세계대전과 제2차 세계대전을 거치면서 유럽에서 봉건 세력이 몰락하고 민주주의가 발달하면서, 자본주의 경제 발전도 내수에 기초한 새로운 양상으로 변화했다고 주장하고 있다. 하지만 구체적으로 그런 변화가 어떻게 일어났는지에 대해서는 자세히 설명하지 않았다. 이는 이 책 이후에 나온 저자의 다른 책(Halperin, 2004)에서 다루기 때문이기도 하다. 이 책에서 본격적으로 설명하고 있지는 않지만, 1945년 이후 유럽 자본주의의 변화에 대해 헬퍼린은 그것이 민주주의의 발전과 밀접하게 연관되어 있음을 시사한다. 참정권이 확대되고, 좀 더 광범한 인구 집단에서 국가 기구와 자원에 대해 접근할 수 있게 되면서 소득 분배가 좀 더 평등한 방향으로 변화했고, 이에 따라 경제 발전이 내수 시장에 더욱 의존하는 양상으로 바뀌게 되었다는 것이다.

요즘 전 세계적으로 경제 위기가 심화되고 있다. 사실 이런 위기는 자본주의 역사에서 아주 새로운 것은 아니다. 작금의 위기를 좀 더 거시적인 안목에서 바라보면서 새로운 길을 모색하기 위해서는 자본주의의 역사를 돌아볼 필요도 있다. 이 책에 따르면 유럽이 1945년 이후 훨씬 안정적인 발전을 이룬 것은 외국 시장에 의존하는 종속적 발전 방식에서 벗어나 국내 시장에 기반한 내재적 발전을 추구하면서였다. 19세기부터 20세기 중반까지 유럽 자본주의의 발전 과정을 새로운 시각에서 설명하고 있는 이 책은 자본주의에 대한 이해와 발전 전망을 고민하는 데 유용한 지식과 지혜를 제공해줄 수 있을 것이다.

부족한 역자 때문에 좋은 책이 독자에게 제대로 전달되지 못할까 걱정이다. 약속 시한을 지키지 못한 역자를 잘 기다려주고, 여러 오류를 바로잡아 준 도서출판 용의숲 강영선 대표께 감사드린다.

참고 문헌

Adelman, Irma, and Sherman Robinson. 1978. *Income Distribution Policy in Developing Countries: A Case Study of Korea.* New York: Oxford University Press.

Ahumada, Jorge. 1963. Economic Development and Problems of Social Change in Latin America. In Egbert de Vries and José Medina Echevarria, eds., *Social Aspects of Economic Development in Latin America.* Vol. 1. Paris: UNESCO.

Alapuro, Risto. 1979. Internal Colonialism and the Regional Party System in Eastern Finland. *Racial and Ethnic Studies* 2, no. 3 (July): 341~59.

Alavi, Hamza. 1982. The Structure of Peripheral Capitalism. In Hamza Alavi and Teodor Shanin, eds., *Introduction to the Sociology of Developing Societies.* New York: Monthly Review Press.

_____ , 1975. India and the Colonial Mode of Production. In Ralph Miliband and J. Seville, eds., *Socialist Register, 1975.* London: Merlin Press.

_____ , 1964. Imperialism Old and New. In Ralph Miliband and J. Seville, eds., *Socialist Register, 1964.* London: Merlin Press.

Alavi, Hamza, and Teodor Shanin. 1988. Introduction to *The Agrarian Question,* by Karl Kautsky. Trans Pete Burgess. London: Zwan Publications.

Albrecht-Carrié, René. 1972. *A Diplomatic History of Europe Since the Congress of Vienna.* Rev. ed. New York: Harper & Row.

Alfieri, Vittorio. 1859. *Del principe e delle lettere.* 22 vols. Florence: Barbera, Bianchi.

Almond, Gabriel A., and James S. Coleman. 1960. *The Politics of the Developing Areas.* Princeton: Princeton University Press.

Altimir, O. 1981. Poverty in Latin America: A Review of Concepts and Data. *CEPAL Review* 13 (April): 67~96.

Amin, Galal. 1974. *The Modernization of Poverty: A Study in the Political Economy of Growth in Nine Arab Countries, 1945–1970.* Leiden: E. J. Brill.

Amin, Samir. 1982. *The Arab Economy Today.* London: Zed.

_____ , 1979. *The Maghreb in the Modern World.* Harmondsworth: Penguin.

_____ , 1977. *Unequal Exchange.* New York: Monthly Review Press.

_____ , 1976. *Unequal Development: An Essay on the Social Formation of Peripheral Capitalism.* Brighton, Sussex: Harvester.

_____ , 1974. *Accumulation on a World Scale.* New York: Monthly Review Press. Anderson, Eugene N., and Pauline R. Anderson. 1967. *Political Institutions and Social Change in Continental Europe in the Nineteenth Century.* Berkeley: University of California Press.

Anderson, Frank M. 1904. *The Constitutions and Other Select Documents Illustrative of the History of France, 1789–1901.* Minneapolis: H. W. Wilson.

Anderson, Perry. 1979. *Lineages of the Absolutist State.* London: Verso.

_____ , 1978. *Passages from Antiquity to Feudalism.* London: Verso.

Anderson, Roy R., Robert F. Seibert, and Jon G. Wagner. 1993. *Politics and Change in the Middle East: Sources of Conflict and Accommodation.* 4th ed. Englewood Cliffs, N. J.: Prentice-Hall.

Apter, David E. 1965. *The Politics of Modernization.* Chicago: University of Chicago Press.

Arendt, Hannah. 1958. *The Origins of Totalitarianism.* New York: Meridian.

Armeson, Robert B. 1964. *Total Warfare and Compulsory Labour: A Study of the Military-Industrial Complex in Germany during World War I.* The Hague: M. Nijhoff.

Armstrong, John A. 1973. *The European Administrative Elite.* Princeton: Princeton University Press.

Arndt, H. W. 1987. *Economic Development: The History of an Idea.* Chicago: University of Chicago Press.

Ascher, William. 1984. *Scheming for the Poor: The Politics of Redistrbution in Latin America.* Cambridge: Havard University Press.

Augé-Laribé, Michel. 1912. *La révolution agricole.* Paris: Librairie Armond Collin.

Avineri, Shlomo. 1968. *Karl Marx on Colonialism and Modernization.* New York: Doubleday.

Bade, Klaus. 1985. German Immigration to the United States and Continental Immigration to Germany in the Late Nineteenth and Early Twentieth Centuries. In Dirk Hoerder, ed., *Labor Migration in the Atlantic Economies: The European and North American Working Classes during the Period of Industrialization.* Westport, Conn.: Greenwood Press.

Badie, Bertrand, and Pierre Birnbaum. 1982. *The Sociology of the State.* Chicago: University of Chicago Press.

Baer, Werner, Richard Newfarmer, and Thomas Trebat. 1976. On State Capitalism in Brazil: Some New Issues and Questions. *Inter-American Economic Affairs* 30, no. 3 (Winter): 69~91.

Bairoch, Paul. 1993. *Economics and World History: Myths and Paradoxes.* London: Harvester.

____, 1981. The Main Trends in National Income Disparities since the Industrial Revolution. In Paul Bairoch and M. Levy-Leboyer, eds., *Disparities in Economic Development since the Industrial Revolution.* London: Macmillan.

_____ , 1976. Europe's Gross National Product, 1800–1975. *Journal of European Economic History* 5, no. 2 (Fall); 273~340.

_____ , 1975. *The Economic Development of the Third World since 1900.* London: Methuen.

Baldy, Edmond. 1922. *Les banques d'affaires en France depuis 1900.* Paris: Librairie Générale de Droit et de Jurisprudence.

Baloyra, Enrique, ed. 1987. *Comparing New Democracies: Transition and Consolidation in Mediterannean Europe and the Southern Cone.* Boulder, Colo.: Westview.

Banac, Ivo. *The National Question in Yugoslavia: Origins, History, Politics.* Ithaca: Cornell, 1984.

Banac, Ivo, and Paul A. Bushkovitch. 1983. The Nobility in the History of Russia and Eastern Europe. In Banac and Bushkovitch, eds., *The Nobility in Russia and Eastern Europe.* New Haven: Yale University Press.

Banks, Arthur S. 1971. *Cross-Polity Time-Series data.* Cambridge: MIT Press.

Baran, Paul A. 1970. On the Political Economy of Backwardness. In Robert I. Rhodes, ed., *Imperialism and Underdevelopment.* New York: Monthly Review Press.

_____ , 1957. *The Political Economy of Growth.* New York: Monthly Review Press.

Baran, Paul A., and Paul M. Sweezy. 1966. *Monopoly Capital.* New York: Monthly Review Press.

Barnes, Donald G. 1965. *A History of the English Corn Laws from 1660 to 1846.* New York: A. M. Kelley.

Barraclough, Geoffrey. 1967. *An Introduction to Contemporary History.* Harmonsworth: Penguin.

Barraclough, Solon L., and Arthur L. Domike. 1970. Agrarian Structure in Seven Latin American Countries. In Rudolfo Stavenhagen, ed., *Agrarian Problems and Peasant Movements in Latin America.* Garden City, N. Y.: Doubleday.

Bartlett, Robin. 1993. *The Making of Europe: Conquest, Colonisation, and Cultural Change.* Harmondsworth: Penguin.

Barzun, Jacques. 1932. *The French Race: Theories of Its Origins and Their Social and Political Implications Prior to the Revolution.* Columbia University Studies in History, Economics, and Public Law 375. New York: Columbia University Press.

Bateman, John. 1971. *The Great Landowners of Great Britain and Ireland.* 1883. Reprint, Leicester: Leicester University Press.

Battisti, Cesare. 1915. "Il Trentino e l'irredentismo italiano." In *Scritti politici e sociali,* R. Monteleone, ed. Florence: Nuova Italia, 1966.

_____ , 1914. "Trento, Trieste e il dovere d'Italia." In *Scritti politici e sociali,* R. Monteleone, ed. Florence: Nuova Italia, 1966.

Bauer, Otto. 1907. *Die Nationalitätenfrage und die Sozialdemokratie.* Max Adler and Rudolf Hilferding, eds. Vienna: Volksbuch Handlung Ignaz Brand.

Bayley, David H. 1975. The Police and Political Development in Europe. In Charles Tilly, ed., The Police and Political Development in Europe. In Charles Tilly, ed., *The Formation of National States in Western Europe.* Princeton: Princeton University Press.

Backer, David, Jeffrey Frieden, Sayre Schatz and Richard Sklar, eds. 1987. *Postimperialism-International Capitalism and Development in the Late Twentieth Century.* Boulder, Colo.: Lynne Rienner.

Beckett, J. V. 1986. *The Aristocracy in England, 1660–1914.* London: Basil Blackwell.

Beetham, David. 1974. *Max Weber and the Theory of Modern Politics.* London: Allen & Unwin.

Bendix, Reinhard. 1978. *Kings or people.* Berkeley: University of California Press.

_____ , 1977. *Nation-Building and Citizenship.* Berkeley: University of California Press.

Ben-Dor, Gabriel. 1938. *State and conflict in the Middle East: Emergence of the Post-Colonial State.* New York: Praeger.

Benns, Lee. 1930. *Europe since 1914.* New York: F. S. Crofts.

Benson, John. 1989. *The Working Class in Britain, 1850-1839.* London: Longman.

Berdahl, Robert M. 1972. Conservative Politics and Aristocratic Landholders in Bismarckian Germany. *Journal of Modern History* 44, no. 1 (March): 1~20.

Berend, T. Iván. and György Ránki. 1982. *The European Periphery and Industrialization, 1780-1814.* London: Cambridge University Press.

_____ , 1974. *Economic Development in East-Central Europe in the Nineteenth and Twentieth Centuries.* New York: Columbia University Press

Bergesen, Albert. 1984. The Critique of world System Theory : Class Relations or Division of Labor? *Sociological Theory* 2: 365~72.

Berghahn, V. R. 1988. Corporatism in Germany in Historical Perspective. In Andrew Cox and Noel O'Sullivan, eds., *The Corporate State: Corporatism and State Tradition in Western Europe.* Aldershot: Edward Elgar.

Bernstein, Henry. 1979. Sociology of Underdevelopment vs. Sociology of Development? In David Lehmann, ed., *Development Theory: Four Critical Studies.* London: Frank Cass.

Bezanson, Anna. 1921-22. The Early Use of the Term Industrial Revolution. *Quarterly Journal of Economics* 36: 343~49.

Bigo, Robert. 1947. *Les banques françaises au cours du XIXe siècle.* Paris: Recueil Sirey.

Binder, Leonard, et al. 1971. *Crises and Sequences in political Development.* Princeton: Princeton University Press.

Black, C. E. 1966. *The Dynamics of Modernization.* New york: Harper & Row.

_____ , 1943. *The Establishment of Constitutional Government in Bulgaria.* Princeton: Princeton University Press.

Blackbourn, David, and Geoff Eley. 1984. *The Peculiarities of German*

History: Bourgeois Society and Politics in Nineteenth-Century Germany. Oxford: Oxford University Press.

Bleaney, M. F. 1976. *Underconsumption Theories: A History and Critical Analysis.* London: Lawrence & Wishart.

Bleiber, Helmut. 1966. *Zwischen Reform und Revolution: Lage und Kämpfe der schlesischen Bauern und Landarbeiter im Vormärz, 1840–1847.* Berlin: AkadamieVerlag.

Blewett, Neil. 1965. The Franchise in the United Kingdom, 1885–1918. *Past and Present* 32: 27~65.

Bloch, Fred. 1977 The Ruling Class Does Not Rule. *Socialist Revolution* 7: 6~28.

Bloom, S. F. 1941. *A World of Nations.* New York: Columbia University Press.

Blum, Jerome. 1978. *The End of the Old Order in Rural Europe.* Princeton: Princeton University Press.

____, 1977. Russia. In David Spring, ed., *European Landed Elites in the Nineteenth Century.* Baltimore: Johns Hopkins University Press.

____, 1957. Rise of Serfdom in Eastern Europe. *American Historical Review* 62, no. 4: 807~36.

Bodenheimer, Susanne J . 1971b. Dependency and Imperialism: the Roots of Latin American Underdevelopment. In K. T. Fann and Donald C. Hodges, eds., *Readings in U. S. Imperialism.* Boston: Porter Sargent.

Boeke, J. H. 1953. *Economics and Economic Policy of Dual Societies.* New York: Institute of Pacific Relations.

Boersner, Demetrio. 1957. *The Bolsheviks and the National and Colonial Question, 1917–1928.* Geneva and Paris: Librairie E. Droz and Librairie Minard.

Booth, David. 1985. Marxism and Development Sociology: Interpreting the Impasse. *World Development* 13, no. 7: 761~87.

Born, Karl Erich. 1976. Structural Changes in German Social and Economic Development at the End of the Nineteenth Century.

In James J. Sheehan, ed., *Imperial Germany.* New York: New Viewpoints.

Bornschier, Volker, and Christopher Chase-Dunn. 1985. *Transnational Corporations and Underdevelopment.* Westport, Conn.: Praeger.

Bosc, L. 1907. *Zollalliancen und Zollunionen.* Berlin: E. S. Mittler.

Boswup, William, and Uffe Schlichtkrull. 1962. Alternative Approaches to the Control of Competition. In John Perry Miller, ed., *Competition, Cartels, and Their Regulation.* Amsterdam: North-Holland.

Botzaris, N. 1962. *Visions balkaniques dans la préparation de la révolution grecque, 1789–1821.* Geneva: Librairie E. Droz.

Boulger, Demetrius C. 1904. *Belgian Life in Town and Country.* New York: Putnam.

Bouvier, Jean. 1961. *Le Crédit Lyonnais de 1863 à 1882: Les Années de formation d'une banque de dépots.* Paris: SEVPEN.

Bowen, Ralph H. 1947. *German Theories of the Corporative State, With Special Reference to the Period 1870–1919.* New York: McGraw-Hill.

Braudel, Fernand. 1984. *The Perspective of the World.* Vol. 3 of Civilization and Capitalism, *15th–18th Century.* New York: Harper & Row.

_____ , 1982. *The Wheels of Commerce.* Vol. 1 of *Civilization and Capitalism, 15th–18th Century.* New York: Harper & Row.

_____ , 1981. *The Structures of Everyday Life.* Vol. 1 of *Civilization and Capitalism, 15th–18th Century.* New York: Harper & Row.

_____ , 1972. *The Mediterranean and the Mediterranean World in the Age of Philip II.* New York: Collins.

Braun, Rudolf. 1975. Taxation, Sociopolitical Structure, and State-Building: Great Britain and Brandenburg-Prussia. In Charles Tilly, ed., *The Formation of National States in Western Europe.* Princeton: Princeton University Press.

Breitman, Richard. 1981. *German Socialism and Weimar Democracy.* Chapel Hill: University of North Carolina Press.

Brenner, Robert. 1982. The Agrarian Roots of European Capitalism. *Past and Present* 97: 16~113.

_____, 1977. The Origins of Capitalist Development: A Critique of Neo-Smithian Marxism. *New Left Review* 10, no. 3 (July-August): 25~92.

Brentano, Lujo. 1885. Über die zukünftige politik des Deutschen Reiches. *Schmollers Jahrbuch* 9: 1~29.

Breuilly, John. 1982. *Nationalism and the state.* Chicago: University of Chicago Press.

Brewer, Anthony. 1980. *Marxist Theories of Imperialism: A Critical Survey.* London: Routledge.

Brown, Carl L. 1984. *International Politics and the Middle East.* Princeton: Princeton University Press.

Busek, Vratislau, and Nicolas Spulber. 1957. Czechoslovakia. New York: Praeger.

Buthman, William. 1939. *The Rise of Intergral Nationalism in France, with Special Reference to the Ideas and Activities of Charles Maurras.* New York : Columbia University Press.

Caerleon, Ronan. 1969. *La révolution bretonne permanente.* Paris: Editions de la Table Ronde.

Cairncross, A. K. 1953. *Home and Foreign Investment, 1870-1914.* Cambridge: Cambridge University Press.

Caldwell, M. 1977. *The Wealth of some Nations.* London: Zed.

Cameron, Rondo E. 1985. A New View of European Industrialization. *Economic History Review* 38, no. 1 (February): 1~23.

____, 1981.The Industrial Revolution: A Misnomer. In Jürgen Schneider, ed., *Wirtschaftskrafte und Wirtschaftswege: Festschrift für Hermann Kellenbenz.* vol. 5. Stuttgart: In Komission bei Klett-Cotta.

_____, 1961. *France and the Economic Development of Europe, 1800-1914.* Princeton: Princeton University Press.

_____, ed. 1972. *Banking and Economic Development: Some Lessons of History.* New York: Oxford University Press.

Cannadine, David. 1990. *The Decline and Fall of the British Aristocracy.* New York: Doubleday.

_____ , 1980. *Lords and Landlords: The Aristocracy and the Towns, 1774–1967.* Leicester: Leicester University Press.

Caporaso, James. 1980 Dependency Theory: Continuities and Discontinuities in Development Studies. *International Organization* 34, no. 4 (Autumn): 605~28.

_____ , 1978. Dependence, Dependency, and power in the Global System. *International Organization* 32, no. 1: 13~50.

Cardella, G. Palumbo. 1928–29. Crispi e la Politica Mediterranean e Coloniale. *Politica* 29 (April 1928): 150–79; 30 (June-August 1928): 387~431; 31 (June-August 1929): 350~80.

Cardoso, Fernando Henrique. 1979. On the Characterization of Authoritarian Regimes in Latin America. In David Collier, ed., *The new Authoritarianism in Latin America.* Princeton: Princeton University Press.

_____ , 1977. The Consumption of Dependency Theory in the United States. *Latin American Research Review* 12, no. 3: 7~24.

_____ , 1973. Associated-Dependent Development: Theoretical and Practical Implications. In Alfred Stepan, ed., *Authoritarian Brazil: Origins, Policies, and Future.* New Haven: Yale University Press.

_____ , 1972. Dependency and Development in Latin America. *New Left Reviw* 74 (July-August): 3~95.

Cardoso, Fernando Henrique, and Enzo Faletto. 1979. *Dependency and Development in Latin America.* Berkeley: University of California Press.

_____ , 1970. *Dependencia e desenvolvimento na America Latina: Ensaio de interpretacao sociologica.* Rio de Janeiro: Editora Zahar.

_____ , 1969. *Dependencia y desarrollo en America Latina: Ensayo de interpretación sociológica.* Mexico: Siglo Veintiuno.

Carneiro, Robert L. 1978. Expansion as an Expression of Competitive

Exclusion. In Ronald Cohen and Elmer Service, eds. *The Origins of the State.* Philadelphia: Institute for the Study of Human Issues.

Caron, François. 1979. *An Economic History of Modern France.* New York: Columbia University Press.

Carr, E. H. 1947. *The Soviet Impact on The Western World.* New York: Macmillan.

Carr, Raymond. 1966. *Spain*, 1808–1939. Oxford: Clarendon Press.

Carroll, Thomas F. 1970. Land Reform as an Explosive Force. In Rudolfo Stavenhagen, ed., *Agrarian Problems and Peasant Movements in Latin America.* Garden City, N. Y.: Doubleday.

Carstairs, Andrew McLaren. 1980. *A Short History of Electoral Systems in Western Europe.* London: Allen & Unwin.

Carsten, F. L. 1967. *The Rise of Fascism.* Berkeley: University of California Press.

_____, 1954. *The Origins of Prussia.* Oxford: Oxford University Press.

Cavanaugh, Gerald J. 1972. The Present State of French Revolutionary Historiography: Alfred Cobban and Beyond. *French Historical Studies* 7, no. 4 (Fall): 587~606.

Caves, R. E., et al. 1968. *Britain's Economic Prospects.* London: Allen & Unwin.

Chalmers, Douglas A. 1969. Developing on the Periphery: External Factors in Latin American Politics. In James N. Rosenau, ed., *Linkage Politics: Essays on the Convergence of National and International Systems.* New York: Free Press.

Charques, R. 1965. *The Twilight of Imperial Russia.* London: Oxford University Press.

Chartier, Roger. 1978. The Two Frances: The History of a Geographical Idea. *Social Science Information* 17, no. 4/5: 527~54.

Chase-Dunn, Christopher. 1975. The Effects of International Economic Dependence on Development and Inequality. *American Sociological Review* 40: 720~39.

Chenery, Hollis. 1986. *Development and Growth.* New York: Cambridge.

Chester, Sir Norman. 1951. *Central and Local Government.* London: Macmillan.

Chirot, Daniel. 1977. *Social Change in the Twentieth Century.* New York: Harcourt Brace Jovanovich.

Chlepner, B. S. 1945. Economic Development of Belgium. In Jan-Albert Goris, ed., *Belgium.* Berkeley: University of California Press.

Cholvy, G. 1978. Religion et révolution: La déchristianization de l'an II. *Annales historique de la Révolution française,* 78: 451~64.

Clark, Colin. 1957. *The Conditions of Economic Progress.* 3d ed. London: Macmillan.

_____ , 1940. *The Conditions of Economic Progress.* London: Macmillan.

Clark, George Kitson. 1951. The Repeal of the Corn Laws and the Politics of the Forties. *Economic History Review,* 2d ser., 4: 1~13.

Clark, J. C. D. 1986. *Revolution and Rebellion: State and Society in England in the Seventeenth and Eighteenth Centuries.* New York: Cambridge University Press.

_____ , 1985. *English Society,* 1688–1832. New York: Columbia University Press.

Clough, Shepard Bancroft. 1952. *Economic History of Europe.* 3d ed. Boston: D. C. Heath.

_____ , 1930. *A History of the Flemish Movement in Belgium: A Study in Nationalism.* New York: Richard R. Smith.

Coates, B. E., R. J. Johnston, and P. L. Knox. 1977. *Geography and Inequality.* London: Oxford University Press.

Coatsworth, John H. 1993. Notes on the Comparative Economic History of Latin America and the United States. In Walther L. Bernecker and Hans Werner Tobler, eds., *Development and Underdevelopment in Latin America: Contrasts of Economic Growth in North and Latin America in Historical Perspective.* Berlin: Walter de Gruyter.

Cobban, Alfred. 1971. *The Social Interpretation of the French Revolution.* Cambridge: Cambridge University Press.

Cohen, Benjamin. 1973. *The Question of Imperialism: The Political Economy of Dominance and Dependence.* New York: Basic Books.

Cole, Alistair, and Peter Campbell. 1989. *French Electoral System and Elections since 1789.* Aldershot: Gower.

Cole, C. Woolsey. 1939. *Colbert and a Century of French Mercantilism.* London: Frank Cass.

Collas, Henry. 1908. *La Banque de Paris et des Pays-Bas.* Dijon: Barbier-Léon Marshal.

Collier, David, ed. 1979. *The New Authoritarianism in Latin America.* Princeton: Princeton University Press.

Collins, Randall. 1995. German-Bashing and the Theory of Democratic Modernization. *Zeitschrift für Soziologie* 24, no. 1 (February): 3~21.

Committee on Finance and Industry. 1931. *Macmillan Report.* London: H. M. Stationery Office.

Corbridge, S. 1990. Post-Marxism and Development Studies: Beyond the Impasse. *World Development* 18, no. 5: 623~39.

Corradini, Enrico. 1915. Per la guerra d'Italia. In *Discorsi Politici.* Florence.

Crafts, N. F. R. 1984. Patterns of Development in Nineteenth-Century Europe. *Oxford Economic Papers* 36 (November): 438~58.

_____ , 1983. British Economic Growth, 1700–1813: A Review of the Evidence. *Economic History Review,* 2d ser., 36, no. 2: 177~99.

Crouch, Colin. 1986. Sharing Public Space. In John A. Hall, ed., *States in History.* Oxford: Basil Blackwell.

Crowley, C. W. 1930. *The Question of Greek Independence: A Study of British Policy in the Near East.* Cambridge: Cambridge University Press.

Cueva, Agustin. 1982. *The Process of Political Domination in Ecuador.* Trans. Danielle Salti. New Brunswick, N. J.: Transaction.

_____ , 1977. *El Desarrollo del capitalismo en America Latina: ensayo de interpretación historica.* Mexico: Siglo Veintiuno.

_____, 1976. *La teoria de la dependencia ha muerto?* Lima: Tarea.

Cullen, L. M. 1968. *Anglo-Irish Trade, 1660~1800*. Manchester: University of Manchester Press.

Curtis, Roy Emerson. 1931. *The Trusts and Economic Control*. New York: McGraw-Hill.

Dahl, Robert. 1971. *Polyarchy: Participation and Opposition*. New Haven: Yale University Press.

Dahrendorf, Ralf. 1967. *Society and Democracy in Germany*. Garden City, N. Y.: Anchor.

Dakin, Douglas. 1973. *The Greek Struggle for Independence, 1821-1833*. Berkeley: University of California Press.

Danilevski, Nikolai Iakovlevich. 1871. *Rossiia I Europa*. St. Petersburg: Obshchestvennaia pol'za.

D'Annunzio, Gabriele. 1919. *Italy or Death*. Trans. Henry Furst. Fiume, Italy: Printed by the Publishers of *La Vedetta d'Italia*.

Daphnas, Gregorios. 1955. *Greece between the Wars, 1923-1940*. Athens: Ikaros.

Davies, Horace B. 1967. *Nationalism and Socialism: Marxist and Labor Theories of Nationalism to 1917*. New York: Monthly Review Press.

Davin, Louis E. 1969. The Structural Crisis of a Regional Economy. A Case-Study: The Walloon Area. In E. A. G. Robinson, ed., *Backward Areas in Advanced Countries*. London: Macmillan.

Davis, H. W. C. 1915. *The Political Thought of Heinrich von Treitschke*. New York: Scribner.

Davis, Lance E., and Douglass North. 1971. *Institutional Change and American Economic Growth*. Cambridge: Cambridge University Press.

Dawisha, Adeed. 1990. Arab Regimes: Legitimacy and Foreign Policy. In Giacomo Luciani, ed., *The Arab State*. Berkeley: University of California Press.

Dawson, Philip. 1972. *Provincial Magistrates and Revolutionary Politics in France, 1789–1795.* Cambridge: Harvard University Press.

Dawson, William Harbutt. 1913. *Industrial Germany.* London: Collins.

Denemark, Robert A., and Kenneth P. Thomas. 1988. The Brenner-Wallerstein Debate. *International Studies Quarterly* 32: 47~65.

de Schweinitz, Karl. 1964. *Industrialization and Democracy: Economic Necessities and Political Possibilities.* New York: Free Press.

Deutsch, Julius. 1934. *The Civil War in Austria.* Trans David P. Berenberg. Chicago: Socialist Party, National Headquarters.

De Vries, Johan. 1976. Benelux, 1920–1970. In Carlo C. Cipolla, ed., *The Fontana Economic History of Europe.* Vol. 1, *Contemporary Economies.* Glasgow: William Collins Sons.

Diamond, Larry. 1990. Introduction: Comparing Experiences with Democracy. In Larry Diamond et al., eds., *Politics in Developing Countries: Comparing Experiences with Democracy.* Boulder, Colo.: Lynne Rienner.

Diamond, Larry, et al., eds. 1990. *Politics in Developing Countries: Comparing Experiences with Democracy.* Boulder, Colo.: Lynne Rienner.

Diamond Larry, Juan Linz, and Seymour Lipset, eds. 1988. *Democracy in Developing Nations.* Boulder, Colo.: Lynne Rienner.

Djordjevic, Dimitrije, and Stephen Fischer-Galati. 1981. *The Balkan Revolutionary Tradition.* New York: Columbia University Press.

Dobb, Maurice. 1960. *Economic Growth and Planning.* New York: Monthly Review Press.

_____ , 1947. *Studies in the Development of Capitalism.* New York: International Publishers.

Dornbusch, Rudiger, and Sebastian Edwards. 1989. *Macroeconomic Populism in Latin America.* Working Paper 2986. Cambridge, Mass. National Bureau of Economic Research.

Dos Santos, Teotonio. 1970. The Structure of Dependence. *American Economic Review* 60: 235~46.

Dostoevsky, Fyodor. 1923. *Letters and Reminiscences.* Trans. S. S.

Koteliansky and J. Middleton Murry. New York: Knopf.

Downing, Brian M. 1992. *The Military Revolution and Political Change in Early Mordern Europe.* Princeton: Princeton University Press.

Doyle, William, 1980. *Origins of the French Revolution.* Oxford: Oxford University Press.

Darke, Paul, and Eduardo Silva, eds. 1986. *Elections and Democratization in Latin America, 1980-1985.* La Jolla, Calif: Institue of the Americas.

Drew, Edward. 1969. *Politics in the Altiplano: The Dynamics of Change in Rural Peru.* Austin: University of Texas Press.

Driault, Edouard, and Michel Lhéritier. 1925. *Histoire diplomatique de la Grèce de 1821 à nos jours.* Vol. 2. Paris: Les Presses Universitaires de France.

Duby, Georges. 1980. *The Three Orders: Feudal Society Imagined.* Chicago: University of Chicago Press.

Dunn, Ethel, and Stephen P. Dunn. 1964. Religion As an Instrument of Cultural Change. *Slavic Review* 23, no. 3: 459~78.

Dupin, C. 1827. *Forces productives et commerciales de la France.* Paris: Bachelier.

_____ , 1826. *Effets de l'enseignement populaire de la lecture, de l'écriture et de l'arithmétique, de la géométrie et la mécanique appliquées aux arts, sur les prospérités de la France.* Address to the opening session of the Cours normal de géométries et de la mécanique appliquées aux arts, 30 November 1826, at the Conservatoire des Arts et Métiers. paris: Bachelier.

Durkheim, Emile. 1975. L'état. In *Textes,* vol. 3. Paris: Éditions de Minuit.

Dovornik, F. 1962. *The Slavs in European History and Civilization.* New Brunswick, N. J.: Rutgers University Press.

Economic Commission for Latin America [ECLA]. 1970. *Economic Survey of Latin America.* New York: United Nations.

_____ , 1967. *Estudio Sobre la distribución del Ingreso en America Latina, 1967.* Santiago, Chile: ECLA.

_____ , 1950. *Economic Survey of Latin America, 1949.* New York: United Nations. Economic Commission for Latin America and the Caribbean [ECLAC]. Various years. *Serie Distribución del Ingreso.* Santiago, Chile: ECLAC.

_____ , 1980. *Statistical Yearbook.* Santiago, Chile: ECLAC.

Edwards, Corwin D. 1962. Cartelization in western Europe. Washington, D. C.: U. S. Bureau of Intelligence and Research, Department of State.

Eisenstadt, S. N. 1966. *Modernization: Protest and Change.* Englewood Cliffs, N. J.: Prentice-Hall.

_____ , 1964. Breakdown of Modernization. *Economic Development and Cultural Change* 12 (July): 345~67.

Eisenstadt, S. N., and Rene Lemarchand. 1981. *Political Clientelism, Patronage, and Development.* Beverly Hills, Calif.: Sage.

Elbow, Matthew H. 1953. *French Corporative Theory,* 1789~1948. New York: Columbia University Press.

Elder, Neil. 1988. Corporatism in Sweden. In Andrew Cox and Noel O'Sullivan, eds., *The Corporate State: Corporatism and State Tradition in Western Europe.* Aldershot: Edward Elgar.

Elias, H. J. 1969. *Vijfentwintig jaar Vlaamse Beweging 1914–1939.* Antwerp: De Nederlandsche Boekhandel.

Elias, Geoffrey. 1978. Review Article: The Marxist Interpretation of the French Revolution. *English Historical Review* 93: 353~76.

Emerson, Rupert. 1960. *From Empire to Nation: The Rise of Self-Assertion of Asian and African Peoples.* Cambridge: Harvard University Press.

Emmanuel, Arghiri. 1972. *Unequal Exchange: A Study of the Imperialism of Trade.* New York: Monthly Review Press.

Engelbrecht, H. C. 1968. *Johann Gottlieb Fichte: A Study of His Political Writings with Special Reference to His Nationalism.* New York: AMS Press.

Engels, Friedrich. 1971. The Abdication of the Bourgeoisie. 1889. Reprinted in Karl Marx and Friedrich Engels, *Articles on Britain.* Moscow: Progress Publishers.

_____ , 1969. *Germany: Revolution and Counter-Revolution.* New York: International Publishers.

_____ , 1950. The Origin of the Family, Private Property, and the State. In Karl Marx and Friedrich Engels, *Selected Works*, vol 2. London: Lawrence and Wishart.

_____ , 1895. *Violenza ed economia formazione del nuovo impero tedesco.* Rome.

_____ , 1894. La futura rivoluzione italiana ed il partito socialista. *Critica Sociale* 4, no. 3 (1 February): 35~36.

Esman, Milton J. 1988. Ethnic Politics: How Unique Is the Middle East? In Milton J. Esman and Itamar Rabinovich, eds., *Ethnicity, Pluralism, and the State in the Middle East.* Ithaca: Cornell University Press.

Evangelinides, Mary. 1979. Core-Periphery Relations in the Greek Case. In Dudley Seers, Bernard Shaffer, and Marja-Liisa Kiljunen, eds., *Underdeveloped Europe: Studies in Core-Periphery Relations.* Brighton, Sussex: Harvester.

Evans, Ellen Lovell. 1981. *The German Center Party, 1870-1933.* Carbondale: Southern Illinois University Press.

Evans, Peter. 1979. *Dependent Development.* Princeton: Princeton University Press.

Evans, Peter Dietrich Rueschemeyer, and Theda Skocpol. 1985. *Bringing the State Back In.* New York: Cambridge University Press.

Evans, Peter, and John D. Stephens. 1988. Development and the World Economy. In Neil J. Smelser, ed., *Handbook of Sociology.* Newbury Park, Calif.: Sage.

Fairlie, S. 1965. The Nineteenth-Century Corn Law Reconsidered. *Economic History Review*, 2d ser. 18: 563~75.

Fedeeyev, Rostislav. 1871. *Opinion on the Eastern Question.* London: E. Stanford.

Feder, Ernest. 1970. Counterreform. In Rudolfo Stavenhagen, ed., *Agrarian Problems and Peasant Movements in Latin America.* Garden City, N. Y.: Doubleday.

Fejtö, François. 1948. Europe on the Eve of Revolution. In François Fejtö, ed., *The Opening of an Era: 1848.* New York: Grosset & Dunlap.

Fichte, Johann Gottlieb. 1845. Grundlagen des Naturrechts. In *Fichtes Werke,* 8 vols. Ed. Immanuel Hermann Fichte. Berlin: Veit und Cie.

Finer, Samuel. 1975. State and Nation Building in Europe: The Role of the Military. In Charles Tilly, ed., *The Formation of National States in Western Europe.* Princeton: Princeton University Press.

Finlay, George. 1877. *A History of Greece.* Oxford: Clarendon Press.

Fischer, Wolfram. 1978. Die Rohstoffversorgung der europäischen Wirtschaft in historischer Perspektive. In Jürgen Schneider et al., *Wirtschaftskräfte und Wirtschaftswege,* vol. 4. Stuttgart: Übersee und allgemeine Wirtschaftsgeschichte.

Fores, Michael. 1981. The Myth of a British Industrial Revolution. *History* 66, no. 217 (June): 181~98.

Fox, Edward. 1971. *History in a Geographic Perspective: The Other France.* New York: Norton.

Frank, André Gunder. 1972a. The Development of Underdevelopment. In James D. Cockcroft et al., eds., *Dependence and Underdevelopment: Latin America's Political Economy.* New York: Anchor.

_____ , 1972b. *Lumpenbourgeoisie: Lumpenproletariat. Dependence, Class, and Politics in Latin America.* New York: Monthly Review Press.

_____ , 1970. The Development of Underdevelopment. In Robert I. Rhodes, ed., *Imperialism and Underdevelopment.* New York: Monthly Review Press.

_____ , 1969. *Latin America: Underdevelopment or Revolution.* New York: Monthly Review Press.

_____ , 1967. *Capitalism and Underdevelopment in Latin America.* New York: Monthly Review Press.

Frazee, Charles A. 1969. *The Orthodox Church and Independent Greece, 1821–1852.* London: Cambridge University Press.

Fuchs, R. 1918. *Die Kriegsgewinne der verschiedenen Wirtschaftszweige in den einzelnen Staaten, anhand statisticher Daten dargestellt.* Zurich: University of Zurich.

Furet, François. 1978. *Penser la Révolution française.* Paris: Gallimard.

_____ , 1971. Le catéchiasme de la Révolution française. *Annales* 26: 255~89.

Furtado, Celso. 1970. *Economic Development in Latin America: From Colonial Times to the Cuban Revolution.* Cambridge: Cambridge University Press.

_____ , 1963. *The Economic Growth of Brazil: A Survey from Colonial to Modern Times.* Trans. Richard W. de Aguiar and Eric Charles Drysdale. Berkeley: University of California Press.

Gagliardo, John G. 1967. *Enlightened Despotism.* New York: Crowell.

Galenson, W., and H. Leibenstein. 1955. Investment Criteria and Economic Development. *Quarterly Journal of Economics* 69 (August): 343~70.

Geffre, Claude, and Jean-Pierre Jossua, eds. 1989. *1789: The French Revolution and the Church.* Edinburgh: T. & T. Clark.

Gehrlich, Peter. 1973. The Institutionalization of European Parliaments. In Allan Kornberg, ed., *Legislatures in Comparative Perspective.* New York: D. McKay.

Gellner, Ernest. 1983. *Nations and Nationalism.* Ithaca: Cornell University Press.

Gerschenkron, Alexander. 1965. Agrarian Policies and Industrialization: Russia 1861–1917. In *Cambridge Economic History of Europe,* vol. 6. Cambridge: Cambridge University Press.

_____ , 1962. *Economic Backwardness in Historical Perspective.* Cambridge: Harvard University Press.

_____ , 1943. *Bread and Democracy in Germany.* Ithaca: Cornell University Press.

Gerth, H. H., and C. Wright Mills. 1946. *From Max Weber: Essays in Sociology.* New York: Oxford University Press.

Gestrin, Ferdo. 1962. Economie et société en Slovénie au XVIe siècle. *Annales E. S. C., 17,* no. 4 (July-August).

Gibson, Ralph, and Martin Blinkhorn, eds. 1991. *Landownership and Power in Modern Europe.* London: Harper Collins.

Gilbert, Alan D. 1980. *The Making of Post-Christian England: A History of the Secularization of Modern Society.* London: Longman.

Gilley, Sheridan. 1988. Christianity in Europe: Reformation to Today. In Stewart Sutherland et al., eds., *The World's Religions.* London: G. K. Hall.

Gillis, John R. 1977. *The Development of European Society, 1770–1870.* Boston: Houghton Mifflin.

Goeldel, Herbert. 1917. *Wohlstandsverhältnisse in Ostpreussen.* Jena: G. Fischer.

Goldstein, Robert Justin. 1983. *Political Repression in Nineteenth-Century Europe.* London: Croom Helm.

Gonzàles-Casanova, Pablo. 1965. Internal Colonialism and National Development. *Studies in Comparative International Development* 1, no. 4: 27~37.

Good, D. F. 1984. *The Economic Rise of the Hapsburg Empire, 1750–1914.* Berkeley: University of California Press.

Gordon, David M. 1980. Stages of Accumulation and Long Economic Cycles. In Terence K. Hopkins and Immanuel Wallerstein, eds., *Processes of the World System.* Beverly Hills, Calif.: Sage.

Gosnell, Harold F. 1930. *Why Europe Votes.* Chicago: University of Chicago Press.

Gouldner, Alvin W. 1977–78. Stalinism: A Study of Internal Colonialism. *Telos* 34 (Winter): 5~48.

Gourevitch, Peter. 1984. Breaking with Orthodoxy: The Politics of Economic Policy Responses to the Depression of the 1930s.

International Organization 38: 95~129.

_____ , 1978. The Second Image Reversed: The International Sources of Domestic Politics. *International Organization* 32: 881~911.

Graf, A. 1911. *L'anglomania e l'influsso inglese in Italia nel secolo XVIII.* Turin: E. Loescher.

Graham, Richard. 1990. *Patronage and Politics in Nineteenth-Century Brazil.* Stanford: Stanford University Press.

Gramsci, Antonio. 1971. *Selections from the Prison Notebooks of Antonio Gramsci.* Ed. and trans. Quentin Hoare and Geoffrey Nowell Smith. New York: International Publishers.

_____ , 1957. *The Modern Prince and Other Writings.* London: Lawrence and Wishart.

_____ , 1949. *Il Risorgimento.* Turin: Einaudi.

Grantham, G. W. 1975. Scale and Organization in French Farming, 1840–1880. In William N. Parker and Eric L. Jones, eds., *European Peasants and Their Market: Essays in Agrarian Economic History.* Princeton: Princeton University Press.

Gravier, Jean-François. 1947. *Paris et le désert français.* Paris: Le Portulan.

Gray, Robert. 1981. *The Aristocracy of Labour in Nineteenth-Century Britain, 1850–1914.* London: Macmillan.

Great Britain, H. M. S. Stationery Office. 1916. *Recommendations of the Economic Conference of the Allies Held at Paris on June 14–17, 1916*, cd. 8271.

Greenfeld, Liah. 1992. *Nationalism: Five Roads to Modernity.* Cambridge: Harvard University Press.

Grew, Raymond. 1978a. The Crises and Their Sequences. In Grew, ed., *Crises of Political Development in Europe and the United States.* Princeton: Princeton University Press.

Grew, Raymond, ed. 1978b. *Crises of Political Development in Europe and the United States.* Princeton: Princeton University Press.

Griffith, J. A. G. 1966. *Central Departments and Local Authorities.* Toronto:

University of Toronto Press.

Groh, Dieter. 1973. *Negative Integration und revolutionärer Attentismus: Die deutsche Sozialdemokratie am Vorabend des Ersten Weltkrieges.* Frankfurt am Main: Ullstein.

Grünberg, K. 1922. Agrarverfassung. *Grundriss der Sozialökonomik* 7: 131~67.

Guenalt, Paul H., and J. M. Jackson, 1960. *The Control of Monopoly in the United Kingdom.* London: Longman.

Guérin, Daniel. 1939. *Fascism and Big Business.* New York: Pioneer Publishers.

Gulick, Charles A. 1940. *Austria from Hapsburg to Hitler.* Vol. 2. Berkeley: University of California Press.

Gusfield, Joseph. 1967. Tradition and Modernity: Misplaced Polarities in the Study of Social Change. *American Journal of Sociology* 72: 351~62.

Guttsman, W. L. 1969. *The English Ruling Class.* London: Weidenfeld and Nicolson.

_____ , 1954. Aristocracy and the Middle Classes in the British Political Elite, 1886–1916. *British Journal of Sociology* 5: 12~32.

Habbakuk, H. J. 1967. England. In Albert Goodwin, ed., *The European Nobility in the Eighteenth Century.* New York: Harper & Row.

Habermas, Jürgen. 1976. *Legitimation Crisis.* London: Heinemann.

Halperin, Sandra. 1993. Nationalism and the Autonomous State in Nineteenth-Century Europe. In Ronen Palan and Barry K. Gills, eds., *Transcending the State-Global Divide: The Neo-Structuralist Agenda in International Relations.* Boulder, Colo.: Lynne Rienner.

Hammond, Edwin. 1968. *An Analysis of Regional Economic and Social Statistics.* Durham: University of Durham, Rowntree Research Unit.

Hanham, H. J. 1970. *The Reformed Electoral System in Great Britain, 1832–1914.* London: Cambridge University Press.

Hardach, Gerd. 1977. *The First World War, 1914–1918.* Berkeley:

University of California Press.

Harley, C. Knick. 1982. British Industrialization before 1841: Evidence of Slower Growth during the Industrial Revolution. *Journal of Economic History* 42, no. 2(June):267~90.

Hausrath, Adolf. 1914. *Treitschke: His Doctrine of German Destiny and of International Relations*. New York: Putnam.

Hechter, Michael. 1975. *Internal Colonialism: The Celtic Fringe in British National Development, 1536-1966*. Berkeley: University of California Press.

Heckscher, Eli F. 1964. *The Continental system*. Gloucester, Mass.: Peter Smith.

_____ , 1954. *An Economic History of Sweden*. Cambridge: Harvard University Press.

Henderson, William Otto. 1958. *The State and the Industrial Revolution in Prussia, 1740-1870*. Liverpool: Liverpool University Press.

Herbert, Ulrich.1990. *A History of Foreign Labor in Germany, 1880-1980: Seasonal Workers, Forced Laborers, Guest Workers*. Trans. William Templer. Ann Arbor: University of Michigan Press.

Herr, Richard. 1977. Spain. In David Spring, ed., *European Landed Elites in the Nineteenth Century*. Baltimore: Johns Hopkins University Press.

Hertslet, Sir Edward. 1891. *The Map of Europe by Treaty*. London: Harrison and Sons.

Hertz, Frederick. 1947. War and National Character. *Contemporary Review* 171(May): 274~81.

Hettne, B.1990. *Development Theory and the Three Worlds*. Harlow: Longman.

Hexter, J. H. 1961. The Myth of the Middle Class in Tudor England. In *Reappraisals in History*. Chicago: University of Chicago Press.

Heyer, Friedrich. 1969. *The Catholic Church from 1648 to 1870*. London: Adam & Charles Black.

Higgs, David. 1987. *Nobles in Nineteenth-Century France*. Baltimore:

Johns Hopkins University Press.

Hilferding, Rudolf. 1981. *Finance Capital: A Study of the Latest Phase of Capitalist Development.* Ed. Tom Bottomore. London: Routledge & Kegan Paul.

Hil, Christopher. 1981. A Bourgeois Revolution? In J. G. A. Pocock, ed., *Three British Revolutions: 1641, 1688, 1776.* Princeton: Princeton University Press.

____ , 1967. *Reformation to Industrial Revolution: A Social and Economic History of Britain, 1530–1780.* London: Weidenfeld and Nicolson.

____ , 1940. *The English Revolution of 1640.* London: Lawrence and Wishart.

Hilton, R. H. 1951. Y-eut-il une crise générale de la féodalité? *Annales E. S. C.* 6, no. 1(January-March): 23~30.

Hintze, Otto. 1975. Military Organization and the Organization of the State. In Felix Gilbert, ed., *The Historical Essays of Otto Hintze.* New York: Oxford University Press.

Hirschman, Albert O. 1981. The Rise and Decline of Development Economics. In *Essays in Trespassing.* Cambridge: Cambridge University Press.

____ , 1971. A Bias for Hope: *Essays on the Development of Latin America.* New Haven: Yale University Press.

Hobsbawm, Eric. 1990. *Nations and Nationalism since 1870.* Cambridge: Cambridge University Press.

____ , 1979. *The Age of Capital, 1848–1875.* New York: Meridian.

____ , 1962. *The Age of Revolution, 1789–1848.* New York: Mentor.

____ , 1959. *Primitive Rebels.* New York: Norton.

Hobson, J. A. 1965. *Imperialism.* Ann Arbor: University of Michigan Press.

Holborn, Hajo. 1969. *A History of Modern Germany, 1840–1945.* New York: Knopf.

Holland, Stuart 1979. Dependent Development: Portugal as Periphery.

In Dudley Seers, Bernard Shaffer, and Marja-Liisa Kiljunen, eds., *Underdeveloved Europe: Studies in Core-Periphery Relations*. Brighton, Sussex: Harvester.

Hough, Richard, John Kelley, Stephen Miller, Russell Derossier, Fred L. Mann, and Mitchell A. Seligson. 1982. *Land and Labor in Guatemala: An Assessment*. Guatemala City: Ediciones Papiro.

Howard, Michael. 1979. War and the Nation-State. *Daedalus*. 108, no. 4 (Fall): 101~10.

_____ , 1976. *War in European History*. New York: Oxford University Press.

Hroch, Miroslav. 1985. *Social Preconditions of National Revival in Europe: A Comparative Analysis of the Social Composition of Patriotic Groups among the Smaller European Nations*. Trans. Ben Fowkes. London: Cambridge University Press.

Hughes, Christopher. 1975. *Switzerland*. New York: Praeger.

Hunt, Lynn. 1984. *Politics, Culture, and Class in the French Revolution*. Berkeley: University of California Press.

Hunter, James. 1976. *The Making of the Crofting Community*. Edinburgh: Donald.

Huntington, Samuel P. 1968. *Political Order in Changing Societies*. New Haven: Yale University Press.

Interamerican Development Bank [IDB]. 1973. *Annual Report*. Washington. D. C.: IDB.

Issawi, Charles. 1982. *An Economic History of the Middle East and North Africa*. New York: Columbia University Press.

Jackson, Robert H. 1990. *Quasi-States Sovereignty, International Relations, and the Third World*. New York: Cambridge University Press.

Jackson, Steven, Bruce Russett, Duncan Snidal, and David Sylvan. 1978. Conflict and Coercion in Dependent States. *Journal of Conflict Resolution* 22: 627~57.

Jásci, Oscar. 1929. *Dissolution of the Hapsburg Monarchy*. Chicago:

University of Chicago.

Jelavich, Charles. 1958. *Tsarist Russia and Balkan Nationalism: Russian Influence on the Internal Affairs of Bulgaria and Serbia, 1879–1886.* Berkeley: University of California Press.

Joad, C. E. M. 1951. What I Still Believe. *New Statesman and Nation*, (19 May), 557~58.

Johnaon, Arthur A. 1979. *The Disappearance of the Small Landowner.* Fairfield, N. Y.: A. M. Kelley.

Johnson, John J. 1964. Introduction. In Johnson, ed., *Contemporary Change in Latin America.* Stanford: Stanford University Press.

Jörberg, Lennart. 1973. The Industrial Revolution in the Nordic Countries. In Carlo M. Cipolla, ed., *The Fontana Economic History of Europe. Vol. 2, The Emergence of Industrial Societies.* Glasgow: William Collins Sons.

Joyce, Patrick. 1980. *Work, Society, and Politics: The Culture of the Factory in Later Victorian England.* New Brunswick, N. J.: Rutgers University Press.

Kaiser, David. 1990. *Politics and War: European Conflict from Phillip II to Hitler.* Cambridge: Harvard University Press.

Kantorowicz, Ernst Hartwig. 1957. *The King's Two Bodies.* Princeton: Princeton University Press.

Katzenstein, Peter. 1985. *Small States in World Markets: Industrial Policy in Europe.* Ithaca: Cornell University Press.

_____, 1984. *Corporatism and Change.* Ithaca: Cornell University Press.

Kaughman, Robert R. 1972. *The Politics of Land Reform in Chile, 1950–1970.* Cambridge: Harvard University Press.

Kautsky, John H. 1980. *The Political Consequences of Modernization.* Huntington, N. Y.: Robert E. Krieger.

_____, 1899. *Agrarfrage.* Stuttgart: Dietz Verlag.

Kay, Cristóbal. 1989. *Latin American Theories of Development and Underdevelopment.* London: Routledge.

Kay, Geoffrey. 1975. *Development and Underdevelopment: A Marxian*

Analysis. London: Macmillan.
Kedourie, Elie. 1984. *The Crossman Confessions and Other Essays in Politics, History, and Religion*. London: Mansell.
_____, 1960. *Nationalism*. London: Hutchinson University Library.
Keith-Lucas, Bryan, and Peter G. Richards. 1978. *A History of Local Government in the Twentieth Century*. London: Allen & Unwin.
Kennan, George. 1960. *Russia and the West under Lenin and Stalin*. New York: Mentor.
Kennedy, Paul. 1987. *The Rise and Fall of the Great Powers: Economic Change and Military Conflict from 1500 to 2000*. New York: Vintage.
_____, 1981. *The Realities behind Diplomacy: Background Influences on British External policy, 1865-1980*. Glasgow: William Collins Sons.
Kern, Robert, ed. 1973. *The Caciques: Oligarchical politics and the System of Caciquismo in the Luso-Hispanic World*. Albuquerque: University of New Mexico Press.
Kerr, Malcolm H. 1981. Rich and Poor in the New Arab Order. *Journal of Arab Affairs* 1, no. 1 (October): 1~26.
Keynes, John Maynard. 1988. *The Economic Consequences of the peace*. 1920. Reprint, Harmondsworth: Penguin.
Kieniewicz Stephan. 1948-49. The Social Visage of Poland in 1848. *Slavonic and East European Review* 27: 91~105.
Kindleberger, Charles. 1984. *Financial History of Western Europe*. London: Allen & Unwin.
——, 1964. *Economic Growth in France and Britain, 1851-1950*. Cambridge: Harvard University Press.
King, Merle. 1968. Toward a Theory of power and political Instability in Latin America. In James Petras and Maurice Zeitlin, eds., *Latin America, Reform or Revolution?* Greenwich, Conn.: Fawcett.
Kleinwächter, Friedrich. 1883. *Die Kartelle*. Innsbruck: Wagner.
Klima, Arnost. 1949. Bohemia. In François Fejtö, ed., *The Opening of an*

Era: 1848. New York: Grosset & Dunlap.

Knorr, Klaus. 1975. *The Power of Nations.* New York: Basic.

Kocka, Jürgen, 1988. German History before Hitler: The Debate about the German *Sonderweg*. *Journal of contemporary History* 23, no. 1(January): 1~16.

Koebner, Richard, and Helmut Dan Schmidt. 1965. *Imperialism: The Story and Significance of a Political Word, 1840–1960.* Cambridge: Cambridge University Press.

Koenig, Harry C., ed. 1943. *Principles for Peace. Washington,* D. C.: National Catholic Welfare Conference.

Kohn, Hans. 1961. *The Hapsburg Empire, 1804–1918.* Princeton: Van Nostrand.

_____, 1955. *Nationalism: Its Meaning and History.* Princeton: Princeton University Press.

_____, 1946. *Prophets and People.* London: Macmillan.

Kossmann, E. H. 1978. *The Low Countries, 1780–1940.* Oxford: Clarendon Press.

Kumar, Kishan. 1983. Pre-capitalist and Non-capitalist Factors in the Development of Capitalism: Fred Hirsch and Joseph Schumpeter. In Adrian Ellis and Kishan Kumar, eds., *Dilemmas of Liberal Democracies.* London: Tavistock.

Kuznets, Simon. 1971. *Economic Growth of Nations: Total Output and Production Statistics.* Cambridge: Harvard University Press.

_____, 1966. *Modern Economic Growth.* New Haven: Yale University Press.

_____, 1964. The Aftermath of World War II. In *Postwar Economic Growth: Four Lectures.* Cambridge: Belknap Press.

_____, 1963. Quantitative Aspects of the Economic Growth of Nations: Distribution of Income in Size. *Economic Development and Cultural Change* 21, no. 2, pt. 2 (January): 1~80.

Laclau, Ernesto. 1971. Feudalism and Capitalism in Latin America. *New Left Review* 67 (May-June): 19~38.

Ladejinsky, Wolf. 1959. Agrarian Revolution in Japan. *Foreign Affairs* 38, no. 1 (October): 95~109.

Lal, Deepak. 1983. *The Poverty of Development Economics.* London: Institute of Economic Affairs.

Lall, Sanjaya. 1981. *Developing Countries in the International Economy.* London: Macmillan.

Lambert, A. 1984. *Unquiet Souls.* London: Macmillan.

Lampe, John R., and Marvin R. Jackson. 1982. *Balkan Economic History, 1550-1950.* Bloomington: Indiana University Press.

Landes, David S. 1969. *The Unbound Prometheus: Technological Change and Industrial Development in Western Europe from 1750 to the Present.* London: Cambridge University Press.

____ , 1954. Social Attitudes, Entrepreneurship, and Economic Development: A Comment. *Explorations in Entrepreneurial History* 6, no. 4 (May).

Langer, William L. 1969. *Political and Social Upheaval, 1832-1852.* New York: Harper Torchbooks.

Larrain, J. 1989. *Theories of Development.* Cambridge: Polity Press.

League of Nations. 1931a. *General Report on the Economic Aspects of International Industrial Agreements of the Economic Committee.* Geneva.

_____ , 1931b. *The Course and Phases of the World Economic Depression.* Report presented to the Assembly of the League of Nations. Geneva: Secretariat of the League of Nations.

_____ , 1926. *Health Organization Handbook Series No. 6: Official Statistics of the Scandinavian Countries and the Baltic Republics.* Geneva.

Leca, Jean. 1990. Social Structure and Political Stability: Comparative Evidence from the Algerian, Syrian, and Iraqi Cases. In Giacomo Luciani, ed., *The Arab State.* Berkeley. University of California Press.

Leeson, P. F. 1988. Development Economics and the Study of Development. In P. F. Leeson and M. M. Minogue, eds., *Perspectives on Development: Cross-Disciplinary Themes in Development Studies.* Manchester: Manchester University Press.

Lefebvre, Georges. 1962-64. *The French Revolution.* 2 vols. New York: Columbia University Press.

_____, 1947. *The Coming of the French Revolution.* Trans. R. R. Palmer. Princeton: Princeton University Press.

Lenin, V. I. 1956. *The Development of Capitalism in Russia.* Moscow: Foreign Language Publishing House.

_____, 1948. *Imperialism: The Highest Stage of Capitalism.* London: Lawrence and Wishart.

_____, 1932. *The State and Revolution.* New York: International Publishers.

_____, 1899. *The Development of Capitalism in Russia.* In *Collected Works,* vol. 3. 4th Ed. Moscow: Progress Publishers, 1964.

_____, n. d. On the Right of Nations to Self-Determination. In *Collected Works,* vol. 4. Moscow: Progress Publishers.

Lerner, Daniel. 1958. *The Passing of Traditional Society.* Glencoe: Free Press.

Leroy-Beaulieu, Paul. 1911. *L'état moderne et ses fonctions.* Paris: Guillaumin.

Leslie, R. F. 1963. *Reform and Insurrection in Russian Poland, 1856–1865.* London: Athlone Press.

Levandis, John Alexander. 1944. *The Greek Foreign Debt and the Great Powers, 1821–1898.* New York: Columbia University Press.

Levine, Daniel H. 1988. Paradigm Lost: Dependence to Democracy. *World Politics* 40, no. 3 (April): 377~94.

Levy, Hermann. 1927. *Monopolies, Cartels, and Trusts in British Industry.* London: St. Martin's Press.

Levy, Marion J., Jr. 1966. *Modernization and the Structure of Societies: A Setting for International Affairs.* Princeton: Princeton University Press.

Lévy, Maurice. 1951–52. *Histoire économique et sociale de la France depuis 1848.* Paris: Institut d'Études Politiques, Cours de Droit.

Lewis, W. Arthur. 1984. The State of Development Theory. *American Economic Review* 74, no. 1: 1~10.

_____ , 1978a. *Growth and Fluctuation,* 1870–1913. London: Allen & Unwin.

_____ , 1978b. *The Evolution of the International Economic Order.* Princeton: Princeton University Press.

_____ , 1972. The Historical Record of International Capital Movements to 1913. In J. H. Dunning, ed., *International Investment: Selected Readings.* Harmondsworth: Penguin.

_____ , 1949. *Economic Survey, 1919–1939.* London: Allen & Unwin.

Leys, Colin. 1996. The Crisis in "Development Theory." *New Political Economy* 1, no. 1: 41~58.

Lichtenberger, André. 1921. Le bourgeois. *Revue des Deux Mendes,* 15 November.

Liefmann, Robert. 1933. *Cartels, Concerns, and Trusts.* New York: Dutton.

_____ , 1897. *Die Unternehmerverbände (Konventionen, Kartelle): Ihr Wesen und ihre Bedeutung.* Freiburg: J. C. B. Mohr.

Lieven, Dominic. 1992. *The Aristocracy in Europe, 1815–1914.* New York: Macmillan.

_____ , 1983. *Russia and the Origins of the First World War.* London: Macmillan.

Linz, Juan. 1984. Interests and Politics in Spain. In Peter J. Williamson, ed., *Varieties of Corporatism.* New York: Cambridge University Press.

Linz, Juan, and Alfred Stepan, eds. 1978. *Breakdown of Democratic Regimes.* Baltimore: Johns Hopkins University Press.

Lipset, Seymour Martin. 1983. Radicalism or Reformism: The Sources of Working-Class Politics. *American Political Science Review* 77: 1~18.

_____ , 1959. Social Requisites of Democracy. *American Political Science*

Review 53 (March): 69~105.

Lis, Catharina. 1989. *Social Change and the Labouring Poor: Antwerp, 1770–1860.* New Haven: Yale University Press.

_____ , 1979. *Poverty and Capitalism in Pre-Industrial Europe.* Atlantic Highlands, N. J.: Humanities Press.

List, Friedrich. 1885. *The National System of Political Economy: International Commerce, Commercial Policy, and the German Customs Union.* Trans. Sampson S. Lloyd. London: Longmans, Green.

Livingstone, I. 1981. The Development of Development Economics. *ODI Review* 2: 1~20.

Lord, Montague J., and Greta R. Boye. 1991. The Determinants of International Trade in Latin America's Commodity Exports. In Miguel Urrutia, ed., *Long-Term Trends in Latin American Economic Development.* Washington, D. C.: Inter-American Development Bank.

Loughlin, John. 1985. Regionalism and Ethnic Nationalism in France. In Yves Mény and Vincent Wright, eds., *Centre-Periphery Relations in Western Europe.* London: Allen & Unwin.

Love, Joseph L. 1980. Raúl Prebisch and the Origins of Unequal Exchange. *Latin America Research Review* 15: 45~72.

Löwy, Michael. 1976. Marxists and the National Question. *New Left Review* 96: 81~100.

Lucas, Colin. 1973. Nobles, Bourgeois, and the Origins of the French Revolution. *Past and Present* 60 (September): 84~126.

Luck, James Murray. 1985. *A History of Switzerland.* Palo Alto, Calif.: Society for the Promotion of Science & Scholarship.

Luebbert, Gregory. 1991. *Liberalism, Fascism, and Social Democracy: Social Classes and the Political Origins of Regimes in Interwar Europe.* New York: Oxford University Press.

Lustig, Nora. 1993. Equity and Development. In Osvaldo Sunkel, ed., *Development from Within: Toward a Neostructuralist Approach*

for Latin America. Boulder, Colo.: Lynne Rienner.
Luxemburg, Rosa. 1977. *The Industrial Development of Poland.* New York: Campaigner.
_____, 1976. *The National Question: Selected Writings of Rosa Luxemburg.* Ed. Horace B. Davis. New York: Monthly Review Press.
_____, 1951. *The Accumulation of Capital.* Trans. Agnes Schwarzchild. New Haven: Yale University Press.
Macartney, C. A. 1968. *The Hapsburg Empire, 1790–1918.* London: Weidenfeld & Nicolson.
_____, 1934. *National States and National Minorities.* London: Oxford University Press.
MacDonald, Mary. 1946. *The Republic of Austria, 1918–1934: A Study in the Failure of Democratic Government.* London: Oxford University Press.
Machay, J. P. 1970. *pioneer for profit: Entrepreneurs and Russian Industrialization.* Chicago: University of Chicago Press.
Maclver, Robert M. 1932. *The Modern State.* London: Oxford University Press.
Maddison, Angus. 1991. Economic and Social Conditions in Latin America, 1913~1950. In Miguel Urrutia, ed., *Long-Term Trends in Latin American Economic Development.* Washington D. C.: Inter-American Development Bank.
_____, 1990. *The World Economy in the Twentieth Century.* paris: Development Centre Studies.
_____, 1989. Measuring European Growth: The Core and the Periphery. In E. Aerts and N, Valerio, eds., *Growth and Stagnation in the Mediterranean World in the Nineteenth and Twentieth Centuries.* Leuven: University of Leuven Press.
_____, 1983. A Comparison of Levels of GDP per Capita in Developed and Developing Countries, 1700–1980. *Journal of Econmic History* 43, no. 1(March): 27~41.
_____, 1964. *Economic Growth in the West.* New York: Twentieth Century

Fund.

Maehl, William Henry, Jr., ed. 1967. *The Reform Bill of 1832.* New Your: Holt, Rinehart & Winston.

Magraw, Roger. 1983. *France 1815–1914: The Bourgeois Century.* Oxford: Fontana.

Maier, Charles. 1975. *Recasting Bourgeois Europe: Stabilization in France, Germany, and Italy in the Decade after World War I.* Princeton: Princeto University Press.

Maizels, A. 1970. *Growth and Trade.* London: Cambridge University Press.

Mamatey, Victor S., and Radomir Luza. 1973. *A History of the Czechoslovak Republic, 1918–1948.* Princeton: Princeton University Press.

Mann, Michael. 1984. The Autonomous Power of the State: Its Origins, Mechanisms, and Results. *Archives européenes de sociologie* 25: 185~213.

Manzo, Kate. 1991. Modernist Discourse and the Crisis of Development Theory. *Studies in Comparative International Development* 26, no. 2 (Summer): 3~36.

Marczali, Henrik. 1910. *Hungary in the Eighteenth Century.* Cambridge: Cambridge University Press.

Marks, Gary. 1989. *Unions in Politics: Britain, Germany, and the United States in the Nineteenth and Early Twentieth Centuries.* Princeton: Princeton University Press.

Marx, Karl. 1970. *A Contribution to the Critique of Political Economy.* Moscow: Progress Publishers.

_____ , 1963. *The Eighteenth Brumaire of Louis Bonaparte.* New York: International Publishers.

_____, 1909. *Capital.* Vol. 1. London: William Glaisher.

Marx, Karl, and Friedrich Engels. 1970. *The Communist Manifesto.* New York: Pathfinders Press.

Maschke, Erich. 1969. Outline of the History of German Cartels from 1873 to 1914. In F. Crouzet, W. H. Chaloner, and W. M. Stern, eds., *Essays in European Economic History, 1789-1914*. New York: St. Martin's Press.

Masterman, Charles F. G. 1923. *England after the War*. New York: Harcourt Brace.

Mathias, Peter. 1969. *The First Industrial Nation: An Economic History of Britain, 1700-1914*. London: Methuen.

Mattingly, Garrett. 1955. *Renaissance Diplomacy*. Baltimore: Penguin.

Maurice, C. Edmund. 1887. *The Revolutionary Movement of 1848-49 in Italy, Austria-Hungary, and Germany*. London: George Bell and Sons.

Mayer, Arno J. 1981. *The Persistence of the Ancien Régime: Europe to the Great War*. New York: Pantheon.

_____ , 1969. *The Political Origins of the New Diplomacy, 1917-1918*. New York: H. Fertig.

Mazour, Anatole G. 1951. *Russia Past and Present*. New York: Van Nostrand.

Mazzini, Giuseppe. 1890. *Life and Writings of Joseph Mazzini*. London: Smith, Elder.

_____ , 1877. Mazzini on the Eastern Question. *Fortnightly Review*, n. s., 21, no. 124 (April): 558~79.

McHenry, Dean E. 1940. *His Majesty's Opposition: Structure and Problems of the British Labour Party, 1931-1938*. Berkeley: University of California Press.

McLeod, Hugh. 1981. *Religion and the People of Western Europe, 1789-1970*. Oxford: Oxford University Press.

_____ , 1973. Class, Community, and Region: The Religious Geography of Nineteenth-Century England. In Michael Hall, ed., *A Sociological Yearbook of Religion in Britain*. London: SCM Press.

McNeill, William H. 1974. *The Shape of European History*. London: Oxford University Press.

Megaro, Gaudens. 1930. *Vittorio Alfieri, Forerunner of Italian Nationalism*. New York: Columbia University Press.

Meier, G. E. ed. 1970. *Leading Issues in Economic Development.* London: Oxford University Press.

Mendras, Henri. 1970. *The Vanishing Peasant.* Cambridge: Harvard University Press.

Meredith, H. O. 1904. *Protection in France.* London: P. S. King.

Meyer, Henry Cord. 1955. *"Mitteleuropa" in German Thought and Action. 1815–1945.* The Hague: M. Nijhoff.

Michels, Robert. 1914. *Probleme der Sozialphilosophie.* Leipzig: B. G. Teubner.

Migdal, Joel S. 1983. Studying the Politics of Development and Change: The State of the Art. In Ada W. Finifter, ed., *Political Science: The State of the Discipline.* Washington, D. C.: American Political Science Association.

Miliband, Ralph. 1973a. Marx and the State. In Tom Bottomore, ed., *Karl Marx.* Englewood Cliffs, N. J.: Prentice-Hall.

_____ , 1973b. Poulantzas and the Capitalist States. *New Left Review* 82 (November December): 83~92.

Miliukov, Paul N. 1917. The Representative System in Russia. In J. D. Duff, ed., *Russian Realities and Problems.* Cambridge: Cambridge University Press.

Mitchell, B. R. 1975. *European Historical Statistics, 1750–1970.* Abridged edition. New York: Columbia University Press.

Mokyr, Joel. 1976. *Industrialization in the Low Countries, 1795–1850.* New Haven: Yale University Press.

Molinari, G. de. 1879. Union douaniêre de l'Europe centrale. *Journal des économistes,* 4th ser., 5: 309~18.

Mommsen, Wolfgang. 1989. *The Political and Social Theory of Max Weber: Collected Essays.* Chicago: University of Chicago Press.

_____ , 1984. *Max Weber and German Politics, 1890–1920.* Chicago: University of Chicago Press.

Montagu, Lord. 1970. *More Equal Than Others: The Changing Fortunes of the British and European Aristocracies.* London: Michael

Joseph.

Moody, Joseph N., et al., eds. 1953. *Church and Society: Catholic Social and Political Thought and Movements, 1789–1950*. New York: Arts.

Moore, Barrington, Jr. 1966. *Social Orgins of Dictatorship and Democracy: Lord and Peasant in the Marking of the Modern World*. Boston: Beacon.

_____ , 1958. *Political Power and Social Theory*. New York: Harper & Row.

Mori, Giorgio. 1979. The Process of Industrialization in General and the Process of Industrialization in Italy. *Journal of European Economic History* 8, no. 1 (Spring): 61~82.

Morley, John. 1882. *The Life of Richard Cobden*. London: Chapman and Hall.

Morris, Cynthia Taft, and Irma Adelman. 1989. Nineteenth-Century Development Experience and Lessons for Today. *World Development* 17, no. 9: 1417~32.

_____ , 1988. *Comparative Patterns of Economic Development, 1850–1914*. Baltimore: Johns Hopkins University Press.

Morse, Edward L. 1976. *Modernization and the Transformation of International Relations*. New York: Free Press.

Mousnier, Roland, ed. 1964. *Lettres et mémoires addressés au Chancelier Séguier, 1633–1649*. Vol. 1. Paris: Presses Universitaires de France.

Mouzelis, Nicos. 1988. Sociology of Development: Reflections on the Present Crisis. *Sociology* 22, no. 1: 23~44.

Müller, Klaus. 1994. From Post-Communism to Post-Modernity? Economy and Society in the Eastern European Transformation. In Bruno Grancelli, ed., *Social Change and Modernization: Lessons from Eastern Europe*. New York: St. Martin's Press.

_____ , 1992. "Modernizing" Eastern Europe: Theoretical Problems and Political Dilemmas. *European Journal of Sociology* 33: 109~50.

Muncy, Lysbeth W. 1973. The Prussian Landräte in the Years of the Monarchy: A Case Study of Pomerania and the Rhineland in 1890-1918. *Central European History* 6, no. 4 (December): 299~338.

_____, 1944. *The Junker in the Prussian Administration under William II, 1888-1914.* Providence, R. I.: Brown University Press.

Munting, Roger. 1982. *The Economic Development of the U. S. S. R.* London: Croom Helm.

Murdoch, William W. 1980. *The Poverty of Nations: The Political Economy of Hunger and Population.* Baltimore: Johns Hopkins University Press.

Nadal, Jordi. 1973. The Failure of the Industrial Revolution in Spain, 1830-1914. In Carlo M. Cipolla, ed., *The Fontana Economic History of Europe.* Vol. 2, *Emergence of Industrial Societies.* Glasgow: William Collins Sons.

Nash, Manning. 1984. *Unfinished Agenda: The Dynamics of Modernization in Developing Nations.* Boulder, Colo.: Westview Press.

Naumann, Friedrich. 1917. *Central Europe.* Translated by Christabel M. Meredith. London: P. S. King & Son.

_____, 1916. *Mitteleuropa.* Berlin: G. Reimer.

Neale, R. S. 1975. "The Bourgeoisie, Historically, Has Played a Most Revolutionary Part." In Eugene Kamenka and R. S. Neale, eds., *Feudalism, Capitalism, and Beyond.* London: Edward Arnold.

Nef, John U. 1967. *Industry and Government in France and England, 1540-1640.* Ithaca: Cornell University Press.

Neumann, Franz. 1944. *Behemoth: The Structure and Practice of National Socialism, 1933-1944.* London: Oxford University Press.

Newsinger, J. 1979. Revolution and Catholicism in Ireland, 1848-1923. *European Studies Review* 9, no. 4 (October): 457~80.

Niceforo, Alfredo. 1901. *Italiane del Nord e Italiani del Sud.* Torino: Fratelli Boca.

_____ , 1890. *L'Italia barbara contemporanea.* Palermo: Sandron.

Nolde, B. F. 1928. *Russia in the Economic War.* New Haven: Yale University Press.

North, Douglass C. 1981. *Structure and Change in Economic History.* New York: Norton.

North, Douglass C., and Robert Paul Thomas. 1973. An Economic Theory of the Growth of the Western World. *Economic History Review,* 2d ser., 23 (April): 1~17.

_____ , 1970. *The Rise of the Western World.* Cambridge: Cambridge University Press.

Nove, Alec. 1982. *An Economic History of the U. S. S. R.* Harmondsworth: Penguin.

O'Connor, James. 1973. *The Fiscal Crisis of the State.* New York: St. Martin's Press.

O'Donnell, Guillermo. 1979. *Modernization and Bureaucratic-Authoritarianism.* Berkeley: Institute of International Studies, University of California.

_____ , 1978. Reflections on the Patterns of Change in a Bureaucratic Authoritarian State. *Latin American Research Review* 13: 3~38.

_____ , 1977. Corporatism and the Question of the State. In James M. Malloy, ed., *Authoritarianism and Corporatism in Latin America.* Pittsburgh: University of Pittsburgh Press.

O'Donnell, Guillermo, and Delfina Linck. 1973. *Dependencia y Autonomía: Formas de Dependencia y Estratégias de Liberación.* Buenos Aires: Amorrortu.

O'Donnell, Guillermo, Philippe C. Schmitter, and Laurence Whitehead. 1986. *Transitions from Authoritarian Rule.* Baltimore: Johns Hopkins University Press.

Offe, Claus. 1976. Political Authority and Class Structures. In P. Connerton, ed., *Critical Sociology.* London: Penguin.

_____ , 1975. The Theory of the Capitalist State and the Problem of Policy Formation. In Leon N. Lindberg, Robert Alford, Colin

Crouch, and Claus Offe, eds., *Stress and Contradiction in Modern Capitalism.* Lexington, Mass.: D. C. Heath.

_____ , 1974, Structural Problems of the Capitalist State. *German. Political Studies* 1: 31~56.

Offe, Claus, and Volker Ronge. 1975. Theses on the Theory of the State. *New German Critique* 6: 137~47.

Ogg, Frederic Austin. 1930. *Economic Development of Modern Europe.* New York: Macmillan.

_____ , 1914. *The Governments of Europ.* New York: Macmillan.

O'Leary, Cornelius. 1962. *The Elimination of Corrupt Practices in British Elections, 1868–1911.* Oxford: Clarendon Press.

Olson, Mancur. 1993. Dictatorship, Democracy, and Development. *American Political Science Review* 87, no. 3 (September): 567~76.

_____ , 1982. *The Rise and Decline of Nations.* New Haven: Yale University Press.

Orsagh, Thomas J. 1968. The Probable Geographic Distribution of German Income, 1882–1963. *Zeitschrift für die gesamte Staatswissenschaft* 124: 280~311.

Osterud, Oyvind. 1978. *Agrarian Structure and Peasant Politics in Scandinavia.* Oslo: Universitetsforlaget.

Owen, Robert. 1969. *Report to the County of Lanark: A New View of Society.* London: Penguin.

Owen, Roger, and Bob Sutcliffe, eds. 1972. *Studies in the Theory of Imperialism.* London: Longman.

Packenham, Robert A. 1992. *The Dependency Movement: Scholarship and Politics in Development Studies.* Cambridge: Harvard University Press.

Palmer, Robert R. 1944. The National Idea in France before the Revolution. *Journal of the History of Ideas* 1, no. 1 (January): 95~111.

Pareto, Vilfredo. 1917–19. *Traité de sociologie générale.* Paris: Payot.

Parker, Geoffrey. 1988. *The Military Revolution: Military Innovation and the Rise of the West, 1500–1800.* Cambridge: Cambridge University

Press.

Parsons, Talcott. 1966. *Societies: Evolutionary and Comparative Perspectives.* Englewood Cliffs, N. J.: Prentice-Hall.

Passelecq, Fernand. 1928. *Déportation et travail forcé des ouvriers et la population civile de la Belgique occupée.* Paris: Presses Universitaires de France.

Pavlovsky, Georgii Alekseevich. 1930. *Agricultural Russia on the Eve of the Revolution.* London: Routledge.

Pearson, Raumond. 1983. *National Minorities in Eastern Europe, 1848-1945.* London: Macmillan.

Pech, S. Z. 1969. *The Czech Revolution of 1848.* Chapel Hill: University of North Carolina Press.

Petrie, Charles. 1944. *Diplomatic History.* London: Hollis and Carten.

Petropulos, Anthony. 1968. *Politics and Statecraft in the Kingdom of Greece.* Princeton: Princeton University Press.

Pieterse, Jan Nederveen. 1991. Dilemmas of Development Discourse: The Crisis of Developmentalism and the Comparative Method. *Development and Change* 22, no. 1 (January): 5~29.

Pirenne, Henri. 1900. *Histoire de Belgique.* Brussels: Lamertin.

Pius IX. 1864. Syllabus of Errors. In *Dogmatic Canons and Decrees.* New York: Devon-Adair, 1912.

Plotnikov, N. 1969. The Transformations of One of the Most Backward Regions of Central Asia into an Advanced Industrial Republic: The Case of the Uzbek Republic. In E. A. G. Robinson, ed., *Backward Areas in Advanced Countries.* London: Macmillan.

Plumb, J. H. 1950. *England in the Eighteenth Century.* Harmondsworth: Penguin.

Poggi, Gianfranco. 1978. *The Development of the Modern State: A Sociological Introduction.* Stanford: Stanford University Press.

Polanyi, Karl. 1944. *The Great Transformation: The Political and Economic Origins of Our Time.* New York: Farrar and Rinehart.

Pollard, Sidney. 1973. Industrialization and the European Economy.

Economic History Review 26, no. 4 (November): 636~48.

Porchnev, Boris. 1963. *Les soulèvements populaires en France de 1623 à 1648.* Paris: SEVPEN.

Porter, Anthony, and R. F. Holland. 1988. *Theory, and Practice in the History of European Expansion Overseas: Essays in Honour of Ronald Robinson.* London: Cass.

Portes, Alejandro. 1985. Latin American Class Structures: Their Composition and Change during the Last Decades. *Latin American Research Review* 20, no. 3: 7~40.

Poulantzas, Nicos. 1978. *State, Power, and Socialism.* London: New Left Books.

_____, 1976. The Capitalist State: A Reply to Miliband and Laclau. *New Left Review* 95 (January-February): 65~83.

_____, 1975, *Classes in Contemporary Capitalism.* London: New Left Books.

_____, 1973a. *Political Power and Social Classes.* London: New Left Books.

_____, 1973b. The Problem of the Capitalist State. In Robin Blackburn, ed., *Ideology in Social Science.* New York: Vintage.

Pounds, J. G. 1959. Economic Growth in Germany. In Hugh Aitken, ed., *The State and Economic Growth.* New York: Social Science Research Council.

Prebisch, Raúl. 1950a. *The Economic Development of Latin America and Its Principal Problems.* New York: United Nations.

_____, 1950b. *Theoretical and Practical Problems of Economic Growth.* Mexico: United Nations.

Price, Roger. 1981. *An Economic History of Modern France, 1730–1914.* London: Macmillan.

Puhle, Hans Jürgen. 1986. Lords and Peasants in the Kaiserreich. In Robert G. Moeller, ed., *Peasants and Lords in Modern Germany.* Boston: Allen & Unwin.

Pundt, Alfred G. 1935. *Arndt and the German Nationalist Awakening in*

Germany. New York: Columbia University Press.

Ranis, G., and T. P. Schultz, eds. 1988. *The State of Development Economics: Progress and Perspectives*. Oxford: Basil Blackwell.

Read, Donald. 1964. *The English Provinces*, 1760-1960. New York: St. Martin's Press.

Reddaway, William F., ed. 1941. *The Cambridge History of Poland*. Cambridge: Cambridge University Press.

Reddy, William M. 1987. *Money and Liberty in Modern Europe: A Critique of Historical Understanding*. Cambridge: Cambridge University Press.

Renner, Karl. 1902. *Der Kampf der österreichischen Nationen um den Staat*. Leipzig: Franz Deutke.

Reynolds, Lloyed G. 1985. *Economic Growth in the Third World*, 1850-1980. New Haven: Yale University Press.

Riggs, Fred 1964. *Administration in Developing Countries*. Boston: Houghton Mifflin.

Roberts, Henry L. 1951. *Rumania: Political problems of an Agrarian State*. New Haven: Yale University Press.

Robson, William A: 1931. *The Development of Local Government*. London: Allen & Unwin.

Rock, David. 1975. *Politics in Argentina, 1890-1930: The Rise and Fall of Radicalism*. London: Cambridge University Press.

Rodney, Walter. 1972. *How Europe Underdeveloped Africa*. London: Bogle-L'Ouverture.

Rodríguez, Octavio. 1980. *La Teoría del subdesarrollo de la CEPAL*. Mexico: Siglo Veintiuno.

Rokkan, Stein. 1970. *Citizens, Elections, Parties*. Oslo: Universitetsforlaget.

_____ , 1967. Geography, Religion, and Social Class: Cross-Cutting Cleavages in Norwegian Politics. In S. M. Lipset and Stein Rokkan, eds., *Party Systems and Voter Alignment: Cross-National Perspectives*. New York: Free Press.

Roller, Michael. 1948. Romania. In François Fejtö, ed., *The Opening of an Era: 1848.* New York: Grosset & Dunlap.

Romein, Jan. 1978. *The Watershed of Two Eras: Europe in 1900.* Middletown, Conn.: Wesleyan University Press.

Romero-Maura, Joaquin. 1977. Caciquismo as a Political System. In Ernest Gellner and John Waterbury, eds., *Patrons and Clients.* London: Duckworth.

Rosenberg, Hans. 1966. *Bureaucracy, Aristocracy, and Autocracy: The Prussian Experience, 1660–1815.* Cambridge: Harvard University Press.

Rostovtzeff, M. 1957. *The Social and Economic History of the Roman Empire.* 2d ed. Oxford: Clarendon Press.

Rostow, W. W. 1960. *The Stages of Economic Growth.* Cambridge: Cambridge University Press.

Rota, Ettore. 1948. *Genesi storica dell'idea italiana.* Milan: Vallardi.

Roth, Guenther. 1963. *The Social Democrats in Imperial Germany: A Study in Wroking-Class Isolation and Nation Integration.* Totowa, N. J.: Bedminster.

Roxborough, Ian 1979. *Theories of Underdevelopment.* Atlantic Highlands, N. J.: Humanities Press.

Rubinstein, W. D. 1987. New Men of Wealth and the Purchase of Land in Nineteenth-Century Britain. In *Elites and the Wealthy in Modern British History.* New York: St. Martin's Press.

_____ , 1981. *Men of Property: The Very Wealthy in Britain since the Industrial Revolution.* New Brunswick, N. J.: Rutgers University Press.

_____ , 1977. Wealth, Elites, and the Class Structure of Modern Britain. *Past and Present* 76: 99~126.

Rudé, George. 1989. *The French Revolution.* London: Weidenfeld & Nicolson.

Rueschemeyer, Dietrich, Evelyne Huber Stephens, and John D. Stephens. 1992. *Capitalist Development and Democracy.* Chicago: University of Chicago Press.

Ruhl, J. Mark. 1984. Agrarian Structure and Political Stability in Honduras. *Journal of Interamerican Studies and World Affairs* 26 (February): 33~68.

Sachs, Jeffrey. 1989. *Social Conflict and Populist Policies in Latin America.* Working Paper 2897. Cambridge, Mass.: National Bureau of Economic Research.

Saint-Simon, Claude Henri Comte de. 1802. Lettres d'un habitant de Genève à ses contemporains vie de Saint-Simon par Lui-Même. In *Oeuvres de Claude-Henri de Saint-Simon*, vol. 1. Paris: Éditions Anthropos, 1966.

Salvemini, Gaetano. 1915. *Guerra o neutralità* Milan: Di Viandante.

Samuelsson, Kurt. 1968. *From Great Power to Welfare State.* London: Allen & Unwin.

Sayigh, Yusif A. 1978. *The Determinants of Arab Economic Development.* London: Croom Helm.

Schama, Simon. 1989. *Citizens: A Chronicle of the French Revolution.* New York: Knopf.

Schissler, Hanna. 1986. The Junkers: Notes on the Social and Historical Significance of the Agrarian Elite in Prussia. In Robert G. Moeller, ed., *Peasants and Lords in Mordern Germany.* Boston: Allen & Unwin.

Schmidt, C. T. 1939. *The Corporate State in Action.* London: Gollancz.

Schmitter, Phillippe C. 1971. Desarrollo retrasado, dependencia externa, y cambio político en America Latina. *Foro Internacional* 12 (October-December): 135~74.

Schmoller, Gustay. 1900. Die Wandlungen in der Handelspolitik des 19. Jahrhunderts. *Schmollers Jahrbuch* 24: 373~82.

Schneider, Jane and Peter Schneider. 1976. *Culture and Political Economy in Western Sicily.* New York: Academic Press.

Schumpeter, Joseph A. 1947. *Capitalism, Socialism, and Democracy.* London: Harper and Brothers.

_____ , 1939. *Business Cycles: A Theoretical, Historical, and Statistical*

Analysis of the Capitalist Process. New York: McGraw-Hill.

Schwartz, Benjamin I. 1975. The Limits of "Tradition versus Modernity" as Categories of Explanation. *Daedalus* 101: 71~88.

Sée, Henri. 1942. *Histoire économique de la France.* Vol. 2, *Les Temps Modernes, 1789–1914.* Paris: Colin.

Seers, David. 1979. The Birth, Life, and Death of Development Economics. *Development and Change* 10, no. 4: 707~19.

Seligson, Mitchell A. 1984. Implementing Land Reform: The Case of Costa Rica. *Managing International Development* 1 (March-April): 29~46.

Sen, Amartya. 1983. Development: Which Way Now? *Economic Journal* 93: 372, 745~62.

_____ , 1960. *Choice of Techniques: An Aspect of the Theory of Planned Economic Development.* Oxford: Basil Blackwell.

Senghaas, Dieter. 1985. *The European Experience: A Historical Critique of Development Theory.* Dover, N. H.: Berg.

Sereni, Emilio. 1968. *Il capitalismo nelle campagne, 1860–1900.* Turin: Einaudi.

Seton-Watson, Hugh. 1977. *Nations and States.* London: Methuen.

_____ , 1967. *The Russian Empire, 1801–1917.* Oxford: Clarendon Press.

_____ , 1945. *Eastern Europe between the Wars, 1918–1941.* Hamden, Conn.: Archon.

Seton-Watson, R. W. 1934. *A History of the Roumanians.* London: Cambridge University Press.

Shaheen, Samad. 1956. *The Communist (Bolshevik) Theory of National Determination.* The Hague: W. Van Hoeve.

Shanahan, William O. 1954. *German Protestants Face the Social Question, 1815–1871.* Notre Dame, Ind.: University of Notre Dame Press.

Sharp, Evelyn Adelaide, Baroness. 1969. *The Ministry of Housing and Local Government.* London: Allen & Unwin.

Shils, Edward. 1960. Political Development in the New States.

Comparative Studies in Society and History 2: 265~92.

Shiner, L. E. 1975. Tradition/Modernity: An Ideal Type Gone Astray. *Comparative Studies in Society and History* 19: 245~352.

Sideri, Sandra. 1970. *Trade and Power: Informal Colonialism in Anglo-Portuguese Relations.* Rotterdam: Rotterdam University Press.

Siegenthaler, J. K. 1973. Sicilian Economic Change Since 1860. *Journal of European Economic History* 2, no. 2: 363~416.

Sièyes, Emmanuel Joseph, Comte. 1970. *Qu'est-ce que le Tiers État?* 1791. Reprint, Geneva: Droz.

Simas, L. 1971. Salazar: A Political Inquest. *Portuguese and Colonial Bulletin* 11.

Singer, Hans W. 1950. The Distribution of Gains between Investing and Borrowing Countries. *American Economic Review: Papers and Proceedings* 40, no. 2 (May): 473~85.

Singer, Hans W., and Javed Ansari. 1977. *Rich and Poor Countries.* Baltimore: Johns Hopkins University Press.

Sklair, L. 1988. Transcending the Impasse: Metatheory, Theory, and Empirical Research in the Sociology of Development and Underdevelopment. *World Development* 16, no. 6: 697~709.

Skocpol, Theda. 1985. Bringing the State Back In: Strategies of Analysis in Current Research. In Peter Evans, Dietrich Rueschemeyer, and Theda Skocpol, *Bringing the State Back In.* New York: Cambridge University Press.

_____ , 1979. *States and Social Revolutions: A Comparative Analysis of France, Russia, and China.* Cambridge: Cambridge University Press.

Slater, David. 1992. Theories of Development and Politics of the Post-Modern –Exploring a Border Zone. *Development and Change* 23, no. 3 (July): 283~319.

Smith, Anthony D. 1986. State-Marking and Nation-Building. In John A. Hall, ed., *States in History.* London: Basil Blackwell.

Smith, Denis Mack. 1971. *Victor Emmanuel, Cavour, and the*

Risorgimento. London: Oxford University Press.

_____, 1969. *Italy: A Modern History*. Ann Arbor. University of Michigan Press.

Snyder, Louis L. 1964. *The Dynamics of Nationalism*. Princeton: Van Nostrand.

Soboul, Albert. 1962. *Précis de l'histoire de la Révolution française, 1789–1799*. Paris: Éditions Sociales.

Sontag, John P. 1968. Tsarist Debts and Tsarist Foreign Policy. *Slavic Review* 27, no. 4 (December): 529~41.

Sorokin, Pitirim. 1927. *Social Mobility*. London: Harper.

Soucy, Robert. 1972. *Fascism in France: The Case of Maurice Barrès*. Berkeley: University of California Press.

Spring, David. 1977. Landed Elites Compared. In David Spring, ed., *European Landed Elites in the Nineteenth Century*. Baltimore: Johns Hopkins University Press.

_____, 1971. English Landowners and Nineteenth-Century Industrialists. In J. T. Ward and R. G. Wilson, eds., *Land and Industry: The Landed Estate and the Industrial Revolution*. New York: Barnes & Noble.

_____, 1960. Some Reflections on Social History in the Nineteenth Century. *Victorian Studies* 4, no. 1: 55~64.

Spulber, Nicholas. 1963. Changes in the Economic Structure of the Balkans, 1860–1960. In Charles and Barbara Jelavich, eds., *The Balkans in Transition*. Berkeley: University of California Press.

Stalin, Joseph. 1942. *Marxism and the National Question: Selected Writings and Speeches*. New York: International Publishers.

Stanworld, Philip, and Anthony Giddens, eds. 1974. *Elites and Power in British Society*. London: Cambridge University Press.

Statistisches Reichsamt. 1932. *Das deutsche Volkseinkommen vor und nach dem Kriege*. Einzelschriften zur Statistik des deutschen Reiches 24. Berlin: Statistisches Reichsamt.

Stavenhagen, Rudolfo. 1970. Social Aspects of Agrarian Structure in

Mixico. In Rudolfo Stavenhagen, ed., *Agrarian Problems and Peasant Movements in Latin America*. Garden City, N. Y.: Doubleday.

_____ , 1968. Seven Fallacies about Latin America. In James Petras and Maurice Zeitlin, eds., *Latin America, Reform or Revolution?* Greenwich, Conn.: Fawcett Publications.

Stavrianos, L. S. 1961. *The Balkans since 1453*. New York: Holt.

Stein, Stanley J., and Barbara H. Stein. 1970. *The Colonial Heritage of Latin America: Essays on Economic Dependence in Historical Perspective*. New York: Oxford University Press.

Stern, Fritz. 1977a. Prussia. In David Spring, ed., *European Landed Elites of the Nineteenth Century*. Baltimore: Johns Hopkins University Press.

Stern, Steve J. 1988. Feudalism, Capitalism, and the World-System in the Perspective of Latin America and the Caribbean; and Reply. *American Historical Review* 93, no. 4: 829~72, 886~97.

Stewart, F. 1974. Technology and Employment in LDCs. *World Development* 2 (March): 17~46.

Stone, Lawrence, 1981. The Results of the English Revolutions of the Seventeenth Century. In J. G. A. Pocock, ed., *Three British Revolutions: 1641, 1688, 1776*. Princeton: Princeton University Press.

_____ , 1972. *The Causes of the English Revolution, 1529-1642*. London Routledge & Kegan Paul.

Stover, Charles C. 1970. Tropical Exports. In W. Arthur Lewis, ed., *Tropical Development, 1880-1913*. Evanston, III.: Northwestern University Press.

Strayer, Joseph R. 1970. *On the Medieval Origins of the Modern State*. Princeton: Princeton University Press.

Streenten, P. 1983. Development Dichotomies. *World Development* 11, no. 10: 875~89.

Strikwerda, Karl. 1993a. The Troubled Origins of European Economic

Intergration: International Iron and Steel Migration in the Era of World War I. *American Historical Review* 98, no. 4 (October): 1106~29.

_____, 1993b. Response to "Economic Integration and the European International System in the Era of World War I." *American Historical Review* 98, no. 4 (October): 1138~42.

Sugar, Peter F., ed. 1971. *Native Fascism in the Successor States, 1918~1945.* Santa Barbara, Calif.: ABC-Clio.

Sunkel, Osvaldo. 1993. From Inward-Looking Development to Development from Within. In Sunkel, ed., *Development from Within: Toward a Neostructuralist Approach for Latin America.* Boulder, Colo.: Lynne Rienner.

_____, 1973. Transnational Capitalism and National Disintegration in Latin America. *Social and Economic Studies* 22: 132~76.

Supple, Barry. 1973. The State and the Industrial Revolution: 1700~1914. In Carlo Cipolla, ed., *The Fontana Economic History of Europe.* Vol. 1, *The Emergence of Industrial Societies.* Glasgow: William Collins Sons.

Sutton, M. 1982. *Nationalism, Positivism, and Catholicism.* Cambridge: Cambridge University Press.

Svennilson, Ingvar. 1954. *Growth and Stagnation in the European Economy.* Geneva: United Nations.

Sweezy, Paul. 1982. Core, Periphery, and the Crisis of the System. In Hamza Alavi and Teodor Shanin, eds., *Introduction to the Sociology of Developing Societies.* New York: Monthly Review Press.

Sweezy, Paul M. 1942. *The Theory of Capitalist Development.* London: Oxford University Press.

_____, ed. 1954. *The Transition from Feudalism to Capitalism.* New York: Arena.

Taine, Hippolyte Adolphe. 1962. *The Ancient Régime.* Trans. John Durand. 1872. Reprint, Gloucester, Mass.: Peter Smith.

Teichova, Alice. 1974. *An Economic Background to Munich: International Business and Czechoslovakia, 1918-1938*. London: Cambridge University Press.

Temperley, H. W. V., ed. 1920. *A History of the Peace Conference of Paris*. London: Henry Frowde, Hoddard Stoughton.

Theisenhusen, William C. 1980. Current Development Patterns and Agrarian Policy in Latin America. In Ivan Volgyes, Richard E. Lonsdale, and William P. Avery, eds., *The Process of Rural Transformation: Eastern Europe, Latin America, and Australia*. New York: Pergamon Press.

Therborn, Göran. 1978. *What Does the Ruling Class Do When It Rules?* London: New Left Books.

_____, 1977. The Rule of Capital and the Rise of Democracy. *New Left Review* 103, no. 2 (May-June): 3~41.

Thomas, Clive Y. 1984. *The Rise of the Authoritarian State in Peripheral Societies*. New York: Monthly Review Press.

Thomas, John A. 1939. *The House of Commons, 1832-1901. A Study of Its Economic and Functional Character*. Cardiff. University of Wales Press.

Thompson, F. M. L. 1977. Britain. In David Spring, ed., *European Landed Elites in the Nineteenth Century*. Baltimore: Johns Hopkins University Press.

_____, 1963. *English Landed Society in the Nineteenth Century*. London: Routledge & Kegan Paul.

Thompson, Kenneth. 1974. Church of England Bishops as an Elite. In Philip Stanworld and Anthony Giddens, eds., *Elites and Power in British Society*. London: Cambridge University Press.

Tihany, Leslie C. 1976. *A History of Middle Europe from the Earliest Times to the Age of the World Wars*. New Brunswick, N. J.: Rutgers University Press.

Tilly, Charles. 1990. *Coercion, Capital, and the European States*, A. D. 990-1990. Oxford: Basil Blackwell.

_____ , 1975a. Food Supply and Public Order in Modern Europe. In Tilly, ed., *The Formation of National States in Western Europe.* Princeton: Princeton University Press.

_____ , ed. 1975b. *The Formation of National States in Western Europe.* Princeton: Princeton University Press.

_____ , 1975c. Reflections on the History of European State-Making. In Tilly, ed., *The Formation of National States in Western Europe.* Princeton: Princeton University Press.

_____ , 1975d. Western State-Making and Theories of Political Tranformation. In Tilly, ed., *The Formaton of National States in Western Europe.* Princeton: Princeton University Press.

Tipps, Dean C. 1973. Modernization Theory and the Comparative Study of Societies. *Comparative Studies on Society and History* 15: 199~240.

Tipton, Frank B. 1976. *Regional Variations in the Economic Development of Germany during the Nineteenth Century.* Middletown, Conn.: Wesleyan University Press.

_____ , 1974. Farm Labor and Power Politics. *Journal of Economic History* 34, no. 4 (December): 951~79.

Tipton, Frank B., and Robert Aldrich. 1987a. *An Economic and Social History of Europe 1890~1939.* Baltimore: Johns Hopkins University Press.

_____ , 1987b. *An Economic and Social History of Europe from 1939 to the Present.* Baltimore: Johns Hopkins University Press.

Tocqueville, Alexis de. 1978. *Souvenirs.* Paris: Gallimard.

_____ , 1955. *The Old Régime and the French Revolution.* Garden City, N. Y.: Doubleday.

_____ , 1866. *Oeuvres complètes.* Vol. 6. Paris: Gallimard.

Todaro, Michael P. 1977. *Economic Development in the Third World.* London: Longman.

Tönnies, Ferdinand. 1912. Deutscher Adel im 19. Jahrhundert. *Neue Rundschau* 2: 1041~63.

Toye, J. 1987. *Dilemmas of Development: Reflections on the Counter-Revolution in Development Theory and Policy.* Oxford: Basil Blackwell.

Toynbee, Arnold, 1925. *Lectures on the Industrial Revolution of the Eighteenth Century in England: Popular Addresses, Notes, and Other Fragments.* 1884. Reprint, London: Longmans, Green.

Trebilcock, Clive. 1981. *Industrialization of the Continental Powers, 1780-1914.* London: Longman.

Treitschke, Heinrich von. 1916. *Politics.* London: Constable.

Tremel, Fanch. 1968. Les Bretons aussi sont colonises. L'Avenir 28 (February).

Trimberger, Ellen Kay. 1978. *Revolution From Above: Miltiary Bureaucrats and Development in Japan, Turkey, Egypt, and Peru.* New Brunswick, N. J.: Transaction.

Troeltsch, Ernst. 1960. *The Social Teaching of the Christian Churches.* Trans. Olive Wyon. New york: Harper.

Trotsky, Leon. 1937. *The History of the Russian Revolution.* 3 vols. Trans. Max Eastman. New York: Simon & Schuster.

Tucker, Robert C. 1970. The Political Theory of Classical Marxism. In *The Marxian Revolutionary Idea.* New york: Norton.

Turcan, Pavel. 1969. The Development of a Backward Area in Czecho-slovakia. In E. A. G. Robinson, ed., *Backward Areas in Advanced Countries.* London: Macmillan.

United Nations. 1979. *América Latina en el umbral de los años 8o.* Santiago: CEPAL.

_____ , 1959. *El desarrollo económic de la Argentina.* Mexico: CEPAL.

_____ , 1956. *Economic Survey of Latin America 1955.* New York: Department of Economic and Social Affairs.

_____ , 1950. *Economic Survey of Asia and the Far East.* New York: Economic Commission for Asia and the Far East.

Urrutia, Miguel. 1991. Twenty-Five Years of Growth and Social Progress, 1960-1985. In Urrutia, ed., *Long-Term Trends in Latin American*

Economic Development. Washington, D. C.: Inter-American Development Bank.

U. S. Department of Agriculture. 1951. *Agricultural Geography of Europe and the Near East.* Washington D. C.: U. S. Department of Agriculture.

Vandergeest, P., and F. H. Buttel. 1988 Marx, Weber, and Development Sociology: Beyond the Impasse. *World Development* 16, no. 6: 683~95.

Vanhanen, Tatu. 1990. *The Process of Democratization: A Comparative Study of 147 States, 1980–1988.* New York: Crane Russak.

_____ , 1977. *Political and Social Structures: European Countries, 1850–1974.* Ann Arbor, Mich.: University Microfilms International.

Veblen, Thorstein. 1915. *Imperial Germany and the Industrial Revolution.* London: Macmillan.

Verney, Douglas V. 1957. *Parliamentary Reform in Sweden, 1866–1921.* Oxford: Clarendon Press.

Vignes, Maurice. 1913. Le bassin de Briey et la politique de ses enterprises sidérurgiques ou minières. *Revue d'économie politique* 27: 1~40.

Vito, Francesco. 1969. Problems of the Underdeveloped Regions of Italy. In E. A. G. Robinson, de., *Backward Areas in Advanced Countries.* London: Macmillan.

Voigt, Fritz. 1962. German Experience with Cartels and Control during Pre-War and Post-War Periods. In John Perry Miller, ed., *Competition, Cartels, and Their Regulation.* Amsterdam : North-Holland.

Volgyes, Ivan. 1980. Economic Aspects of Rural Transformation in Eastern Europe. In Ivan Volgyes, Richard E. Lonsdale, and William P. Avery eds., *The Process of Rural Transformation: Eastern Europe, Latin America, and Australia.* New York: Pergamon Press.

Volpe, Gioacchino. 1925. Italia e Savoia; Italia ed Europa. In *Momenti di storia italiana.* Florence: Vallechi Editore.

Wallerstein, Immanuel. 1988. AHR Forum: Comments on Stern's Critical Tests. *American Historical Review* 93, no. 4: 873~97.

_____ , 1986. The States in the Institutional Vortex of the Capitalist World-Economy. In Ali Kazancigil, ed., *The State in Global Perspective.* Aldershot: Gower.

_____ , 1980. *The Modern World System.* Vol. 2, *Mercantilism and the Consolidation of the European World Economy, 1600-1750.* New York: Academic Press.

_____ , 1974a. *The Modern World System.* Vol. 1, *Capitalist Agriculture and the Origins of the European World Economy in the Sixteenth Century.* New York: Academic Press.

_____ , 1974b. The Rise and Future Demise of the World Capitalist System: Concepts for Comparative Analysis. *Comparative Studies in Society and History* 16 (January): 387~415.

Warner, Marina. 1979. *The Crack in The Teacup.* New York: Houghton Mifflin.

Warren, Bill. 1980. *Imperialism: Pioneer of Capitalism.* London: New Left Books.

_____ , 1973. Imperialism and Capitalist Industrialization. *New Left Review* 81 (September-October): 3~44.

Waterbury, John. 1983. *The Egypt of Nasser and Sadat: The Political Economy of Two Régimes.* Princeton: Princeton University Press.

Weber, Eugen. 1976. *Peasants into Frenchmen: The Modernization of Rural France, 1870-1914.* Stanford: Stanford University Press.

_____ , 1965. Romania. In Hans Rogger and Eugen Weber, eds., *The European Right.* Berkeley: University of California Press.

Weber Max. 1978. *Economy and Society.* 2 vols. Guenther Roth and Claus Wittich, eds. Berkeley: University of California Press.

_____ , 1958a. On the Conditions of Bourgeois Democracy in Russia. In *Gesammelte Politische Schriften.* Tübingen: J. C. B. Mohr; Paul Siebeck.

_____ , 1958b. Russia's Transition to Pseudo-Constitutionalism. In *Gesammelte Politische Schriften.* Tübingen: J. C. B. Mohr; Paul Siebeck.

Weiner, Martin J. 1981. *English Culture and The Decline of the Industrial Spirit, 1850–1980.* London: Cambridge University Press.

Weiss, John. 1977. *Conservatism in Europe, 1770–1945: Traditionalism, Reaction, and Counter-Revolution.* New York: Harcourt Barace Jovanovich.

Wertheimer, Mildred S. 1924. *The Pan-German Leagus, 1890–1914.* New York: Columbia University Press.

Whitaker, C. S., Jr. 1967. A Dysrythmic Process of Political Change. *World Politcs* 19: 190~217.

Whyte, A. J. 1975. *The Political Life and Letters of Cavour, 1848–1861.* 1930. Reprint, Westport, Conn.: Greenwood Press.

Wiarda, Howard J. 1977. *Corporatism and Development: The Portuguese Experiment.* Amherst: University of Massachusetts Press.

Williams, G. 1978. Imperialism and Development. *World Development* 6: 925~36.

Williamson, Jeffrey G. 1965. Regional Inequaliy and the Process of National Development: A Description of the Patterns. *Economic and Cultural Change* 13, no. 4: 3~44.

Williamson, Peter J. 1984. *Varieties of Corporatism.* New York: Cambridge University Press.

Wise, Michael. 1983. *Agrarian Reform in El Salvador: Process and Progresses.* San Salvador: U. S. Agency for International Development.

Wolf, Eric R. 1982. *Europe and the People without History.* Berkeley: University of California Press.

Woodburn, James. 1980. Hunters and Gatherers Today and Reconstruction of the Past. In Ernest Gellner, ed., *Soviet and Western Anthropology.* London: Oxford University Press.

Woodhouse, C. M. 1968. *Modern Greece: A Short History.* London:

Faber.

_____ , 1952. *The Greek War of Independence: Its Historical Setting.* London : Russell.

Woolf, S. J., ed. 1969. *The Italian Risorgimento.* London: Longmans, Green.

Woytinsky, W. S., and E. S. Woytinsky. 1953. *World Population and Production.* New York: Twentieth Century Fund.

Wright, D. G. 1970. *Democracy and Reform, 1815-1885.* London: Longmans.

Wright, Erik Olin. 1976. Modes of Class Struggle and the Capitalist State. *Kapitalistate* 4/5 (Summer): 186~220.

Wright, Gordon. 1964. *Rural Revolution in France: The Peasantry in the Twentieth Century.* Stanford: Stanford University Press.

Youngson, A. J. 1976. Britain 1920-1970. In Carlo C. Cipolla, ed., *The Fontana Economic History of Europe.* Vol. 1, Contemporary Economies. Glasgow: William Collins Sons.

Zeitlin, Maurice. 1984. *The Civil Wars in Chile (or the Bourgeois Revolutions That Never Were).* Princeton: Princeton University Press.

Zeldin, Theodore. 1973. *France, 1848-1945.* Oxford: Clarendon Press.

_____ , 1970. *Conflicts in French Society.* London: Allen & Unwin.

Zernatto, Guido. 1944. Nation: The History of a Word. *Review of Politics* 6: 351~66.

Zimmerman, L. J. 1962. The Distribution of World Income. In Egbert de Vries, ed., *Essays on Unbalanced Growth.* The Hague: Mouton.

찾아보기

ㄱ

가라샤닌(Ilija Garasanin) 76
가리발디(Giusseppe Garibaldi) 67, 72
가톨릭의 교황지상주의
갈리시아 73, 86, 332
감리교 165
개신교 114, 163, 164, 165, 166, 168~169, 170~171
견직물 산업 60
경제 구역, 수출 ; 근대적 경제 구역 76
경제적 통합 76
계급 연대 76
계급(국제적 차원) 76
중간 계급 76
전문직('노동계급' 참조) 76
고리치아 59, 73
고무 35, 231~233
곡물법 32, 49, 139, 140, 149, 193, 222, 274
공산주의 21, 52, 84, 85, 130, 268, 270, 301
공황 233, 241, 242, 299
과세 110, 119, 125, 148, 160, 201, 226, 270, 282, 301, 327
관세 32, 47, 99, 110, 121, 151, 160, 193, 197, 216, 222~224, 226, 227, 233, 241, 242, 245, 336
관세동맹 69, 99, 223~226, 243
광물 35, 187, 194
광산 137, 144, 145, 154, 185, 197, 199, 207
교황 클레멘스 14세 114
교황령 169, 172, 331
구리 144, 183, 194, 198, 232, 233
국가 관료제 111
국가-교회 관계 162, 172
국가 권력 102, 115, 133, 167
국가 이론 104
국가 자율성 102, 109, 117, 133
국가 정책 65, 76, 132, 139, 148, 151, 160, 238
국가 형성 27, 58, 87, 88~90, 109

국민국가 24, 25, 29, 35, 45, 49, 51, 67, 74, 86, 88, 90, 93, 94, 96, 97, 102, 104~107, 109, 131, 133, 178, 179, 201, 280, 292

국민적 통합 25

국제연맹 85

군사 30, 38, 39, 45~47, 49, 51, 61, 63, 65, 66, 68, 79~81, 84, 86, 87, 90, 93, 95, 102, 105, 106, 110, 115, 118, 125~127, 133, 137, 181, 182, 186, 234, 295

군수산업 189, 281

권위주의 7, 23, 171, 172, 202, 210, 235, 249, 268, 288

귀족 특허장 128

귀족 작위 97, 140, 145~149, 219, 276

그라나다 81

그리스 21, 27, 58, 62~64, 67, 73, 77, 78, 83, 84, 86, 88, 115, 117, 121, 122, 127, 170, 182, 190, 193, 195, 209, 251, 267, 307, 308, 311~313, 315, 316, 318, 320, 322, 324~326, 328

그리스 민족주의 77, 121, 122

그리스 정교 114

그리스인 59, 78, 101, 118, 121, 127

그린란드 88

근대화 5, 7, 8, 30, 36, 46, 49, 98, 102, 104, 196, 200, 239, 281, 283~285, 287, 302, 334, 336

금속 산업 186, 199, 233

기술 관료(Technocrats) 45

기업가 101, 108, 111, 145, 147, 149, 152, 189, 195, 197, 202, 205, 239, 240, 242, 245, 257, 270, 280, 281, 287, 293, 294, 296

길드 98, 119, 123, 124, 132, 216, 217, 235~238, 280, 336

ㄴ

나바라 81

나세르타니(Nacertanie) 76

나폴레옹 전쟁 50, 61, 63, 83, 140, 142, 163, 168, 170, 232, 256, 266, 331

나폴리 60, 63~65, 82, 142, 169

남아프리카 147, 285

내부 식민주의 65, 183

네덜란드 29, 30, 36, 59, 61~63, 68, 83, 84, 88, 118, 119, 122, 129, 157, 165, 167, 171, 191, 193, 195, 196, 200, 205, 209, 225, 235, 240, 245, 251, 265, 268, 270, 271, 302, 307, 308, 310, 311, 313, 315, 316~318, 320, 322, 324~326, 328

네덜란드 반혁명당 167

노동계급 10, 65, 66, 83, 120, 154, 236, 251, 253, 259, 261, 268, 271, 272, 274, 299

노동조합 236, 238, 240, 244, 299, 301

노르망디 80

노르웨이 27, 29, 58, 60~62, 67, 130,

171, 182, 188, 192, 197, 209, 218, 234, 245, 251, 254, 265, 268, 273, 275, 307, 308, 310, 311, 313, 315, 318, 320, 322, 324~326, 328, 330
농민 52, 95, 109~111, 113, 115, 119, 120, 123~125, 127, 141~143, 153~155, 157~160, 170, 173, 186~190, 218, 220, 221, 235, 239, 245, 259, 263~266, 273, 282, 290, 297, 302, 303
농업 10, 21, 22, 28, 30, 32, 47, 52, 53, 82, 105, 111, 141, 143, 144, 148, 151~155, 157~161, 180, 181, 183~191, 193, 196, 207, 209, 216, 220, 221
뉴질랜드 194, 285, 295, 297

ㄷ
다키아 77
달마티아 331
덴마크 63, 67, 81, 88, 111, 129, 130, 188, 192, 193, 195, 204, 209, 218, 220, 222, 236, 250, 251, 254, 264, 268, 307, 308, 310, 311, 313, 315, 318, 320, 322, 324~326, 328, 329
덴마크인(Danes) 60, 129
도스토옙스키 73
독일 21, 22, 27, 28, 32, 33, 36, 38, 60~64, 67~70, 75, 83, 84, 88, 94, 95, 99, 112, 115, 118, 125, 126, 128, 141, 142, 145~147, 151~154, 156, 158, 161, 165~168, 171, 182, 186, 189, 191~194, 197, 199, 200, 204, 207, 209, 218~220, 222~229, 232, 237, 239, 240, 242~245, 251, 261, 268~271, 274, 281, 284, 291, 292, 298, 300~302, 307, 310, 311, 313, 315, 317, 318, 320, 322, 324, 326, 329~332
독일 가톨릭중앙당 151, 153, 167, 171, 260
독일 나치즘 171
독일노동조합연맹(ADGB) 270
독일 사회민주당(SPD) 261, 269
독일 상원(Bundesrat) 99
독일 제3제국 171, 269
독일 제국의회 99
독일인 59, 69, 75, 85~87, 101, 112, 113, 124, 157, 262
독점 25, 35, 44, 47, 49, 51, 52, 63, 66, 94, 104~106, 110, 111, 120, 121, 132, 142, 152, 154, 170, 173, 177, 181, 196, 204, 205, 215~217, 221, 222, 227, 228, 231, 234, 238, 240, 241, 244, 245, 252, 279~282, 289, 296, 302
동부 갈리시아 59
동부 루멜리아 330

ㄹ
라인란트-베스트팔렌 60
러시아 27, 32, 38, 44, 60~64, 66, 68, 72~75, 78, 82~86, 101, 111, 118, 121, 126~130, 140, 151, 153, 156,

158, 167, 169, 170, 189, 192~195, 197, 199~201, 206, 218, 221, 225, 226, 228, 233, 251, 254, 266, 273, 281, 297, 308, 312~314, 318, 321, 322, 324~326, 328~331
러시아 구(舊)신자운동 170
러시아 귀족 토지 은행 153
(러시아) 예카테리나 여제 113
러시아 제국 61, 84, 88, 130
러시아-터키 전쟁(1877) 77
레닌(V. I. Lenin) 34, 66, 96, 234, 282
레룸 노바룸(Rerum Novarum) 171, 235
레콩키스타(Reconquista) 81
로마 가톨릭 167
로마제국 67, 72
루마니아 27, 58, 59, 62~64, 67, 73, 77, 78, 84~88, 95, 101, 114, 118, 121, 127, 128, 170, 182, 190, 193, 198, 204, 219, 229, 232, 233, 251, 254, 267, 268, 307~309, 312, 313, 315, 316, 318, 320, 322, 325, 326, 329, 330, 332
루마니아 민족주의 118, 127
루터주의 73
룩셈부르크(Rosa Luxemburg) 96, 100, 284
뤼베크 68
리가 조약(1921) 74
리소르지멘토(Risorgimento) 70, 72, 100, 142, 143
리슐리외 113, 256
리투아니아인 59, 67, 85, 86, 113

ㅁ

마자르인 59, 74, 75, 112, 113, 123
마치니(Giuseppe Mazzini) 67, 71, 72
매케나(McKenna) 관세 226
맥마혼(Marshal MacMahon) 258
메타크사스(Johannes Metaxas) 장군 79
멕시코 21, 35, 47, 194, 195
면직물 38, 60, 205, 232
모라비아 59, 75, 331
모라비아 협약(1905, 1976) 124
모로코 71
몬테니그로 76, 86
몰다비아 77, 121, 127, 128, 218, 329
무어인 129
문자 해독률 308, 309
미국(USA) 20, 30, 31, 35, 36, 43, 66, 189, 194, 198, 206, 225, 285, 288, 294, 297, 301, 307, 318, 320, 322
민족성(ethnicity) 75, 105, 114, 115
민족 형성 114
민족주의 48, 51, 67~70, 72, 72~77, 79, 81, 84, 88, 89, 93~96, 98, 101, 102, 105, 106, 108, 109, 114~118, 121~133, 280, 287
민주주의 7, 10~12, 27, 29, 32~34, 50~52, 94, 107, 131, 137, 142, 162, 179, 182, 210, 237, 240, 249~253, 255, 261, 262, 270~275, 295, 303

민주화 10, 33, 34, 52, 156, 250

ㅂ

바스크인 88
바이마르 공화국 166, 237, 270
발전 모델 24, 25, 209, 283, 284, 286, 291
발전 이론 5~8, 50, 182, 249
발칸 제국(중세) 76, 78
발칸반도 나라들 27, 38, 63, 78, 87, 115, 183, 195, 268, 270
발트 해 나라들 27, 58, 83, 84, 118, 130, 182, 269
백러시아인 59, 86, 113
범게르만운동 70
범슬라브운동 67, 73
베네수엘라 194, 291, 309~311, 314, 316~318, 320, 323
베르사유 조약(1919) 85, 87
베를린 조약(1878, 1880) 128
베사라비아 329, 330
베스트팔렌 조약(1648) 162
벨기에 25, 27, 28, 36, 38, 59, 61, 62, 65, 68, 83, 115, 117, 118, 122, 164, 167, 171, 185, 194, 195, 197, 200, 201, 209, 223, 225, 226, 228~230, 232, 234, 243, 245, 251, 263, 270~272, 285, 292, 307, 308, 311, 313, 317, 318, 320, 322, 324~326, 328, 330
벨기에 가톨릭당(Catholic Party) 167
벨기에 민족주의 122
보헤미아 59, 75, 101, 112, 124, 125, 148, 186~188, 331
보호주의 53, 126, 148, 151, 196, 200~227, 245, 280
볼셰비키 96, 221, 271
볼셰비키 혁명 63, 221
봉건제 19, 96, 100, 109, 119, 138, 143, 280, 284
부(富) 19, 21, 23, 47, 108, 168, 289
부르주아 10, 25, 27, 40, 95, 97, 98, 100, 101, 108, 137, 138, 142, 145, 146, 148, 159, 216, 263, 266, 272, 275, 284, 295
부코비나 협약(1910) 124
부쿠레슈티 59, 128
분쟁 13, 95, 102, 111, 116, 122, 167, 239, 258, 301
불가리아 27, 58, 62, 64, 67, 76~78, 84, 85, 95, 114, 127, 128, 170, 182, 193, 232, 233, 251, 268, 307~309, 312, 313, 315, 316, 318, 320, 322, 324~326, 330
불가리아 민족주의 76, 128
브라질 21, 158, 194, 195, 288, 291, 292, 295, 298, 307, 308, 310, 311, 314, 315, 317, 318, 320, 323, 324, 326
브라티슬라바 75
브르타뉴 65, 80, 81, 163, 184, 185, 192
블룸(Leon Blum) 96, 271
비례대표제 264, 265

비잔틴 제국 78
빌나(Vilna) 59

ㅅ
사르디니아 60, 64, 264
사부아(사보이아) 59, 331
산업 발전 13, 22, 23, 39, 51~53, 94, 138, 174, 182, 185, 188, 201, 202, 210, 211, 216, 244, 245, 280, 290
산업 분야 36, 161, 181, 191, 198, 205, 208~209, 236, 281
산업혁명 19, 20, 35, 53, 184, 334
산업화 7, 10, 20, 22, 27, 32, 36, 38~40, 43, 53, 63, 82, 102, 104, 105, 141, 148, 173, 182~184, 186~190, 197, 199, 201~203, 205, 206, 208, 209, 236, 245, 247, 285, 292, 293, 296, 297, 300, 303, 334, 336
상인 31, 59, 98, 111, 121, 126, 137, 143~145, 148, 157, 188~190, 219, 242, 255, 271
생제르맹 조약(1919) 85
서독 59, 68, 261, 271, 323, 325
석유 189, 190, 199, 232, 233, 294
석유화학 294
석탄 35, 38, 144, 145, 198, 199, 207, 229~233, 242, 292, 302
선거 150, 155, 157, 158, 167, 223, 234, 238, 240, 241, 250, 252~257, 259, 260, 262~268, 271, 273, 275, 295
선교 164, 165
설탕 37, 198, 230, 232, 233
성 빈첸시오 아 바오로 협회(Societe de Saint Vincent de Paul) 165
성직자 97, 99, 115~117, 121, 122, 132, 139, 143, 158, 162~164, 166~169, 172, 235, 237, 242, 255, 257, 261, 265
세계체제론('발전 이론'도 참조) 41~43, 105, 283~286, 290
세금 110, 112, 118~121, 123, 125, 145, 151, 152, 160, 185, 195, 223, 243, 253, 257, 282
세르비아 민족주의 75, 95
소련(USSR) 63, 64, 307, 329~332
소수민족 집단 85, 86, 111, 112, 123, 124, 132, 133
소트마르(Satzmar) 평화협정(1711) 116
수출(산업) 분야 26, 208, 281
슐레지엔 75, 144, 145, 219, 329, 331
스렘(Srem) 76
스웨덴 28, 30, 31, 36, 43, 60, 62, 67, 85, 111, 114, 129, 130, 151, 156, 171, 192~197, 203, 209, 218, 225, 234, 240, 244, 245, 251, 265, 268, 302, 307, 308, 310, 311, 313, 315, 317, 318, 320, 322, 324~326,
스웨덴 지방의회(Landsting) 156
스위스 25, 36, 63, 88, 114, 118, 119, 129, 173, 187, 203, 209, 223, 225, 232, 251, 264, 271, 272, 285, 307, 308, 311, 313, 318, 320, 322, 324,

326, 330
스코틀랜드 79, 80, 88, 114, 165, 184, 185, 195
슬로베니아인 88, 113
시민의 자유 29, 250, 266, 269
시칠리아 64, 82
시장 사회주의 48
식민주의 11, 26, 27, 34~36, 50, 57~59, 62, 65, 88~90, 100, 112, 178, 180, 181, 183, 200
신식민주의 180
실업 208, 281

ㅇ

아라곤 81
아르메니아 82
아르헨티나 194, 195, 291, 294~296, 307, 308, 310, 311, 314, 316~318, 320, 322, 324, 326
아리아인 70
아비시니아 72
아시아 19, 26, 61, 71, 73, 107, 164
아연 144, 145, 183, 232
아일랜드 22, 27, 58, 61~63, 65, 79, 80, 114, 115, 118, 130, 140, 164, 184, 195, 218, 307~309, 313, 314, 325, 330, 331
아일랜드 민족주의 115
악숑 프랑세즈 172
알렉산드르 2세 153
알모라비드 제국 81
알바니아 27, 61, 62, 64, 76, 86, 118, 128, 182, 193, 307, 321, 322, 326, 330
알자스-로렌 62, 69, 81, 243
양모 32, 193, 194, 196
에너지 35, 144
에스토니아 59, 85, 101, 130, 307, 329
에스파냐 58, 81, 89, 114, 118, 129, 143, 144, 146, 152, 156, 163, 164, 169~171, 183, 190, 191, 195~197, 206, 218, 232, 234, 238, 240, 241, 245, 250, 251, 270, 300, 307, 308, 311, 313, 314, 320, 322, 324~326
에스파냐 대귀족 146
에스파냐 종교재판 266
에콰도르 89, 195, 291, 309, 310, 311, 314, 315, 317, 318, 320, 323, 327
연료 185
영국 21, 22, 25, 27~32, 36~38, 49, 58, 60~66, 78~80, 82~84, 98, 117~119, 126, 130, 139, 140, 142, 144~147, 149, 152, 155, 158, 159, 161, 163, 165, 166~170, 172, 184, 189, 190, 193~200, 204~209, 217~223, 225~229, 231, 232, 236, 242, 251, 252, 254, 259, 260, 268, 270~272, 280~282, 284, 285, 292, 295, 300, 302, 307~311, 313~318, 320, 322, 324~326, 328, 331
영국 국교회 162
영국 노동당 161, 260, 270, 271
영국 명예혁명(1688) 118
영국 보수당(Conservative Party) 158

영국 상원 150, 252
(영국) 여왕 메리 튜더 98
영국 자유당(Liberal Party) 149
(영국) 찰스 1세 98, 99
영국 하원 149, 150, 252, 259
영아 사망률 308, 309
예수회 114, 163, 164, 169
오데사 77, 121
오브레노비치(Milos Obrenovic) 120
오스만 제국 75~77, 84, 88, 112, 120, 121, 126~128, 144, 170, 328, 330
오스트레일리아 31, 43, 194, 285, 295~297
오스트리아 28, 59~64, 68, 72, 73, 75, 76, 83~85, 87, 101, 113, 123~129, 157, 167, 169~171, 182, 186, 187, 197, 204, 219, 226, 229, 234, 235, 240, 242, 250, 251, 254, 261, 262, 268, 270, 271, 307, 308, 311~314, 320, 322~326, 328, 331, 332
오스트리아 사회기독교당 167
오스트리아-헝가리 제국 27, 28, 74, 84, 115, 123, 186, 191, 195, 220, 224, 292, 318
오키타니아(Occitania) 80
왈라키아 77, 127, 128, 218, 329
왈론(Walloon)인 84, 122
왕정 93, 101, 107, 108, 118, 120, 125, 129, 130, 163, 201, 256, 264, 273
우르과이 32, 291
우즈베키스탄 82
우크라이나인 86
원료 31, 35, 43, 44, 60, 70, 82, 179, 187, 194, 195, 225, 226, 228, 233, 242, 279, 297
웨슬리교파 165
웨일스 79, 80, 184, 195, 217, 218
위그노 111
위대한 마케도니아 운동 67
위대한 불가리아 운동 67
위대한 세르비아 운동 67
위대한 크로아티아 운동 67
유고슬라비아 27, 61, 64, 83, 85~87, 114, 182, 193, 199, 233, 307~309, 313, 314, 316, 324~326, 331, 332
유대인 59, 85~87, 101, 112, 113, 256
융커 33, 99, 108, 125, 147, 158, 193, 219, 224, 251
은행 28, 38, 47, 197, 201, 205~207, 268, 293, 303
의회 76, 78, 99, 116, 117, 119, 122, 124, 125, 130, 132, 148~150, 156, 158, 167, 218, 224~226, 234, 236, 237, 241, 251~273, 275, 295, 300
이스트리아 59, 76, 331
이원성 7, 25, 26, 37, 177, 179~181, 183, 184, 187, 188, 191, 192, 204, 207, 279, 289, 336
이주 26, 29, 59, 112, 115, 143, 187, 219, 220, 297
이집트 71, 226
이탈리아 21, 27, 32, 38, 58, 60~64,

66~68, 70~72, 78, 82~84, 88, 95, 99~101, 115, 118, 123, 125, 126, 128, 131, 142, 148, 152, 160, 171, 172, 183, 187, 191, 192, 201, 205, 206, 218, 220, 221, 223~225, 232, 234, 238~241, 245, 251, 262, 263, 269~271, 284, 307, 308, 311, 313, 315, 318, 320, 322, 324~326, 328, 330, 331
일리리아 지방 60, 75
일본 288, 297, 298
임금 20, 119, 120, 124, 152, 161, 185, 186, 202, 207, 220, 240, 242, 245, 249, 294, 296

ㅈ

자본 종속 7, 28
자본 투자 179, 205
자유무역 148, 151, 221, 223, 226, 336
자유주의 5, 7, 8, 10, 23, 93~96, 107, 108, 119, 124, 129, 130, 132, 139, 149, 162, 166, 173, 181, 210, 223, 235, 237, 260, 267, 269, 274, 275, 279, 283~285, 287
장로교 165
장인 124, 157, 190, 203, 236, 256, 271, 302, 303
절대주의 44, 45, 48, 93, 96, 102, 108~111, 114, 116~119, 130, 132, 216, 256, 280
제1차 세계대전 291, 292, 299~301
제2차 세계대전 286, 294, 297~299, 301, 302, 310, 313~315, 323
제국주의 12, 24, 26, 27, 35, 50, 57~59, 61, 62, 65, 67, 70, 71, 73, 84, 88~90, 105, 126, 180, 285, 288
제조업 20, 69, 98, 99, 113, 144, 181, 190,198, 208, 222, 234, 293, 294
조국 전선(Father Front) 262
조선업 229
조지(David Lloyd George) 23, 152, 280, 282
조합주의 152, 171, 234~241, 244, 245, 336
종속 이론 5, 8, 23, 26, 29, 41, 43, 177, 179, 180, 204, 209, 211, 283~285, 287, 288
종속적 발전에 대한 정의 178
중국 44, 226
중동 57, 196, 290
『중부 유럽(*Mitteleuropa*)』 225
중상주의 111, 200, 201
증권 거래소 145
증기기관 30
지주 10, 32, 37, 52, 53, 74, 95, 97~99, 101, 108, 110, 111, 113, 124, 125, 127, 128, 138~161, 168, 170, 171, 194, 204, 215, 216, 218~222, 224, 238~241, 252, 254, 257~259, 261~264, 266, 267, 272~274, 280~282, 294, 296~298, 334~336
직물 38, 145, 185, 186, 193, 197, 199, 232

ㅊ

참정권('선거' 참조) 49, 149, 158, 251, 253, 268, 295, 335, 336
천연자원 81, 195, 292
철강 38, 145, 189, 192, 197, 199, 205, 207, 229~232, 234, 242, 243
철광석 35, 144, 187, 194, 232
철도 61, 183, 189, 197~199, 201, 205, 227, 232, 293, 294
청교도 98, 99
체코 민족주의 124
체코슬로바키아 58, 61, 62, 64, 67, 73, 75, 83, 85, 87, 88, 131, 182, 188, 198, 232, 307~309, 315, 316, 320, 322, 325, 326, 332
칠레 47, 158, 194, 291, 298, 307, 308, 310, 311, 314, 316~318, 320, 323, 324, 327
침례교 165

ㅋ

카르텔 205, 216, 227~234, 243~245
카린티아 60, 73
카스티야 81
칼뱅주의 165, 167
캐나다 31, 43, 130, 194, 285, 295, 297
커즌 라인(Curzon Line) 74
케인스(John Maynard Keynes) 300
코르시카 88
코르테스 241, 266
코수스(Lajos Kossuth) 67
콜롬비아 21, 194, 195, 291, 308~311, 314, 315, 317, 318, 320, 323, 324, 327
콜베르주의 113, 200
쿠바 194, 291, 293, 298
크로아티아 민족주의 75, 121, 123
키레나이카 71
키시뇨프 59
키예프 74

ㅌ

탄지마트(재조직화) 126, 128
탈식민화 180
터키('오스만 제국'도 참조) 62, 77, 158, 206, 328~330
테메스바르(Temesvar) 75
토지 개혁 운동 280
토지 소유제 298
퇴화 191
튀니스 71, 72
트라키아 328
트란실바니아 74, 75, 77, 85, 116, 191, 330, 332
트리폴리 71
티에르(Adolphe Thiers) 258

ㅍ

파시즘 72, 171, 240, 241, 336
페루 35, 47, 158, 194, 195, 291, 309, 310, 311, 314, 315, 317, 318, 320, 323, 324, 327
포르투갈 170, 171, 190, 195, 209, 218, 234, 237, 240, 241, 245, 251,

268~270, 307, 308, 311~313, 318, 320, 322, 324~326
폴란드 22, 27, 31, 32, 58~62, 67, 68, 73, 74, 81, 83~86, 95, 100, 101, 112~115, 117, 118, 123, 124, 129, 171, 182, 188, 198, 204, 219, 222, 229, 232, 233, 245, 268, 270, 284, 307~310, 313~315, 318, 320, 322, 323, 325, 326, 329, 331, 332
폴란드-루테니아 협약(1914, 1976) 124
프랑스 19~21, 25, 27, 28, 36~38, 44, 58~71, 78, 80~82, 84, 85, 88, 95, 97, 98, 110, 111, 113~115, 117, 118, 122, 123, 126, 129, 140, 142, 150, 152, 154, 155, 157~161, 163~171, 182, 184~186, 189, 191, 192, 194~198, 200, 203, 204~208, 218, 220~223, 225, 226, 230, 232, 234, 236, 239, 240, 242, 243, 245, 251, 252, 254, 255~259, 266, 268, 270~273, 281, 282, 291, 292, 300~303, 307, 308, 310, 311, 313, 315, 317, 318, 320, 322, 324~326, 329~331
(프랑스) 나폴레옹 1세 68, 140, 201, 221, 236, 255, 258, 260
(프랑스) 루이 13세 111, 256
(프랑스) 루이 14세 111, 118
(프랑스) 루이 15세 111, 236
(프랑스) 루이 18세 256
(프랑스) 루이 나폴레옹 169, 257
프랑스 비시 정권 172, 239
프랑스 의회 255, 256, 258, 259
프랑스 인민전선 160, 271
프랑스 제3공화국 157, 258
프랑스 하원 258
프랑스 혁명 45, 63, 95, 97, 98, 114, 117, 118, 130, 139, 162~168, 170, 254, 275
프로이센 32, 60, 62, 64, 68, 70, 73, 81, 83, 84, 99, 108, 110, 111, 113, 123, 125, 129, 141, 142, 144, 150, 153, 155~158, 161, 169, 186, 201, 203, 218~220, 223, 237, 251, 254, 260, 261, 331
프로이센 란드라트(Landrat) 155, 156
프로이센 주 의회(Landtag) 150, 158
프리드리히 빌헬름 1세 111, 125
프리지아(Frisia) 88
프리 커크(Free Kirk) 운동 165
플랑드르 29, 65, 122, 185, 186, 205
피에몬테 60, 82, 125, 126, 142, 192, 332
핀란드 27, 31, 58, 61, 62, 64, 83, 85, 129, 182, 188, 191~193, 195, 197, 209, 218, 251, 254, 265, 268, 307, 308, 311~316, 318, 320, 322~326, 329, 330, 332
핀란드인 59, 113

ㅎ

한자동맹 60, 196
합스부르크 국적법 124

합스부르크 제국 63, 101, 129, 145, 148, 217, 218
헝가리 민족주의 74, 123, 124
헤르체코비나 62, 64
헬레니즘 78, 79
화폐 47, 219
화학 산업 199, 230
흉년 189
흑해 112

유럽의 자본주의

자생적 발전인가, 종속적 발전인가

1판 1쇄 인쇄 2009년 4월 25일
1판 1쇄 발행 2009년 4월 29일

지은이 샌드라 핼퍼린
옮긴이 최재인
펴낸이 강영선
펴낸곳 도서출판 용의 숲
주소 서울시 마포구 서교동 361-9 3F
전화번호 02-338-5113
팩시밀리 031-914-5113
휴대폰 011-9177-8210
E-mail dragonpc@hanmail.net
출판등록 2004년 3월 29일 제 313-2004-00078호

주문처 한국출판협동조합(일원화공급처)
전화 02-716-6032 | 팩스 02-716-3819~20

ISBN 978-89-93703-01-6 93920